V&R

Insa Fooken

Puppen – heimliche Menschenflüsterer

Ihre Wiederentdeckung als Spielzeug und Kulturgut

Unter Mitarbeit von Robin Lohmann

Mit 17 Abbildungen und 7 Tabellen

Vandenhoeck & Ruprecht

Mit freundlicher Unterstützung der

Stiftung
„CHANCEN FÜR KINDER DURCH SPIELEN"
Teddy, Puppe, Kuscheltier – weit mehr als nur ein Spielzeug.

www.stiftung-chancen-fuer-kinder-durch-spielen.de

Bibliografische Information der Deutschen Nationalbibliothek

Die Deutsche Nationalbibliothek verzeichnet diese Publikation in der
Deutschen Nationalbibliografie; detaillierte bibliografische Daten sind
im Internet über http://dnb.d-nb.de abrufbar.

ISBN 978-3-525-40216-0

Umschlagabbildung: August Macke (1887–1914), »Blondes Mädchen mit Puppe« (1910)
Standort: Hannover, Pelikansammlung
Fotograf: © Westermann – ARTOTHEK

© 2012, Vandenhoeck & Ruprecht GmbH & Co. KG, Göttingen
Vandenhoeck & Ruprecht LLC, Bristol, CT, U. S. A.
www.v-r.de
Alle Rechte vorbehalten. Das Werk und seine Teile sind urheberrechtlich geschützt.
Jede Verwertung in anderen als den gesetzlich zugelassenen Fällen
bedarf der vorherigen schriftlichen Einwilligung des Verlages.
Printed in Germany.

Satz und Litho: SchwabScantechnik, Göttingen
Druck und Bindung: Göttinger Tageblatt Mediengruppe, Druckhaus Göttingen

Inhalt

Vorwort   11

Prolog: Puppe perdu?   14

Vom »Goldenen Puppenzeitalter« in die »Ewige Puppenstarre«? Aufschwung und Abschwung der Puppe in Kinderliteratur und Kinderwelten   15

Theoretische Rahmung – Dinge, Objekte, Spiel   24

Lieblings*dinge* als Kindheitsbe*ding*ungen – zur Rolle persönlich bedeutsamer Objekte für Identitätsentwicklung und zwischenmenschliche Kommunikation   25

Übergangsobjekte – zweite Liebe, erster Besitz   30

    Eigenschaften des Übergangobjekts 31 | Qualitäten und Funktionen der Beziehung zu dem Übergangobjekt 32 | Der Erfahrungsraum 33

Spielzeug und Spielen – Basis des Menschseins?   34

    Was heißt Spielen? Annäherungen an ein ernsthaftes, sinnlos-sinnvolles Phänomen 36 | Spielen im Kontext entwicklungspsychologischer Theorien – Formen kindlicher Lebensbewältigung? 39 | Vom Werkzeug zum Symbol – Entwicklungsabfolgen des Spielverhaltens in der Kindheit 42

Vom Verpuppen und Entpuppen – Menschwerdungsprozesse   44

Überlegungen zum entwicklungsdynamischen Mehrwert von Puppen   45

Puppen und Kuscheltiere im Lebensverlauf – allgegenwärtig und (irgendwie) menschlich?   49

Zauber und Macht der Puppe(n) jenseits der Kindheit   53

Wie eignen sich Erwachsene Puppen (und Kuscheltiere) an?   54

    Puppen als Sammelobjekte – Puppensammler(innen) 55 | Puppenmacher(innen) 56 | Puppenerzählungen und -erzähler(innen) 58

Die umgekehrte Perspektive: Was machen Puppen mit Erwachsenen?   58

Puppenformen – historische und kulturelle Perspektiven 64

Puppenvielfalt und Puppentypologien 65

Spielpuppen 65 | Modepuppen 66 | Puppenfiguren 66 | Theaterpuppen 66 | Selbsttätige Puppen / Automaten 67

Puppentypen im historischen Wandel 68

Puppen im Zeitverlauf – eine Synopse 72

Die Geburt des Kuscheltiers und sein unaufhaltsamer Aufstieg 74

Verselbständigungsprozess einer Gattung 75

Exkurs: Die legendenumrankte Geschichte des »Bär 55 PB« 75

Die »Evolution« des Teddybären 76

Teddy – König der Tiermenschlichkeit 77

Kuscheltier vor Puppe – das neue Imperium der Kuscheltiere 78

Pädagogische Diskurse oder: Puppenlose Kindheiten – ein neuer Trend? 82

A study of dolls – Bestandsaufnahme 86

Kurzer chronologischer Überblick über Forschungstrends 87

Historische Puppenforschung vor mehr als 100 Jahren 90

Pädagogischer Anspruch und Untersuchungsansatz 91

Zur Phänomenologie des Puppenalltags und Puppenspiels 92

Material und Ersatzobjekte 92 | Psychische Eigenschaften 94 | Puppenalltagsroutinen 95 | Krankheit und Tod 96 | Erziehungsmaßnahmen 97 | Organisation des Puppenhaushalts und -familienlebens 98

Übergreifende Erkenntnisse – ein kritischer Blick 98

Formen des Puppenspiels 98 | Puppentypen 99 | Einfluss des Alters 99 | Pädagogischer Wert von Puppen 100 | Puppifizierungsphänomene und Mutterinstinkt 100 | Zauber der Miniaturisierung 101 | Geschlechtsspezifische Perspektiven 102 | Realitätsgehalt vs. psychischer Gehalt der Puppenwelten 103 | Puppenspiel als Diagnostikum 103 | Anthropologische und etymologische Anmerkungen 104 | Puppen im pädagogischen Kontext 104

Was hat Bestand? 105

Natürlicher Puppeninstinkt? 107 | Puppenersatzobjekte – frei wählbar oder vorprogrammiert? 107 | Stellenwert von Babypuppen 107 | Definition der

Puppe durch die subjektive Konstruktion des Kindes 108 | Puppenspiel von Jungen 108 | Wertschätzung diagnostischer Möglichkeiten 109

Wirkungsbereiche und Entwicklungsdimensionen   110

Puppen und Kuscheltiere im Entwicklungsprozess – Sozialisationsagenten, Entwicklungshelfer und Kindheitsbegleiter   114

Baby- und Säuglingsalter – Zeit der Übergangsobjekte   115
  Entwicklungsmeilensteine 115 | Bezüge zu Puppen und Kuscheltieren 116

Kleinkindalter – selbstbezogene Aneignung der Welt   117
  Entwicklungsmeilensteine 117 | Bezüge zu Puppen und Kuscheltieren 118

Vorschulalter – seelische Prozesse im soziokulturellen Kontext   119
  Entwicklungsmeilensteine 119 | Bezüge zu Puppen und Kuscheltieren 121

Grundschulalter – Erprobung und Aneignung sozialer Rollen   123
  Entwicklungsmeilensteine 123 | Bezüge zu Puppen und Kuscheltieren 124

Adoleszenz – Aneignung und Überwindung der Kindheit   124
  Entwicklungsmeilensteine 124 | Bezüge zu Puppen und Kuscheltieren 125

Puppen und Kuscheltiere – Kontexte, Spielweisen, Besonderheiten   128

Allein spielen – solitär und doch dyadisch-dialogisch   129

Mit anderen spielen – Intersubjektivität und Interpersonalität   129

Der fantastische Raum – Fantasiefreundschaften und imaginäre Gefährten   131

Differenzielle Aspekte – Besonderheiten von Kindern und Spielzeug   132
  Hohe vs. geringe Spielintensität 133 | Ethnische Übereinstimmung zwischen Puppe und Kind 134 | Zur Frage der Inklusion – Kinder mit Behinderungen vs. Kinder ohne Behinderung 136

Geschlechterrollen und Spielzeug – Barbie, He-Man und die anderen   138

Zur Frage geschlechtstypischer Spielzeugpräferenzen   139

Aktions- und Monsterfiguren: Puppen für Jungen?   140

Barbie – die umstrittenste Mädchen- und Modepuppe aller Zeiten   143
  Barbie – die Fakten 143 | Barbie im Spiegel und Kreuzfeuer der Expertenmeinungen 145 | Barbie aus der Sicht der Kinder 146

Mediale Assistenz in pädagogischen Kontexten — 149

Ersatzlehrer oder besondere Formen der Wissensvermittlung? 150

Saya – die japanische Puppenlehrerin 150 | Der reisende Bär – Teddy als Berufskundler 150

Kommunikationshilfe und Förderung (fremd)sprachlicher Entwicklung 151

Rosi – die Waldorfpuppe 151 | Kasper als Sprachlehrer 152 | Fremdsprachenlernen mit Puppen und Kuscheltieren 153

Vermittler sozioemotionaler und interkultureller Kompetenzen – interpersonales Verstehen, Perspektivität, Rollenübernahme und Empathie 154

Puppenspiel und Konfliktlösungen in Kindergarten und Grundschule 154 | Farbige Kinder – weiße Puppen? 155 | Miss Spree Forest: eine Spreewaldpuppe als interkulturelle Botschafterin 156

Begleitung in Übergangssituationen 157

Kuscheltiere erleichtern den Einstieg in eine Kindertagesstätte 157 | Puppen für behinderte Kinder und Menschen – institutionelle Integration und Inklusion 157

Funktionen in ästhetischen und medialen Bildungskontexten 158

Puppen im Kunstunterricht 158 | Puppenfiguren im Fernsehen – medienpädagogische Überlegungen 159

Erkenntnisgewinnung und Zugänge zur inneren Welt von Kindern — 161

Zugänge zur kindlichen Weltanschauung 162

Kinder als Zeugen 164

Anatomische Puppen 166

Therapeutische Begleitung und Lebenshilfe — 168

Angstbewältigung, Trennungs- und Verlustbearbeitung 169

Angstüberwindung 170 | Posttraumatische Belastungsstörungen: Wenn ich gut für dich sorge, geht's mir auch gut 171 | Begleitung in der Auseinandersetzung mit bedrohlichen Krankheiten und Operationen 172 | Vermittlung psychischer Sicherheit im Kontext von Krieg, Flucht und Bedrohung 173 | Bindung und Vermittlung zwischen künstlich getrennten Welten 174

Babywunsch als Problem – Säuglingssimulatoren als Puppenbabys mit Batterie 175

Identitäts(rück)gewinnung und Annäherungen an Ich-Integrität im Alter   176

Zur Frage der Sichtbarkeit von Puppen im Kontext von Alter und Krankheit 177 | Verarbeitung eines temporären Zusammenbruchs 178 | Frühere Gefährten und / oder neue Beziehungen in der Demenz 179

Retrospektive biografische Bezüge im Kontext des Erwachsenseins   182

Frauen und Männer blicken zurück – repräsentative Daten   183

Puppen und Teddys in Lebensgeschichten – qualitative Erinnerungen   184

Empirische Rahmung – der bilanzierende Blick auf Puppen und Kuscheltiere im jungen Erwachsenenalter   188

Die Spielobjekte der Kindheit – eine repräsentative Erhebung   189

Puppen und Kuscheltiere – (k)ein Thema für zukünftige Schul- und Sozialpädagogen?   192

Die Puppe(n) und das erinnerte Puppenspiel in der Kindheit 193 | Die Kuscheltiere der Kindheit und das erinnerte Spiel 198 | Zur Präferenz von Puppen und / oder Kuscheltieren 202 | Zur (direkten) Frage nach Unterschieden und Gemeinsamkeiten 204 | Erinnerte »Puppendramen« 205   Erinnerte »Kuscheltierdramen« 206

Erinnerungen an das »innere Kind« oder: Lasst euch die Kindheit nicht austreiben   208

Epilog: Puppen-Comeback?   210

Puppen – die besseren Menschen? Plädoyer für eine unaufgeregte (Wieder-)Aneignung   211

Literatur   218

Literatur   218

Internetquellen   233

Verzeichnis der Abbildungen, Bildnachweise und Abdruckrechte   234

Vorwort

»Bis in die Puppen gehen« verwies im Berlin des 18. Jahrhunderts nicht auf kindliches Spiel, sondern auf einen »verhältnismäßig weite[n] Spaziergang« zu den Standbildern (den Puppen) antiker Götter im Tiergarten (Röhrich, 1991/1999, S. 1211). Auch mein eigener Weg »in die Puppen« entpuppte sich als ein sehr weiter Spaziergang mit einer langen Unterbrechung. War ich als Kind noch eine leidenschaftliche Puppenspielerin, so verflüchtigte sich mein Puppenspielwissen mit dem Erwachsenwerden und wachte erst im Rahmen einer eher zufälligen Begegnung wieder auf: Die brasilianische Pädagogik-Studentin Fernanda Morais de Souza überraschte mich im Januar 2008 an der Universität Siegen mit der Frage, wer denn in Deutschland über Puppen forsche. Ehrlich gesagt fiel mir damals niemand und nichts ein. Etwas verzögert erinnerte ich mich dann aber, einige Zeit zuvor die Ausschreibung einer »Puppenstiftung« (später: Stiftung »Chancen für Kinder durch Spielen«) in der Psychologischen Rundschau gelesen zu haben. Ich bot Fernanda eine Vermittlung zur Stiftung an und knüpfte damit, ohne dass mir das zu der Zeit bewusst war, an meinen jahrzehntelang unterbrochenen Spaziergang zu den Puppen wieder an.

Der erste telefonische Kontakt mit dem Stiftungsgründer-Ehepaar Christina und Jürgen Ignaczak kitzelte sogleich meinen entwicklungspsychologischen Stolz heraus. Die Stifter verwiesen darauf, dass es doch etwas befremdlich sei, dass die Psychologie zu einem allgegenwärtigen Phänomen wie dem des (kindlichen) Spiels mit Puppen so wenig zu sagen habe. Diesen Vorwurf wollte ich nicht auf meiner Disziplin sitzen lassen und fing an, die Datenbanken nach Informationen über Puppen und Kuscheltiere sowie nach themenrelevanten Konzepten (Übergangsobjekte, persönlich bedeutsame Objekte, Spiel- und Spielentwicklung, imaginäre Gefährten etc.) zu durchforsten. Dass ich im Zuge dieser Suche im Jahr 1886 und damit beim Gründungspräsidenten der American Psychological Association, G. Stanley Hall, gelandet war, verblüffte mich. Obwohl es zwar tatsächlich nur wenig substanzielles Material gab, hatte sich am Ende dieses ersten Suchdurchgangs doch ein beträchtlicher Materialberg angehäuft. So ergab es sich, dass ich zusammen mit der Sozialanthropologin Robin Lohmann im Auftrag der Stiftung eine Literaturrecherche zum Thema »Puppen und Kuscheltiere. Schlüssel zur Menschwerdung?« anfertigte (Lohmann u. Fooken, 2009). Dabei hatten wir das Netz zunächst sehr weit ausgeworfen und die unterschiedlichsten Textsorten und -qualitäten eingefangen, so dass eine Strukturierung des Materials nicht unmittelbar auf der Hand lag. Im Rahmen unserer Arbeitsteilung übernahm dann Robin Lohmann im Wesentlichen die Aufgabe, Sinn und Ordnung in das Sammelsurium und unübersichtliche Dickicht der Texte zu bringen, während ich vor allem die fachdisziplinäre Zuordnung vornahm. Nach Abschluss der mit recht heißer Nadel gestrickten Recherche konnten wir von den Puppen nicht mehr lassen und haben in einem weiteren Schritt die historische Puppenuntersuchung von G. Stanley Hall und Alexander C. Ellis (Ellis

u. Hall, 1897), die als Faksimile von der Stiftung veröffentlich wurde, ins Deutsche übersetzt und gewürdigt (Lohmann u. Fooken, 2010; Fooken, 2010a). Schließlich habe ich auch noch an einer weiteren von der Stiftung in Auftrag gegebenen Literaturrecherche zu Puppen- und Kuscheltiergeschichten in der Kinder- und Jugendliteratur mitgewirkt (Mikota, Blumesfelder u. Fooken, 2010).

Das vorliegende Buch basiert in gewisser Weise auf all diesen Arbeiten bzw. knüpft an sie an. Insofern hat Robin Lohmann auch an diesem Buch einen nicht unbeträchtlichen Anteil. Allerdings wurde das Thema von mir noch einmal in neue argumentative Zusammenhänge gestellt. Ähnlich wie bei der ersten Literaturrecherche wird auch diese Veröffentlichung durch die Vielfalt und Heterogenität der Befunde, Textsorten und Themen bestimmt. Dabei steht jedes Kapitel für sich, obwohl der Gesamttext wie ein roter Faden durchzogen wird von einem Plädoyer für eine (neue) Wertschätzung der Puppe(n). Der äußere Rahmen des Textes besteht aus einem Prolog, in dem die These aufgestellt wird, dass Puppen eine »bedrohte Spezies« sind, und einem Epilog, in dem für die Sinnhaftigkeit der Existenz von Puppen (und Kuscheltieren) argumentiert wird. Es folgt eine weitere Rahmung, die auf der einen Seite aus themenrelevanten theoretischen Bezügen besteht und auf der anderen Seite aktuelle empirische Befunde zur Bedeutung von Puppen und Kuscheltieren aufbereitet. In der Mitte der Arbeit findet sich das »Herzstück«: Die Darstellung der umfangreichen historischen Puppenuntersuchung von Ellis und Hall aus zeithistorischer Perspektive und unter der Fragestellung ihres zeitlosen Werts. Weitere Themenschwerpunkte und Betrachtungsperspektiven ranken sich um diesen Mittelteil herum: So geht es in den Anfangskapiteln um allgemeine anthropologische bzw. kulturhistorische und literarische Betrachtungsweisen sowie um das Phänomen des »unaufhaltsamen Aufstiegs« des Kuscheltiers. In den späteren Kapiteln wird die Bedeutung von Puppen und Kuscheltieren zunächst entwicklungspsychologisch verortet, sodann werden unterschiedliche spiel- und medienpädagogische sowie psychotherapeutische und biografische Aspekte thematisiert.

Da ich letztlich nur durch einen Zufall wieder »in die Puppen« gekommen bin, die mich dann – zu meinem eigenen Erstaunen – in ihren Bann gezogen haben, ist dieser Text kein abgeklärtes, systematisch-wissenschaftliches Sammelwerk geworden. Im Gegenteil: Es handelt sich hier um den vorläufigen Abschluss eines noch andauernden, virulent gärenden und mit viel unwissenschaftlichem Herzblut angereicherten (Forschungs-)Prozesses. Selten hat mir ein Forschungsthema trotz all der langwierigen Arbeit und der finanziellen Verausgabung in Antiquariaten so viel Vergnügen bereitet. Das ist zum einen dem hartnäckig-charmanten Nachhaken und Anregen durch das Stifter-Ehepaar Ignaczak zu danken, zum anderen hängt das mit der ungewöhnlich kongenialen Zusammenarbeit mit Robin Lohmann zusammen. Auch die Anteilnahme am Thema durch meinen Mann Pit Wahl und seine Kompetenz als kulinarischer Versorger und verlässlicher Korrekturleser halfen auf den Durststrecken. Lustvoll habe ich mich auf die wieder entdeckte Affinität zu diesem Thema einlassen können. Alles war wieder präsent: Meine förmlich aufplatzenden Erinnerungen an die eigenen drei Puppen, Helga, Peter und Sabine; die großen Kuscheltiere unserer Kinder, Leo Löwe und Tiger Lilly, geduldige Statisten in manch einer Theateraufführung; das traurige Schicksal des weitgereisten melancholischen kleinen Jojo-Bären, dem ständigen Hosentaschenbegleiter unseres Sohnes, der nach 25 Jahren Familienmitgliedschaft in den Straßen von Barcelona verschütt ging; die etwa hundert Kuscheltiere, die eine Zeit lang im Bett unserer Tochter wohnten – alle ausgestattet mit Eigennamen und Anspruch auf die Ausrichtung individueller Geburtstagsfeiern, verstrickt in einem komplizierten Netz sozialer Beziehungen mit ausgeprägten Aversionen, Vorlieben und Kompensationen für partielle Nichtbeachtung. Nennt man ein solches Schwelgen Regression? Oder liegt es am »Wesen der Puppe« selbst – an diesem Faszinosum, das ich gerade wieder zu entdecken beginne? In jedem Fall: Fernanda sei Dank!

Abbildung 1: Witold Wojkiewicz (1879–1909), »Puppen« (1906)

Prolog: Puppe perdu?

»Übrigens will ich euch ein Geheimnis verraten. Eine sehr kluge Puppe, Namens Minchen, hat ihre Lebensgeschichte geschrieben, und darin hat sie uns vertraut, daß sich Puppen untereinander viel besser als mit uns unterhalten; es ist ihnen sogar erlaubt, sich über uns lustig zu machen.«

Emma Biller, »Die Puppenfamilie. Kleinen Mädchen erzählt«, 1883, S. 119

Vom »Goldenen Puppenzeitalter« in die »Ewige Puppenstarre«? Aufschwung und Abschwung der Puppe in Kinderliteratur und Kinderwelten

> »Und plötzlich war da die Puppe Wunderhold, jenes süße Wesen mit den seelenvollen blauen Augen und den blonden Haaren auf dem verlockenden Pappdeckel« (Breslauer, 1928/1966, S. 99).

Als die Puppe Wunderhold im Jahre 1839 – wenn auch zunächst schwarzhaarig und erst später blond – das Reich der deutschsprachigen Kinderliteratur betrat und das goldene Puppenzeitalter einläutete, faszinierte das Schicksal dieser Ich-Erzählerin und Memoiren schreibenden Puppe ganze Mädchengenerationen bis weit ins 20. Jahrhundert hinein. »Die Schicksale der Puppe Wunderhold« war eine von Antonie Cosmar (1839/1841) vorgenommene Übersetzung aus dem Französischen ins Deutsche (»Mémoires d'une poupée« von Julie Gouraud, 1939).

Bei näherem Hinsehen entpuppte sich Wunderhold als ein erstaunliches Puppen-Frauenzimmer. So kommentierte sie kritisch und treffsicher die unterschiedlich gut ausgeprägten mütterlichen Qualitäten ihrer diversen Puppenmütter und erwartete von ihnen die klassisch-weiblichen Tugenden bürgerlicher Frauen: Fürsorge, Sanftheit, Bescheidenheit, Ordnung und Fleiß. Damit repräsentierte sie einerseits das herrschende gesellschaftliche Selbstverständnis einer für notwendig und sinnvoll erachteten geschlechtsspezifischen pädagogischen Disziplinierung. Andererseits erlebte und beschrieb sie aber auch unvorhersehbare Wechselfälle in kindlichen Lebenswelten, sie erfuhr, dass sozial-empathisches Verhalten durchaus unabhängig von materiellem Wohlstand und gesellschaftlichen Schichten und Klassen existierte, und sie förderte das Entwicklungspotenzial ihrer jungen Protagonistinnen, indem sie von autonomer Selbstentwicklung und Individuationsprozessen sprach.

Wunderhold hatte einige Vorgängerinnen und viele Nachfolgerinnen. Das verstärkte Erscheinen von Puppengeschichten ab Mitte des 19. Jahrhunderts hing dabei mit drei Einflussfaktoren zusammen: mit der grundsätzlichen Etablierung des Genres der erzählenden Mädchenliteratur, mit der Weiterentwicklung der Puppenspielzeugindustrie und mit einer verstärkten Reflexion des Puppenspiels in der Pädagogik (vgl. Mikota, Blumesfelder u. Fooken, 2010). Einhergehend mit diesen Veränderungen etablierte sich ein bestimmter Blick (von Erwachsenen) auf die Einheit *Puppe–Mädchen,* im Sinne einer Art standardisierender Physiognomik dieser Konstellation (Regener, 1988), die ihren Niederschlag auch in der Mädchenporträt-Fotografie im 19. und beginnenden 20. Jahrhundert fand (siehe hierzu auch Käufer, 2006). Puppen und Puppenspiel entfalteten in weiblich konnotierten Spielkontexten und Inszenierungen eine Dynamik, die bis etwa zum Ende des Zweiten Weltkrieges beibehalten wurde. In all diesen Zusammenhängen fungieren Puppen gleichzeitig sowohl als Erziehungsinstanz, die Sozialisationsdruck ausübt, als auch als Spielgefährtin, Freundin, Seelenverwandte, Spiegel, Doppelgängerin,

Vertraute und damit als Vermittlungsinstanz zwischen (subjektiv erlebter) äußerer und innerer Realität der Mädchen. Bei allem normierenden und disziplinierenden Einfluss regte das intensive Spiel mit den oft heißgeliebten Puppen somit auch immer intrapsychische Selbstdifferenzierungsprozesse an. Auch Wunderhold, die als Erste ihrer Art noch weitgehend als Hüterin traditioneller moralischer Normen und Werte auftrat, scherte gelegentlich aus dieser Rolle aus, fing an, auf ihre innere Stimme zu hören, und ließ subversive Untertöne in ihren Kommentaren anklingen, insbesondere dann, wenn es um Geschlechterbeziehungen ging: Der von verschiedenen Puppenmüttern aus dem Kreis ihrer mehr oder weniger lächerlichen Bewerber für sie ausgewählte Puppenbräutigam, Prinz Liebreiz, fällt bei der ersten gemeinsamen Ausfahrt aus dem Kutschwagen und verliert seinen Kopf, was von Wunderhold recht lapidar kommentiert wird und dazu führt, dass sie fortan ihr Leben weitgehend unabhängig als lustige Witwe verbringt.

Etwa vierzig Jahre nach Wunderholds erstem Erscheinen prägte vor allem die Autorin Emma Biller gut dreißig Jahre lang die Szene der Mädchen-Puppengeschichten. Mit »Minchen die kluge Puppe« (Biller, 1881/1902) und ihren zahlreichen Nachfolgerinnen griff die Autorin zeitgenössische Debatten über Bildungsverläufe und Rollenverständnisse von Frauen und Mädchen auf. Somit kommt ihren Büchern eine neue sozialisatorische Funktion zu, die nicht mehr unbesehen einem bis dahin üblichen disziplinierenden Sozialisationsdruck verpflichtet ist. Deutete sich bereits bei Wunderhold eine gewisse Unkonventionalität an, so mischt sich in den Büchern von Emma Biller lustbezogene Fiktionalität und manchmal sogar eine Art anarchischer Fantasie mit den klassischen geschlechtsspezifischen Themen und Inszenierungen des Puppenspiels (Anziehen, Frisieren, Spazierengehen, Essen, Schlafen, Schule, Feste feiern etc.). Die große Resonanz auf diese Puppengeschichten lässt vermuten, dass sich darin die spezifischen Themen der angesprochenen Zielgruppe (schwerpunktmäßig Mädchen im Alter zwischen acht bis zwölf Jahren) und deren Spielformen mit Puppen widerspiegelten. In diesem Kontext wusste beispielsweise die kluge Puppe Minchen viel über die Zwischentöne im Verhalten zwischen Menschen untereinander sowie zwischen Menschen und Puppen. Sie wusste zudem auch viel über das so *Tun-als-ob,* über all die Gedanken, die man eher für sich behalten sollte, und über die grundsätzliche Ambivalenz in zwischenmenschlichen Beziehungen. Und nicht zuletzt wusste sie, dass diese aufregende Zeit der Aneignung der Welt irgendwann einmal zu Ende geht, dass die Entwicklungsverläufe von Puppe und Mädchen unterschiedliche Richtungen einschlagen, dass die Puppe alt wird, zurückbleibt und stirbt, und das Mädchen erwachsen wird und in die Welt hinausgeht:

> »Große Mädchen müssen sehr viel lernen und werden dabei klug: aber sie haben zum Spielen nicht mehr Zeit. Wir armen Puppen kommen ihnen bald einfältig vor und endlich hören sie auf uns zu lieben – wir sind für sie keine lebenden Wesen mehr« (Biller, 1881/1902, S. 137).

Die Frage, wie lange man mit Puppen spielen darf bzw. wie lange man zugeben darf, noch mit Puppen spielen zu wollen, wurde in den Puppen-Mädchen-Interaktionen spielerisch, aber dennoch ernsthaft durchdekliniert. Immerhin geht es ja um das Ende der Mädchenkindheit. Eingebettet in den jeweiligen zeithistorischen Rahmen, wurde und wird hier vielfach das Entwicklungsthema des Übergangs vom Mädchen zur Frau behandelt. Dieser Transitionsprozess wurde bereits in der Antike in Initiationsriten in Szene gesetzt, er taucht als notwendiger Reifungsprozess in klassischen Märchen auf und wurde nicht zuletzt in mehr oder weniger autobiografisch basierten Texten von bekannten Frauen des 20. Jahrhunderts wie beispielsweise Lou Andreas-Salomé (1902, »Im Zwischenland«), Alice Herdan-Zuckmayer (1962, »Das Kästchen. Die Geheimnisse einer Kindheit«) oder Karen Horney (1980, »The adolescent diaries«) angesprochen. So war Karen Horney eine leidenschaftliche Puppenspielerin, die noch im Alter von 15 Jahren zum Weihnachtsfest 1900 ihre Geschenke folgendermaßen kommentierte:

> »Zusätzlich zu Dir, liebes Tagebuch, fand ich einen Negerjungen (Puppe), den ich mir sehnlichst gewünscht hatte. Ich möchte wieder mit Puppen spielen, obwohl ich schon ein 15-jähriger Backfisch bin und in der Schule ›gesiezt‹ werde« (S. 17; Übersetzung I. F.).

Gut ein bis zwei Dekaden später wurde mit einer weiteren Puppengeschichte, »Nesthäkchen und ihre Puppen« (Ury, 1915/1918), der Grundstock für eine der erfolgreichsten deutschsprachigen Mädchenbuch-Serien im 20. Jahrhundert gelegt, ein Erfolg, der auch im 21. Jahrhundert noch anhält. Mit Nesthäkchen wurde noch einmal das klassische Klischee der wohlhabenden, gutbürgerlichen Familie reproduziert: Der Vater ist Arzt, die Mutter steht dem Haushalt mit drei weiblichen Bediensteten vor (Köchin, Stubenmädchen und Fräulein) und die beiden älteren Brüder repräsentieren die beiden für Jungen in diesem Zusammenhang vorgesehenen alternativen Persönlichkeitsausprägungen (Schutz bietender Unterstützer vs. wilder Zerstörer und Feind der Puppenwelt). Nesthäkchen selber ist Wildfang und liebevolle Puppenmutter zugleich. In ihrem letzten Jahr vor der Schule erhält sie mit der neu geschenkten Puppe Gerda selber ein Nesthäkchen, das im Kreis ihrer bereits etwas abgenutzten Puppenschar zu einer heiß geliebten und bevorzugten Freundin und Vertrauten wird, die mit ihr Freud und Leid teilt. Gerda zeichnet sich bei den anstehenden Entwicklungsaufgaben und in vielen Lebenssituationen durch jeweils komplementäre Persönlichkeitsmerkmale aus: Ist Nesthäkchen unbefangen und draufgängerisch, verhält sich Gerda vorsichtig und verhalten; zeigt Nesthäkchen Zeichen von Angst, ist Gerda mutig. So gelingt die Ausbalancierung intrapsychischer Ambivalenz. Mit dem Schuleintritt von Nesthäkchen beginnt aber ein neuer Lebensabschnitt und die allmähliche Trennung des Mädchens von der Puppenwelt kündigt sich an. Der Trennungsschmerz wird dadurch bewältigt, dass ein frisch eingeführter Puppenmann, der schmucke Herr Leutnant, Gerda heiratet – es geht somit um eine traditionell-konventionelle und geschlechtstypische Lösung:

> »Gerda lachte über das ganze Gesicht. Einen schöneren Mann konnte sie sich nicht wünschen. Aber auch der Herr Leutnant strahlte und stand noch strammer da als sonst, denn Gerda war ein allerliebstes Puppenmädchen« (Ury, o. J., S. 187).

Da war die Brautpuppe, Ratgeberin von »Minchen, der klugen Puppe« in Emma Billers gleichnamigem Buch, gut vierzig Jahre zuvor schon einmal weniger konventionell und deutlich emanzipierter gewesen:

> »Siehst du, Minchen, ich glaube, daß wir Puppen klüger und besser geraten, wenn man Mädchen aus uns macht; männliche Puppen geraten nicht sehr gut. […] Siehst du, wir weiblichen Puppen sind Hausfrauen oder Köchinnen oder Schulmädchen – wir haben immer etwas zu thun, lernen etwas und werden klüger. Was thut aber so ein Puppenmann? Wenn es heißt, daß mein Husar auf den Exerzierplatz gehen soll, wird er in einen Schrank oder einen Winkel gesteckt. Mit dem Gesicht gegen die Wand aber kann mein Husar nicht gescheiter werden« (Biller, 1881/1902, S. 98).

In den folgenden Dekaden des 20. Jahrhunderts entwickeln sich die Puppenerzählungen weiter und Puppen und Mädchen werden in den entsprechenden Geschichten individualisierter geschildert und mit noch etwas mehr Eigensinn ausgestattet. Zudem nehmen moralische Wertungen durch eine auktoriale Erzählinstanz zu Gunsten dialogischer Strukturen ab und gesellschaftliche Wandlungsprozesse sowie einschneidende historische Ereignisse nehmen einen größeren Raum ein. Für das 20. Jahrhundert heißt das, dass Themen, die mit den beiden Weltkriegen und seinen Begleiterscheinungen zu tun haben, auch in den Puppengeschichten Einzug halten. So fiel beispielsweise bei Nesthäkchen der endgültige Verlust der Lieblingspuppe mit dem Ausbruch des Ersten Weltkriegs zusammen:

> »Nein, Annemarie fiel nicht ins Wasser, aber jemand anders lag plötzlich in den Meeresfluten – Puppe Gerda. […] ›Meine Puppe – meine Gerda –‹ […] Doch wer kümmerte sich in diesen Augenblicken, wo jeder nur an sich selbst dachte [Ausbruch des Krieges] um eine ins Meer gefallene Puppe? […] Bitterlich […] weinte Doktors Nesthäkchen um ihre ertrunkene Gerda, mit der noch ihre Kinder- und Kindeskinder einst spielen sollten. […] Das war das erste Opfer, das der Krieg von Doktors Nesthäkchen forderte« (Ury, 1915/1921, S. 183).

In den folgenden Jahren wird auch das Puppenthema zunehmend überschattet vom Aufkommen nationalsozialistischer Ideologien und ihrer brutalen Umsetzung. So findet sich auf der einen Seite bereits 1933 unter dem Slogan »Das deutsche Kind, aktueller als je« die Käthe-Kruse-Uniformpuppe »Friedebald als SA-Mann und als Hitlerjunge«, um dem »Wunsch jedes Mädchens« zu entsprechen (Retter, 1979, S. 196). Auf der anderen Seite klammern sich (zumeist jüdische) Kinder in ihrer Not und Verzweiflung angesichts von Verfolgung und drohender Vernichtung an Puppen und Teddys als Zeichen der Verbindung zu einer vormals intakten und nicht lebensbedrohlichen Welt. Eines der verstörendsten Bilder aus dieser Zeit ist eine Fotografie, auf der die nach der Befreiung eines Konzentrationslagers vorgefundene Anhäufung von Puppen ermordeter Kinder zu sehen ist (vgl. Aroneanu, 1947).

Dass das Thema des Verlustes der Puppe in der Zeit der nationalsozialistischen Verfolgung bis in die nachfolgende Generation hineinwirken kann, wird in dem Bilderbuch »Elisabeth« der amerikanische Illustratorin und Autorin Claire A. Nivola (1999) eindrücklich veranschaulicht. Im Buch wird die Geschichte eines Mädchens und ihrer Abenteuer mit der Puppe Elisabeth erzählt. Das Buch beginnt:

> »Vor langer Zeit, als ich ein kleines Mädchen in Deutschland war, hatte ich eine Puppe mit Namen Elisabeth. Wir hatten uns so von Herzen lieb, dass wir alles miteinander teilten. Wir schliefen im selben Bett und aßen von einem Teller. Die Sonne schien auf uns beide herunter und zusammen warfen wir einen Schatten« (Nivola, 1999, S. 3 f.).

Im Zuge der nationalsozialistischen Machtergreifung kann sich das Mädchen mit seiner Familie in die USA retten, während die Puppe in Deutschland zurückbleibt, aber nie vergessen wird. Als sich die Tochter der Erzählerin eine Puppe wünscht, wird Elisabeth im Schaufenster eines Antiquitätenhändlers (wieder) entdeckt und kehrt in die Familie zurück. Ein autobiografischer Zusammenhang deutet sich in der Widmung des Buches an: »Dies ist die Geschichte meiner Mutter: Sie wollte sie für all die Kinder auf der Welt erzählt haben, die zurücklassen mussten, was sie liebten« (Nivola, 1999, S. 2).

Auch in Texten einiger zeitgenössischer Schriftsteller wird das Puppenthema im Zusammenhang mit Verfolgungs- und Vernichtungserfahrungen angesprochen. In der Erzählung »Meine Puppe in Auschwitz« berichtet Erich Fried (1975/1997) von seinem ersten, mit großer Angst und Beklemmung besetzten Besuch des Konzentrationslagers Auschwitz im Jahr 1967 und seiner Überraschung, die sich aus der unerwarteten Konfrontation mit einigen Exponaten ergab:

> »Etwas hilflos sah ich den Haufen von teils zerstörtem, teils gut erhaltenem Spielzeug an. Plötzlich sah ich Moritz. Moritz war etwa fünfundzwanzig Zentimeter hoch, rothaarig, mit grüner Jacke und grünen Hosen. Er saß auf Rädern, so daß er sich, wenn man ihn an der Schnur zog, abwechselnd vorbeugte und zurücklehnte. Dabei schlenkerte er auch mit Armen und Beinen. Ich zog nicht an der Schnur; ich war auch durch eine gläserne Sperre von ihm getrennt, aber ich wusste es genau. Es war ein Wiedersehen. Moritz war meine eigene Puppe gewesen, zerbrochen, als ich vier Jahre alt war, jetzt aber völlig unbeschädigt. Daß Moritz Serienerzeugnis war, hatte ich als Kind natürlich nie überlegt. Ich erinnere mich auch nicht, in einem Spielzeugladen oder in einem Park, wo ich spielte, je einen zweiten Moritz gesehen zu haben. Erst in Auschwitz, mehr als vierzig Jahre nach dem Zerbrechen meiner Puppe, sah ich ihren Doppelgänger. Von diesem Augenblick an hatte Auschwitz eine neue Dimension für mich. Es war nicht mehr nur das unvorstell-

bar Andere, das völlig Fremde und Tote, sondern aus dem Leeren war etwas unheimlich Anheimelndes aufgetaucht und tauchte wieder und wieder auf« (Fried, 1997, S. 94f.).

So bewirkte die Konfrontation mit der Puppe eine Reaktivierung kindlicher Erlebenszusammenhänge und aus diesem mit unvorstellbarem Leid besetzten Kontext entwickelt sich ein höchst ambivalenter, aber spürbarer Zugang zu sich selbst.

Als verstörend und beklemmend erweist sich auch der Erfahrungskontext Puppe in der auf Jiddisch verfassten Erzählung »Die Puppe« von Fischel Libermann (»di ljalke«, 2001), in der das Thema Puppe mit dem Thema Tod konnotiert ist. Der Ich-Erzähler berichtet, dass er das Kind einer Jugendfreundin, das kurz vor der Vernichtung der Mutter im Krematorium noch geboren und zufällig gerettet wurde, später zu sich genommen hat. Er legt einen bestimmten Tag als Tag der Geburt des Mädchens fest und gibt ihm den Namen der Mutter: Miriam. Viele Jahre später wünscht sich das eigentlich schon fast erwachsene Mädchen zu seinem Geburtstag eine Puppe. Im Spielzeuggeschäft gefällt ihr aber keine der angebotenen Puppen, so dass der Erzähler entnervt mit ihr zu einem professionellen Puppenmacher geht. Auch dort findet das Mädchen zunächst keine Puppe, die ihr gefällt, bis sie eine auf dem höchsten Regalbrett sieht: Eine Puppe mit pechschwarzen, glänzenden Zöpfen, von der der Puppenmacher sagt:

» […] ›echte Haare von einer lebenden schönen jungen Frau.‹ […] Wie ein Besessener hab' ich lange Zeit, Tag und Nacht, das Gesicht, das zu diesen Zöpfen passte, modelliert.« Der Ich-Erzähler ist alarmiert. »Ich blicke zur Puppe empor und erschrecke. In meinem Kopf dreht sich alles. […] Miriam schreit in einem fort: ›Die von da oben mit den Zöpfen will ich!‹ Der Puppenmacher klettert die Leiter hinauf. Behutsam kommt er mit der Puppe wieder herunter. Mein Herz pocht immer heftiger. […] Miriam nimmt die Puppe, doch ich entreiße sie ihr und gebe sie dem Puppenmacher zurück. Ich nehme sie bei der Hand und verlasse mit ihr rasch den Laden. […] Plötzlich reißt sie sich von meiner Hand los und läuft in den Laden zurück und ruft: ›Ich will meine Puppe!‹ Ich stehe entgeistert da …« (Libermann, 2001, S. 245 ff.).

Kann es nach solchen von Menschen an der Menschheit begangenen Verbrechen heiteres Puppenspiel und friedvolle Puppenerzählungen geben? Astrid Lindgren (1949/2006) schrieb in der unmittelbaren Nachkriegszeit eine anrührende Puppengeschichte für Kinder, die von der Möglichkeit der Entstehung neuen Puppenlebens durch die unbeirrbare Hoffnung und Zuversicht eines Mädchens erzählt:

Die achtjährige Britta-Kajsa ist ein Kind sehr armer Eltern, die ihr den sehnlichsten Wunsch nach einer Puppe nicht erfüllen können. Als sie eines Abends auf die Rückkehr ihrer Eltern wartet, kommt ein wunderlicher kleiner Mann mit seinem Fuhrwerk vorbei, sie öffnet ihm das Gatter und er schenkt ihr dafür ein kleines goldfarbenes Samenkorn, das sie in ihr Gartenbeet stecken und jeden Tag begießen soll. Daraus wächst allmählich eine

Puppe, die Mirabell heißt und sich als vitales, wild spielendes und munter plapperndes Wesen entpuppt. Lebendig ist sie aber nur, wenn sie mit Britta-Kajsa allein ist. Schauen die Eltern vorbei, liegt sie still und sieht aus wie eine gewöhnliche Puppe.

In der restaurativen Zeit der 1950er Jahre und des Wirtschaftswunders wurde, wenn überhaupt, zunächst weitgehend an die Tradition der klassischen Puppenerzählungen angeknüpft. Ab den 1970er Jahren nutzte man dann die Puppe zunehmend, um, ähnlich wie es in der sozialkritischen Kinderliteratur ab 1968 der Fall war, an ihrem Warencharakter Konsumkritik zu üben. Puppen wurden in dieser Zeit vor allem als Träger einer repressiven, an der Bewahrung etablierter Geschlechtsrollenstereotype interessierten gesellschaftlichen Autorität bewertet (Jürgensen, 1981). Unter Bezugnahme auf den wachsenden Einfluss von Barbie-Puppen wird im Märchenroman »Momo« von Michael Ende (1973) die drohende Gefahr der Entfremdung der Menschen von ihren sozialen Bedürfnissen und der wachsenden Abhängigkeit durch Fremdbestimmung in einem Dialog zwischen Momo und der Puppe Bibigirl aufgegriffen:

»Kurze Zeit später [...] fand Momo auf den Steinstufen der Ruine eine Puppe [...]. Sie war fast so groß wie Momo selbst und so naturgetreu gemacht, dass man sie beinahe für einen kleinen Menschen halten konnte. [...] Momo starrte sie fasziniert an. Als sie sie nach einer Weile mit der Hand berührte, klapperte die Puppe einige Male mit den Augendeckeln, bewegte den Mund und sagte [...]: ›Guten Tag. Ich bin Bibigirl, die vollkommene Puppe. [...] Ich gehöre dir. Alle beneiden dich um mich.‹ [...] ›Ich möchte noch mehr Sachen haben.‹ [...] Nach einer Weile überkam Momo ein Gefühl, das sie noch nie zuvor empfunden hatte. Und weil es ihr ganz neu war, dauerte es eine Weile, bis sie begriff, dass es die Langeweile war [...]. In dem Auto saß ein Herr [...] und kam auf Momo zu. ›Was für eine schöne Puppe du hast!‹ sagte er [...], ›mir scheint, du weißt überhaupt nicht, wie man mit einer so fabelhaften Puppe spielen muß [...]. Man muß ihr schon etwas bieten, wenn man sich nicht mit ihr langweilen will. Paß mal auf, Kleine! [...], es ist ganz einfach. Man muß nur immer mehr und mehr haben, dann langweilt man sich niemals.‹ [...] Momo fühlte dunkel, daß ihr ein Kampf bevorstand. ›Was denn, was denn?‹ sagte der graue Herr [...] ›Möchtest du mir wohl sagen, was dieser vollkommenen Puppe denn nun noch fehlt?‹ Momo blickte zu Boden und dachte nach. ›Ich glaub'‹ sagte sie leise, ›man kann sie nicht lieb haben‹« (Ende, 1973, S. 87–93).

In der Kinder- und Jugendliteratur der Gegenwart verliert sich allmählich die Spur der Puppen – die ehemals so lebendigen Puppenwelten wirken weitgehend erstarrt oder sind gänzlich verschwunden. Ähnlich wie die Menschen scheinen auch die zeitgenössischen Puppen den riskanten Freiheiten der modernen Welt ausgesetzt zu sein. Nur noch gelegentlich finden sich in aktuellen Puppenerzählungen Anklänge an die Tradition der fantastischen und magisch-verzaubernden Puppensphären. Eine dieser Ausnahmen stellt die Kinderbuch-Reihe »Die Mennyms« der englischen

Autorin Sylvia Waugh (1993/2000) mit ihrem Spielraum für Fantasie und lebendige Imagination dar. Hier wird ein reizvoll-spielerischer Zugang zur symbolischen und intermediären Zwischenwelt einer *Als-ob-Menschlichkeit* der Puppen hergestellt:

> »Es ist nämlich so, dass sie [die Mennyms] keine Menschen waren – jedenfalls nicht im herkömmlichen Sinn des Wortes. Sie bestanden nicht aus Fleisch und Blut. Bei ihrer gesamten liebevollen Familie handelte es sich ganz einfach um lebensgroße Lumpenpuppen. Sie waren lebendig und konnten gehen und reden und atmen, aber sie bestanden aus Stoff und Kapok [...]« (S. 16). »Sie spielten Leben und entwickelten Talente« (S. 18). »Logischerweise wurden sie nicht älter. Googles war seit vierzig Jahren ein Baby, Sir Magnus war siebzig, als er entstand, und er war immer noch siebzig, als der Brief aus Australien durch die Briefklappe fiel. Jetzt war ihre ganze Zauberwelt in Gefahr« (S. 20).

Auch im Buch »Das geheime Leben der Puppen« von Ann M. Martin und Laura Godwin (2000/2001), einer Mischung aus Puppen- und Kriminalgeschichte, geht es um fantastische Elemente. Hier wird das Leben zweier Puppenfamilien, der Familie Puppenheimer und der Familie Flinkbeiner, aus zwei verschiedenen Jahrhunderten kontrastiert. Repräsentieren die Puppenheimers als Porzellanpuppen noch den beschaulichen Lebensstil der Familien im 19. Jahrhundert mit Hausmusik und bürgerlichem Habitus, so sind die Flinkbeiners aus Plastik und verfügen über neue Medien wie Video und Computer. Trotz dieser trennenden Lebensumstände haben beide Familien etwas ganz Wichtiges gemeinsam: Sie haben sich verpflichtet, keine gewöhnlichen, bequemen Puppen ohne Eigenleben zu sein, wie es beispielsweise Barbie-Puppen sind, sondern sie haben freiwillig »in Übereinstimmung mit dem ewigen Gesetz« (S. 102) einen Eid auf das geheime Leben der Puppen als Puppenindividuen und auf ihren daraus abgeleiteten Ehrenkodex geleistet. Sind sie unvorsichtig und übertreten das Gesetz, ist ihre Puppenvitalität allerdings in Gefahr. Wird der Eid endgültig gebrochen, droht ihnen die »Ewige Puppenstarre« (S. 103), so wie es die gewöhnlichen Puppen ohnehin gar nicht anders kennen.

Ist dieser Text somit noch einmal eine Hommage an die Tradition der Puppe als lebendiges Wesen, als fantastische, eigensinnige und manchmal Normen brechende Begleiterin der Kindheit (vgl. Hurrelmann, 1995; Wilkending, 2008), so scheinen in zeitgenössischen Kinderbüchern Puppen, wenn sie denn überhaupt noch auftauchen, typischerweise eher »puppenstarr« zu sein. Im Bilderbuch »Lola rast und andere schrecklichen Geschichten« von Wilfried von Bredow (2009, Bilder von Anke Kuhl) stellt die schöne Anna-Lena eine Art menschliches Gegenstück zu Astrid Lindgrens vor Vitalität sprühenden Puppe Mirabell dar. Anders als ihre sportlich und pragmatisch eingestellten Eltern interessiert sich Anna-Lena nur für Mode und Parfüm, sie mag sich nicht bewegen, sondern nur vorm Spiegel drehen. Fixiert auf sich selbst, spielt sie, wenn überhaupt, nur mit Puppen, die ähnlich statusfixiert sind wie sie. Am Ende erstarrt sie zum Entsetzen ihrer Eltern zunehmend selber zu einer Puppe: »hübsch, doch ohne Leben« (von Bredow, 2009,

S. 17). Auch wenn in diesem Bilderbuch die Struwwelpeter-Geschichten lustvoll persifliert werden und die Texte eine augenzwinkernde Hommage an verwegene und mutige Kinder sind, wird die Vielschichtigkeit der Puppe als Spielzeug nicht mehr thematisiert. Sie ist jetzt nur noch ein kalter *Balg, entseelt* und festgeschrieben auf eine geschlechtsstereotypisierte Dinglichkeit.

So kann man am Ende fragen: Was ist aus der ehemals in den Kinderwelten so lebendig präsenten Puppenvielfalt geworden? Seit um das Jahr 1840 herum im Märchen »Das Geldschwein« von Hans Christian Andersen (2000) die große Puppe aus der halb offenen Kommodenschublade herausschaute und mit ihrer programmatischen Frage: »Sollen wir jetzt ›Mensch-Sein‹ spielen?« (S. 480 f.) die anderen Spielobjekte lebendig machte, seit die Puppe Wunderhold mit ihren souverän verfassten Memoiren die Kinder darüber aufklärte, dass Puppen, wenn man sich wirklich auf sie einlässt, fühlen, denken und sprechen können, seit Emma Biller, Else Ury und die anderen Mädchenbuch-Autorinnen die Puppe als eine ganz besondere Gefährtin in den aufregenden und manchmal dramatischen Jahren kindlicher Entwicklung einführten, seit achtlos auf einen Haufen geworfene Puppen ein letztes Zeugnis der intensiven Liebesfähigkeit brutal getöteter Kindern ablegten, seit die Puppe Mirabell zeigte, dass trotz alledem Hoffnung besteht, weil Kinder Puppen wachsen lassen und ihnen Leben einhauchen können, seit die Mennyms, Puppenheimers und Flinkbeiners lustvoll die Welt des »Als-ob« kultivierten und die Kunst der Symbolisierungsfähigkeit zelebrierten, seit dieser Zeit scheint die Idee der Puppe, die über ein eigenes geheimes Leben verfügt, weitgehend ausgedient zu haben. Hat sich hier eine Form der »Ewigen Puppenstarre« breit gemacht? Falls ja, bleibt zu fragen: Wer hat den Eid gebrochen?

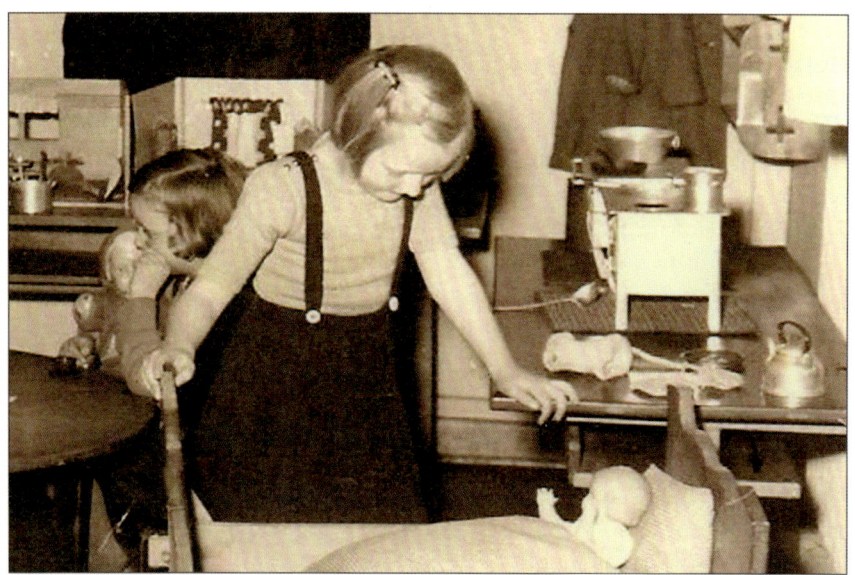

Abbildung 2: Schulkindergarten um 1954

Theoretische Rahmung – Dinge, Objekte, Spiel

»Nun ist aber der Einfluss der unbelebten Objekte auf den Selbstwerdungsprozess weitaus gewichtiger, als man aus der wissenschaftlichen Vernachlässigung dieses Vorgangs schließen würde. Auch Gegenstände ›sagen‹ uns, wer wir sind, zwar nicht mit Worten, jedoch durch Verkörperung unserer Intentionen. Auch in unserem Alltagsgetriebe können wir durch den Umgang mit Dingen über uns selber lernen, fast ebensoviel wie durch Menschen.«

Mihaly Csikszentmihalyi und Eugene Rochberg-Halton, »Der Sinn der Dinge«, 1989, S. 107

Lieblings*dinge* als Kindheitsbe*ding*ungen – zur Rolle persönlich bedeutsamer Objekte für Identitätsentwicklung und zwischenmenschliche Kommunikation

Von Geburt an sind Menschen von Dingen umgeben und umgeben sich mit Dingen. Das menschliche Leben ist bedingt und bedingend (vgl. Heubach, 1987). »Sage mir, welche Dinge du besitzt und was du damit tust, und ich sage dir, wer du bist!« (Fuhrer u. Josephs, 1999, S. 7). »Gegenstände haben – im Unterschied zu Personen – eine Stabilität und Immanenz, die es erlauben, mit ihnen Beziehungen – frei von persönlichen Implikationen – einzugehen« (Rojas-Bermúdez, 1982, S. 39). Menschen haben eine Bindung an Dinge, die ihnen – manchmal aus mehr oder weniger nachvollziehbaren Gründen – wichtig sind. Das zeigt sich nicht zuletzt beim Verlust solcher geliebten Objekte. Persönlich bedeutsame Objekte sagen viel über Selbstbilder und vermutete Fremdbilder aus bzw. darüber, wie Menschen sich sehen, sich sehen wollen, wie sie wollen, dass andere sie sehen oder glauben, von anderen gesehen zu werden. Anders gesagt: Persönliche Objekte sind identitätsrelevant. In diesem Zusammenhang erscheint es interessant, dass etymologisch gesehen die Wörter »Ding« und »Objekt« durchaus unterschiedliche Bedeutungskontexte aufweisen. Demnach verweisen Dinge eher auf Übereinkommendes und Objekte eher auf Gegenübergestelltes (Kluge, 1983/1999, S. 181 f. u. S. 596). Auch wenn die beiden Begriffe im Folgenden weitgehend austauschbar verwendet werden, bleibt die Frage reizvoll, ob für Kinder erst allmählich im Laufe ihrer Entwicklung die Dinge zu Objekten werden.

Welcher Stellenwert kommt in diesem »bedingten« Zusammenhang dem hypothetischen Konstrukt Identität zu? Identität ist kein einmaliger Zustand, den ein Mensch erreichen kann und dann unveränderlich behält, sondern Identität beschreibt einen fortlaufenden Prozess von Ich-, Selbst- und Menschwerdung, der ständig voranschreitet, aber nie völlig abgeschlossen ist (vgl. Fuhrer, 1999; Habermas, 1996; 1999). Es geht um die Frage, positiv zu bestimmen, wer oder was man ist, war, sein will oder sein wird oder sich auch negativ darüber abzugrenzen, wer oder was man *nicht* ist, war, sein will oder *nicht* sein wird (vgl. Fuhrer u. Trautner, 2005). Dabei handelt es sich bei dem in gewisser Weise schillernden Konzept der Identität letztlich um einen unerschöpflichen Definitionsraum (vgl. Frey u. Haußer, 1987), bei dem es immer auch um die wechselseitige Bezogenheit von personalen und sozialen Bezügen, von innen und außen geht. Unter Bezugnahme auf William James (1890/1950) lassen sich vier zentrale Charakteristika der Identität ausmachen (vgl. Fuhrer, 1999): Individualität, Konsistenz, Kontinuität und Wirksamkeit.

Mit seiner Theorie zur Selbsterkenntnis war William James einer der ersten Wissenschaftler, der sich bereits Ende des 19. Jahrhunderts mit der Beziehung zwischen Identitätsentwicklung und Objekten beschäftigt hat. Nach James' Auffassung ist *Selbsterkenntnis* nicht das Resultat eines intrapsychisch ablaufenden, in sich geschlossenen Prozesses, sondern wird nur möglich durch eine *Beziehung zu etwas anderem* (James, 1890/1950). Identität als Prozess vollzieht sich demnach weder innerhalb noch außerhalb der Person, sondern findet immer in einer dynamischen, wechselseitigen Beziehung zwischen Person und Umwelt statt (Fuhrer, 1999). Auch wenn dabei die soziale Umwelt, das heißt die Bezugspersonen und die Beziehungen zu anderen Menschen eine ganz zentrale Rolle für die Ich- und Identitätsentwicklung spielen (vgl. Erikson, 1950/1966), gilt es aber auch, den Einfluss der dinglichen Umwelt innerhalb dieser Entwicklungs- und Beziehungsprozesse nicht zu unterschätzen. Die dingliche Umwelt ist Teil der soziokulturellen Umwelt und in diesem Sinne können Objekte als physische Gegenstände gesehen werden, die Kultur beinhalten: Sie manifestieren, konstituieren und symbolisieren Kultur. Der Prozess der Identitätsentwicklung vollzieht sich somit gerade auch in der Begegnung zwischen Individuen und den Objekten, mit denen sie in Beziehung stehen, die durch diese Beziehung bedeutsam werden und in diesem Kontext eine mediale Funktion haben, da sich in ihnen personale und soziale Identität ausdrückt. So verstanden, ist Identitätsentwicklung auch immer ein Prozess kultureller Sozialisation. (En-)Kulturation und Kultivation sind demnach »*komplementäre Objektivierungen der Person und Subjektivierungen der Welt [...]* [wobei] [...] die Wegnahme aller Dinge, die den Kultivationsprozess tragen, [...] einen Menschen wirklich *im Innersten treffen* [würde]« (Csikszentmihalyi u. Rochberg-Halton, 1989, S. 9).

In diesem komplexen Zusammenspiel sind *persönlich bedeutsame Objekte* meist multifunktional und haben somit sowohl instrumentelle als auch symbolische Funktionen. Ein Sportwagen ist einerseits ein Objekt, das Menschen als Transportmittel von einem Ort zum anderen transportieren kann, besitzt aber anderseits für den Fahrer zumeist (zusätzliche) wichtige symbolische Bedeutungen wie Kraft, Freiheit, Potenz oder Ähnliches (vgl. Habermas, 1996). Eine Grödnertaler Holzpuppe steht einerseits für eine bestimmte Phase der puppenindustriellen Entwicklung, symbolisiert anderseits für eine Sammlerin möglicherweise aber Erfüllung des Schicksals (Benjamin, 1930/1969). Insofern vollzieht sich die Identitätsentwicklung primär in der Beziehung zu der symbolischen Information der Objekte und nicht zu den Objekten »an sich«. Dabei ist der wechselseitige Beziehungsprozess zwischen einer Person und der symbolischen Information der dinglichen Umwelt prinzipiell unerschöpflich und setzt immer wieder neu an: »In der reflexiv-konstruktiven und sinnstiftenden Verarbeitung von Symbolen stellt die Person immer wieder neu ihre eigene Identität her« (Fuhrer, 1999, S. 107).

Allerdings wird von phänomenologischer Seite zurecht darauf verwiesen, dass eine solche »soziale Sinngebung [...] nicht erst dem Denken [entspringt]«, sondern Ausdruck einer »präreflexiven Sozialität« ist (Stieve, 2008, S. 69). Unter Bezugnahme auf Lippitz (1980) und Meyer-Grawe (1984) hinterfragt Stieve, »ob es einen intersubjektiven Sinngehalt gibt, der sich in den Dingen materialisiert und unser Verhalten prägt, bevor er uns bewusst wird« und schlussfolgert: »[ein] Appell der Gegenstände wäre Ausdruck dieses Sinngehalts« (Sieve, 2008, S. 69). Im Zusammenhang mit Puppen kann das bedeuten, dass durch die Konfrontation mit der »andere[n] Identität« der Puppe selbst für das Kleinkind die Erfahrung des Eigenen möglich wird (Petzold, 1983b):

> »Sogar das Kleinkind, dessen Ich noch nicht den reflexiven Akt auf das Selbst hin vollzogen hat, […] erhält in der Puppe eine Möglichkeit, sich selbst wahrzunehmen und die Abhängigkeit von einer anderen Identität zu mildern. […] [Die Puppe] bietet die Chance, die Strebungen des eigenen Begehrens und des Vernichtungswillens kennenzulernen […] und nach und nach zu entdecken, daß das andere, das sich in und an der Puppe artikuliert, das Eigene ist …« (S. 13).

Nicht von ungefähr verweist Petzold auf dem Hintergrund seiner psychotherapeutischen Erfahrungen darauf, dass die Bedeutung der Dinge oft vernachlässigt werden, und erinnert an die archaische Wucht, die Puppen zu eigen sein kann:

> »Die Puppe ist ein Ding. Die Puppe ist verfügbar. Die Puppe wird besessen. Die Puppe wird weggeworfen. Kinder liebkosen ihre Puppen oder schlagen sie, kleiden sie zärtlich an oder reißen ihnen die Haare aus. Die Puppe ist der Willkür der zerstörerischen oder libidinösen Impulse ausgesetzt, die sich damit nicht gegen das Selbst oder gegen Menschen richten, sondern die gleichsam an einen Stellvertreter gehen. Die Puppe fängt unkontrollierte, überschießende Affekte auf. Die Puppe wird damit selbst Teil des Archaischen« (S. 11 f.).

Susan Isaacs, eine zu ihrer Zeit führende englische Verteterin der Frühpädagogik, setzt noch einen anderen Akzent. Für sie zeigt sich der komplexe Zusammenhang zwischen Menschen und ihren Objekten insbesondere dadurch, dass die Beziehung zwischen Person und Objekt nie nur eine Zweierbeziehung darstellt, sondern (mindestens) *triadisch* organisiert ist, wenn nicht sogar über noch mehr als drei Ecken gehen kann:

> »Ich glaube nicht, dass die Beziehung zwischen einer Person und einem physischen Objekt – sei es ein Spielzeug, ein Werkzeug, eine Waffe, ein Ort, ein Ornament oder ein profanes Geldstück – eben nur eine einfache Angelegenheit zwischen einer Person und einer Sache ist. Es ist immer eine triadische Beziehung zwischen mindestens zwei Personen und dem Objekt« (Isaacs, 1936, S. 70).

Als ein klassisches Beispiel für eine *triadische Beziehung* zwischen zwei Menschen und einem Objekt kann das *Übergangsobjekt* gelten. Das Übergangsobjekt ist das erste persönlich bedeutsame Objekt im Leben eines Säuglings und symbolisiert die primäre Beziehung (vorwiegend zur Mutter). Durch seine Beziehung zu diesem Objekt – oft eine Decke oder ein weiches Spielzeug wie eine Puppe oder ein Kuscheltier – kann das Kleinkind seine ersten Schritte in die Selbständigkeit wagen.

Das Übergangsobjekt erleichtert nicht nur die körperliche Trennung von der Mutter, sondern führt den Säugling das erste Mal in den *intermediären Raum* zwischen innerer und äußerer Realität, das heißt in einen Raum, in dem sich die Entfaltung der eigenen Identität vollziehen kann (Winnicott, 1953).

Die Wirkung von Objekten und Dingen in diesem sich immer wieder neu konstituierenden intermediären Raum kann das ganze Leben über relativ bestimmend für die Identitätsentwicklung bleiben. Insbesondere in den Übergangsphasen menschlicher Entwicklung spielen persönlich bedeutsame Objekte und die Beziehungen der Menschen zu ihnen eine besonders wichtige Rolle (Habermas, 1999). Dabei ist diese Beziehung zwischen Person und Objekt nicht statisch und eimdimensiomal, sondern sie findet immer in einem vielschichtigen, dynamischen und *kommunikativen Kontext* statt, der sich verschiedenen, oft miteinander verschränkten intra- und interpersonalen Ebenen zuordnen lässt. Nach Habermas lassen sich neun Kategorien unterscheiden, in denen die Kommunikationsfunktionen von persönlichen Objekten ihre Wirkung entfalten können.

Auch wenn es im Kindesalter bei Person-Objekt-Beziehungen noch nicht im engeren Sinne um Fragen des Zusammenhangs mit Identitätsentwicklung geht, haben Puppen und Kuscheltiere aber in jedem Fall einen Bezug zum Selbst und zum Selbsterleben. Insofern lassen sich die hier benannten Kommunikationsfunktionen durchaus auch auf die besondere Beziehung von Kindern (und Menschen generell) zu Puppen und Kuscheltieren anwenden, da es sich zumeist um persönlich bedeutsame Objekte handelt. Dabei lässt sich das manchmal etwas nebulös erscheinende Phänomen der Beseelung von Puppen- und Kuscheltier-Objekten mittels der von Habermas (1999) entwickelten Kommunikationsfunktionen gut veranschaulichen und operationalisieren (vgl. Tabelle 1).

1. Puppen und Kuscheltiere können als Zeichen der *Selbstdarstellung* genutzt werden, indem sie in einer besonderen Weise mehr oder weniger öffentlich präsentiert und arrangiert werden und man sich damit schmückt. Die Botschaft an die anderen kann dann beispielsweise ausdrücken: »Ich gehöre zur Gruppe der Besitzerinnen von bestimmten Marken-Puppen« oder »Ich habe ein solch inniges Verhältnis zu meinen Kuscheltieren, dass sie alle bei mir im Bett schlafen dürfen«.
2. Da Puppen und Kuscheltiere oft als Geschenke in den Besitz der Kinder kommen, sind es Objekte, mit denen eine *Erinnerung* an die schenkenden Personen verknüpft ist, so dass gerade auch bei zeitlicher und räumlicher Trennung durch diese Funktion eine Verbindung mit diesen Menschen möglich wird.
3. Puppen und Kuscheltiere werde gern als imaginäre Gefährten und fantasierte Gesprächspartner genutzt. Sie stoßen auf diese Weise die *Kommunikation mit sich selbst* an und fördern darüber hinaus Prozesse der Selbstdifferenzierung und Selbstexploration.
4. Insbesondere Handpuppen eignen sich dazu, die *mediale Kommunikation* mit Dritten in Gang zu bringen oder zu unterstützen. Über das Medium Puppe können eigene Hemmungen überwunden und Kontakt mit der sozialen Außen-

Tabelle 1: Funktionen persönlicher Objekte (nach Habermas, 1999, S. 113)

Selbstdarstellung – Besonderheiten der eigenen Person – Zugehörigkeit zur sozialen Gruppe – andere Aussagen über Personen	*Stimmung und Befindlichkeit* *Spannungsregulation* – Entspannung – Anregung (Spaß und Unterhaltung)
Erinnerung – Erinnerung an vergangene Zeiten – Erinnerung an bestimmte Personen – Erinnerung an Orte – symbolischer Zukunftsentwurf	*Sicherheit* – Vertrautheit – Geborgenheit *Stimmungen* – beeinflusst / spiegelt Stimmung – ermöglicht Affektausdruck (Katharsis) – tröstet
Selbstkommunikation – imaginärer Dialogpartner – Anthropomorphisierung – erleichtert Nachdenken/Besinnen	*Flucht in Fantasie* – Tagträume – Flucht aus Alltag
Mediale Funktionen – ermöglicht rezeptive Teilnahme an Kultur – erleichtert den Kontakt zu anderen – erleichtert gemeinsame Aktivitäten	*Ästhetisch-rezeptive Funktion* *Ästhetisches Gefallen* – taktiles Gefallen – optisches / akustisches Gefallen *Harmonie* – vermittelt Harmonie und Wohlgefühl – verbindet mit Natur
Konstitution eines Eigenbereichs – ermöglicht / symbolisiert Freiheit / Unabhängigkeit – erleichtert sozialen Rückzug – Privatheit: erfordert Ungestörtsein – Privatheit: exklusive Kontrolle über Objekt	*Erhöhung der Handlungskompetenz* – dient kreativer Betätigung – dient Leistung – Glücksbringer, Stärkung *Instrumentell für andere Zwecke*

welt hergestellt werden. Und auch umgekehrt gelingt der Zugang von außen zu schwer erreichbaren Kindern und Menschen mittels des Einsatzes von Puppen zumeist recht gut.

5. Im Spiel mit Puppen und Kuscheltieren wird sowohl beim solitären privaten Spiel als auch im Spiel mit anderen ein *Eigenbereich* bzw. ein abgegrenzter Bereich der Spielwelt konstruiert. Hier wird signalisiert, dass Privat- und Ungestörtheit angesagt ist, dass ganz eigene Normen und Regeln herrschen, und hier können andere Personen einbezogen aber auch ausgeschlossen werden.
6. Puppen und Kuscheltiere werden von den mit ihnen interagierenden Individuen als resonant erlebt. Sie können die *Stimmungen* und *Befindlichkeiten* der Menschen (wider)spiegeln, kontrastieren oder einfach auch nur akzeptieren. Im Spiel mit ihnen können Spannungen reguliert, Sicherheit und Trost erfahren und Fantasien und Sehnsüchte ausgelebt werden.
7. In der Art und Weise ihres optischen, akustischen und taktilen Ausdrucksgehalts lösen Puppen und Kuscheltiere *ästhetische Rezeptionen* aus und schulen bzw. beeinflussen damit gleichzeitig entsprechende Empfindungen und die Herausbildung (waren)ästhetischer Kategorien.

8. Puppen und Kuscheltiere sind prädestiniert, performativ zu wirken, Gedanken und Sprache in Handlungsspielräumen umzusetzen. Im Spiel mit ihnen können sich kreative und erfolgreiche *Handlungsorientierungen* herausbilden bzw. geübt werden.
9. Das Funktionsspektrum von Puppen und Kuscheltieren ist darüber hinaus offen, so dass in einer Art *Residualkategorie* eine Vielzahl unterschiedlicher instrumenteller Funktionen von Puppen und Kuscheltieren zugeordnet werden können. Ein Kuscheltier kann als Boxsack zum Aggressionsabbau fungieren, als Schmusekissen, als Fußball, eine Puppe kann als Buchstütze oder als Experimentierfeld für Weiblickkeitsinszenierungen (Frisuren, Schminken, Mode) genutzt werden.

Übergangsobjekte – zweite Liebe, erster Besitz

Das erste persönlich bedeutsame dingliche Objekt, mit dem Menschen zumeist bereits kurz nach ihrer Geburt in Beziehung kommen, stellt sich als so genanntes *Übergangsobjekt* dar. Das Konzept des Übergangsobjekts wurde Anfang der 1950er Jahre von dem englischem Kinderarzt und Psychoanalytiker Donald W. Winnicott in die psychoanalytische Debatte über Fragen frühkindlicher Entwicklung eingeführt (Winnicott, 1953). Die diesem Konzept zugrunde liegenden Annahmen haben sich als hilfreich für das Verständnis der Funktionen von Puppen und Kuscheltieren im Rahmen frühkindlicher Entwicklungsprozesse erwiesen. Winnicott zeichnet nach, wie sich seelisch gesunde Entwicklung im Sinne des Erreichens sicherer Bindungsfähigkeit und Identität im Kontext der verschiedenen Objektbeziehungen entfalten kann. Nach der ersten Liebe des neugeborenen Kindes zum Primärobjekt (meistens die Mutter) stellt das Übergangsobjekt eine Art zweite Liebe dar und ist das erste *Nicht-Ich-Objekt* (»not-me-possession«) bzw. die Erfahrung eines Nicht-Selbst, eines Anderen, im Leben eines Säuglings (vgl. Schmidt-Denter, 2005). Das erste Mal im Leben gelingt es dem Säugling, etwas als außerhalb von sich selbst und seiner direkten Beziehung zur Mutter zu erfahren. Das Übergangsobjekt – meistens ein Stück Stoff wie eine Decke, eine Stoffwindel oder ein anderes weiches Objekt wie zum Beispiel eine Stoffpuppe oder ein Kuscheltier – wird innerhalb des ersten Lebensjahres von dem Säugling selber entdeckt oder präziser gesagt: kreiert bzw. erschaffen. Nach Winnicott handelt es sich dabei um ein »*Paradoxon* und die *Annahme* dieses Paradoxon […]: das Kleinkind erschafft das Objekt, aber das Objekt war bereits vorher da, um geschaffen und besetzt zu werden« (Winnicott, 1973, S. 104). Damit kommt der Qualität der von der Außenwelt bzw. von den Erwachsenen zur Verfügung gestellten Dingwelt ein wichtiger Stellenwert zu: Sie sollten geeignet sein, Kindern gleichzeitig sowohl den Bezug zur äußeren Realität als auch zur eigenen Imagination und Fantasie zu ermöglichen (vgl. Nitsch-Berg, 1978). Gelingt es der primären Bezugsperson dabei, dem Kind zuzugestehen, dass dieses

Objekt real existiert und auch existieren darf, dann wird zu diesem Objekt eine besonders intensive (und zumeist nachhaltige) Bindung in der Folgezeit entwickelt. Gleichzeitig wird auch deutlich, dass die Erschaffung eines solchen Übergangsobjekts und die nachfolgende Entwicklung einer Kind-(Übergangs)-Objekt-Beziehung die *Fähigkeit zur Symbolisierung* voraussetzt. Für den Säugling symbolisiert das Übergangsobjekt einerseits zwar die primäre Objektbeziehung (die Mutter), gleichzeitig wird es aber auch in jedem Falle als etwas anderes als die Mutter erlebt. Mit dieser Symbolbildung und Kreation des Übergangsobjekts ist das Kind in der Lage, zwischen »Phantasie und Fakten, zwischen inneren und äußeren Objekten, zwischen primärer Kreativität und Wahrnehmung zu unterscheiden« (Winnicott, 1973, S. 11) und macht damit die ersten Schritte hin zur Entwicklung seines Selbst. Nach Winnicott (1953, 1973) stellt die Beziehung zwischen dem Säugling und seinem Lieblingsobjekt ein universales Phänomen dar und ist grundlegend für normale Entwicklungsverläufe. Dabei können Übergangsobjekte auch in späteren Entwicklungsphasen eine vergleichbare Rolle wie im frühen Kindesalter spielen. Für ein adäquates Verständnis des Phänomens Übergangobjekt und seiner zentralen Rolle im Rahmen menschlicher Entwicklung sind drei wichtige Bereiche zu unterscheiden: die Eigenschaften des Objekts selbst, die Qualitäten und Funktionen der Beziehung zu dem Objekt und der Raum oder Erfahrungsbereich, in dem sich Beziehung vollzieht.

Eigenschaften des Übergangobjekts
Das Übergangsobjekt wird vom Kind innerhalb des ersten Lebensjahres – normalerweise im Alter um sechs Monate – selber entdeckt bzw. geschaffen. Es existiert außerhalb des Kindes und gehört nicht zu seinem eigenen Körper wie etwa der Daumen oder ein Finger und ist somit das erste als Nicht-Ich empfundene Objekt im Leben der Menschen. Das Übergangsobjekt repräsentiert sowohl die Beziehung zum Primärobjekt als gleichzeitig auch die sich außerhalb dieser Verbundenheit *herausbildende Selbständigkeit* und das Bedürfnis nach Autonomie:

> »Das Objekt repräsentiert den Übergang des Kindes aus einer Phase der engsten Verbundenheit mit der Mutter in eine andere, in der es mit der Mutter als einem Phänomen außerhalb seines Selbst in Beziehung steht« (Winnicott, 1973, S. 25).

Obwohl die (potenzielle) Symbolisierbarkeit des Übergangsobjekts die Voraussetzung dafür ist, dass es genau als ein solches Objekt fungieren kann, stehen auf der unmittelbar gegebenen Erfahrungsebene ganz vorrangig seine konkrete Präsenz und damit bestimmte Eigenschaften des Objekts im Vordergrund. Das Übergangsobjekt muss physisch (an)gefasst werden können und sinnlich konkret erfahrbar sein. Es muss Wärme geben, Textur besitzen bzw. appellieren und etwas ausstrahlen, das beim Kind den Eindruck von Vitalität und Eigenleben ermöglicht. Aus diesem Grund gehören zu den wichtigsten Eigenschaften des Übergangsobjekts seine takti-

len Qualitäten (Busch, Nagera, McKnight u. Pezzarossi, 1973). In einer der wenigen Studien, in der die Zuneigung des Kindes zu den Lieblingsobjekten und seinen wichtigen Eigenschaften aus der kindlichen Perspektive heraus erfasst wurde, waren es vor allem die taktilen Eigenschaften des Objekts, die als ganz wesentlich benannt wurden (Lehman, Arnold u. Reeves, 1995).

Qualitäten und Funktionen der Beziehung zu dem Übergangobjekt
Es gehört zum Wesen des Übergangsobjekts, dass es eine Art Projektionsfläche darstellt, auf die das Kind seine inneren Bedürfnisse, Wünsche und Ängste projizieren und sich selbst damit erfahrbar machen kann. Das Übergangsobjekt wird *vom Kind selber kontrolliert* und darf in der Regel nicht verändert werden, außer wenn das Kind selbst es verändert. Die Beziehung zwischen dem Kind und seinem Übergangsobjekt ist grundsätzlich von starker Emotionalität geprägt. So können immer wieder kindliche Dramen stattfinden, wenn Erwachsene dieses Gebot nicht respektieren, wie beispielsweise dann, wenn »das Objekt« gegen den Willen bzw. ohne Wissen des Kindes gewaschen wird (vgl. Häfner, 2008). Das Ausmaß und die Form, in der diese intensive Emotionalität ausgedrückt wird, hängt mit der Qualität der Beziehung zum (zumeist mütterlichen) Primärobjekt zusammen. Erfährt ein Kind in dieser Beziehung – im Sinne des mütterlichen Affektspiegelns (vgl. Gergely, 2000/2002) – ausreichend Liebe und Zuwendung, wird seine Beziehung zum Übergangsobjekt in der Regel überwiegend liebevoll und zugewandt sein. Ist aber die Beziehung zum Primärobjekt deutlich gestört – wie zum Beispiel im Fall von starker Vernachlässigung, Missbrauch oder Depression der Mutter – spiegeln sich diese Erfahrungen häufig in entsprechender Weise in der Beziehung zwischen dem Kind und dem (dinglichen) Objekt wider (Sinason, 1988, 2001). Dabei muss die Beziehung des Kindes zum Übergangsobjekt nicht unbedingt die Beziehungserfahrung zum Primärobjekt in identischer Weise widergeben. Gerade dann, wenn eine durchaus gesunde Primärbeziehung existiert, kann sich das Kind auch ambivalent oder partiell feindselig gegenüber dem Übergangsobjekt verhalten. Denn: Als Projektionsfläche für seine inneren Bedürfnisse, Wünsche und Ängste wird es eben nicht nur zärtlich oder leidenschaftlich geliebt, sondern manchmal auch – zumindest temporär – intensiv gehasst oder misshandelt (Winnicott, 1973).

Eine der Hauptfunktionen des Übergangobjekts ist es, *beruhigend* zu wirken bzw. Spannungen (zum Beispiel Aggressionen) abzuleiten. Der Kontakt zum Objekt reduziert dabei zumeist Stress, Angst und Aufregung und mildert die negativen Begleiterscheinungen einer (drohenden) Trennung vom Primärobjekt. Deswegen spielen Übergangsobjekte als Helfer in Trennungssituationen wie dem Übergang in Kinderkrippe und Kindergarten oft eine solch wichtige Rolle (vgl. Funder, 2009). Dennoch: Obwohl die grundsätzlich beruhigende Funktion von Übergangobjekten im Prinzip unumstritten ist, kann man aber nicht von der interkulturellen Universalität dieses Phänomens ausgehen. So verweisen beispielsweise Gaddini und

Gaddini (1970) sowie Litt (1981) in ihren Studien auf kulturelle und soziale Unterschiede hinsichtlich des Vorhandenseins und des Einsatzes von Übergangsobjekten. Demnach waren vor allem die Schlafarrangements innerhalb der Familien ausschlaggebend für die Existenz von Übergangsobjekten. So kamen Übergangsobjekte viel seltener in Familien vor, in denen die Säuglinge entweder in der Nähe der Mutter schliefen oder von der Mutter in den Schlaf geschaukelt wurden. Diese Befunde unterstützen die von Sutton-Smith (1986) postulierte Annahme, dass die übergangsobjektähnliche Bindung an eine Schmusedecke oder ein weiches Spielzeug im ersten Lebensjahr typisch für solche Kulturen ist, in denen Kinder möglichst früh zur Selbständigkeit erzogen werden.

Unabhängig von der Frage, ob Kinder grundsätzlich auf Übergangsobjekte angewiesen sind oder nicht, kann man konstatieren, dass diese Symbolträger in spezifischen Situationen – zum Beispiel dann, wenn ein Kind müde, verletzt, emotional beunruhigt ist oder wenn es einfach auch nur sehr schwer einschlafen kann – wegen ihrer sinnlich-konkret erfahrbaren beruhigenden Wirkung manchmal wichtiger für das Kind sein können als das Primärobjekt selber (Busch, Nagera, McKnight u. Pezzarossi, 1973). Im Übrigen gilt diese besänftigende Funktion nicht nur für Kinder: Kuscheltiere behalten ihre Macht, beruhigen zu können, und werden durchaus auch von Jugendlichen und Erwachsenen in Stresssituationen mehr oder weniger bewusst eingesetzt (Humphrey, 1987; Shafi, 1986). In ihrer Funktion und Rolle als Trostspender in Krisensituationen werden sie deshalb nicht zuletzt im klinischen Kontext eingesetzt, wie zum Beispiel bei der Bewältigung von Trauer und Verlust oder zur Unterstützung der Krankheitsverarbeitung. Bisweilen können auch Puppen in bestimmten Fällen diese Funktion übernehmen, wobei die Frage einer möglicherweise jeweils spezifischen Wirkung von Puppen und Kuscheltieren für Kinder und Erwachsene in solchen emotional belastenden Situationen (noch) nicht eindeutig beantwortet werden kann.

Grundsätzlich kann die Beziehung zwischen Kindern und ihren Übergangsobjekten als dauerhaft angesehen werden, da sie meistens bis spät in die Kindheit hinein oder sogar noch darüber hinaus aufrechterhalten wird (Ahluvalia u. Schaefer, 1994; Lehman, Arnold u. Reeves, 1995). Auch wenn die Bedeutung des konkreten persönlich bedeutsamen Objekts im Laufe der Zeit allmählich verblassen kann, ist es zumeist weder vergessen noch muss dieser Bedeutungsverlust intensiv betrauert werden (Winnicott, 1953, 1973).

Der Erfahrungsraum
Im intermediären Beziehungsraum von Kind und Übergangsobjekt wird das Kind – sozusagen außerhalb von sich selbst– vom *Übergangsobjekt begleitet* und in den Raum der Erfahrung geführt, der damit zum zentralen Entwicklungskontext wird. Der Erfahrungsraum ist der Bereich, in dem das Kind und sein Übergangsobjekt ihre Beziehung konkret vollziehen und ausleben, in dem das Objekt mit ganz spezifischen innerseelischen Erfahrungen verknüpft wird (Goldbrunner, 1991). Es ist

der Bereich zwischen der inneren (psychischen) und der äußeren Realität, in dem zentrale Aspekte beider Realitäten einfließen. Es ist ein Bereich der Illusionen und der Ort, an dem sich Selbsterkenntnis und Entwicklung vollziehen:

> »Es ist ein Bereich, der kaum in Frage gestellt wird, weil wir uns zumeist damit begnügen, ihn als eine Sphäre zu betrachten, in der das Individuum ausruhen darf von der lebenslänglichen menschlichen Aufgabe, innere und äußere Realität voneinander getrennt und doch in wechselseitiger Verbindung zu halten« (Winnicott, 1973, S. 11).

Obwohl sich die Formen der Objektbeziehungen im Laufe der menschlichen Entwicklung ändern – so werden Übergangsobjekte später durch andere Objekte, Beziehungen, Symbole, kognitive Konstrukte etc. ersetzt –, bleiben intermediärer Erfahrungsbereich und »Intermdiär-Objekte« (Rojas-Bermúdez, 1982) ganz zentral für die Entfaltung menschlicher Entwicklung bestehen. Für die hier interessierende Fragestellung ist dieser Zusammenhang insofern von großer Bedeutung, als es dieser Erfahrungsraum zwischen innerer und äußerer Realität ist, in dem Puppen und Kuscheltiere gerade auch später im Erwachsenenalter ihre Magie und ihren Zauber aber auch die Abwehr gegen eine solche mögliche Faszination entfalten können.

Spielzeug und Spielen – Basis des Menschseins?

Die dem Übergangsobjekt in der weiteren Entwicklung folgenden bedeutsamen »persönlichen Dinge« stellen eine besondere Klasse von Objekten dar. Es handelt sich dabei um die verschiedenen Varianten von *Spielzeug*, die die ersten »richtigen« realen dinglichen Objekte sind, mit denen Menschen in Berührung kommen. Das Wort Spielzeug versinnbildlicht die Art dieser Beziehung recht anschaulich: Ein Spielzeug ist ein Ding, eine Sache bzw. ein Gegenstand (= Zeug), und die Art und Weise, in der Menschen mit diesen Gegenständen auf der Handlungsebene in Beziehung treten, heißt: spielen. Kinder wachsen mit Dingen auf, die als Spielzeug intendiert bzw. genutzt werden. Durch ihre Interaktionen (= spielen) mit diesen Objekten (= Spielzeug) findet eine Form der Aneignung ihrer Welt und somit Erkenntnisgewinn statt. Im Spiel sowie in der Tätigkeit des Spielens und der Spielhandlungen entwickeln sich zentrale Aspekte ihrer körperlichen bzw. psychomotorischen, kognitiven, emotionalen, motivationalen und sozialen Fähigkeiten sowie ihrer Persönlichkeit.

Die persönliche Entfaltung, die durch das Spielen hervorgerufen wird, entwickelt sich aus einer Wechselbeziehung zwischen
1. dem Entwicklungsstand des Kindes,
2. den Eigenschaften des Spielzeugs und
3. der Tätigkeit des Spielens.

Dieses dynamische Beziehungsgeflecht verändert sich kontinuierlich im Entwicklungsverlauf und ist dabei sowohl Anregung als auch Ergebnis von Entwicklung. Ein bestimmtes Spielzeugangebot fördert das Erreichen spezifischer Entwicklungsstadien wie auch umgekehrt bestimmte Entwicklungsphasen wiederum typisches Spielverhalten und Spielzeug nach sich ziehen (Sutton-Smith, 1986). Es konstituiert sich somit ein Prozess, in dem das *Objekt Spielzeug* und die *Tätigkeit Spielen* zusammen wirken und nicht voneinander getrennt werden können. Neben der Pädagogik hat sich gerade auch die Entwicklungspsychologie mit der Bedeutung der Objekte und Spielgegenstände im Rahmen des kindlichen Spiels befasst. So beschreibt der Entwicklungspsychologe Rolf Oerter, der seit über 20 Jahren – unter Bezugnahme auf den gesellschaftlich-kulturellen Kontext – die Entwicklung des kindlichen Spielens vorwiegend handlungstheoretisch analysiert, die Beziehung zwischen dem Objekt Spielzeug und der Tätigkeit Spielen für die Entwicklung des Kindes in folgender Weise:

> »Gegenstände bilden von Anfang an den Kristallisationspunkt für Handlungen [...]. Ohne Gegenstand keine Handlung, aber ohne Gegenstand auch keine Entwicklung [...]. Beim Spiel wird der Gegenstand besonders bedeutsam, da er merkwürdige Wandlungen durchmacht und im Handlungsbezug nicht mehr das zu sein scheint, was er ist« (Oerter, 1999, S. 4).

Dabei hat die Erkenntnis über den Zusammenhang zwischen den Beziehungen zu bedeutsamen dinglichen Objekten und der Entwicklung der (kindlichen) Persönlichkeit mittlerweile einen deutlichen Niederschlag in der Ausstattung *kindlicher Umwelten* gefunden. Hier geht es um die Schaffung eines bestimmten Anregungsgehalts und Aufforderungscharakters, durch die Handlungsorientierung und Freude am Tun herausgelockt sowie Kompetenzerleben und die Erfahrung von Selbstwirksamkeit ermöglicht werden:

> »[...] intentionale Handlungsweisen, die Freude mit sich bringen, sind sehr wichtig für die Persönlichkeitsentwicklung. Diese Art von Freude ist ein Schlüsselfaktor, denn ihr Auftreten ist ein Beleg dafür, dass die Handlungen eine genuine Hervorbringung des Selbst ist. Daher haben die in Spielsituationen benutzten Spielvorlagen, Spielzeuge und Spielmittel eine zentrale Bedeutung für die Entwicklung des Kindes« (Csikszentmihalyi u. Rochberg-Halton, 1989, S. 116).

Im positiven Fall erschaffen Kinder im Spiel *Spielzeugwelten* (Fritz, 1989), die zu verstehen sind als ein spieldynamisches »Kräftefeld, in das Spielzeug als Vermittlungsmedium eingebunden ist« (S. 19). In dieses Kräftefeld gehen die Innenwelt, das heißt die Gefühle, Bedürfnisse, Wünsche, Befürchtungen der spielenden Kinder, die Erfahrungen mit personalen und dinglichen Objekten, die medial vermittelten Eindrücke wie auch das Spielzeug selber als appellative dingliche Verkörperung der objektiven Außenwelt mit ein. Kinder *ko-konstruieren* ihre Spielzeugwelten zusammen mit anderen Menschen und mit den dazugehörigen Gegenständen als kindspezifische Lebenskontexte, die mal stärker eine eigene Parallelwelt zur Welt der Erwachsenen, mal mehr Miniatur, Imitation bzw. Widerspiegelung der Erwachsenenwelt sein können:

> »Im Spiel des Kindes entfaltet sich […] eine ganze Welt, stellt das Kind sein Weltverständnis mit Hilfe des Spielzeugs dar, schafft sich das Kind eine ihm eigene Wirklichkeit von Welt, in der es die unbekannte Welt der Erwachsenen sich handelnd ebenso be-greifbar machen kann wie die eigene Welt seiner Wünsche und Gefühle, seiner Ängste und Sehnsüchte. Spielzeugwelten sind Parallelwelten zu unserer Wirklichkeit, von Erwachsenen geschaffen, um Kinder auf unsere Sicht von Wirklichkeit einzuschwören, von Kindern mit Leben erfüllt, um ihre Wirklichkeit zu schaffen: im Spiel – und in der Welt der Erwachsenen, der sie zugehören, sobald das Spiel beendet ist« (Fritz, 1989, S. 20).

In diesem Zusammenhang kommt dem Spielzeugangebot eine wichtige Valenz zu. Ausgehend von einer Phänomenologie des kindlichen Spielens nimmt Sutton-Smith (1986) eine *Klassifikation des Spielzeugs* vor und unterscheidet hinsichtlich des zumeist verfügbaren Spielzeugs drei Hauptgruppen, je nach dem Grad der Intensität, mit der damit interagiert wird, und nach dem Ausmaß der emotionalen Bindung daran (S. 215 f.):

1. *Beiläufiges Spielzeug* (»toys of acquaintance«): Hier geht es um den Besitz von bestimmtem Spielgegenständen, mit denen aber letztlich nie wirklich gespielt wird. Es handelt sich dabei oft um Geschenke, die ein paar Mal benutzt, dann aber im Schrank verstaut oder auf dem Flohmarkt verkauft werden.
2. *Alters- und geschlechtstypisiertes Spielzeug* (»age- and sex-stereotype toys«): Hier handelt es sich um Spielzeug, mit dem Kinder in bestimmten Entwicklungsphasen eine Zeit lang durchaus intensiv spielen, das aber, wenn sie ihm in gewisser Weise entwachsen sind, seine Bedeutung verliert.
3. *Identifikations-Spielzeug* (»toys of identification«): Das in diese Kategorie fallende Spielzeug steht in engem Zusammenhang mit der Identitätsbildung des Kindes und bleibt oft über die gesamte Lebensspanne von persönlicher Bedeutung. Es handelt sich um persönlich bedeutsame Lieblingsobjekte, die nicht nur die Rolle eines Gefährten und vertrauten Freundes in der Kindheit einnehmen, sondern durchaus auch die Entwicklung von Interessen und die Lebensgestaltung im Erwachsenenalter mit beeinflussen. Zu diesem identitätsrelevanten Spielzeug gehören häufig Lieblingspuppen oder Kuscheltiere, die liebevoll aufbewahrt werden oder zumindest lebenslang in Erinnerung bleiben.

Was heißt Spielen?
Annäherungen an ein ernsthaftes, sinnlos-sinnvolles Phänomen
Über die verschiedenen Wissenschaftsdisziplinen hinweg fällt es schwer, sich auf eine eindeutige Definition von Spiel und Spielen zu einigen. Was genau ist Spiel bzw. Spielen? Warum wird gespielt? Wozu dient es? Wenn der Mensch – frei nach

Friedrich Schiller – nur da ganz Mensch ist, wo er spielt, lässt sich der *homo ludens* in dieser Unspezifität nur schwer fassen. Fritz (2004) verweist darauf, dass sich ganze Generationen von Theoretikern, Forschern und Praktikern mit dem Phänomen des Spiels beschäftigt haben und dennoch in all diesen Abhandlungen die Frage nach einer klaren begrifflichen Erfassung unbeantwortet bleibt: »›Spiel‹ wirkt wie ein ›schwarzes Loch‹« (S. 16). Mogel (2008) konstatiert, dass sich das Spiel einer klaren Erklärung entzieht, »denn allzu facettenreich sind seine Dynamiken, Prozesse, Strukturen, Funktionen und Erscheinungsformen« (S. 8). Zahlreiche Annahmen finden sich vor allem in älteren Texte über *Funktionen und Sinn des Spiels* (vgl. Oerter, 2008): Es diene dem Abreagieren überschüssiger Energie, der Erholung, dem Einüben wichtiger Leistungen und Kompetenzen, der verkürzten Rekapitulation der menschheitsgeschichtlichen Entwicklung etc. Für Schäfer (1989) sind »Spiel und Phantasie als […] Zwischenbereich, der innere und äußere Welt auf eine hochkomplexe Weise miteinander vermittelt«, zu verstehen und die Bedeutung des Spiels liegt in der »Integration des Aufgefächerten und Aufgesplitterten« (S. 30). Für Sutton-Smith (1997) hingegen ist Spiel von seinem Wesen her grundsätzlich vieldeutig und vielschichtig, ist demnach ambig. Er identifiziert sieben Diskurse, in denen die verschiedenen Konnotationen und Themen des Spiels behandelt werden (die Rhetorik des Spiels als Fortschritt, Schicksal, Macht, Identität, Fantasie, Selbst, Frivolität), und postuliert am Ende seiner Analyse, dass Spiel ein »model of adaptive variability« (S. 229) ist, ein Lebensbewältigungsmuster in Form anpassungsfähiger Veränderbarkeit. Etwas anders gesagt: Spiel ist geeignet, »verschiedenartige Situationen probehalber zu bewältigen« (Kauke, 1992, S. 129). Nach Fritz (2004, S. 17 ff.) lassen sich drei Dimensionen bestimmen, die das Phänomen Spiel ausmachen: Die Verhaltensdimension, in der sich *spielerisches Verhalten* durch Selbstbestimmtheit, Kontrastierung gegenüber regulierten Alltagsroutinen, Wagnis und Experiment und Fantasie und Kreativität auszeichnet; die rahmende Dimension der Spielwelt als einer anderen Welt; die Konstruktdimension als eine Art Skript für Vereinbarungen, Regeln und Materialien. Trotz aller Unterschiedlichkeit der hier nur kurz angesprochenen unterschiedlichen theoretischen Bestimmungskriterien und Zugänge lassen sich in Bezug auf den hier interessierenden Zusammenhang dennoch drei generalisierbare *zentrale Merkmale des (kindlichen) Spiels* benennen (vgl. Oerter, 1999; 2003, S. 118–120; 2008):

1. Spielen kann als Selbstzweck bzw. als eine *zweckfreie Tätigkeit* bezeichnet werden, die aus einem inneren Anreiz – Spielen des Spielens wegen – entsteht. Es ist ein Verhalten ohne (zumindest unmittelbar) ersichtlichen Zweck, ein Handeln, das sich vorwiegend um sich selbst dreht. Ein Kind, das spielt, verliert sich in dieser Tätigkeit. Es passiert etwas, was durchaus dem Phänomen ähnlich ist, das von Csikszentmihalyi und Rochberg-Halton (1989) im Kontext ihrer Arbeiten zum Sinn der Dinge als *Flow-Erlebnis* bezeichnet wird. Dabei stellt eine solche scheinbar sinnfreie Tätigkeit aber ein durchaus komplexes Verhaltenssystem dar, dessen Quelle in der Natur des Lebens selbst liegt.

2. Spielhandlungen zeichnen sich durch scheinbar unermüdliche *Wiederholungen* aus, die oft in Form von *Ritualisierungen* ablaufen und damit eine Sicherheit gebende Funktion haben. Dabei gibt es trotz der permanenten Wiederholung kaum Ermüdungserscheinungen. Im Gegenteil: das Kind verstärkt sich und seine Handlungen durch die Wiederholung positiv, optimiert seine Handlungsspielräume und kann während dieses Tuns gleichzeitig auch belastende Erfahrungen durcharbeiten. Dabei kann der Ritualcharakter dem spielerischen Handeln eine herausgehobene und besondere Bedeutung verleihen und damit eine positiv konnotierte Selbstvergewisserung bewirken.
3. Darüber hinaus gelingt dem Kind im Spiel spielend eine *Realitätstransformation*. Es schafft einen Bezugsrahmen, in dem es – zumindest temporär – die Realität nach eigenen Wünschen und Bedürfnissen gestalten kann, ohne Sanktionen zu befürchten. In diesem Sinne gelingt es ihm, entweder allein oder auch mit anderen gemeinsam, einen Handlungsrahmen zu schaffen, der das Ausprobieren von Fiktionalität und Fantasie ermöglicht.

Dabei ist Spielverhalten kein Alleinstellungsmerkmal menschlicher Entwicklung, sondern kann bei einer Vielzahl unterschiedlichster Tierarten beobachtet werden – Insekten, Vögel, Alligatoren und Pelikane spielen. *Alle Säugetiere spielen* und je größer das Gehirn der Tierart im Verhältnis zum Körpergewicht ist, desto häufiger und vielfältiger erweist sich das Spiel (Weiß, 2008). So deutet sich beispielsweise bei jugendlichen Schimpansen an, dass sie ein ähnlich geschlechtstypisches Spielverhalten zeigen wie Menschenkinder (Kahlenberg u. Wrangham, 2010). Das Verhaltenssystem Spielen hat sich in den verschiedensten Bereichen als vorteilhaft für das Überleben erwiesen. So findet sich zum einen eine Verbindung zwischen Spielaktivitäten und Hirnentwicklung: physische Aktivitäten, die häufig im Spiel vorkommen (wie beispielsweise Springen, Rennen und Schleichen) fördern die Verknüpfungen von Nervenzellen in den Teilen des Gehirns, die auch die Körperbewegungen, die bei der Jagd oder Flucht lebenswichtig sind, steuern. Zum anderen fördert Spielen grundsätzlich eine gewisse Flexibilität und Anpassungsfähigkeit. Und man weiß: Wer sich schneller an Veränderungen der Umwelt anpassen kann, hat einfach bessere Überlebenschancen (Pellegrini u. Smith, 2007; Weiß, 2008).

Spielen stellt weiterhin eine besondere Art der *Kommunikation* dar, die bestimmte Signale enthält und von anderen erkannt bzw. erlernt werden muss. Tiere und/oder Menschen, die in Isolation aufwachsen, können beispielsweise nicht spielen (Sutton-Smith, 1986). Die Signale des Spielens – wie zum Beispiel Schwanzwedeln bei Hunden, bestimmte Geräusche bei Primaten oder übertriebene Gesichtausdrücke und Gesten bei Menschen – weisen andere darauf hin, dass es *eben nur ein Spiel* ist. Die Kommunikation dieser Spielintention – die Botschaft: »das ist doch nur ein Spiel und nicht wirklich ernst gemeint« – ist ein zentrales Element des Spielverhaltens.

Aber Spielen ist nicht nur Kommunikation, sondern auch *Expression*, und zwar in gewisser Weise eine paradoxe Form von Expression: Es passiert gleichzeitig etwas

Ungleichzeitiges, es vereinigt sozusagen »etwas« mit »nicht etwas«. Man tut so, »als ob«. Beim Spielen ist ein Spielzeugauto ein Auto, aber eben auch kein Auto, weil man nicht einsteigen und losfahren kann. Ein Kampf ist gleichzeitig ein Kampf und auch kein Kampf, die Mitspielerin ist die Prinzessin und gleichzeitig natürlich nicht die Prinzessin (Sutton-Smith, 1986). Elkonin (1980) berichtet über ein interessantes Experiment, in dem Kinder zwischen drei und sieben Jahren aufgefordert wurden, unter anderem auch sich selbst zu spielen. Die Kinder verweigerten sich dieser Aufforderung mit der Begründung, so könne man nicht spielen. Spielen sei nur, wenn man eine andere Rolle übernähme oder andere Handlungen als die üblichen durchführe. Die Schlussfolgerung hieraus lautet: Sobald man wirklich man selbst ist, verliert die Handlung ihren Spielcharakter (Oerter, 1999). Für den Anthropologen Gregory Bateson ist dieser inhärente bzw. integrierte Widerspruch *die* Essenz des Spielens (Bateson, 1972). Demnach kann im Spiel bestimmtes Verhalten offen geäußert und gelebt werden, das normalerweise nicht zugänglich bzw. auch nicht möglich wäre. So ist es gerade das kommunikative Element des Spielverhaltens, das diese Form von Expression erlaubt, weil in der Regel jeder erkennt, dass es nur ein Spiel ist.

Spielen dient nicht nur dem Überleben der Spezies, sondern menschliches Spielen erweist sich auch im Kontext der *ontogenetischen Entwicklung* in einem ganz basalen Sinn als vorteilhaft: Es fördert die Entwicklung von sensumotorischen, kognitiven und sozialen Fähigkeiten, hilft bei der Identitätsbildung und Entfaltung der Persönlichkeit und erlaubt es dem Kind, sowohl geheime Wünsche als auch Aggressionen und Machtfantasien spielerisch auszuleben (Koste, 1995; Weiß, 2008). Dabei ändern sich im Laufe der Entwicklung Inhalte und Formen des Spiels, es ändert sich das, was und wie ein Kind spielt. So spielt ein Säugling naturgemäß anders als ein einjähriges, zweijähriges oder zehnjähriges Kind. Insofern gilt es, sich immer die Beziehung zwischen Spielzeug, Art des Spielens und Entwicklungsstand des Kindes zu vergegenwärtigen und diese verschiedenen Komponenten aufeinander abzustimmen.

Spielen im Kontext entwicklungspsychologischer Theorien –
Formen kindlicher Lebensbewältigung?
Die Besonderheiten des kindlichen Spielens haben auch die Begründer der großen und einflussreichen entwicklungspsychologischen Theorien dazu angeregt, sich auf dem Hintergrund ihrer jeweiligen theoretischen Konzeptionen mit diesen Phänomenen auseinanderzusetzen (vgl. Berk, 2001; Oerter, 2008).

Sigmund Freud (1920) ordnete das Spiel dem *Lustprinzip* zu, sozusagen als Gegenentwurf zum Realitätsprinzip, und akzentuiert zum einen den Aspekt der Wunscherfüllung und zum anderen den der Katharsis, der »inneren Reinigung«, durch die – vor allem durch die Form der Wiederholung – eine Problembewältigung gelingen kann. Gerade im symbolischen Als-ob-Spiel könne das Kind Unsicherheiten, Ängste und Sehnsüchte ausagieren, um somit bedrohliche Ereignisse zu bewältigen. Demnach würden Kinder solche Angst auslösenden Erfahrungen oft wiederholen, aber in Form einer Rollenumkehr, bei der sie bestimmen und somit Kompensation erlangen könnten.

Erik H. Erikson (1950) erweiterte Freuds Vorstellungen vom Als-ob-Spiel, indem er darauf verweist, dass Kinder in praktisch allen Kulturen das Phantasiespiel nutzen, um *etwas über sich und ihre soziale Welt herauszufinden*. Dabei spielen sie insbesondere die verschiedenen Familienrollen und die öffentlich sichtbaren beruflichen Rollen nach (zum Beispiel in westlichen Kulturen: Arzt, Krankenschwester, Polizist etc.). Demnach würden insbesondere Vorschulkinder durch die Beobachtung und das Nacheifern der Erwachsenen soziale Normen verinnerlichen und eine Vorstellung von ihrer eigenen Zukunft bekommen.

Auch *Lew Wygotski* (1933/1980) sah im Spiel eine spielrealistische Form der *illusionären Wunscherfüllung* von nicht bewussten kindlichen Bedürfnissen nach (erwachsener) Größe und Stärke. In diesem Zusammenhang kommt vor allem dem Konzept der »Zone der nächsten Entwicklung« ein wichtiger Stellenwert zu: Die anstehenden Entwicklungsaufgaben oder Beziehungsthemen können zwar im Spiel allein ausprobiert werden, sie können aber vor allem in der Interaktion mit anderen durchgearbeitet und gemeistert werden. Dabei schreibt Wygotski gerade dem Als-ob-Spiel die Funktion einer solchen Zone der nächsten Entwicklung zu. Im Spiel gelingt es dem Kind, reifer zu sein und zu handeln, als es seinem kalendarischen Alter entspricht; es wächst über seine üblichen Alltagskompetenzen hinaus, so als ob es einen Kopf größer wäre. Ein in solcher Weise vorgegebenes Spiel stellt somit einen Rahmen von Rollen, Regeln und Szenarien zu Verfügung, die es Kindern erlauben, sich partiell auf einem höheren Entwicklungsniveau zu bewegen.

Unter den großen klassischen Entwicklungspsychologen hat sich sicherlich *Jean Piaget* (1969) im Rahmen seiner Theorie zur geistigen Entwicklung des Kindes am intensivsten mit dem kindlichen Spiel auseinandergesetzt und soll von daher an dieser Stelle auch etwas ausführlicher behandelt werden. Piaget kontrastierte die sich eher akkommodativ vollziehende Nachahmung mit der eher assimilativen Form des Spiels. Somit stellt das Spiel für Piaget im Kontext der kognitiven Entwicklung des Kindes *das* zentrale Beispiel kindlicher Tätigkeit dar, bei der die Assimilation vor der Akkommodation überwiegt. Damit unterstreicht er die eigenständige assimilative Kraft des Kindes gegenüber dem akkommodativen *Sozialisationsdruck der Außenwelt*, da das Kind zumeist lustvoll, selbst bestimmt und frei von Anpassungszwängen an die äußere Umwelt seine vorhandenen Schemata und Vorstellungen in der Interaktion mit den Objekten ausprobiert und durchspielt. Es geht nach Piaget somit im kindlichen Spiel zunächst weniger um die Nachahmung der äußeren Welt, sondern eher um die Elaboration der eigenen Denk- und Handlungsschemata und Bedürfnisstrukturen, wobei sich interessanterweise zum Beispiel beim Puppenspiel dies teilweise auch in Form der Nachahmung des eigenen Handelns vollziehen kann. Hier kommt es zu dem, was Piaget *symbolische Kombinationen* nennt (S. 167 ff.):

»In allen Kombinationen, wie sie in Spielen mit Puppen oder auch dann vorkommen, wenn das Kind imaginäre Personen für seine Handlungen erfindet, sind die Elemente der Imitation und der Assimilation an das Ich so eng vereint ...« (S. 167). Piaget hat eine Vielzahl diesbezüglicher Beobachtungen protokolliert.

»Bb.81. – J. steckt mit 2;1 [...] den Kopf ihrer Puppe durch die Stangen des Balkons, das Gesicht gegen die Straße gerichtet, und beginnt der Puppe zu erzählen, was man sieht: ›Du siehst den See und die Bäume. Du siehst einen Wagen, ein Pferd.‹ usw. Am selben Tag setzt sie die Puppe auf ein Sofa und erzählt ihr, was sie selbst im Garten gesehen hat. Mit 2;1 [...] gibt sie der Puppe zu essen, aber spricht lange in der Art zu ihr, in der man ihr selbst bei ihren eigenen Mahlzeiten gut zuredet: ›Nochmals einen kleinen Happen. Mach Jaqueline eine Freude. Iß noch diesen Happen.‹ Mit 2;3 [...] setzt sie die Puppe mit gespreizten Beinen auf eine Stange, nimmt ihr die Haare vom Ohr, damit sie einem Grammophon besser zuhören kann. Mit 2;7 [...] erklärt sie ihr ihre eigenen Spiele: ›Du verstehst, ich werfe einen Ball‹ usw.

Mit 2;5 [...] bereitet sie für L. ein Bad vor: Ein Grashalm figuriert als Thermometer, die Badewanne ist eine große Schachtel, und das Wasser existiert nur als verbale Behauptung. J. taucht dann das Thermometer in das Bad und findet das Wasser zu heiß, sie wartet einen Augenblick und taucht das Gras wieder in die Schachtel: ›So ist es gut, welch ein Glück.‹ Dann geht sie auf L. (in Wirklichkeit) zu und tut so, als zöge sie ihr die Schürze, das Kleid, das Hemd aus, macht diese Gesten aber, ohne sie zu berühren. Das gleiche Spiel mit 2;8 [...].

Mit 2;6 [...] kommt und geht sie mit überkreuzten Armen und hält sozusagen ein Baby. Sie legt es mit Vorsicht auf ein Bett (ebenfalls imaginär), schläfert es ein, ›Schlaf kleine Puppe‹, dann weckt sie es und nimmt es wieder auf. Am selben Tag tut sie so, als würde sie ihre Mutter tragen (›Mama ist sehr schwer‹), dann imitiert sie die Frau des Farmers, die den Hühnern Körner gibt, dabei hat sie die Schürze hochgenommen, aber es befindet sich nichts darin. Alle diese Szenen sind bereits in den Ausgestaltungen des Details sehr weit fortgeschritten, aber es gibt kein symbolisches Objekt, und lediglich die Gesten begleiten das Reden. Das Spiel mit dem imaginären Baby taucht wieder mit 2;7 [...] auf, mit den neuen Details des Toilettenmachens; aber J. schweigt, wenn man dazukommt. Man hört sie von weitem sagen: ›Jetzt wollen wir spazierengehen‹ usw.

»Das Kind spielt [...] sein aktuelles Lebensgeschehen durch, als dass es spätere Aktivitäten vorübte. [...] Ebenso, wie das Übungsspiel durch funktionelle Assimilation jede der Neuerwerbungen des Kindes reproduziert, ebenso reproduziert das Phantasiespiel alles Erlebte, aber in symbolischer Darstellung, und in beiden Fällen ist diese Reproduktion vor allem Bestätigung des Ich durch das Vergnügen, seine Fähigkeiten zu erproben und die flüchtigen Erfahrungen wieder zu durchleben« (S. 171).

So sehr sich somit die verschiedenen theoretischen Ansätze in ihren generellen Aussagen auch unterscheiden mögen, so ordnen sie alle dem Spiel eine zentrale, wenn nicht sogar *die* zentrale Bedeutung in bestimmten kindlichen Entwicklungsphasen zu: Das Spiel »übernimmt Aufgaben der Lebensbewältigung zu einem Zeitpunkt, da andere Techniken und Möglichkeiten noch nicht zur Verfügung stehen« (Oerter, 2008, S. 238).

Vom Werkzeug zum Symbol –
Entwicklungsabfolgen des Spielverhaltens in der Kindheit
Wenn man das scheinbar Paradoxe des Als-ob-Spielens, die intrapsychisch aber gelingende Integration dieses Widerspruchs und den kommunikativen Charakter des Spiels als seine konstituierenden Haupteigenschaften betrachtet, dann würden Säuglinge in diesem Sinne nicht spielen. Typisch für den *Säugling* ist es, dass er versucht, etwas über die Umgebung, in der er lebt, und über seine eigenen Handlungsmöglichkeiten zu erfahren. Das zeigt sich in ganz bestimmten typischen Verhaltenssequenzen, wie zum Beispiel dem Greifen nach einem Objekt, dem Explorieren, indem er das Objekt in den Mund nimmt oder einfach damit agiert. In diesem Stadium werden Objekte wegen ihrer physischen Eigenschaften gewählt – ihres Gewichts, ihrer taktilen Eigenschaften wegen, also danach, wie sie sich im Mund anfühlen, welche Geräusche sie von sich geben usw. Dieses Verhalten ist zum einen Ausdruck der vorhandenen sensumotorischen Kompetenz, es führt zum anderen aber gleichzeitig auch zur Weiterentwicklung der Wahrnehmung des Säuglings und gibt ihm darüber hinaus Rückmeldungen über seine eigene Handlungsfähigkeit. *Im ersten Lebensjahr* wird Spielzeug somit vor allem als *Werkzeug* benutzt, um persönliche Kontrolle über die Umgebung zu erlangen (Erikson, 1979; Oerter, 1999; Sutton-Smith, 1986). Damit wird gleichzeitig eine frühe Erfahrung von Selbstwirksamkeit möglich.

Im *zweiten Lebensjahr* entwickelt sich aus dem sensumotorischen Spiel allmählich das *Symbolspiel*. Ein Spielzeug, das im ersten Lebensjahr vor allem Werkzeug war, wird nun zu einem Symbol (Sutton-Smith, 1986). Jetzt wird das Objekt nicht mehr wegen seiner physischen Eigenschaften benutzt, sondern weil es etwas anderes repräsentiert – ein stilisiertes Spielzeugauto wird zu einem richtigen Auto, eine Puppe wird zu einem Baby. Die sich hier andeutende Symbolfähigkeit ist zunächst noch sehr konkret und ein Kind behandelt die Objekte so, wie es das in der realen Welt beobachtet hat – das Auto fährt und macht dabei Geräusche, das Baby wird ins Bett gelegt und protestiert möglicherweise mit Weinen. Handlungen sind zunächst Elaborationen der vorhandenen kognitiven Schemata, aber dann durchaus auch Nachahmungen von bei anderen beobachtetem Verhalten. Strittig ist, ob ein solches Spielverhalten bei Kindern eher durch offene, unspezifische Spielmaterialien angeregt wird oder durch konkrete Spielvorlagen. Die Ergebnisse einiger empirischer Studien aus den 1980er Jahren verweisen darauf, dass Kinder in dieser Entwicklungsphase eher realitätsgetreues Spielzeug bevorzugen, mit dem sie in konventioneller Art und Weise spielen können (McLoyd, 1983; Oerter, 1999; Rubin u. Howe, 1985; Sutton-Smith, 1986).

Mit der zunehmenden Fähigkeit zur Symbolisierung deutet das Kind aber immer häufiger Gegenstände und Handlungen für sich in ein Als-ob-Spiel um – aus Bausteinen werden Häuser, aus gefaltetem Papier wird ein Flugzeug, aus gelben Spielsteinen werden Bananen, die dem Kuschelaffen schmecken (Weiß, 2008, S. 87). Mit der Zeit gewinnt vor allem die Handlung selbst an Bedeutung – »Aus ›der Puppe die Flasche geben‹ wird ›füttern‹, aus ›das Kind in die Wanne legen‹ wird ›baden‹« (Oerter, 1999, S. 63). In dieser Phase entwickeln sich aus den Nachahmungen allmählich Identifizierungen – jetzt spielt das Kind »die Mutter«, »den Autofahrer« oder »den König«. Die Zeit zwischen dem *zweiten und fünften Lebensjahr* wird als die Hauptperiode des Als-ob-Spiels (Symbolspiel, Fiktionsspiel), das heißt, der eigentlichen kindlichen Spielform, betrachtet, die eine grundlegende und äußerst nachhaltige Zeit der Persönlichkeitsentfaltung darstellt (Berk, 2001; Oerter, 1999; Paley, 2004, 2007; Sutton-Smith, 1986). Dabei wird das Spielverhalten vor allem in der Zeit vom dritten bis zum vierten Lebensjahr ausgesprochen vielfältig und ausdifferenziert und darüber hinaus auch komplexer, abstrakter und sozialer. Im *gemeinsamen Spiel* sind Kinder in der Lage, Spielregeln zu vereinbaren und sich auf die verschiedensten Rollen bei selbst ausgedachten fiktiven Handlungsabläufen einzulassen. Die bevorzugten Spielarten sowie auch die Spielzeugwahl können bereits zu diesem Zeitpunkt als frühe Vorläufer der Identitätsentwicklung betrachtet werden und scheinen spätere Interessen und Handlungsbereiche vorzubahnen und zu beeinflussen. In Bezug auf die Bedeutung, die dem Spielzeug in diesem Zusammenhang zukommt, konstatiert Oerter (1999) eine zunehmende Unabhängigkeit von den Dingen:

> »Die Behandlung des Gegenstandes im Spiel verläuft in zwei getrennte Richtungen. Zum einem werden Gegenstände exploriert, dienen als Handlungsgenerator und werden schließlich nachkonstruiert. Zum anderen werden Gegenstände verwandelt, ihrer objektiven Funktion (ihres Gebrauchswertes) entkleidet und erhalten andere Funktionen. Schließlich braucht das Kind den Gegenstand zur Durchführung von Handlungen überhaupt nicht mehr, sondern benutzt stattdessen Gesten oder Worte« (S. 51).

Beim spielenden Kind entwickelt sich somit das Symbolspiel aus den Anfängen des sensumotorischen Spiels zunächst in Richtung einer Ausdifferenzierung selbstbezogener Schemata, um dann mehr und mehr in Form dezentrierter, kombinatorischer, internal kontrollierter und geplanter Symbolspiele den Bezug auf andere Personen oder als Personen gedeutete Objekte – wie beispielsweise Puppen – zu richten (McCune-Nicolich u. Carroll, 1981; Oerter, 2002). Insofern kann man den Verlauf des kindlichen Spiels vom frühen Säuglingsalter bis etwa zum Grundschulalter zusammenfassend charakterisieren als eine Entwicklung, die ihren *Ursprung im Konkreten* hat und sich zu immer *abstrakteren Formen* entwickelt.

Abbildung 3: Pablo Picasso (1881–1973), »Maya mit Puppe« (1938)

Vom Verpuppen und Entpuppen – Menschwerdungsprozesse

»Die Puppe, ist sie nicht die Begleiterin der Menschheit von ihrer frühes-ten Kindheit an? Wer weiß, wieviel wir ihr zu verdanken haben? Und der gelehrte Mann begann eine Auseinandersetzung über die Puppe als diejenige, deren Aufgabe es gewesen war, die ungeahnten Anlagen des unzivilisierten Menschen auszulösen. War nicht im selben Augenblick, in dem die erste Puppe aus einem Lehmklumpen oder vielleicht etwas zusammengerolltem Gras geformt wurde, die Phantasie geboren worden und mit ihr das Spiel, die Dichtung, die schönen Künste?«

Selma Lagerlöf, »Ein Emigrant«, 1974, S. 258

Überlegungen zum entwicklungsdynamischen Mehrwert von Puppen

Was hat die Puppe mit der Menschwerdung zu tun? Auf den ersten Blick scheint es sich hier um eine etwas vollmundig angekündigte These zum (postulierten) Mehrwert eines simplen Kinderspielzeugs zu handeln. Auf den zweiten Blick könnte man konzedieren, dass Puppen – zumindest für die ersten Jahre und Phasen kindlicher Menschwerdung – als *intermediäre Objekte*, als Mittler in Übergangssituationen und temporäre Begleiter der Kindheit eine entwicklungsfördernde Rolle einnehmen. Unter Rückgriff auf biologische Entwicklungsgesetzmäßigkeiten wird darüber hinaus auf den dritten Blick deutlich, dass Puppen in gewisser Weise auch immer für Entwicklungsdynamik stehen: Sie repräsentieren erlebte Vergangenheit und erlebbare Gegenwart, das, was mit der eigenen Lebensgeschichte verbunden ist, das, was man vielleicht zurücklässt, und sie deuten Zukünftiges und Veränderbares an, das, was werden könnte, weil man es so gestalten möchte oder darauf hofft, dass sich etwas Neues ergeben wird. Mit dem Medium Puppe sind somit einerseits dynamische Entwicklungs- und Wandlungsprozesse konnotiert, andererseits bleibt sie aber auch unveränderbar und bewahrt ihre Identität. So verändert sich die Kind-Puppen-Beziehung stetig und trotzdem wird Vertrautheit beibehalten. Anders gesagt: Die dynamischen Prozesse des Ver- und Entpuppens gehören zum konstant bleibenden Phänomen Puppe (Mahler, 1988, S. 142). Dabei beschreiben die Prozesse des Verpuppens und Entpuppens zunächst einmal typische Entwicklungsphasen in der Metamorphose von Insekten. Im übertragenen Sinn versinnbildlichen sie aber auch Prozesse von Emergenz, Entwicklung und psychosozialer Transformation in menschlichen Biographien und Lebensverläufen.

Noch einmal: Was ist eine Puppe? Das Wort Puppe ist abgeleitet aus dem Lateinischen (*pūpa*: neugeborenes Kind) bzw. dem Mittelniederländischen (*puppa*: kleines Mädchen) (Fritz, 1992; Lehmann, 1957). So erstaunt es nicht, dass bis heute kleine Mädchen immer noch gern von Eltern, besonders von Vätern, »Puppe, Püppchen oder Püppi« genannt werden (vgl. »Man nannte mich Puppe«, Beissel von Gymnich, 1976). Bevor der Begriff Puppe seit dem späten Mittelalter generell für Spielzeug benutzt wurde, waren die Wörter *Docke* und / oder *Tocke* gebräuchlich. Eine *Docke* war ein Holzblock, so dass mit dieser Wortbedeutung auf das Material, nämlich Holz, verwiesen wurde, aus dem Puppen in dieser Zeit gefertigt wurden. Der Begriff *Tocke* hatte darüber hinaus noch eine etwas andere Bedeutung, denn er war gleichzeitig auch eine umgangssprachliche Bezeichnung für eine attraktive Frau. Vermutlich hat sich aus dem Begriff *Docke* im Englischen das Wort *doll* abgeleitet, welches wiederum sowohl als Bezeichnung für die Puppe als Spielzeug verwendet wird wie auch zur Charakterisierung eines hübschen Mädchens.

Es ist eine Besonderheit im deutschen Sprachgebrauch, dass das Wort Puppe eine bemerkenswerte zweifache Bedeutung besitzt, auch wenn sich die beiden Bedeutungskontexte in gewisser Weise auch wieder annähern. Zum einen handelt es sich bei der Puppe um eine plastische Abbildung oder Nachbildung der menschlichen Gestalt, die kulturgeschichtlich gesehen ihren Zweck entweder als Idol und / oder Götzenbild im Kontext sinnlich-konkret erfahrbarer, magischer und kultisch-religiöser Handlungen erfüllt(e), oder die in späteren Zeiten – oft in miniaturisierter Form – auch als Spielzeug für Kinder, insbesondere für Mädchen, dient(e).

> »Die Puppe ist das vollrunde Abbild eines Menschen, eine plastische Arbeit, die aber vom Kunstwerk weit entfernt bleibt. […] Wir haben in der Puppe den Beginn der bildenden Kunst vor uns […]. Ihr ist es gegeben, ganz unmittelbar aus der Körperlichkeit heraus direkt zu gestalten. Ihr Objekt kann nicht nur mit dem Auge wahrgenommen werden wie die Zeichnung oder die Malerei, es spricht zu allen Sinnen, denn man kann es von allen Seiten handhaben und betasten. […] Heute versteht man unter Puppe eigentlich nur ein Kinderspielzeug, untersucht man aber den historischen Ablauf, so wird man finden, daß die Spielpuppe erst an letzter Stelle erscheint« (Boehn, 1929, S. 1 ff.).

Das heißt, im Verlauf der Kulturgeschichte wurde die strenge Unterscheidung zwischen Opfergabe und Spielzeug zumeist aufgehoben, so dass man von einem fließenden Übergang von den ursprünglichen religiösen Funktionen über die Versinnbildlichung des Weiblichen bis hin zum Spielgegenstand der Kinder ausgehen kann (Hoffmann-Krayer u. Bächtold-Stäubli, 1935/1936, S. 388–400). Dabei kann es auch sein, dass die Puppen, »wenn sie ihre rituellen Aufgaben erfüllt hatten, den Kindern gegeben« wurden (Wittkop-Ménardeau, 1961, S. 19).

Zum anderen gibt es aber auch die zoologische Konnotation des Begriffs Puppe, der für *Larve* steht, und das Entwicklungsstadium der Verpuppung im Zuge der Metamorphose von Insekten beschreibt. Diese zweite Bedeutung verweist auf die weiße Umhüllung der Larve und stellt eine etwas ungenaue Übersetzung des griechischen Worts *nýmphē* (Braut bzw. heiratsfähiges Mädchen) dar (Kluge, 1983/1999, S. 655). Genau hier schließen sich letztlich wiederum die beiden Bedeutungskontexte. Kamen Mädchen in der hellenistischen Zeit ins heiratsfähige Alter, *entpuppten* sie sich, indem sie ihre Lieblingspuppe einer der drei zentralen Göttinnen opferten: Artemis, der Göttin der Jungfräulichkeit, Hera, der Göttin der Ehe, oder Aphrodite, der Göttin der Liebe (Fritz, 1992; Lehmann, 1957; Richter u. Richter, 1983a). Diese Opfergabe bedeutet, dass die Lebensphase der Kindheit abgelegt wird und ein neuer Lebensabschnitt, der als Frau, beginnt. Zwischen diesen beiden Stadien aber entsteht ein intermediärer Übergangsraum, in dem der Puppe als Medium eine zentrale Funktion zukommt. Die äußere Hülle wird abgestreift, aber die innere Verbindung zwischen dem Mädchen und dem von ihr selbst bestimmten Lebensentwurf (sich entweder an Artemis, Hera oder Aphrodite auszurichten) als zukünftige Frau bleibt bestehen.

In etwas anderer Weise, dabei lustvoll und ironisch-überspitzt formuliert (»Soll man Kinder wie Menschen behandeln?«), verwendet der niederländische Biologe Midas Dekkers (Dekkers, 2003) die Insekten-Metamorphose als ein Denkmodell für menschliche Entwicklung. Nach seiner Argumentation repräsentieren die Stadien der Verpuppung und Entpuppung mit ihrer Verlaufsrichtung von der *Larve* über die *Puppe* zum *Schmetterling* jeweils ganz eigene Welten und Wesensarten. Übertragen auf Menschwerdungsprozesse heißt das, dass sich das Kind vom Erwachsenen genauso sehr wie die Raupe vom Schmetterling unterscheidet. Das Puppenstadium wäre demnach eine Art *vormenschliches Stadium* und eine optimale Förderung in dieser Phase würde demnach gerade nicht in einer Behandlung als »kleiner Mensch« bestehen, sondern in einer puppen- bzw. kindspezifischen Begleitung und Führung, die es dem Kind erlaubt, eine gute Puppe bzw. ein gutes Kind zu sein. Mit der Entpuppung hingegen beginnt dann eine ganz andere und neue Lebensphase – die als eigentlicher Mensch. Man kann eine solche Sichtweise auf die *Menschwerdung* als ein Plädoyer für die Sinnhaftigkeit des Durchlebens einer Kindheit verstehen, die in der ihr innewohnenden Kindgemäßheit von Erwachsenen unterstützt und nicht von erwachsenen, adultozentrierten Kindheitskonzepten fremdbestimmt werden sollte.

Wie lässt sich hier der Bogen zur These des Mehrwerts von Puppen spannen? Menschen scheinen sich darin zu unterscheiden, inwieweit sie nach dem Ende der Kindheit entweder ein weitgehend neues Entwicklungskapitel (als Mensch und Nicht-mehr-Kind) aufschlagen oder die Spielleidenschaften und intensiven Gefühle der Kindheit in ihr Erwachsenenleben mit hinein nehmen bzw. sie transformieren. Auch hierzu gibt es Analogien in der Entwicklungsbiologie: So verweist das Phänomen der Neotenie darauf, dass bestimmte kindliche Merkmale der Larven- und Puppenphase über die Geschlechtsreife hinaus bewahrt werden (http://de.wikipedia.org/wiki/Neotenie, Zugriff am 28.02.2010). Die Übertragung eines solchen Entwicklungsverlaufs auf den Menschen erweist sich dabei als ausgesprochen reizvoll. Denn was spräche dagegen, wenn die im kindlichen Puppenspiel erfahrenen Empfindungen, Anmutungen, Gedanken, Gefühle und Kompetenzen auch in die erwachsene Persönlichkeit integriert werden? »Nur wer erwachsen wird und Kind bleibt, ist ein Mensch!«, ruft Erich Kästner (1950/1969, S. 181) Kindern zum Schulbeginn zu. Es ist eine Maxime, die er durchaus auch erwachsenen Menschen hätte zurufen könnte und nicht von ungefähr findet sich dieser Beitrag in seinen »Gesammelten Schriften für Erwachsene«. So kann eine im Laufe des Lebens stattfindende Konfrontation mit den Puppen der Kindheit (gerade auch mit verlorengegangen geglaubten Puppen) ich-integrative Prozesse fördern und die Aneignung der eigenen Biografie unterstützen. Eine solche erneute Begegnung kann »ein Wiederaufleben unserer Kindheit bedeuten, oder […] uns in eine sichere, ferne Traumwelt führen, die wir niemals kannten. Wir können durch die Puppe unsere Identität ausweiten oder ihr entfliehen« (Noble, zit. nach Hennig, 1979, S. 34).

Trotz ihrer scheinbar statischen und vordergründig rein materialen Dinglichkeit können sich in Spiel und Dialog mit einer Puppe nicht nur intrapsychisches und intersubjektives Erleben differenzieren, sondern es kann sich die ganze Spannbreite dynamisch-szenischen Geschehens entfalten, denn es geht ja auch »um *Lebensent-*

würfe, um Modelle menschlichen Handelns, Denkens und Fühlens als die habituellen Grundbausteine der jeweiligen Subjektivität« (Lorenzer, 2002, S. 65). Gerade im Kontakt mit Puppen aus früheren Zeiten kann die Verbindung zu vorhergehenden Generationen, aber auch die eigene Verortung in der Gegenwart gegenüber den Botschaften und Andeutungen, die der Puppe durch ihre mit den Menschen geteilte Vergangenheit geheimnisvoll zueigen sind, gestärkt werden:

> »Nie konnte ich eine alte Puppe oder Marionette ansehen, ohne mich zu fragen, bei welchem Drama, bei welchen Geheimnissen und Abenteuern dies leblose Wachs, dies fühllose Holz zugegen gewesen sind. Ich betastete, was Hände längst Verstorbener berührt hatten, und spürte dabei eine sanfte, sehr egoistische Beruhigung, eine Kondensation des Empfindens, am Leben zu sein« (Wittkop-Ménardeau, 1961, S. 9).

Noch einmal zurück zur Puppe als Kinderspielzeug. Betrachtet man die Puppe nicht nur als irgendeinen beliebigen Spielgegenstand, dann gilt: In der Mensch-Puppen-Begegnung und im kindlichen Spiel mit Puppen entsteht ein nicht eindeutig festgelegter intermediärer Zwischenraum, ein Prozessgeschehen zwischen der *inneren* und der *äußeren* Welt, dessen Dynamik grundsätzlich offen ist. Dabei ist es »trotz der Bestimmtheit des Gegenstandes« (Rittelmeyer, 1989, S. 113) letztlich doch das Kind, dass diesen Gegenstand bestimmt. Die *Dazwischen-Qualität* des intermediären Raums kann in diesem Zusammenhang gleichzeitig Schutzhülle und Ermöglichungsraum sein. Hier sind Prozesse der Regression, der Verfestigung, der Intensivierung, aber auch der Aufhebung von Zwängen, Normen, Präskriptivem möglich. Entwicklungspsychologisch gesehen handelt es sich in gewisser Weise um eine Art *Moratorium* (vgl. Erikson, 1966) und somit geht es auch immer um Fragen von Entwicklung, Suchprozessen, Veränderung und Verwandlung – oder anders gesagt: um Menschwerdung. Puppen (und partiell trifft das auch für Kuscheltiere zu) sind einerseits in ihren materiellen Eigenschaften unmittelbar sinnlich-konkret erfahrbar, sie verweisen andererseits aber auch auf etwas jenseits ihrer physischen Präsenz, auf ein *Nicht-Mehr* und ein *Noch-Nicht*, auf Übergänge und Transformationen. Es ist ihnen eine Ambiguität zueigen, die sie selber ausdrücken und gleichzeitig beim Interaktionspartner ermöglichen und zulassen. In diesem Prozess der wechselseitigen Bezugnahme kommt vor allem dem erlebten Ausdruck durch ihren *Blick* eine wichtige Rolle zu. Nicht von ungefähr ist das Wort *Pupille* entlehnt aus dem Wort *pūpilla* (kleines Mädchen oder *Püppchen*) und die übertragene Bedeutung spielt genau darauf an, dass im Augapfel des Gegenübers das eigene Spiegelbild erkennbar wird (vgl. Kluge 1983/1999, S. 655). Im *Augenpüppchen* wohnt zudem die *Seele* und »die Seele sammelt, was der Blick verleiht« (Krafft, 1991, S. XI). Durch den Blick entscheidet sich, ob eine bzw. welche Art von *Beseelung* der Puppe als Menschenabbild zuteil wird, ob ein magischer Moment entsteht, in dem Kind und / oder Erwachsener sich hingeben können, ohne die eigenen Absichten und Bedürfnisse aufzugeben: »Die Andersheit der Puppe muß auch graduell im Spielenden [und im Betrachtendem] ›aufgehen‹, d. h. für dessen Phantasie, für dessen Ich offen sein« (Rittelmeyer, 1989, S. 113). Dabei zeigt sich eine Art dynamisches Wechselspiel zwischen dem »Appell der Dinge« (vgl. Stieve, 2008, S. 12) und ihrer Beseelung bzw. den *Als-ob-Fantasien* durch das Kind oder durch die projektiven Zuschreibungen der Erwachsenen. Der so geführte Dialog mit der Puppe schafft und ermöglicht einen Dialog, ein Gegenüber, eine Spiegelung, ein Wunschbild, einen Ersatz, ein Traumbild oder die Projektion einer anderen Realität (Krafft, 1991).

> »Wir sollten uns erinnern, in welchem Zustand wir als Kinder waren, wenn wir spielten: Wir entfernten uns aus der Wirklichkeit und begaben uns für eine bestimmte Zeit in ein anderes, wunderbar künstliches Universum. Hinterher hatten wir etwas gelernt oder zumindest Spaß gehabt. Als Erwachsene haben wir den Wunsch nach einer solchen Erfahrung nicht verloren« (Gladwell, 2009, S. 12).

Bezieht man die hier angestellten Überlegungen auf die eingangs formulierte These des Mehrwerts einer *puppenpsychologischen Betrachtungsperspektive*, dann könnte man durchaus sagen: Der Prozess der Menschwerdung kann als eine sich lebenslang wechselseitig beeinflussende, dialektisch aufeinander bezogene Dynamik des Verpuppens und Entpuppens betrachtet werden.

Puppen und Kuscheltiere im Lebensverlauf – allgegenwärtig und (irgendwie) menschlich?

Puppen sind uralt. Auch wenn ihre *Geburt* nur recht vage auf einen Zeitraum von vor etwa 30.000 bis 50.000 Jahren datiert wird (vgl. Boehn, 1929, S. 9), lässt sich die enge und funktionale Beziehung zwischen Puppen und Menschen bis in die frühe, prähistorische Menschheitsgeschichte zurückverfolgen. Seit dieser Zeit fungieren Puppen als Begleiter und Beschützer der Menschen, sowohl in außergewöhnlichen und / oder kritischen Übergangssituationen als auch in ganz normalen Alltagsabläufen. Ihre Verwendung als Ersatz für Menschenopfer im Kontext ritualisierter und spiritueller Zeremonien verweist auf die menschheitsgeschichtlich früh erworbene Fähigkeit unserer Vorfahren, Leben zu symbolisieren bzw. Symbole mit Leben anzureichern – die Puppe als ein menschenähnliches Symbol für menschliches Leben. Die sehr viel jüngeren Kuscheltiere moderner Zeiten sind hingegen gerade einmal gut 100 Jahre alt. Auch sie symbolisieren in gewisser Weise lebendige Tiere, allen voran den Bären mit seiner seit Menschengedenken geheimnisvoll-magischen und die Menschen immer wieder irritierenden Aura (vgl. Schreiber, 1987). Die potenziell gefährliche Natur der Tiere oder zumindest ihre unberechenbare Eigengesetzlichkeit ist in ihrer Existenzform als Kuscheltier aber erfolgreich gebannt – Kuscheltiere werden miniaturisiert, vermenschlicht, verniedlicht, infantilisiert, domestiziert, entsexualisiert und damit handhabbar gemacht. Andererseits kann durch die Identifikation sowohl mit ihrer symbolischen Macht, ihrer Kraft, Stärke, Aggressivität, als auch mit ihrer Klugheit, Pfiffigkeit, Anschmiegsamkeit und Uneigennützigkeit das sich entwickelnde und sich partiell durch Entwicklungsanforderungen bedroht fühlende (kindliche) Selbst geschützt, bestärkt und erweitert werden.

Man mag darüber spekulieren, ob es eine zufällige Koinzidenz oder überzufällig war, dass die *Geburt des Kuscheltiers* und der Aufbruch der Psychoanalyse mit Sigmund Freuds »Traumdeutung« (Freud, 1900/1972) etwa zeitgleich im Übergang vom 19. zum 20. Jahrhundert stattfanden. Mit der Etablierung der Psychoanalyse konstituierten sich in jedem Fall Phänomene wie die verstärkte Hinwendung zu Selbstreflexionsprozessen, eine zunehmende Subjektivierung und die Psychologisierung der Wirklichkeit als ein typisches Zeichen der Moderne. Hinzu kamen ein wachsendes Bewusstsein über die Dynamik des Unbewussten, über frühkindliche seelische Konstellationen im binnenfamilalen Kontext, über (kindliche) psychosexuelle Entwicklungsphasen und über die daraus resultierende Psychodynamik und ihre Zusammenhänge mit seelischem Leid. Dieser erweiterte Blick auf die menschliche Psyche und ihre Dynamik führte unter anderem zu einer Sensibilisierung gegenüber der grundlegenden menschlichen Ambivalenz in einer Lebenswelt, der selber auch Ambiguität zueigen ist. Progressive und regressive Bedürfnisse, Realitätsprinzip und Lustprinzip stehen in einem dialektisch aufeinander bezogenen Spannungsverhältnis. Wendet man diese Überlegungen auf die beiden hier zur Debatte stehenden Spielzeuggattungen an, dann repräsentiert die Puppe möglicherweise eher das am Realitätsprinzip orientierte progressive Element, während das Kuscheltier stärker für regressive Bedürfnisse und die Orientierung am Lustprinzip steht, so dass im optimalen Fall beide Varianten in den Kinderzimmern einen Platz haben sollten.

Aber zurück zur Ausgangsfrage nach der Allgegenwart der *vermenschlichten Objekte* bzw. der anthropormorphen kulturellen Artefakte in den individuell biografischen, den zwischenmenschlichen und den gesellschaftlichen Lebensbezügen. Was genau bedeuten Puppen und Kuscheltiere in diesem Zusammenhang? Wenn sie nicht nur der Balg sind, an dem die menschliche oder tierische Gestalt nachgeahmt wird, wofür stehen sie dann? Worin besteht ihr Einfluss?

Zunächst kann man noch einmal konstatieren: Puppen und Kuscheltiere sind mehr als Plüsch, Plastik oder Porzellan. Es handelt sich um animierte, beseelte und damit grundsätzlich auch beseelbare Objekte, die vor allem bei Kindern, aber auch bei Erwachsenen lebenslang in einem imaginären »sozialen Konvoi« (vgl. Kahn u. Antonucci, 1980) mitlaufen. Somit können sie eine Begleitschutzfunktion einnehmen und eine signifikante Rolle im Rahmen sozialisatorischer Prozesse und biografischer Entwicklung spielen. Darüber hinaus sind Puppen hochsignifikante Zeugen bzw. Zeugnisse der Mensch-Objekt-Beziehungen in dem jeweils historischen Zeitrahmen, aus dem sie stammen. »Die Puppe als Spiegel der Gesellschaft ist eine ›Mitteilung‹ dieser Gesellschaft über sich selbst« (Fritz, 1992, S. 7), sie repräsentiert die »zum Gegenstand gewordene Projektion des Menschen von sich selbst in seinen Bezügen zur Welt« (S. 66). Für Kinder und Erwachsene entfalten solche Gegenstände bzw. Dinge oft ihren *eigenen Sinn* durch die Art und Weise, in der sich die Ding-Mensch-Interaktionen vollziehen. Dabei kann gerade auch im Spiel mit Puppe und/oder Kuscheltier die wechselseitige Bezugnahme zwischen Angst und Erregung auf der einen Seite und Langeweile auf der anderen Seite changieren (vgl. Csikszentmihalyi u. Rochberg-Halton, 1989). Bei Kindern fungieren Puppen und Kuscheltiere in der Regel als emotional positiv besetzte *Stellvertreter* und/oder Spielkameraden und Gefährten der Kindheit (Fritz, 1989, S. 21). Für (manche) erwachsene Menschen können Puppen neben dem Erinnerungswert an ein (ehemaliges) Kinderspielzeug auch noch eine andere Bedeutung *triggern*. So hat der Spiegel- und Projektionscharakter der Puppe über Jahrhunderte hinweg in bestimmten künstlerischen Epochen immer wieder einen Sog irritierender, surrealer Faszination und eine Aura des *Unheimlichen* ausgelöst (vgl. Freud, 1919/1970; Müller-Tamm u. Sykora, 1999b).

Kehrt man noch einmal zurück zu den Erlebensformen im Spiel mit Puppen über den gesamten Lebensverlauf, dann stellt sich die Frage, ob sich möglicherweise typische Verlaufsformen der Mensch-Puppen-Beziehung im Zuge lebenslanger Entwicklung identifizieren lassen. Auch wenn jedes Kind und jede Kindheit immer einzigartig sind, dürfte es kulturübergreifend doch relativ viele Ähnlichkeiten und Gemeinsamkeiten im Erleben und in den Erfahrungen mit Puppen und Kuscheltieren als Begleiter der Kindheit geben. Im Folgenden soll solch ein allgemeines Verlaufsmuster kurz und überblickartig skizziert werden.

Im Laufe des ersten Lebensjahres unterstützen weiche Lieblingspuppen oder Lieblingskuscheltiere (manchmal auch Kuschelkissen, Schmusedecken, Nuckeltücher etc.) als Übergangsobjekte die allerersten Ablösungsprozesse des kleinen Kindes von der Hauptbezugsperson und ermöglichen ihm damit erste Schritte in eine Form der psychischen Autonomie, die eine Grundlage von Selbstkonzept und Identität darstellt. In der nachfolgenden Zeit entwickelt sich mit der beginnenden Symbolisierungsfähigkeit und mit dem *Als-ob-Spiel* ein spielerischer Zugang zur Welt, in dem das große Potenzial an kindlichen Gestaltungs- und Bewältigungsmöglichkeiten deutlich wird. Es ist eine Zeit des wilden, kreativen Denkens, der sozialen Polymorphie, der großen Gefühle und der zauberhaft-magischen Bindungen mit realen und imaginierten Gefährten (vgl. Gleason u. Hohmann, 2006; Neuß, 2009; Seiffge-Krenke, 2000; Simms, 2008). Etwa ab dem dritten Lebensjahr können Kinder durch das Spiel mit Puppen und Kuscheltieren ihre alltäglichen Erfahrungen und Eindrücke sowie ihre Fantasien, Wünsche und Gefühle zum Ausdruck bringen und verarbeiten.

Steht zunächst noch das solitäre Spiel im Vordergrund, lernen Kinder etwas später im gemeinsamen Puppenspiel mit anderen Kindern sowohl den kommunikativen als auch den kompetitiven Austausch unter Gleichaltrigen und üben die verschiedensten Formen und Regeln sozialen Verhaltens ein. Durch die Verteilung von Spielrollen sowie durch die Verhandlungen über und Festlegungen von Regeln können Kinder ein Gefühl für die Vorteile von Kooperation bekommen und sie können Vorstellungen über Verteilungsgerechtigkeit sowie ein allmählich autonomeres Verständnis von Moral entwickeln. Später tragen Puppen dazu bei, dass sich Kinder mit geschlechtsspezifischen Rollenmustern und Idealen auseinandersetzen. Bis weit in die Pubertät hinein kommen vor allem den Kuscheltieren palliativ-beruhigende und Trost spendende Funktionen zu – sie erweisen sich bei Entwicklungsanforderungen und in der Bewältigung von Krisen oft als unterstützend und hilfreich.

Dabei beschränkt sich die Bedeutung von Puppen und Kuscheltieren aber nicht nur auf den Aspekt eines lustbetonten Spiel- und Kommunikationsmittels für Kinder und Jugendliche, sondern beide Spielzeuggattungen lassen sich auch für diagnostische Zwecke einsetzen. Erwachsene können durch systematische Beobachtung von Kindern beim Spielen mit Puppen und Kuscheltieren einen Einblick in die innere Erfahrungswelt der Kinder erhalten. Darüber hinaus kommen Puppen und Kuscheltieren weitere vielfältige Funktionen zu: Sie vermitteln Wissen, sie helfen bei der Bewältigung von Trauer und Verlust, sie fungieren als interkulturelle Botschafter, sie werden in der Therapie und als Kommunikationsmittel bei kindlichen Konflikten verwendet. Gerade dann, wenn sich Erwachsene noch eine gewisse Affinität zur Ausdrucks- und Spielwelt von Puppen und Kuscheltieren bewahrt haben, kann deren Einsatz ihnen neue Zugänge zum kindlichen Erleben ermöglichen und Verbindungen zwischen den Welten der Erwachsenen und der Kinder schaffen. Allerdings sind die Einsatzmöglichkeiten von Puppen und Kuscheltieren nicht nur auf Kinder und Jugendliche beschränkt, sondern sie eignen sich auch bei mehr oder weniger beeinträchtigten alten Menschen als Ansprechpartner, Begleiter und Gefährten am Ende der Lebensspanne. Gerade in institutionellen Kontexten fungieren sie mitunter als Türöffner und erreichen sprachlich verschlossene oder kaum noch ansprechbare Menschen, so dass diese damit eine Form der Teilhabe an ihrer sozialen Umwelt erfahren. Dabei finden sich Puppen möglicherweise stärker in eher privaten Kontexten, während Kuscheltiere mittlerweile als omnipräsente Begleiter von Menschen aller Lebensalter in den verschiedensten Umwelten, Lebenssituationen und Lebenslagen in Erscheinung treten.

Abbildung 4: Kleinanzeige unter www.ebay.de, Zugriff am 16.09.2010

Zauber und Macht der Puppe(n) jenseits der Kindheit

»Löse die alte Puppensammlung meiner Mutter auf, 2 Bräute in limitierter Auflage, 2 andere Puppen und eine alte Käthe Kruse Puppe.«

Kleinanzeige unter www.ebay.de, Zugriff am 16.09.2010

Wie eignen sich Erwachsene Puppen (und Kuscheltiere) an?

Es ist sicherlich berechtigt zu fragen: Hat mit Abschluss der Pubertät die Puppe »jeden Sinn« verloren (Müller, 1999, S. 258)? Muss es mit dem allmählichen Übergang in die Lebenswelten der Erwachsenen zwangsläufig zu einer Selbstentlassung aus den kindlichen Objektwelten kommen? Die Antwort lautet: Nein, denn in der Regel wird die auf Puppen bezogene reflexive Aneignung der eigenen Kindheitsbiografie im Erwachsenenalter als hilfreich und identitätsstiftend erlebt. Puppen sind eben nicht nur Kinderspielzeug. Auch Erwachsene lassen sich auf Puppen ein, allerdings zumeist in einer anderen Weise als Kinder das tun bzw. als die Erwachsenen es selber getan haben, als sie noch Kinder waren – wenn sie es denn überhaupt getan haben. Interessanterweise scheint der Besitz von Kuscheltieren bei Erwachsenen weitaus weniger legitimiert werden zu müssen, als es partiell für Puppen der Fall ist. Dabei haben Puppen nicht nur für Kinder, sondern auch für Erwachsene mal mehr, mal weniger Konjunktur. »Ja, es ist wirklich wahr, dass von so einer winzigen Erscheinung, wie es die neue Liebe zum Puppenhaften ist, Wege führen zur Gesamtpsychologie unserer Epoche«, kommentierte der Kurator Walter Michel (1911, S. 329) die öffentliche Wirkung einer Ausstellung mit künstlerisch gestalteten Puppen der Puppenmacherin Lotte Pritzel.

Auch wenn es letztlich keine wissenschaftlichen Nachweise dafür gibt, dass die frühen Puppen und Kuscheltiere in jedem Fall eine besondere Wirkung im späteren Erwachsenenalter haben, gibt es dennoch eine gewisse anekdotisch-biografische Evidenz, die dafür spricht, dass es zumindest so sein kann. So berichtet die spätere professionelle Puppensammlerin und Puppenbuch-Autorin Lydia Richter, dass ihre Eltern ihre Puppen in guter Absicht entführten. Nach Meinung der Eltern war sie mit 13 Jahren zu alt für das Spiel mit Puppen geworden, so dass man die Puppen an die kleinen Nichten weitergegeben hat. Erst als Erwachsene erschloss sich für sie der emotionale Gehalt dieser Enteignung: Man hatte ihr »ein Stück Kindheit geraubt« (Richter u. Richter, 1983, S. 6). Die Puppen entschwanden aus ihrem Bewusstsein und erst Jahre später, selber bereits Mutter, löste der zufällige Blick beim Flohmarktbesuch auf eine Porzellan-Puppe intensive Erinnerungen an die Kindheitspuppen und ihren magischen Zauber aus. Auch der Journalist Hermann Schreiber beschreibt ein ähnliches Erlebnis. Als Kind hatte er mehrere Lieblingsteddybären, die im Laufe der Zeit verloren gingen oder vergessen wurden. Als er Jahre später während einer Fernsehsendung wieder mit dem Thema Teddybären konfrontiert wurde, erwachte die alte Leidenschaft. Mittlerweile besitzt er eine große Sammlung von Teddybären, die er als seine Freunde bezeichnet (Schreiber, 1997). Die plötzlich erwachende, erneute Beschäftigung mit Puppen und Kuscheltieren im Erwachsenenalter verbindet somit erwachsene Menschen oft ganz unvermittelt mit ihrem verloren geglaubten Leben als Kind und schafft unerwartet einen Zugang zu tief verwurzelten Bindungsempfindungen, zu Ich-Integration und Identitätsstiftung. Dabei kommt nicht allen Objekten der Kindheit eine solch verbindende Macht zu. Es sind die besonders geliebten Objekte, die idiosynkratischen »toys of identification« (Sutton-Smith, S. 216), deren Bedeutung nachhaltig über die gesamte Lebensspanne wirkt. »Du Bär – was wären wir ohne einander?«, fragt die Sozialpädagogin Anne Kettner ihren Kindheitsteddybär, und schlussfolgert: »Wenn ich Dich ansehe, weiß ich, dass Du mir beides warst: Kind und gleichzeitig uralt, alles wissend und verstehend« (Büttner, Kettner u. Wagner, 1988, S. 123 f.).

Lassen sich Erwachsene auf eine Mensch-Puppen-Beziehung ein, schwingen in gewisser Weise auch immer Vorstellungen über Menschwerdungsprozesse mit. Das hängt auch damit zusammen, dass Puppen und Kuscheltiere ja nicht geboren, sondern hergestellt bzw. geschaffen werden. So liegt es sozusagen in der *Natur* von Puppe und Kuscheltier, dass sie mit generativen, schöpferischen Impulsen und Fantasien konnotiert sind und sich gerade auch in diesem Zusammenhang als Projektionsfläche für menschliche Ziele und Sehnsüchte anbieten, die etwas mit Bedürfnissen nach Kreation und Erschaffung zu tun haben.

Die Puppe weist über sich hinaus, und zwar in einer anderen Weise, als das bei anderen – geistigen oder materiellen – Produkten menschlichen Schaffens der Fall ist:

> »Puppen und Kuscheltiere geben unseren Träumen, der Phantasie und Zärtlichkeit eine neue Realität. Im Eldorado der Kuscheltiere können Sie nach eigenem Belieben und Empfinden Regie führen. Vielleicht begegnen wir uns dort …« (Endesfelder u. Meier, 1995, S. 11).

Ist der Funke der Faszination (wieder) übergesprungen, eignen sich Erwachsene das Thema Puppen (und Kuscheltiere) sowohl im Zusammenhang mit eher privat praktizierten Vorlieben und Leidenschaften an (Sammlungen) als auch in Form professioneller Expertise (Kuratoren) sowie nicht zuletzt im Kontext von Kunstrezeption oder als Ausdruck eines eigenen künstlerischen Gestaltungswillens. Einige dieser von Erwachsenen praktizierten Mensch-Puppen-Beziehungsformen sollen kurz skizziert werden:

Puppen als Sammelobjekte – Puppensammler(innen)

Das Sammeln von Puppen (und Kuscheltieren, besonders von Bären) stellt im privaten Bereich eine vor allem bei Frauen ausgesprochen beliebte Form der Interessensausübung dar, wenn nicht häufig sogar eine Passion. Dabei korrespondiert die Leidenschaft der erwachsenen Sammlerinnen zumeist deutlich mit der Gefühlsintensität, die sie als kleine Puppenspielerinnen empfunden haben, wenngleich die Liebe der Ersteren sozusagen in methodische Bahnen überführt worden ist. Manchmal allerdings behalten Mädchen einfach ihre Kinderpuppen und führen sie mehr oder weniger nahtlos in Sammlungen über. Zuweilen aber stoßen die erwachsenen Sammlerinnen aus unterschiedlichsten Anlässen auf dieses Thema, das dann einen eigenen Sog entfaltet und sie dazu verleitet, die erstaunlichsten Dinge zusammenzutragen (vgl. Hennig, 1979): »Der Sammler ›stillt‹ sein Schicksal. Und das heißt, er verschwindet in der Welt der Erinnerung« (Benjamin, 1983, S. 1036). Dabei ist die

> »[…] wahre, sehr verkannte Leidenschaft des Sammlers […] immer anarchistisch, destruktiv. Denn dies ist die Dialektik: Mit der Treue zum Ding, zum Einzelnen, bei ihm Geborgenen, den eigensinnigen Protest gegen das Typische, Klassifizierbare zu verbinden. Das Besitzverhältnis setzt völlig irrationale Akzente. Dem Sammler ist in jedem seiner Gegenstände die Welt präsent. Und zwar geordnet. Geordnet aber nach einem überraschenden, ja dem Profanen unverständlichen Zusammenhange. […] Sammler sind Physiognomiker der Dingwelt« (Benjamin, 1930/1969, S. 99).

Man wird davon ausgehen können, dass die in einer Liste im Internet (http://reinhard-buerck.de/waltraud_schwambach/dolls/museen/deutschland/alle.htm, Zugriff am 16.09.2010) aufgeführten 220 (!) Puppenmuseen in Deutschland überwiegend aus privaten Sammlungen entstanden sind. Parallel dazu gibt es die den großen volkskundlichen und / oder kunsthistorischen Museen zugeordneten öffentlichen Puppen- und Spielzeugsammlungen, deren Ausstellungen eindrucksvolle Zeugnisse abendländischer Kulturgeschichte darstellen (vgl. Krafft, 1991; Müller-Thamm u. Sykora, 1999; Noble, 1999; Ruhrlandmuseum Essen, 1991).

Puppenmacher(innen)
Auch wenn Kinder, sei es im Kindergarten, sei es im schulischen Kunstunterricht, gelegentlich Puppen anfertigen, stammen die meisten Puppen doch entweder aus industrieller Puppenproduktion oder sie sind das gestalterische Produkt von Puppenmacher(inne)n bzw. -künstler(inne)n. Als eine der im deutschsprachigen Bereich bekanntesten Puppenmacherin kann Käthe Kruse angesehen werden, der die Gratwanderung glückte, künstlerisch anspruchsvolle Puppen auch kommerziell erfolgreich zu vertreiben (Wedel, 2006), indem sie Sinn und Zweck von Puppen pragmatisch bestimmte:

> » […] was ist eine Puppe, auf die einfachste Formel gebracht? Die Puppe muß etwas zum Liebhaben sein. Das ist ihr Sinn und Zweck. […] Anfassen wollen wir was, was uns zarte, liebevolle Empfindungen erweckt. Und daraus folgt, dass Fühlen und Anfühlen dasselbe sind« (Kruse, 1951, S. 89).

Hinsichtlich der Puppen, die von Künstlerinnen hergestellt wurden, haben insbesondere die Wachspuppen der Puppenmacherin Lotte Pritzel (1887–1952) zu Beginn des 20. Jahrhunderts Furore gemacht (vgl. Mork u. Till, 1987; Nefzger, 1991). Nach dem Besuch einer Ausstellung mit Pritzelpuppen hat Rainer Maria Rilke seinen beklemmend-eindrücklichen Aufsatz über Puppen geschrieben (Rilke, 1914/1921). Auch Oskar Kokoschka hat den Auftrag über die Anfertigung einer Puppe nach dem Vorbild seiner Geliebten Alma Mahler an eine bekannte Puppenmacherin,

Hermine Moos, gegeben (vgl. Krafft, 1991, S. 336). In diesem Umfeld ließ sich auch der Künstler Hans Bellmer zu seinen Puppen-Obsessionen anregen (Metken, 1991). Nicht zuletzt gehören Paul Klee, Oskar Schlemmer und Pablo Picasso zu den bekannten Künstlern, die eine Zeit lang, vor allem für ihre Kinder, Puppen bzw. Handpuppen anfertigten (Krafft, 1991). In der Zeit nach dem Zweiten Weltkrieg war es dann unter anderen Niki de Saint Phalle, die mit ihren *Nanas* das Puppenthema auf ihre ganz eigene Weise aufgriff und variierte (Quasthoff, 2003):

> »Durch alle Zeiten und Kulturen hindurch sind Mythen und Symbole periodisch wiedergefunden und neu erschaffen worden. Niki zeigt uns auf eine ganz besondere Art, dass diese Mythen und Symbole immer noch lebendig sind« (Niki über Niki, zit. nach Quasthoff, 2003, S. 28).

Auch Louise Bourgeois ist eine der Bildhauerinnen, die erst spät in ihrem Werk Plastiken entwirft, die Stoffpuppen gleichen, an und mit denen das schillernde Wechselspiel zwischen dem Körperbild als Form und Deformation vollzogen wird:

> »Bourgeois' Skulpturen changieren zwischen der plastischen Auseinandersetzung mit der eigenen Körperlichkeit und der Erinnerung an Spiel-Objekte der Kindheit. In den 80er Jahren wendet sie sich dem Thema der Kindheit zu. Durch die spezifische Materialität und das kleine Format erinnern ihre genähten Figuren an die Puppe als Spielzeug, die zum Anfassen und körperlichen Vereinnahmen bestimmt ist. Die ehemals geliebte Puppe jedoch wird maltraitiert. Wir sehen geschundene, verstümmelte und deformierte Körper, die an die beschwörende Kraft eines Totems erinnern« (Hornäck, 2007, S. 24).

Zu den »Geheimnisse[n] der Puppe« (Petzold, 1983b, S. 9) gehört, dass es sich um einen »erschaffene[n] Körper« (S. 10) handelt:

> »Die Herstellung von Puppen ist mit einer eigenartigen Faszination verbunden. Die Zeit scheint stillzustehen. […] Der Körper der Puppe wird aufgenommen, betrachtet mit einer Intensität, als wäre es ein Blick in den Spiegel; und nicht mehr und nicht weniger ist es. Darin liegt die Verwandtschaft von Puppe und Maske. […] Manchmal geht das Erstaunen in ein Erschrecken über; meistens wird jedoch die Puppe mehr oder weniger befriedigt oder unbefriedigt aus der Hand gelegt oder neuen Prozessen der Formung unterworfen, und dem Former bleibt verborgen, *daß die Abwehr eine Gnade sein kann*. Die letzte Abwehr gilt der unentrinnbaren Einsicht, daß die Puppe nicht endgültig belebt werden kann. Wenn ihr aber die Illusion der Lebendigkeit genommen ist, wird sie zur Präfiguration unseres eigenen Todes« (S. 10f.).

Mittlerweile hat sich im Übergang zwischen künstlerischen Werken und eher kunstgewerblichen Produkten eine Gruppe von Puppenkünstlern (Verein europäischer Puppenkünstler, VEP) etabliert, die mit Unikaten von Puppen experimentieren (http://www.puppenkunst-vep.de, Zugriff am 16.09.2010). Und nicht zuletzt gibt es mittlerweile eine Szene von Puppenmacherinnen, die lebensechte (»reallife« bzw. »reborned«) Puppen aus Vinyl anfertigen, bei denen die Grenze zwischen dem Wissen, dass es sich um eine Puppe handelt, und dem Eindruck, ein wirkliches Baby vor sich zu haben, kaum noch zu ziehen ist. Diese Puppenmacherinnen genießen es augenscheinlich, ein wenig *Gott zu spielen*. So wundert es nicht, dass solche lebensecht wirkenden Reborned-Puppen von ihren Schöpferinnen mit Geburtsdatum versehen und über Adoptionsverträge vertrieben werden (http://www.renas-reallife-puppen.de, Zugriff am 08.10.2010).

Puppenerzählungen und -erzähler(innen)
Über Puppengeschichten in der Kinder- und Jugendliteratur ist bereits im Prolog berichtet worden (vgl. Mikota et al., 2010). Anders als in der bildenden Kunst spielt das Puppenthema in Märchen und in der Belletristik eine vergleichsweise geringe Rolle, wobei es sicherlich ein lohneswertes Unterfangen wäre, die unterschiedlichen Rollen und Funktionen der Puppen in den jeweiligen Handlungskontexten zu analysieren. Regener (1988), Krafft (1991) und Müller (1999) verweisen auf einige eindrückliche Texte, beispielsweise von Gottfried Keller (1856/2000 »Romeo und Julia auf dem Dorfe«), Charles Dickens (1868/1971, »Die Zaubergräte«), Selma Lagerlöf (1974, »Ein Emigrant«), Martin Andersen Nexö (1979, »Die Puppe«) und das russische Märchen von der wunderschönen Wassilissa (Borchers, 1974). In diesem Zusammenhang sind auch die Traditionen der verschiedenen Varianten von Puppentheatern zu nennen sowie die der Handpuppen und der anderen Puppenarten, mit denen szenisches Gestalten möglich wird. Diese Formen des Puppenspiels sind zum einen im künstlerischen Bereich angesiedelt, in dem die miniaturisierte Darstellung klassischer Dramen und Stücke auf Puppenbühnen einen ganz eigenen Zauber entfalten kann (vgl. Gross, 2009). Zum anderen werden Puppenerzählungen bzw. auch die Nutzung von Puppenbühnen in pädagogischen und therapeutischen Kontexten eingesetzt (Gauda, 2001). Häufig bietet sich dabei für Erwachsene die Möglichkeit, sowohl eigene Kindheitserinnerungen (wieder) aufleben zu lassen als auch auf diese Art einen Zugang zu kindlichen Erlebenswelten zu erhalten.

Die umgekehrte Perspektive: Was machen Puppen mit Erwachsenen?

Das rätselhafte Faszinosum und Mysterium Puppe bringt es mit sich, dass Menschen (nicht selten: empfindsame Männer) entweder zu Puppenanbetern oder Puppenverächtern werden: »praising or blaming the doll«.

> »Was ist das für ein Ding, das ich wieder erkenne und das *mich* zu kennen scheint, wenn ich ihm an einer Straßenecke begegne, in einem Park, oder im Schatten eines Theaters,

auf einer kleinen Bühne? Was ist das für ein Geschöpf, das sich aus dem Schatten heraus ans Licht gräbt, ein Überbleibsel von irgendwas, eigensinnig, oft quietschend und hässlich, das sich in einer merkwürdigen, unvorhersehbaren Weise bewegt – oder einfach ruhig da liegt, in sich eingerollt, eine warme, sich geduldig sammelnde Kraft für irgendeine neue Bewegung. Ich würde gern etwas über die Welt, in der dieses Geschöpf lebt, wissen. Noch mehr frage ich mich, was es über unsere Welt weiß. Der Wahnsinn der Puppe. Er zeigt sich auf verschiedene Weisen. Es kann eine ganz gewöhnliche Art der Verrücktheit sein. Das Verrückte liegt in der verborgenen Bewegung der Hand, in dem eigenartigen Antrieb und dem Können, durch die die Hand eines Menschen sich selbst in einen beseelenden Impuls, in die Intelligenz oder in die Seele eines unbelebten Objekts, eines Dings ohne Leben, verwandeln kann. [...] (Ich nenne das Wahnsinn, aber es könnte genauso gut Ekstase genannt werden.)« (Gross, 2009, S. 182; Übersetzung I. F.).

Für manche Menschen wird die Puppe zum *Fetisch*. Obwohl Karl Marx in seinem Hauptwerk »Das Kapital« (Marx, 1867/1991) im Kapitel »Der Fetischcharakter der Ware und sein Geheimnis« mit hoher Wahrscheinlichkeit nicht an Puppen-Obsessionen gedacht hat, bergen Puppen für bestimmte Menschen eine Art rätselhaftes oder unheimliches Geheimnis. Puppen repräsentieren ein Ding bzw. eine *Ware*, von deren *Eigenleben* (bzw. von deren *Seele* oder *Fetisch*) manch erwachsener Mensch – wie in einer Art Verkehrung von Subjekt und Objekt – *verhext* werden kann. In seiner »eine dramatische Grille« genannten Komödie »Der Triumph der Empfindsamkeit« spöttelt Goethe (1777/1787/1999) über die stilisierte männliche Empfindsamkeit des Prinzen Oronaro, dessen Liebesgefühle nur von einer Puppe, als Illusion der Königin Mandandane, entfacht werden, die prompt erlöschen, als ihm die reale Königin als Puppe verkleidet gegenüber tritt. Als man dem unfreiwillig ernüchterten Prinzen die Puppe zurückgibt, entzündet sich sein Liebeszauber erneut. Auch die 1918 von Oskar Kokoschka in Auftrag gegebene Anfertigung einer Puppe als originalgetreues Abbild seiner von ihm leidenschaftlich-manisch geliebten Alma Mahler ist ein Unterfangen, das als berühmt-befremdliches Beispiel für die vergebliche Hoffnung, ein Ding (= die Puppe) als einen Fetisch und damit als Ersatz für die verloren gegangene Geliebte wiederzuerlangen, in die Kunstgeschichte eingegangen ist. Erwartungsgemäß scheitert dieser Versuch und verkehrt sich eher in sein Gegenteil (vgl. Gallwitz, 1992):

> »Die Puppe ist ihm zur dadaistischen Allegorie geworden. Bald wird er sie, nach einer mit Freunden durchzechten Nacht, mit Rotwein übergießen, köpfen und schließlich auf den Müll werfen. Sie hat ausgedient. Alma Mahler hört auf, das Leitmotiv seiner Malerei zu sein« (Metker, 1991, S. 32).

Dennoch bleibt die Puppe als solche prädestiniert, für Menschen, die eine entsprechende Affinität haben, in Ausnahmezuständen zu einem Fetisch zu werden. So stehen ja nicht von ungefähr Puppen seit Menschengedenken für eine lange kulturhistorische Tradition der Inszenierung von Zauber und Abwehrzauber (vgl. Boehn, 1929; Hoffmann-Krayer u. Bächthild-Stäubli, 1935/1936). Das gilt vor allem auch für die vielen »anthropomorphe[n] Artefakte wie Anatomiemodelle, Gliederpuppen, Schneiderbüsten, Marionetten, Schaufensterpuppen« (Zweite, 1999, S. 12) sowie für die verschiedenen historischen Traditionen und Varianten der täuschend echten künstlichen Frauenfiguren und -automaten. Deren illusionistische Effekte scheinen vor allem bei Männern Fluchttendenzen vor der realen Frau als einer bedrohlich Anderen auszulösen und verweisen die so in den Bann Gezogenen zugleich zurück auf ihre eigene narzisstische Selbstliebe (vgl. Schade, 2004).

Die Puppe als Trugbild ist ein wiederkehrendes Thema in diesen Zusammenhängen. Sie ist das phantasmagorische Gebilde, das anzieht und abstößt, das zu leben scheint und letztlich doch tot ist, das in Anlehnung an den Pgymalion-Mythos geschaffen und vernichtet werden kann. Unter Bezug auf die Erzählung »Der Sandmann« in E. T. A. Hoffmanns Fantasie- und Nachtstücken (1817/1996), in der die automatische Puppe Olimpia eine zentrale und fatale Rolle spielt, konstatiert beispielsweise Sigmund Freud, dass die Wahrnehmung und projektive Beseelung der Puppe für manche Erwachsene mit einem befremdlichen Empfinden von *Doppelgängertum* einhergehe und ein Gefühl des Unheimlichen erzeuge, weil die Fähigkeit zur klaren (intellektuellen) Unterscheidung zwischen leblos und belebt bedroht erscheine. Dabei scheinen sich Kinder von der phantasmagorischen Wirkung der Puppe weitaus weniger verunsichern zu lassen als Erwachsene. Das Kind habe sich zumeist »vor dem Beleben seiner Puppen nicht gefürchtet, vielleicht es sogar gewünscht« (Freud, 1919/1970, S. 257). Nach Groos (2009) ist der Puppe in all ihrer zunächst einmal zugestandenen Unschuld sowohl die Fähigkeit zur Verlebendigung zueigen wie gleichzeitig auch das Bewusstsein von Tod, Verlust und verschmähter Liebe. An Rainer Maria Rilke anknüpfend sieht er die ganzheitlich gegebene Unschuld der Puppe als einen Spiegel der Unschuld des Kindes. Rilke hingegen gelingt es nur weitaus mühsamer, diese Funktion der Puppe zu akzeptieren. Nur in Verbindung mit dem Engel wird sie für ihn zu einer erfüllten Einheit: »Ich will nicht diese halbgefüllten Masken, lieber die Puppe. Die ist voll. [...] Engel und Puppe: Dann ist endlich Schauspiel. Dann kommt zusammen, was wir immerfort entzwein, indem wir da sind« (Rilke, 1923/1955, S. 697 ff.).

So kommt in dieser Passage eine etwas versöhnlichere Sicht gegenüber der Puppe zum Ausdruck als in der verächtlichen Abrechnung, die er circa zehn Jahre zuvor über Puppen verfasst hat (Rilke 1914/1921). Dabei gehört der Puppenaufsatz von Rilke zu den eindrücklichsten, aber auch verstörendsten Texten, die es über Puppen gibt. Es kommt hier eine höchst ambivalente Haltung zum Ausdruck – ein »Haß, der, unbewußt, sicher immer einen Teil unserer Beziehungen zu ihr ausmachte« (Rilke 1914/1921, S. 8). Die biografische Erfahrung, als Kind von der Mutter zwanghaft femininisiert und in Mädchenkleider gesteckt worden zu sein sowie Puppen aufgedrängt bekommen zu haben, mag eine ganze zentrale frühe Erfahrung von Übergrifflichkeit auf die intrapsychische Integrität und die eigene Körperidentität für ihn gewesen sein. Kurz vor dem Verfassen des Puppenaufsatzes hat Rilke eine Ausstellung mit Puppen von Lotte Pritzel besucht und stand höchstwahrscheinlich unter dem Eindruck des unheimlichen Sogs der ätherischen Körperlichkeit dieser Puppen aus Wachs. All dies scheint eine irritierende Faszination ausgelöst und gleichzeitig heftige, uralte Aversionen und Ängste aktualisiert zu haben, die zu einem fast hasserfüllten Ausbruch führen. Zwar bietet nach Bühler-Dietrich (2006) die Puppe einerseits Orientierung:

> »In der Konstellation von Kind, Puppe, Person, Welt und Leib ist es die Puppe, die den Abstand zwischen Kind und Leib auf der einen, Person und Welt auf der anderen Seite schafft. Statt des drohenden Verlusts des Noch-Nicht-Ich im menschlichen Gegenüber […] ermöglicht die Puppe die Konstituierung des Subjekts in der Veräußerung […], so dass das Kind trotz der Spaltung in Teil und Gegenteil intakt bleibt. […] Erst im Medium der Puppe wird Welt zu einem Erkennbaren« (S. 118 f.).

Andererseits schlägt diese zunächst positiv bewertete Funktion der Puppe im Rahmen der Subjektwerdung in eine vehemente Abgrenzung und Hass gegenüber ihrer teilnahmslosen, verräterischen Leiblichkeit um. Die in den Kinderjahren von der Mutter bedrohte Köperidentität scheint für Rilke durch das Doppelgängerpotenzial der Puppe neu wach gerufen zu werden. So wird ein ganz und gar »un-rilkischer« (Simms, 2004, S. 74) heftiger affektiver Reflex, eine Art Überreaktion ausgelöst. Alle Sensorien und Antennen scheinen bei diesem Thema auf Abwehr ausgerichtet zu sein. Das gilt im Übrigen nicht für die anderen typischen Gegenstände seiner Kindheit: das Schaukelpferd, die Blechtrompete und alle anderen Dinge werden differenziert und ausgesprochen wohlwollend, fast liebevoll, betrachtet. Es ist nur die Puppe, von der missbräuchlicher Terror auszugehen scheint, es ist dieser »Balg«, der in seine Schranken verwiesen werden muss, da sonst Selbstaufgabe droht:

> »Der Puppe gegenüber waren wir gezwungen, uns zu behaupten, denn wenn wir uns an sie aufgaben, so war überhaupt niemand mehr da. Sie erwiderte nichts, so kamen wir in die Lage, für sie Leistungen zu übernehmen, unser allmähliches breiteres Wesen zu spalten in Teil und Gegenteil, uns gewissermaßen durch sie die Welt, die unabgegrenzt in uns überging, vom Leibe zu halten« (Rilke, 1914/1921, S. 8 f.).

Diese Spaltung wird dabei nicht als Kompetenzgewinn im Sinne einer Differenzierungs- und Distanzierungsfähigkeit erlebt, nicht als ein Schritt in Richtung Selbstbewusstsein oder als die Möglichkeit der Perspektivenübernahme und der Annäherung an Fremdseelisches (auch wenn es sich bei der fremden Seele nur um eine Puppenseele handelt), sondern sie wirkt als terroristische Bedrohung. Den anderen Dingen, die die Kindheitsräume bevölkern, wird ihre Unschuld gelassen. Ihnen wird eine gleichbleibend unprätentiöse Immanenz ihrer Seele zugestanden. Der Puppe aber wird höchst unleidlich konzediert, dass sie, wenn überhaupt, nur in höchst existenziellen Situationen vielleicht die vage Ahnung einer seelischen Regung verspüren könne:

»Seelen, ihr, aller der einsamen Spiele und Abenteuer; einfältig gefältige Seele des Balls, Seele im Geruch der Dominosteine, unerschöpfliche Seele des Bilderbuchs, Seele der Schultasche, gegen die man schon ein wenig mißtrauisch war, weil sie's oft ganz offen mit den Erwachsenen hielt; taube Trichterseele der braven, kleinen Blechtrompete; wie wart ihr alle leutselig und beinahe greifbar. Nur du, Puppenseele, von dir konnte man nie recht sagen, wo du eigentlich warst. Ob du dich gerade bei einem aufhieltest, oder bei der schläfrigen Kreatur da drüben, der man dich beständig einredete; sicher verließen wir uns oft einer auf den anderen und am Ende hielt dich keiner, und du wurdest mit Füßen getreten. Wann warst du eigentlich jemals gegenwärtig? Am Geburtstagmorgen vielleicht, wenn eine neue Puppe dasaß und sich fast etwas Körperwärme aneignete von dem noch warmen Kuchen neben ihr? Oder am Vorabend von Weihnachten, wenn die bisherigen Puppen die überwiegende Nähe der künftigen ahnten durch die seit Tagen unzugängliche Zimmertür? Oder, mit mehr Wahrscheinlichkeit, wenn eine Puppe so plötzlich hinfiel und häßlich wurde: da war's eine Sekunde, als überraschte man dich. Auch, glaube ich, warst du imstande, so ungenau weh zu tun wie beginnender Zahnschmerz, von dem man noch nicht weiß, wo er eigentlich sein wird, wenn die Lieblingspuppe Anna plötzlich verloren ging, nie wieder gefunden werden sollte in alle Ewigkeit: weg war. Aber im Grunde war man so beschäftigt, dich zu erhalten, daß man keine Zeit hatte, dich festzustellen. Ich habe kein Urteil darüber, wie es ist, wenn ein kleines Mädchen stirbt und eine ihrer Puppen vielleicht eine, die bis dahin recht vernachlässigt war, nicht von sich läßt, auch ganz zuletzt nicht, so daß das arme Ding, ordentlich dürr und welk von der heiß zehrenden Fieberhand, ins Ernste, Endgültige mit hineingerissen wird: ob dann ein bisschen Seele sich in ihm sammelt, neugierig, eine wirkliche Seele zu sehen?« (Rilke, 1914/1921, S. 12 ff.).

Auf den ersten Blick möchte man ausrufen: Mein Gott, wofür dieser wortgewaltige Aufwand, wozu das Auffahren eines solchen Abwehrarsenals? Die Puppe ist in dieser negativen Konnotation nach Bühler-Dietrich (2006, S. 131) »das Bild, in dem Leib, Sexualität und Mutter verdichtet sind, und welches als furchtbesetzt erfahren wird, weil es das Ich zu überwältigen droht«. Eva-Maria Simms (2004) zieht bei der Thematisierung von Rilkes »unheimlichen Puppen« neben dem Puppenaufsatz und einer Passage aus den Duineser Elegien noch eine weitere »un-rilkische« Erzählung mit Puppenbezug heran: Frau Blahas Magd (Rilke, 1899/1906) – eine Erzählung, in der eine einfache Magd ihr neugeborenes Kind zweimal tötet, bei der Geburt und als tote, mumifizierte »Puppe«. In ihrer vielschichtigen psychoanalytischen bzw. psychodynamischen Analyse geht Simms (2004) davon aus, dass Puppe und Engel bei Rilke eine Sphäre des Nichtmenschlichen teilen. Während der Engel für die reine, idealisierte Form von Eros, für das archetypische Bild des primären Narzissmus, stehe, verkörpere die Puppe Thanatos, den Sieg des Todes über den lebenden

Organismus, das archetypische Bild des primären Masochismus. Anders gesagt: Ist der Engel das vollkommene, aber nie erreichbare Ideal menschlichen Seins, so steht die Puppe für die düstere Bedrohung durch das Nichtsein. Beide Facetten sind als Licht- und Schattenseite aufeinander bezogen und können eine lähmende Wirkung entfalten: Der Engel, indem er verführe, die Seele in paradiesische Träume locke, dabei menschliche Fehlbarkeit aufzeige und die große Abhängigkeit von der materiellen Welt offenkundig mache, die Puppe, indem sie die panische Angst vor Tod und Bedeutungslosigkeit anfeuere. Der Engel führe auf der Suche nach dem Ich-Ideal zu (narzisstischer) Selbstüberschätzung, die Puppe zu (masochistischer Depression) und zum Bedürfnis nach Entledigung des drangsalierenden Körpers. Die Unheimlichkeit der Puppe entstehe demnach dadurch, dass sie diese mit ihr unterschwellig verbundene Dynamik des Todestriebs gleichzeitig aufdecke und verschleiere (Simms, 2004, S. 84).

So wird die Frage der Unschuld der Puppe noch einmal wieder neu aufgeworfen. Gerade die scheinbare Lebensechtheit und gleichzeitig gegebene faktische Unsterblichkeit mancher Puppen statten sie mit einer schillernden und irritierenden Unschärfe aus. Ihr Bedeutungsgehalt, ihre Botschaften und die ihr unterstellten Absichten sind widersprüchlich:

> »[…] selbst ehrbare Puppen haben von Natur aus etwas Zudringliches. Oft, wenn ich vor einem Antiquitätengeschäft stehenblieb, um eine bauchige Kommode oder einen Kupferkessel zu betrachten, geschah es, daß ich von einem winzigen Gesichtchen überrascht wurde, das mich aus dem Halbschatten belauerte. Jedesmal fühlte ich einen Schock. Eine Puppe ist niemals völlig harmlos; der Reiz, den sie ausübt, ist für Leute, die empfindlich genug sind, stets auch mit einem gelinden Schrecken vermischt. Selbst noch das Spielzeugpüppchen bleibt suspekt. Sollte es sich um eine atavistische Regung in uns handeln? Oder um Gaukelei unserer Phantasie, in der kulturhistorische Reminiszenzen spuken?« (Wittkop-Ménardeau, 1961, S. 15).

Eine Puppe ist eine Puppe, aber nicht nur eine Puppe …

Abbildung 5: Grabstele eines Mädchens mit dem Namen Plangon (»Puppe«)

Puppenformen – historische und kulturelle Perspektiven

»Die Puppe, also das mehr oder minder vollkommene Abbild des Menschen, existierte schon Jahrtausende, ehe das erste Kind sich ihrer bemächtigt hat.«

Max von Boehn, »Puppen und Puppenspiele«, 1929, S. 4

Puppenvielfalt und Puppentypologien

Puppen repräsentieren und symbolisieren die zeit- und kulturgeschichtlichen Kontexte, aus denen sie stammen. Sie gelten als einzigartige »Botschafter oder Pilger […] aus der Welt der Dinge« (Gross, 2009, S. 187; Übersetzung I. F.) und treten in diesem Zusammenhang als Träger von Symbolisierungen bedeutsamer Objekte und Praktiken in Erscheinung. Auch wenn Puppen als Spielzeug und Puppenspiel relativ kontextunabhängig sind und in (fast) allen Zeiten und Kulturen in gewisser Hinsicht ähnlich genutzt werden, gelten sie immer auch als ein kontextgebundener Spiegel ihrer jeweiligen Zeit. Insofern ist Puppe nicht gleich Puppe und es gibt eine große Heterogenität dieser speziellen Objektkategorie. In einer großen kulturgeschichtlichen Ausstellung zur »Traumwelt der Puppen« (Krafft, 1991) widmete man sich vielfältigsten Aspekten der Puppe als »dem Ebenbild des Menschen als Stellvertreter und Spielkamerad« mit seiner »unwiderstehlichen Anziehungskraft« (S. IX). Hier wurden Exponate zu folgenden Kategorien zusammen getragen: »Ahnengalerie der Puppen« (von der Antike über magische Puppen bis hin zu volkstümlichen Holzpuppen und entsprechenden Körpertypen), »Mannequins« (Wachsfiguren und Gliederpuppen), »Puppen zur Andacht« (bekleidete Heilige und Krippenfiguren), »Automaten« (»verpuppte Mechanik«), »Damen des Luxus und der Moden« (Ankleide- und Papierpuppen), »Kinder & Charaktere« (deutsche Puppenindustrie), »Puppenheim« (Haushalt und Nähkästchen), »Bühne frei für Puppen« (Puppentheater), »Künstler und ihre Puppen« (Pritzelpuppen, Kokischkam Bellmer, Klee, Schlemmer, Picasso) sowie »Puppen live« (Barbie und Puppen in Medizin und Technik) (Krafft, 1991, S. V f.).

Mit Fritz (1992) kann man fünf *Puppentypen* unterscheiden: Spielpuppe, Modepuppe, Puppenfiguren, Theaterpuppen und selbsttätige Puppen (Automaten). Diese fünf Puppentypen unterscheiden sich vor allem durch ihre Funktionen und durch die Art und Weise, wie sie den Menschen im Verlauf der Menschheitsgeschichte gegenüberstehen bzw. wie sie zu Menschen in Beziehung stehen oder treten können.

Spielpuppen
Die Spielpuppe stellt die Quintessenz dessen dar, was üblicherweise unter Puppen verstanden wird. Spielpuppen stehen Menschen als Einzelwesen gegenüber und bilden eine Projektionsfläche, in der das Individuum sich selbst sehen und auf die es die zentralen Werte seiner Kultur übertragen kann. Obwohl es sich um einen toten Gegenstand handelt, ist die Spielpuppe in diesem Sinne ein aktiver Partner bei der Erkundung des Selbst sowie bei der Gestaltung der Beziehung des werdenden Selbst zu anderen Menschen und bei der Auseinandersetzung mit den Anforderungen der Umwelt. Im Prozess der spielerischen Interaktion mit der Spielpuppe lernen beispielsweise Kinder, sich selbst zu erkennen und ihre eigene Entwicklung in gewisser Weise selbst zu gestalten. Dabei wird es etwas strittig beurteilt, ob die Spielpuppe in Gestalt eines Erwachsenen, eines Kindes oder eines Babys verfügbar

ist. Schaut man sich die Porträts verschiedener Künstler und Künstlerinnen von Kindern bzw. Mädchen mit ihren Puppen seit etwa Mitte des 19. Jahrhunderts an, dann sind es zunehmend kindähnliche Puppen, die die Mädchen wie auf alten Madonnenbildnissen im Arm oder auf dem Schoß halten:

> »Die Mädchen zeigen mit verhaltenem Stolz und zugleich großer Innerlichkeit ihre Puppen vor. Formal und farblich fügen sie sich zur vollkommenen Einheit, die bereits weit entfernt ist von der nach außen gekehrten Bürgerlichkeit der Kinderstuben des ausgehenden 19. Jahrhunderts« (Müller, 1999, S. 258).

Modepuppen
Die Modepuppe existiert, wie die Spielpuppe, als Einzelwesen, hat aber eine besondere Funktion als Botschafterin weiblicher Mode. Frühe Formen waren nicht als Spielzeug für Kinder geschaffen, sondern richteten sich an Erwachsene, um sie über Entwicklungen im Bereich der Mode zu informieren. Diese frühen Modepuppen waren teure Einzelstücke und entsprachen zunächst ausschließlich den Gepflogenheiten der oberen gesellschaftlichen Schichten. Erst später gab es volkstümlichere Ausgaben und mit der Erfindung von Ausschneidepuppen aus Papier entwickelte sich die Modepuppe letztlich zu einem Spielzeug für alle Bevölkerungsschichten. Im Laufe des 20. Jahrhunderts wurden die Grenzen zwischen den reinen Modepuppen und den Spielpuppen zunehmend fließender. Spielpuppen geben sozusagen einen unmittelbaren Anschauungsunterricht für *zeitgemäßes Styling*. Somit kann auch *Barbie* – trotz ihrer mittlerweile 50 Jahre – als eine immer wieder aktuelle und aktualisierbare Variante der Modepuppe angesehen werden.

Puppenfiguren
Im Gegensatz zu Spiel- und Modepuppen sind Puppenfiguren keine Einzelwesen, sondern Teil eines Figurenensembles, das gemeinsam eine Art Miniaturwelt repräsentiert. Puppenfiguren sind in der Regel eher unbewegliche Menschenfiguren, die in Zusammenhängen mit anderen Figuren und jeweils spezifisch bedeutsamen Gegenständen komplexe (szenische) Situationen repräsentieren. Die klassische Variante eines solchen thematischen Ensembles von Puppenfiguren ist das Puppenhaus. Aber auch Spielzeugsoldaten und Legionärsfiguren sowie Knappen und Ritterfiguren stellen historische Beispiele für diese Puppenform dar. Moderne Puppenfiguren finden sich als Playmobilfiguren, Figuren aus Filmen oder Aktionsfiguren wie Skeletor und He-Man.

Theaterpuppen
Theaterpuppen zeichnen sich durch ihre Beweglichkeit aus, die Lebendigkeit suggeriert und repräsentiert. Sie werden in den verschiedensten Varianten wie beispielsweise als Schattenspielfiguren, Handpuppen oder Marionetten von meist unsichtbaren Menschen geführt und zum Leben erweckt. Das heißt, sie werden

animiert, wirken beseelt und entfalten in diesem spielerischen Zusammenhang ihre besondere Magie und ihren Zauber (Gross, 2009). Dabei stehen diese lebendigen Puppen in der Regel in Beziehung zu anderen belebten Puppen, so dass sie in ihren Interaktionen die mehr oder minder kleinen Dramen des Lebens vor einem Publikum aufführen können (vgl. Fritz, 1992). Das Kind spielt zumeist nicht direkt mit den Theaterpuppen, sondern nimmt an ihrer Handlung indirekt als Zuschauer teil. Man geht aber davon aus, dass es in der Rolle als Zuschauer seine Gefühle und Vorstellungen auf die Figuren projiziert und somit innerlich am Geschehen der Spielhandlung Teil hat. Das Kind befindet sich dabei in einer teils bewussten, teils unbewussten *Als-ob-Situation*, in der es in Beziehung zu seinen eigenen Wünschen, Ängsten und Konflikten treten kann, aber auch an deren Erfüllung oder Lösung partizipiert (Ellwanger u. Grömminger, 1989). Damit eignen sich Theaterpuppen auch jenseits ihres reinen Unterhaltungswerts besonders gut für gezielte pädagogische und therapeutische Interventionen und Maßnahmen (vgl. auch Gauda, 2001).

Selbsttätige Puppen / Automaten

> »So paradox es klingt – in der Puppenwelt ist das am traumhaftesten, was am meisten ›Wirklichkeit‹ vorträgt: die Automaten, nach dem Griechischen ›sich selbst bewegende‹ Figuren. Ihrem artifiziellen Leben, entstanden aus dem Versuch, den göttlichen Schöpfungsakt durch Menschenwerk nachzuvollziehen, wohnt magische Faszination inne« (Krafft, 1991, S. 122).

Hephaistos, der griechische Gott des Feuers und der Künste schuf *Pandora*, das Geschenk der Götter, für die sterblichen Menschen unwiderstehlich, aber »als fatales ›schönes Übel‹. Kein Mythos ist bekannter […] wie Pandora in ihrer faszinierenden Ambivalenz von Anziehung und Bedrohung« (Hille, 1999, S. 304). Selbsttätige Puppen und Automaten sind menschenähnliche Puppen, die sich scheinbar von selbst bewegen, sprechen oder eine Aktion wie Schreiben, Schwimmen oder Schachspielen ausführen können. Sie kommen dem Wunsch mancher Menschen (und Kinder) entgegen, immer menschenähnlichere Puppenformen zu erfinden, und spiegeln somit die technologischen Möglichkeiten ihrer jeweiligen Zeit wider. Wurden die ersten Automaten um 1300 im Zusammenhang mit der Erfindung der Räderuhr als kleine Glockenschläger eingesetzt (vgl. Krafft, 1991), so waren die frühen beliebten Formen selbsttätiger Puppen die mechanischen Puppen des 18. Jahrhunderts oder die Lauf- und Sprechpuppen des 19. und 20. Jahrhunderts. Moderne Formen sind elektronisch erzeugte Puppen in Videospielen oder Roboter wie *Saya*, eine Roboter-Lehrerin aus Japan, die sechs Emotionen ausdrücken, ihre Gummihaut zum Lächeln verformen und die Augenbrauen hochziehen kann (Süddeutsche Zeitung, 2009). Abgesehen von Computerpuppen sind selbsttätige Puppen nach dem ersten Erstaunen über deren Verkörperung technischer Möglichkeiten letztlich nie lange populär geblieben. Vielleicht liegt es daran, dass es –

zumindest für Kinder – eher *widernatürlich* für eine Puppe ist, selbsttätig zu handeln. Denn eine Puppe stellt ja ein Objekt dar, dessen Faszination darin besteht, durch die Handlung (oder den Geist) eines anderen zum Leben erweckt zu werden. Sie ist somit Teil eines Interaktionsprozesses, in dem das Kind – und eben gerade nicht die Puppe – selbst tätig wird und die ausgeführten Bewegungen und Tätigkeiten bestimmt.

Obwohl es teilweise Überschneidungen zwischen diesen fünf hier nur kurz skizzierten Puppentypen gibt (so kann ein Kind eine Modepuppe sowohl als Repräsentantin der aktuellen Mode nutzen als auch gleichzeitig mit ihr nur spielen), bleiben die Hauptcharakteristika dieser unterschiedlichen Puppentypen relativ unverändert. Das gleiche gilt im Übrigen auch für zeithistorisch bedingte Veränderungen und weitere Transformationsprozesse – trotz Weiterentwicklungen in der äußeren Form und in den verwendeten Materialen sind alle fünf Puppenarten in ihrer Kernfunktion über die Zeit und verschiedene Kulturen hinweg relativ konstant geblieben.

Puppentypen im historischen Wandel

Die ältesten erhaltenen Puppen stammen aus neolithischer Zeit, wobei Spielpuppen und Puppenfiguren oft in der Gestalt von Tierfiguren existierten. Die meisten Urformen bestehen aus kleinen Figuren, die aus Ton, Stein oder Knochen angefertigt wurden. Sie stellen die ersten Versuche der Menschheit dar, sich selbst zu objektivieren (Boehn, 1929; Fritz, 1992; Lehmann, 1957). Diese frühen Puppenformen waren allerdings zunächst nicht als Spielzeug gedacht, sondern wurden als Ersatz bzw. Symbol für Menschen- und Tieropfer in rituellen religiösen Praktiken genutzt. Dabei kann man davon ausgehen, dass das bewusste Erschaffen und der so praktizierte Einsatz von Puppen Symbolisierungsfähigkeit voraus setzt:

> »Ein Objekt hat durch die Symbolisierung nicht nur eine feste Bedeutung, sondern kann in anderen Kontexten (z. B. bei rituellen Anlässen) andere Bedeutungen annehmen, die für die daran beteiligten Menschen genauso ›wirklich‹ sind. Die Puppe ersetzt also nicht nur den Menschen, den man den Göttern opfern wollte, sondern sie wird zu diesem Menschen, weil die Symbolisierungsfähigkeit der Menschen sie dazu gemacht hat« (Fritz, 1992, S. 68).

Diese prähistorischen Puppen waren somit Menschen- und Götterfiguren zugleich. Für die damaligen Menschen war die Puppe »vom Leben der Gottheit selbst durchdrungen« (Richter u. Richter, 1983a, S. 10). Die Puppen wurden eingesetzt, um gegenüber den Naturmächten und den Kräften der Umwelt Ehrfurcht zu bezeugen sowie sie zu beeinflussen, zu bannen und zu besänftigen. Dabei betonen diese ersten Urformen von Puppen die typischen Merkmale des Weiblichen – die Brüste, den Nabel, die Vulva. Sie verweisen somit auf die zentrale Rolle weiblicher Fruchtbarkeit und der fundamentalen Naturgesetze der Zyklen von Geburt und Tod, Aussaat und Ernte im Leben der Menschen (Fritz, 1992). Puppen wurden in ihren Urformen als beseelte Objekte, als lebendige Abbildung von Menschen, als Gegenstand gewordene Projektion des Menschen entworfen. Dabei wird vermutet, dass auch in dieser frühen Zeit sich doch schon ein fließender Übergang von der religiösen Funktion zum Spiel des Kindes einstellte (Fritz, 1992; Lehmann, 1957; Sutton-Smith, 1986).

Die Puppe als Verkörperung des Weiblichen setzte sich in der ägyptischen Kultur und in den antiken Epochen fort, wie man es an alten vorchristlichen Puppenformen erkennen kann, die aus dem ägyptischen, griechischen und römischen Raum stammen (Ecker, 1989; Fritz, 1992; Lehmann, 1957; Richter u. Richter, 1983a). Diese Puppen waren meist kleine Figuren, die aus verschiedenen Materialen wie Ton, Terrakotta, Elfenbein, Bernstein, Amethyst, Silber oder Gold hergestellt wurden. Einige dieser Puppen, wie beispielsweise die griechischen Terrakotta-Gliederpuppen und die sehr frühen Exemplare aus Ägypten (um 2000 v. Chr.), waren beweglich. Andere frühe Puppenformen waren sehr naturalistisch und detailgetreu gestaltet. Eine der erhalten gebliebenen frühägyptischen Puppen hatte bereits eingelegte Augen. Wie den Puppen aus neolithischer Zeit wurden auch diesen antiken Puppen magische Kräfte zugeschrieben. So waren sie oft mit abergläubischen Vorstellungen verbunden und wurden in diesem Zusammenhang als Glücksbringer oder als Objekte, die Verzeihung gewähren konnten, betrachtet (Lehmann, 1957).

Bereits in der altgriechischen Kultur wurde die allmähliche Verschmelzung der Funktionen von Spielzeug und Opfergabe am Beispiel der Puppe als Opfergabe an die drei bedeutsamsten Göttinnen (Hera, Aphrodite, Artemis) deutlich. Die jungen Mädchen in der hellenistischen Zeit, die ins heiratsfähige Alter kamen, konnten durch die Opferung ihrer Lieblingspuppe die Gunst der jeweiligen Göttin im Hinblick auf ihre zukünftige Rolle als Ehefrau und Mutter erbitten: »Oh Aphrodite, wolle nicht das Purpurschleierchen meiner Puppe verschmähen«, so wird eine Sentenz von Sappho zitiert (zit. nach Wittkop-Ménardeau, 1962, S. 22). Der Puppe kommt somit im Zusammenhang mit dem Verlassen der Kindheit und den nun anstehenden weiblichen Wandlungs- und Reifungsprozessen eine wichtige Rolle zu, denn die Opferung und Freisetzung der Puppe ist gleichsam der zentrale Initiationsritus auf dem Weg des Mädchens in die neue Identität als Frau.

Ganz anders sieht die Funktion der Puppen im Mittelalter aus. Die Spielpuppen des Mittelalters spiegeln die sozialen Zuordnungen und die Zugehörigkeit zu verschiedenen Gesellschaftsschichten in dieser Zeit wider (Bachmann u. Hansmann, 1971/1988). Es gab sowohl einfache, als Massenware vorhandene Tonpuppen für Bauern und Handwerker als auch die als Einzelstücke angefertigten höfischen Puppen für die Töchter des Adels (Fritz, 1992; Lehmann, 1957; Richter u. Richter, 1983a). Dabei reflektierten diese kostbaren Puppen nicht nur den Status der gehobenen Gesellschaftsschichten, sondern sie wurden zunehmend auch als pädagogisches Mittel eingesetzt: Mädchen wurden durch das Spielen mit Puppen auf ihre zukünftige Rolle als Hofdame und Jungen durch das Spielen mit Ritterfiguren auf ihre künftigen Aufgaben als Männer der Ritterlichkeit vorbereitet.

Während die einfachen germanischen Holzpuppen und Tiere, die ab dem 9. und 10. Jahrhundert in Gebrauch kamen, wenn überhaupt, dann nur eher zufällig erhalten sind (Lehmann, 1957), stellen die von Handwerkern aus Nürnberg bereits um 1413 professionell aus Holz hergestellten ersten *Docken* wertvolle und tradierungswürdige Exemplare dar (Geidl, 1998; Richter u. Richter, 1983a). Die Produktion von solchen besonderen Holzpuppen konnte sich deshalb entfalten, weil die Spielzeugherstellung zu dieser Zeit als freie Kunst betrachtet wurde und keinen Zunftschranken unterlag (Bachmann u. Hansmann, 1971/1988). Damals bildeten sich Zentren der Puppenproduktion in waldreichen Gegenden wie Thüringen, Oberbayern und im Grödner Tal aus (Richter u. Richter, 1983a), die somit sehr lang währende regionale Traditionen der Puppenherstellung einleiteten. Allerdings wurde erst mit der Erfindung des Drechselns im 16. Jahrhundert die Massenproduktion von Spielzeug aus Holz möglich. Diese ersten Holzpuppen waren zunächst einfach gedrechselte Holzkegel mit aufgemalter Kleidung (Lehmann, 1957).

Aber nicht nur die Spielpuppe, sondern auch die anderen Puppenformen – Modepuppen, Puppenfiguren, Theaterpuppen und selbsttätige Puppen – existierten bereits zu dieser Zeit. Dabei war das 15. Jahrhundert eine Hochburg für das Puppenspiel, das über Afrika und Spanien nach Frankreich gekommen war und sich rasch in ganz Europa ausbreitete (Fritz, 1992). Allerdings orientierte sich das Puppentheater in dieser Zeit nicht so sehr an kindlichen Bedürfnissen, sondern es war besonderes beliebt bei Erwachsenen, weil diese einfache Theaterform eine Möglichkeit darstellte, als Schauspielhaus für die weniger vermögenden Schichten und einfachen Menschen zu fungieren.

Die ersten Modepuppen erschienen Ende des 14. Jahrhunderts in Paris und entfalteten ihre Blütezeit im 17. und 18. Jahrhundert. Diese Puppen waren elegant gekleidete teure Puppen, die durch ganz Europa als Botschafterinnen der Mode reisten. Bis zur Erfindung von Modezeitschriften waren Modepuppen für den europäischen Adel die einzige Orientierungsmöglichkeit über die modischen Vorlieben an den verschiedenen Höfen (Ecker, 1989; Fritz, 1992; Lehmann, 1957; Richter u. Richter, 1983a). Aber nicht nur die französischen Modemacher, sondern auch die Putzmacher, Haarkünstler und Juweliere nutzten Modepuppen, um ihre Kreationen in ganz Europa bekannt zu machen (Ecker, 1989). Waren diese Puppen weitgehend auf die Stände des Adels und auf die Gruppe der wohlhabenden Bürger beschränkt, gab es in England mit der *pedlar-doll* bereits eine volkstümliche Variante der Modepuppe (Retter, 1979). In England wurden zudem gegen Ende des 18. Jahrhunderts flache Kartonpuppen zum Ausschneiden erfunden (Fritz, 1992; Kunst und Unterricht, 2007b). Diese Modepuppen aus Papier waren preiswerter als die früheren Formen und erlaubten auch den weniger vermögenden Klassen und Schichten einen Zugang zur neuesten Mode. So erfüllte die Ausschneidemodepuppe eine doppelte Funktion: Sie diente einerseits der Mutter zur Orientierung über die aktuelle Frauenmode und wurde andererseits auch als Spielzeug vom (weiblichen) Kind genutzt.

Obwohl es Hinweise darauf gibt, dass es bereits in der griechischen und römischen Antike Puppenhäuser gegeben hat, scheint diese Form der Aufbereitung von Puppenwelten erst ab Mitte des 16. Jahrhunderts im Adel und in reichen Bürgerfamilien gebräuchlicher gewesen zu sein. Herzog Albecht von Bayern soll 1558 für seine kleine Tochter ein Puppenhaus bestellt haben und die Nürnberger Bürgerin Anna Köferlin besaß ein berühmtes Puppenhaus, das 1631 öffentlich ausgestellt wurde (Witkop-Ménardeau, 1961, S. 100). Dabei waren die Puppenhäuser in dieser Zeit oft weniger als Spielobjekt gedacht, sondern dienten vor allem als Demonstration des Wohnsitzes, der Besitztümer und der eigenen Lebensart in Miniaturformat (Fritz, 1992). Mit dem Beginn des 17. Jahrhunderts erschienen dann vielfältige Varianten von Puppenhäusern, aber erst zu Beginn des 19. Jahrhunderts entwickelte sich diese Ensembleform von Puppenfiguren zu einem Kinderspielzeug als eigene Kategorie einer ganz spezifischen Puppen-Umwelt.

Selbsttätige Puppen schließlich machten am Ende des 18. Jahrhunderts vor allem durch drei berühmte Automatenpuppen Furore. Sie waren von dem Schweizer Uhrmacher Pierre-Jaques Droz hergestellt worden. Dabei handelte es sich um eine schreibende Puppe, die bis zu 40 Buchstaben schreiben konnte, eine zeichnende Puppe, die vier verschiedene Zeichnungen skizzieren konnte und eine Orgel spielende Puppe, die fünf verschiedene Melodien spielen konnte (Geidl, 1998). Im 19. Jahrhundert kamen dann weitere beeindruckende Varianten hinzu: Sprech-, Lauf- und Schwimmpuppen, turnende, radfahrende, tanzende, Briefe schreibende, um zerbrochenes Spielzeug weinende, Gitarre spielende oder zaubernde Puppen bis hin zu einer Puppe, die einen Spiegel heben und ihr Gesicht pudern konnte (Bachmann u. Hansmann, 1971/1988; Krafft, 1991).

Generell hängt die historische Entwicklung der verschiedenen Puppenformen, insbesondere die Entwicklung der Spielpuppe, eng mit der Weiterentwicklung der verfügbaren Materialien sowie mit den wachsenden technischen Produktionsmöglichkeiten und dem Zugang zu neuen Absatzmärkten zusammen. Insgesamt lässt sich feststellen, dass die Spielpuppe durch die Anwendung von neuen Materialen wie Wachs, Pappmaché, Porzellan oder Biskuitporzellan zunehmend plastischer und lebensechter gestaltet werden konnte. Die Entwicklungsgeschichte der Puppe bezieht sich aber nicht nur auf veränderte Formen und Materialien, sondern auch auf Änderungen ihrer Funktionen, ihrer Einsatzbereiche und Zielgruppen. So wandelte sich die Puppe zunehmend von einem Unterhaltungs- bzw. Informationsgegenstand für Erwachsene zu einem Spielzeug für Kinder. Dabei scheinen zwei Hauptfaktoren eine wichtige Rolle gespielt zu haben:

- Zum einem änderte sich in der Gesellschaft der Blick auf Kinder und das Verständnis von Kindheit dadurch, dass beispielsweise Erkenntnisse von Pädagogen wie Rousseau, Pestalozzi, Basedow und anderen dazu führten, Kinder nicht

mehr als kleine Erwachsene, sondern als Menschen im Werden zu betrachten (Behnken u. Zinnecker, 2001; Ecker, 1989).
– Zum anderen ging mit der zunehmenden Industrialisierung der Puppenherstellung und mit der Massenproduktion von Puppen ein weitgehender Wertverlust der Puppe als Statusobjekt für Erwachsene einher; zudem wurde eine Vielzahl neuer Puppenformen zunehmend auf vermeintlich kindliche Bedürfnisse ausgerichtet.

So erwies sich beispielsweise die erste Babypuppe, die Mitte des 19. Jahrhunderts auf den Markt kam, als Verkaufserfolg, während gegen Ende des 19. Jahrhunderts vor allem Gelenkpuppen mit Porzellankopf und Schlafaugen besonderes beliebt waren (Lehmann, 1957). Nicht von ungefähr wird das 19. Jahrhundert als »das goldene Zeitalter der Puppe« angesehen (Ecker, 1989; Fritz, 1992). Dabei führte die Massenproduktion von Puppen zunächst zu einem deutlichen Qualitätsverlust, bis sich dann als Gegenbewegung bald schon ein deutliches Interesse an besser gestalteten, schöneren und individuelleren Formen artikulierte. So feierten Anfang des 20. Jahrhunderts Puppenreformerinnen wie Marion Kaulitz, Käthe Kruse und Elena König-Scavini große Erfolge mit ihren handgefertigten Puppen (Ecker, 1989; Huettinger, 1991; Richter u. Richter, 1983b). Die lange historische Tradition der Puppe spiegelt sich in der kontinuierlichen Weiterentwicklung von Puppen und in der Existenz vielfältigster Puppenformen wider. Dabei hat ein Teil der alten historischen Formen überlebt und existiert bis heute, nicht zuletzt als beliebte Sammelobjekte für erwachsene Menschen (Hennig, 1979; Heyne, 1981; Noble, 1999; Richter u. Richter, 1983a; 1983b).

Puppen im Zeitverlauf – eine Synopse

Betrachtet man die Entwicklung von Puppen und ihren Bedeutungsgehalt über den historischen Zeitverlauf hinweg, dann können zusammenfassend drei zentrale Funktionsmerkmale bestimmt werden:
– Die Puppen der Frühzeit repräsentierten *Mensch und Gott* zugleich. Sie waren symbolische Abbilder des Menschen, sie waren bzw. wurden beseelt und verfügten gleichzeitig über magische Kräfte. Die verwendeten Formen und die Ausstattung der Puppen spiegelten die jeweils zeitgebundenen ästhetischen Kriterien, Schönheitsideale und Menschenbilder der damaligen Zeiten wider.
– Es entwickelte sich bereits früh ein fließender Übergang zwischen der Funktion von Puppen im Zusammenhang mit Praktiken *religiöser Opferung* einerseits und der Funktion des *Spielens* mit diesem bedeutsamen Objekt andererseits. Somit waren Puppen in jedem Fall zentraler Bestandteil sowohl im Kontext kultureller Riten, Rituale und Praktiken als auch bei der Initiation und Begleitung

menschlicher Transitions- und Entwicklungsprozesse bzw. in Phasen individueller Identitätsumwandlung.
- Nicht zuletzt wurden Puppen zunehmend auch als *pädagogische Vermittler* eingesetzt, um Kinder auf ihre zukünftigen gesellschaftlichen Rollen vorzubereiten.

Als generelles Fazit könnte man konstatieren: Puppen versinnbildlichen und verkörpern kulturelle und gesellschaftliche Praktiken und Ideale, enthalten magische Kräfte, spielen eine Vermittlerrolle in Zeiten der Transition und Umstrukturierung von Identität und bereiten Kinder auf die unterschiedlichen anstehenden gesellschaftlichen Rollen und Entwicklungsaufgaben vor.

Abbildung 6: Der amerikanische Präsident und »Namensgeber« Theodore (»Teddy«) Roosevelt mit Teddybär

Die Geburt des Kuscheltiers und sein unaufhaltsamer Aufstieg

»Er ist das Spielzeug par excellence, scheinbar erhalten geblieben aus Tagen einer längst vergangenen Kindheit. Er kommt uns vor wie ein Vertrauter aus uralter Zeit, den es schon immer gegeben hat, und doch ist er nicht einmal hundert Jahre alt.«

Rolf Kania, »Bärenlese – Zum Wesen des Teddys«, 1991, S. 10

Verselbständigungsprozess einer Gattung

Obwohl es sowohl Tierfiguren als auch weiche Stoffpuppen bereits seit Jahrtausenden gegeben hat (Bachmann u. Hansmann, 1971/1988; Fritz, 1992; Heser u. Schmitt, 1998; Neuschütz, 1995), kam es erst in der Zeit des Übergangs vom 19. zum 20. Jahrhundert zur Vereinigung der beiden Spielzeug-Gattungen: Das *moderne Stofftier* war geboren! Dabei ging der Siegeszug des Stofftiers mit der ganz ungewöhnlichen Karriere einer ungewöhnlichen Frau im 19. Jahrhundert einher: Margarete Steiff.

Exkurs: Die legendenumrankte Geschichte des »Bär 55 PB«
Margarete Steiff wurde 1847 in Giengen/Brenz geboren und starb 1908. Auf Grund einer frühen Erkrankung an Kinderlähmung war sie auf den Rollstuhl angewiesen. Sie begann ihre Karriere als Näherin und Schneiderin und produzierte zunächst in der kleinen Familienfirma Frauenunterröcke und Kindermäntel aus Filz. Im Dezember 1879 entdeckte sie die Anleitung für einen »Elefanten aus Stoff als Spielzeug« in einer Modezeitschrift und stellte ihn, nicht wie empfohlen aus Baumwolle, sondern aus Filz her (Steiffs Tierleben, 2008). Laut einer anderen Version bastelte sie ein Nadelkissen aus Filz in Form eines Elefanten, das aber selten als Nadelkissen, sondern vorwiegend als Spielzeug benutzt wurde (Völker-Kraemer, 1996). Auf der letzen Seite ihres 1883 erschienenen ersten Versandkatalogs bot Margarete Steiff neben ihrer üblichen Konfektion auch Filzelefanten in fünf Größen an. Diese Stofftiere erfreuten sich schnell einer großen Beliebtheit, so dass die produzierten Stückzahlen von 103 im Jahr 1883 auf 5.066 drei Jahre später anstiegen (Steiffs Tierleben, 2008). Nach dem Erfolg des Filzelefanten wurden weitere Tiere aus Filz, wie Affen, Esel, Pferde, Kamele, Hunde, Katzen und Hasen, produziert. 1893, zehn Jahre nach der ersten Annoncierung von Filzelefanten, wurden mehr als 30 verschiedene Tierarten angeboten. 1897 stieg der Neffe Richard Steiff in die Firma ein. Um sich Anregungen für neue Tierschnittmuster zu holen, beobachtete er verschiedene Tiere im Tierpark, wobei ihn besonders die Bären inspirierten. Im Jahr 1903 wurde der erste Stoffbär auf der Leipziger Frühjahrsmesse präsentiert: »Bär 55 PB« (Völker-Kraemer, 1996). Laut Familienlegende fand die neue Gattung aber zunächst wenig Anklang, bis ein Amerikaner am letzten Tag der Messe 3.000 Stück bestellte. Nun nahm der Mythos Teddybär seinen Lauf (Geidl, 1998). Angeblich haben diese deutschen Stoffbären später bei der Hochzeit der Tochter des damaligen amerikanischen Präsidenten Theodore »Teddy« Roosevelt als Tischdekoration gedient und so den Namen des Brautvaters erhalten. Es gibt aber Gegenevidenz: Laut amerikanischer Legendenbildung ist die Geburtsstunde des Teddybären mit einer Jagdgeschichte »Teddy« Roosevelts verbunden. Demnach sei ihm nach einer erfolglosen Jagd ein Jungbär vor die Flinte getrieben worden, damit er doch noch mit einer Trophäe heimkäme. Er aber habe das Bärenbaby laufen lassen – ein Ereignis, das als Karikatur »Teddy's bear« in die »Washington Post« gelangte und später mit diesem Namen als Werbeträger eines Süßwarenladens seinen nachfolgenden Siegeszug

bei der Firma Ideal Novelty & Toy Company angetreten habe (Kania, 1991; Vries, 2002). Fest steht, dass Roosevelt seinen Namensvetter gern für Wahlkampfzwecke eingesetzt hat. Auf welchem Weg auch immer der Bär aber zu seinem Namen kam, der »Teddybär« hatte das Licht der Welt erblickt. So sprechen auch die Zahlen des deutschen »Bär 55 PB« für sich: Die Firma Steiff hatte am Lebensende von Margarete Steiff fast eine Million Teddybären genäht und verkauft.

Die »Evolution« des Teddybären

Definiert man den Teddybären als Prototyp der neuen Gattung Stofftier, so hat er im Laufe seiner Geschichte selbst eine Art Evolution durchgemacht. Denn: Die ersten Teddybären waren deutlich lebens- bzw. *bärenechter*, ausgestattet mit einem schmalen Gesicht und einer langen Schnauze (Hinde u. Barden, 1985; Morris, Reddy u. Bunting, 1995; Vries, 2002). Im Laufe der Zeit aber änderten sich Form und Ausdruck des Teddybären. Er wurde zunehmend kindlicher geformt und erhielt ein runderes Gesicht und eine flachere Schnauze. Im Laufe seiner kurzen Evolution entfernte sich der Teddybär von seiner ursprünglichen Nähe zum tierischen Vorbild und ähnelte zunehmend dem Schema eines Babys. Unter Bezugnahme auf Konrad Lorenz kann man davon ausgehen, dass mit der spezifischen physischen Eigenschaft einer babyähnlichen Form eine Art Schlüsselreiz erzeugt wird, der Fürsorgegefühle und ein entsprechendes Verhalten beim Gegenüber oder Betrachter auslöst: Es geht um die Wirkung des *Kindchenschemas*.

Geht man davon aus, dass die allmähliche Veränderung der Form des Teddybären über die Zeit hinweg einem artifiziell erzeugten Evolutionsprozess gleicht, den man durchaus mit dem Verlauf eines Evolutionsprozesses durch natürliche Selektion vergleichen kann, dann stellt sich die Frage nach dem Selektionsdruck: Welche Selektionsfaktoren in der Umgebung des Teddybären sind für die Änderung der Ausdrucksform verantwortlich? Oder anders gefragt: Wer hat dafür gesorgt, dass der Teddy weniger bären- und dafür babyähnlicher wurde? Waren das die erwachsenen Käufer des Teddybären oder die kindlichen Spielpartner? Die Antwort darauf ist nicht ganz eindeutig zu geben, da ein genereller Wirkfaktor nicht ausgemacht werden konnte. Festhalten kann man allerdings, dass Teddybären in der Regel von Erwachsenen gekauft, aber hauptsächlich von Kindern genutzt werden. Zudem weiß man, dass das Kindchenschema besonders bei Erwachsenen, aber auch bei Jugendlichen seine Wirkung zeigt, so dass Babys, die bestimmte Signalstimuli verkörpern, zumeist eine unmittelbare positive emotionale Zuneigung erfahren (Alley, 1981; Sternglanz, Gray u. Murakami, 1977). Unklar ist allerdings, ob eine solche Präferenz bereits auch schon bei Kleinkindern vorhanden und nachzuweisen ist. Morris, Reddy und Bunting (1995) haben beispielsweise eine solche Bevorzugung für kindähnliche Schlüsselreize bei sechs- bis achtjährigen Kindern, aber nicht bei Vierjährigen, nachweisen können. So könnte es sein, dass demnach nicht die Hauptkonsumenten von Teddybären, das heißt, die kleinen Kinder, für diesen *Evolutionsprozess* verantwortlich sind, sondern eher die Bedürfnisse der erwachsenen Käufer. Das hieße: Die Evolution des Teddybären von seiner ursprünglich tierischen Form als Abbild eines echten Bären hin zu einer zunehmend dem menschlichen Baby ähnlichen Form ist Ausdruck einer Art natürlicher Selektion durch den Bedürfnisdruck des erwachsenen Käufers. Oder noch anders gesagt: Die fortschreitende Vermenschlichung des Teddys und die zunehmende »Verkuscheltierung« der menschlichen Umwelt wird möglicherweise eher durch die Präferenzen und Bedürfnisse von Eltern und anderen erwachsenen Personen bestimmt als durch die kleinen Kinder selber. So finden Kinder oft ganz andere Merkmale als ihre Eltern schön oder hässlich (vgl. Herdan-Zuckmayer, 1962; Holler, 2009). Im Übrigen gilt Ähnliches durchaus auch für die Durchsetzung (= Selektion) bestimmter Puppenformen und -typen auf dem Markt:

> »Von der Beurteilung der Erwachsenen hängt es ab, ob ein Puppentyp sich auf dem Spielzeugmarkt durchsetzen kann. Die Auswahlkriterien sind diffus; sie sind mit Vorstellungen über das, was Kindheit ausmacht, was das Kind benötigt, was seiner Kindlichkeit entspricht, verknüpft« (Regener, 1988, S. 64 f.).

Kinder, sensible und »begabte Kinder« (Miller, 1979) allemal, spüren zumeist, bewusst oder unbewusst, ohne dass das ausgesprochen werden muss, was ihre Eltern sich diesbezüglich von ihnen wünschen und erhoffen.

Teddy – König der Tiermenschlichkeit

Warum war es der Bär, der – neben all den Elefanten, Affen und anderen denkbaren Kuscheltier-Konkurrenten – den Sieg davon getragen hat? Es wird Richard Steiff, dem Neffen von Margarete Steiff, nachgesagt, dass er zum einen den Bären in seinen Bewegungsabläufen deutlich vor anderen Tieren bevorzugte und dass er zum anderen eine Art *Puppe für Jungen* kreieren wollte. Von daher erklärt sich auch die Verwendung beweglicher Glieder, die innerhalb der Spielzeugfabrikation bereits aus der Babypuppenproduktion bekannt waren. Kania (1991, S. 15) verweist zudem darauf, dass der *König der Stofftiere* mittlerweile zu einem Design-Klassiker wurde, der in den USA mit 60 anderen Dingen in die Liste der Top Sixties der *schönsten Dinge des Lebens* aufgenommen wurde. Erstaunlich am Teddybären ist dabei, dass er einerseits eine Art überindividuellen und standardisierten Prototyp darstellt, der in gewisser Weise mit seinem Teddyschema dem kollektiven Unbewussten aller Kulturen und Völker entsprungen zu sein scheint, andererseits aber in seiner Karriere als Kindheitsbegleiter zu einem völlig abgeknutschten und beschmusten Unikat mutiert, dem sozusagen am Ende seines Kuscheltierlebens höchste Individualität zu eigen ist.

Dazu kommt das irritierende Phänomen des *Menschen in der Maske des Tieres*, der damit in gewisser Weise die Kraft des Tieres als Zauberkraft für sich reklamieren kann. So verweist bereits Bataille (1955, S. 115 f., zit. nach Ruhrlandmuseum der Stadt Essen, 1991, S. 9) in diesem Zusammenhang auf die Höhlenmalereien der Dordogne, die er als Ausdruck des künstlerischen Willens der Menschen sieht, »statt ihres eigenen Bildes, das des Tieres verewigt« zu haben, was wiederum »als der stärkste Ausdruck ihres Menschentums« angesehen werden kann. Auch wenn die Exponate der Ausstellung »Bärenlese. Zum Wesen des Teddys« im Ruhrlandmuseum der Stadt Essen (1991) nicht mit alten französischen Höhlenmalereien gleichgesetzt werden sollen, identifiziert Kania (1991, S. 16 ff.) nach einer Sichtung der auf einen öffentlichen Aufruf hin eingereichten Exponate augenzwinkernd sieben Formen des Teddy-Mensch-Beziehungsspektrums:
- »*Idylle*«, wobei die zentrale Botschaft, entsprungen aus der selbstgenügsambeschaulichen Geborgenheit, lauten würde: Tröstung, Zuspruch, Ermutigung.
- »*Ware*«, der Verweis auf das unerschöpflich wiederverwertbare Bären-Zeichen.
- »*Mythos*«, als die Bannung der gefürchteten Übermächtigkeit im Bild des *Meister Petz*.
- »*Alter ego*«, der Bär als Grenzgänger zwischen realer und irrealer Welt sowie als das Tier gewordene Double des Menschen.
- »*Teddybär des Kindes*«, um Sinne des gewählten Gefährten des Kindes in Freud und Leid.
- »*Bärenfalle*«, als das lebenslang als magischer Schutzmechanismus wirksame Maskottchen der Kindheit.
- »*Sammlers Glück: mit den Dingen allein*«, als der kleine Schritt vom privaten Erinnerungsteddy-Besitzer zum Sammler, dem nach Walter Benjamin »die Beseelung, die über unseren Erinnerungen waltet, daß wir mit den Dingen allein sind und daß selbst die Menschen, die dann auftauchen, dieses zuverlässige, bündnishafte Schweigen der Dinge mit annehmen« (Benjamin, 1983, S. 1036), gelingt.

Kuscheltier vor Puppe – das neue Imperium der Kuscheltiere

Puppen und Kuscheltiere spielen einerseits beide eine zentrale Rolle als intermediäre Vermittler zwischen der inneren Welt subjektiver psychischer Prozesse und der äußeren Welt der Anforderungen und normierenden Erwartungen. Andererseits kommen ihnen aber auch unterschiedliche Funktionen zu. Während Kuscheltiere oft als *Übergangsobjekte* und als »comforters in crisis«, das heißt als Sicherheitsgeber und Trostspender in belastenden Lebenssituationen (manchmal fast bis zur eigenen körperlichen Auflösung, vgl. die eindrucksvollen Exemplare in Häfner, 2008) Beistand leisten, scheinen Puppen stärker im Kontext der aktiven Auseinandersetzung mit Entwicklungsaufgaben, des geschlechtsspezifischen Rollenverhaltens und der Identitätsbildung präsent zu sein. Sie haben somit für Kinder möglicherweise weniger die Funktion der Trostgeberin, sondern sind eher Begleiterin, Spielkameradin oder auch Stellvertreterin des Kindes (Fritz, 1989). Damit fungieren sie stärker als Träger gesellschaftlicher Normen und Werte, wohingegen Kuscheltiere eher als Glücksbringer, Maskottchen (Geidl, 1998) oder als symbolischer Ausdruck für kindliches Erleben und kindliche Verbundenheit auftreten. So werden nicht zuletzt in tragischen Zusammenhängen, bei Tötungen und tödlichen Unfällen von Kindern, oft – gerade auch von Kindern selber – neben Blumen und Kerzen vor allem Kuscheltiere, möglicherweise im Sinne einer Art »Totenwache«, als Beigabe sowie als Ausdruck der Trauer und des Bedürfnisses nach Trost und emotionaler Verbundenheit an den Orten der Gewalttaten und Zerstörungen niedergelegt.

Es erscheint in jedem Falle interessant, dass etwa seit den 1950er Jahren eine zu beobachtende sprunghafte Zunahme der Popularität von Kuscheltieren wie überhaupt eine in allen Lebensbereichen kaum noch zu übersehende Popularisierung des Kuscheltier-Images zu beobachten ist (siehe auch www.daskuscheltier.de). Kuscheltiere sind mittlerweile allgegenwärtig und fast inflationär verfügbar. Das »Kuscheltiersyndrom« (Endersfelder u. Meier, 1995, S. 9) macht seit langem auch vor Erwachsenen nicht mehr halt – im Gegenteil. Es ist erstaunlich, wie unbefangen erwachsene Frauen, aber auch Männer ihre Affinität zu allen möglichen Arten von Kuschelwesen zum Ausdruck bringen können. Beispielhaft sei hier die ironisch stilisierte Selbstdarstellung von Karl Lagerfeld als Teddybär im Rahmen einer limitierten Steiff-Edition genannt:

> »Ich interessiere mich nur für mich selbst und mein Spiegelbild. [...] Ich liebe Tiere sehr. Vor allem, wenn sie mit Baumwolle oder Polyester gestopft sind. So kann man am besten sicherstellen, dass sie nicht beißen, nicht fressen, nicht schlecht riechen und ihre Sachen nicht schmutzig machen« (Stuttgarter Zeitung, 2008).

Allerdings stellt sich in diesem Fall die Frage, ob Lagerfeld als Teddy geknuddelt und bekuschelt werden möchte oder ob er seinen Platz doch eher als Sammlerstück in der Vitrine sieht – als ein kostbares Statussymbol.

In jedem Fall ist die Omnipräsenz von Kuscheltieren mittlerweile unübersehbar. Fast könnte man von einer imperialistischen Übernahme der menschlichen Umwelten durch Kuscheltiere sprechen. Sie bevölkern und bekuscheln diverse Umweltnischen in einem erstaunlichen Ausmaß: Schulranzen, Rucksäcke, Taschen, Betten, Autos, Großraumbüros etc. Dem entsprechend ist die Frage »Sind Kuscheltiere für Kinder sinnvoll?« als Titel eines Beitrags des im Internet verfügbaren Familienhandbuchs des Staatlichen Instituts für Frühpädagogik (Schnabel, 2007) rein rhetorischer Natur:

> »Was für eine Frage? Die Bejahung ertönt unüberhörbar aus allen Kinderzimmern. Sie sind voll von Kuscheltieren! Mehr noch: Manches Kinderzimmer hat sich geradezu in

eine Stallung für Kuscheltiere verwandelt. Zum Ärger der Mütter kann man durch solche Zimmer kaum mehr gehen, ohne auf ein Kuscheltier zu treten. Es kommt noch dicker: Die Verbreitung der Kuscheltiere ist nicht nur auf Kinderzimmer beschränkt, denn auch viele Erwachsene legen sich heimlich ein Kuscheltier ins Bett oder tragen es ungeniert in der Öffentlichkeit herum: Katzen, Hunde, Bären, Tiger, Krokodile, Affen, Mäuse oder auch Delfine hängen an Rucksäcken, Reisetaschen, Handtaschen, Windjacken und Regenmänteln oder auch am Schlüsselbund. Sogar mancher Torwartprofi aus der Bundesliga setzt sein Kuscheltier in die Torecke, damit es mit ihm zusammen den Kasten sauber halte« (https://www.familienhandbuch.de/erziehungsfragen/kinder-und-tiere/sind-kuscheltiere-fur-kinder-sinnvoll, Zugriff am 17.01.2012).

Nur nebenbei gesagt: Über Puppen gibt es im netzbasierten Familienhandbuch keinen gleichwertigen Beitrag.

Die große Dominanz der Kuscheltiere unter den möglichen Gefährten der Kindheit wird auch in einer aktuellen deutschen Repräsentativbefragung belegt, in der über 700 Mütter zu den diesbezüglichen Vorlieben ihrer ein- bis sechsjährigen Kinder befragt wurden. Im Rahmen dieser Studie wurden weiterhin auch Tagebuchaufzeichnungen von 32 Eltern über den Umgang ihrer zwei- bis achtjährigen Kinder mit Kuscheltieren und Puppen herangezogen und außerdem circa 50 Kindergartenkinder selber zu ihren Kuschelgefährten interviewt (Holler u. Götz, 2011). Dabei zeigte sich, dass die meisten Kinder zwischen ein und sechs Jahren Kuscheltiere besitzen, dabei zumeist ein ganz spezielles Lieblingskuscheltier. Allerdings haben circa ein Drittel der Jungen keinen solchen Gefährten. Bei den Mädchen findet bei circa 40 % ein Wechsel vom Kuscheltier zur Puppe als Lieblingsfährte statt. Unter den genannten Kuscheltieren führt der Teddybär die Rangreihe der Beliebtheit an (Holler u. Götz, 2011). Interessanterweise scheinen bei der Frage der Vorliebe von Kuscheltieren vs. Puppen aber auch kulturelle Unterschiede und Besonderheiten eine Rolle zu spielen. Im Rahmen eines Workshops über Puppen an der brasilianischen Bundesuniversität in Porto Alegre wurde nicht nur deutlich, dass es schwierig war, eine adäquate portugiesische Übersetzung für das Wort Kuscheltier zu finden, sondern auch, dass es eindeutig die Puppen waren, und zwar insbesondere Barbie- und kaum Babypuppen, die als die bevorzugten Lieblingsgefährten galten (Fooken, 2011; Souza, 2010).

Im deutschsprachigen Raum hingegen hat auch auf dem Markt der Kinder- und Jugendliteratur die Kuscheltiererzählung als Gattung mittlerweile die der Puppengeschichte deutlich überholt. Während die Erzählstrukturen in den Geschichten weitgehend ähnlich sind, fungieren Kuscheltiere seltener als Dialogpartner, sondern üben überwiegend Funktionen als Trostspender, Unterstützer und Spielgefährte aus (vgl. Mikota et al., 2010). Dabei finden sich auch in der Kuscheltierliteratur zahlreiche Formen des autobiografischen Erzählens. So erzählt beispielsweise der »Hase Felix« (Langen, 1994), nachdem er während einer Reise verloren ging, in vielen Briefen von Eindrücken und Abenteuern, die er in der Welt erlebt.

Man kann in diesem Zusammenhang fragen, warum Kuscheltiere im Vergleich mit Puppen mittlerweile weitaus präsenter sind. Womit hängt ihre inflationäre Verfügbarkeit zusammen? Endersfelder und Meier (1995) legen ein offensives Plädoyer für Bedeutung und Sinnhaftigkeit von Kuscheltieren für Erwachsene ab. Zwar konzedieren sie, dass die Puppe möglicherweise als »das schönere Ich« gelten kann, das scheinbar »unerklärliche Phänomen« Kuscheltier aber letztlich »ein Fenster zur Seele, zu den elementaren Sehnsüchten des Menschen« sei (S. 10). So kann man die Überlegungen zur deutlich gestiegenen Popularität der Kuscheltiere fortsetzen: Sind Kuscheltiere in gewisser Weise geschlechtsneutraler bzw. androgyner, rollenunspezifischer und damit offener als Puppen? Bieten sie möglicherweise dem bei Menschen im 20. und 21. Jahrhundert gestiegenen Bedürfnis nach Anthropomorphisierung, nach Vermenschlichung der dinglichen und oft auch tierischen Umwelt, mehr Raum? Oder sind sie weniger trügerisch und phantasmagorisch, als es den Puppen nachgesagt wird? Appellieren sie in ihrer amorphen Gestalt stärker an archaisches Erleben bzw. repräsentieren sie tiefere Schichten des Bewusstseins, als Puppen es tun? Erfüllen sie mit ihrer Weichheit und ihrem Kindchenschema einen verstärkten Wunsch nach Regression? Ist ihre zunehmende Popularität auch Zeichen für eine steigende Beziehungsarmut unter Erwachsenen? Sind sie Ausdruck einer generellen Infantilisierung der realen und virtuellen (Lebens-)Welten?

Die Kinderbuchautorin Ingeborg Pilgram-Brückner (1997) liefert in diesem Zusammenhang eine für Kinder aufbereitete, aber dennoch interessante Deutung des Phänomens Kuscheltier und des Geheimnisses seiner großen Beliebtheit bei Kindern und Erwachsenen. Demnach könne man das »Unternehmen Kuscheltier« einfach als Fortführung der verloren gegangenen Erzähl-Tradition über das wohlgefällige Wirken von Zwergen, Wichteln und Heinzelmännchen ansehen. In diesem Sinne hätten Kuscheltiere den Staffelstab als fürsorgliche und treue Freunde von Heinzelmännchen und ihren kleinen Wichtelgenossen übernommen. Aber es gibt möglicherweise auch einen gemeinsamen Hintergrund von Puppen und Kuscheltieren, so dass sich womöglich der Kreis auch hinsichtlich des Bedeutungsgehalts von Puppen schließt: Es existieren in der Tradition des Aberglaubens zahlreiche Bräuche, bei denen Puppen als Insektengestalt oder glücksbringende Zauberpuppen auftreten und eine große Ähnlichkeit mit kleinen Dämonen, Zwergen, Elben, Almgeistern, Strohmännlein oder Kobolden aufweisen (Hoffmann-Krayer u. Bächthold-Stäubli, 1935/1936, S. 388 ff.). Insofern wären auch Puppen, die im Rahmen solcher Sitten und Gebräuche animiert und lebendig werden, zusammen mit den Wichtelmännchen ein Bestandteil der gemeinsamen Wurzel, aus denen die Kuscheltierwesen moderner und postmoderner Zeiten stammen.

Pädagogische Diskurse oder: Puppenlose Kindheiten – ein neuer Trend?

Dennoch: Puppen, diese besonderen Wesen aus uralten Zeiten, scheinen mittlerweile zu einer bedrohten Spezies zu werden. Ihre spezifische Dinglichkeit entfaltet im Auge und Erleben der Betrachtenden mittlerweile so unterschiedliche Wirksamkeiten, dass es wahrscheinlich genau diese Polymorphie ist, die in (spiel)pädagogischen Diskurskontexten immer wieder zu einem Dissens darüber führt, in welcher Weise bestimmte Ausdrucksformen und Macharten der Puppen von Kindern wahrgenommen werden bzw. welche Arten von Puppen als *pädagogisch wertvoll* und wünschenswert einzuschätzen sind. Gibt es eine richtige oder *gute Puppe*? Der Streit darüber läuft schon seit mehreren Jahrhunderten und wird immer mal wieder mehr oder weniger kontrovers über verschiedene Argumentationsansätze ausgetragen. Eine dieser Argumentationsschlachten in diesem Zusammenhang rankt sich beispielsweise darum, inwieweit Spiel- und Puppenwelten entweder Miniaturen der Erwachsenenwelten und ihrer Lebensvollzugsregeln darstellen und auf diese bezogen sein sollten oder inwieweit dieses Geschehen nach eigenen, vorgeblich kindgemäßen Gestaltungsprinzipien und Gesetzmäßigkeiten ablaufen sollte. Weiterhin geht es um Fragen nach dem Ausmaß der Technisierung von Puppen, ihrer Lebensechtheit, der Typizität, der Offenheit ihres Ausdrucks, der Natürlichkeit verwendeter Materialen, der Hyper-Geschlechtsspezifität usw. Ein typischer und immer wiederkehrender Topos in dieser Auseinandersetzung kreist um die Frage der Technisierung und künstlichen Stilisierung von Puppen. So bewertete bereits Jean Paul (1807/1975) das Bedürfnis mancher Erwachsener, den Kindern lebensechte Puppen anzubieten, als unnütz und fehlleitend und verwies auf die Kraft der Kinder, denen es zumeist in beeindruckender Weise gelingen würde, die von ihnen gewählten einfachen und eher unspezifischen Objekte beseelen zu können:

> »Der Verfasser erinnert sich […] eines zweijährigen Mädchens, das, nachdem es lange mit einer alten, bis aufs Holz heruntergekommenen Puppe sich getragen, endlich eine sehr artig und täuschend gekleidete […] in die Hände und Arme bekam: – bald darauf knüpfte das Kind nicht nur den alten Umgang mit dem hölzernen Aschenbrödel wieder an, sondern ging auch so weit, dass es einen schlechten Stiefelknecht des Vaters in die Arme und gleichsam an Kindes- oder Puppen-Statt aufnahm und ihn ganz so liebreich behandelte und einschläferte als das gedachte Urbild …« (Jean Paul, »Levana oder Erziehlehre«, § 51, 1807/1975, S. 605 f.).

Etwa achtzig Jahre später warnten auch die amerikanischen Psychologen G. Stanley Hall und Alexander C. Ellis (Ellis u. Hall, 1887), die Ende des 19. Jahrhunderts eine erste große empirische Puppenstudie vorlegten, vor der Gefahr der Einengung kindlicher Fantasie durch zu viele konkrete technische Vorgaben und plädierten für die Verwendung einfacher Materialien. Schaut man sich den aktuellen Markt an, dann gibt es mittlerweile eine unüberschaubare Palette von Angeboten in alle Richtungen. Die konträren Positionen sind vergleichsweise unverändert geblieben, wenngleich die Fronten in diesem ideologischen Schlagabtausch in gewisser Weise unübersichtlicher geworden sind. So wurde früher die Deprivation und Benachteiligung der Kinder aus sozial niedrigen Klassen und Schichten häufig mit dem Besitz leicht vergänglicher und kaum tradierter Holz- und Lumpenpuppen belegt, wohingegen die Privilegiertheit der bürgerlichen Mädchen mit ihrem Besitz kostbarerer Porzellanpuppem dem kontrastierend gegenüber gestellt wurde. Mittlerweile sind es aber eher die Eltern der bildungsbürgerlichen Schichten, die für Ihre Kinder (vorzugsweise für ihre Töchter) natürliche, das heißt, auf die Grundzüge des menschlichen Ausdrucks reduzierte und stilisierte Puppen bevorzugen, während die hoch technisierten Puppenroboter eher das Markenzeichen bildungsferner Schichten sind. Allerdings ist schichtübergreifend der Trend sowohl zur (frappierend täuschenden) Lebensechtheit vor allem im Bereich der Baby- und Kleinkindpuppen (Baby-Born-Puppen, Reborn-Babys) als auch zu hyperfeminin stilisierten Puppen á la *Barbie* ungebrochen. Aber auch der Markt der Puppen aus einfachen und deshalb für pädagogisch wertvoll befundenen Naturmaterialien hat weiterhin Konjunktur. Hinzu kommt der ganze Einfluss der Vermarktung von medial präsenten Puppen oder puppenähnlichen Figuren, der es schwierig macht, generelle Trends zu bestimmen. So berichten Holler und Götz (2011), dass laut ihren Ergebnissen gerade in Familien mit mehreren Kindern Mädchen eher Babypuppen besitzen als *Barbies*, die weniger das Mutter-Kind-Thema ansprechen, sondern stärker eine Form erwachsener Weiblichkeit repräsentieren. Im Übrigen deutet sich in dieser Studie an, dass der Besitz von *Barbies* kein typisches Unterschichtsmerkmal ist, sondern eher in finanziell besser ausgestatteten Familien vorkommt.

Grundsätzlich aber kann man konstatieren, dass es mittlerweile einen Trend gibt, der zumindest für Mädchen, historisch gesehen, relativ neu ist: Die (weitgehend) *puppenlose* Kindheit. Dabei ist das Verschwinden der Puppe aus den Kinderzimmern sicherlich vielfältig determiniert. Hier ist zum einen sicherlich die unübersehbare Konkurrenz auf dem Spielzeugmarkt zu nennen, wobei insbesondere ja das Kuscheltier seinen Siegeszug als inflationär verfügbares Schmuseobjekt angetreten und in dieser Funktion der Puppe den Rang abgelaufen hat. Zum anderen haben aber auch die feministisch beeinflussten Diskurse der letzten Dekaden die Rolle der Puppe in ihrer disziplinierenden Funktion weiblichen Rollenverhaltens zunehmend kritisch problematisiert. Wurde bereits von den Vertreterinnen der ersten Frauenbewegung (ab Mitte des 19. Jahrhunderts) das stark geschlechtsrollenstereotypisierte Puppenspiel der Mädchen kritisch bewertet, so galt die Mädchenpuppe vor allem im Kontext der zweiten Frauenbewegung (ab Mitte der 1970er Jahre) als Inbegriff des weiblich konnotierten Spielzeugs schlechthin, das überwiegend als Instrument eines geschlechtsspezifischen Sozialisationsdrucks wahrgenommen wurde (Jürgensen, 1981). Man konnte daraus zwei unterschiedliche Konsequenzen ableiten: Entweder die Puppe als Kinderspielzeug mehr oder weniger abzuschaffen oder die Jungen dazu zu bringen, auch mit Puppen zu spielen. Dabei scheint die erste Variante partiell erfolgreicher gewesen zu sein als die zweite. So ergab eine Befragung bei Studierenden pädagogischer Studiengänge, die in den späten 80er Jahren des letzten Jahrhunderts geboren wurden, dass etwa ein Viertel der Studentinnen fast nie mit Puppen gespielt haben, und bei den (männlichen) Studenten erinnerten sich nur eine Handvoll an gelegentliches Puppenspiel (Fooken, 2010b).

So kann man fragen: Geht tatsächlich für Kinder und zum Teil auch für Erwachsene immer noch eine unwiderstehliche Faszination von Puppen als dem Ebenbild des Menschen aus? Oder fehlt möglicherweise bei den mittlerweile entweder zu realistisch oder zu stilisiert gestalteten Puppen auf Dauer der magische Zauber ihrer Beseelbarkeit? Wird dieser intermediäre Bereich, der zwischen Puppen und ihrem menschlichen Gegenüber hergestellt wird und der die Fantasie an ein bestimmtes psychisches Erleben koppelt, mittlerweile viel effektiver von den neuen (virtuellen) Medien aufgegriffen und bedient?

»Unübersehbar zahlreich ist das Volk der Puppen, und nur weil wir meist nicht darauf achten, merken wir nicht, daß sie eigentlich zu jeder Stunde auf unserem ganzen Lebensweg um uns sind« schrieb Wittkop-Ménardeau (1961, S. 13) noch zu Beginn der 1960er Jahre. Hält man mittlerweile Ausschau nach der Präsenz von Puppen im öffentlichen Raum, so sind sie zwar deutlich seltener geworden als es Wittkop-Ménardeau für die erste Hälfte des 20. Jahrhunderts beschreibt, aber sie sind (noch) sichtbar. Zwar hat ihre Präsenz in den Schaufenstern der Spielzeuggeschäfte deutlich abgenommen, aber man kann sie oft noch beim Gang über Flohmärkte aufgereiht sitzen sehen, manchmal geordnet nach Größe und/oder Attraktivität. Zumeist handelt es sich im letzteren Fall um vollständige Barbiepuppen-Editionen. Wenngleich modisch überholt, zeugen sie somit von einer irgendwie noch immer angesagten Weiblichkeit. Und auch die Puppen der Jungen, die martialischen Aktionsfiguren, werden in Serien sortiert und präsentiert und künden von der ungebrochenen Kontinuität hypermaskuliner Männlichkeitsfantasien. Auch wenn manche dieser Puppenerzeugnisse somit ein wenig aus ihrer Zeit gefallen sind, erkennt man an ihnen die Spuren und Zeichen kindlicher Zuneigung. Dabei fällt es den der Kindheit entwachsenen Verkäufern bzw. den erwachsen gewordenen ehemaligen kindlichen Puppenbesitzerinnen offenkundig weitaus schwerer, eine Puppe wegzuwerfen als anderes Spielzeug. Es scheint fast so, als ob man ein menschliches Wesen entsorgen würde. So werden die Puppen zumeist liebevoll auf den Tischen und Decken drapiert. Eine Weggabe von Kuscheltieren scheint da offenkundig etwas leichter von der Hand gehen. Plüschenten, Stoffhasen und selbst Teddybären finden sich oft gemeinschaftlich in Kisten und Kartons gestopft und wenn zwei gekauft werden, bekommt der Käufer häufig ein drittes Stofftier gratis hinzu. Angesichts der Inflation von Kuscheltieren in unserer Welt und eines am Ex-und-hopp-Prinzip orientierten Konsumverhaltens ist das durchaus nachvollziehbar. Da andererseits aber auch Kuscheltiere hinsichtlich ihrer Bedeutung und Wertschätzung zumeist hierarchisch geordnet sind, ist es aber wahrscheinlich, dass die besonders intensiv abgekuschelten Lieblingswesen unter ihnen als Zeitzeugen der Kindheit in den biografischen Rumpelkammern überleben.

So lässt sich die Frage, ob die Kuscheltiere die Puppen in ihrer Funktionalität mittlerweile abgelöst haben, nicht eindeutig beantworten. Kinder unterscheiden in der Regel durchaus zwischen diesen beiden *Beziehungs-Objekt-Gattungen*. Manche präferieren eine Objektkategorie deutlich vor der anderen, andere bevorzugen eher einen differenziellen, das heißt jeweils situations- und bedürfnisspezifischen Umgang und spielen insofern mit beiden. Im Rahmen der bereits erwähnten Befragung über die erinnerte, subjektiv repräsentierte Bedeutung von Puppen und Kuscheltieren bei Studierenden deutet sich eine Art Arbeitsteilung an (Fooken, 2010b): Mit der Puppe spielt man die Realität nach und durch und übernimmt tendenziell Verantwortung für die Spielpartnerin, mit dem Kuscheltier kuschelt und schmust man und lässt sich von ihm verwöhnen, trösten und beruhigen.

Abbildung 7: Realität und Schatten – Paradoxie und Ambivalenz: Puppe und Kind als Puppe und Kind und »Nicht-Puppe« und »Nicht-Kind«

A study of dolls – Bestandsaufnahme

»Subjektives und Objektives, der Wille, Gefühle und das Wissen sind eigentümlich miteinander vermischt. Ein Kind hat sein ganzes Leben lang versucht, seine Puppe vor dem Wissen zu bewahren, dass sie nicht lebendig ist.«

Albert C. Ellis und G. Stanley Hall, »A study of dolls«, 1887, S. 50

Kurzer chronologischer Überblick über Forschungstrends

Angesichts der langen kulturhistorischen und spielpädagogischen Tradition von Puppen erstaunt die weitgehende Abwesenheit einer nennenswerten Puppenforschung. Auch Ellis und Hall (1886; 1887; 1907)[1] konstatieren bereits im ersten Satz der Publikation ihrer als wissenschaftliche Untersuchung (»A study of dolls«) konzipierten Arbeit über die Bedeutung von Puppen für Kinder und für Menschen überhaupt, dass das Puppenthema von Seiten der pädagogischen und psychologischen Wissenschaft in einem erstaunlichen Maße unbeachtet geblieben sei. Dies verwundert nach ihrer Auffassung umso mehr, als Puppen seit Menschengedenken zu den wichtigsten Spielobjekten von Kindern zählen. Die Diskrepanz zwischen der gerade im 19. Jahrhundert auffällig in Erscheinung tretenden Allgegenwärtigkeit einer Vielzahl von Puppentypen als Spielzeug und von Puppengeschichten in der Kinder- und Jugendliteratur einerseits und ihrem in wissenschaftlicher Hinsicht unterforschten Bedeutungsgehalt für die Lebenswelt von Kindern andererseits nehmen Ellis und Hall gegen Ende ihrer Schrift zum Anlass, ein emphatisches Plädoyer für den erzieherischen Wert von Puppen zu halten und gegen eine weitere Vernachlässigung dieses Themas zu protestieren. Sie postulieren ein ungeahntes und bislang ungenutztes erzieherisches Potenzial von Puppen und leiten daraus eine Prognose für das 20. Jahrhundert ab: Noch mehr als der Verstand würden Herz und Wille durch das Spiel mit Puppen gebildet und der gezielte Einsatz des Puppenspiels würde für das gesamte Erziehungswesen bedeuten, »ein neues, höchst wirksames pädagogisches Mittel entdeckt zu haben« (S. 53).

Mittlerweile sind die Nachgeborenen im 21. Jahrhundert angekommen und das Ergebnis der Überprüfung der Vorhersage von Ellis und Hall erweist sich als eher desillusionierend. Allerdings konnten die beiden Autoren weder den Triumphzug des Kuscheltiers im 20. Jahrhundert – allen voran: die unangefochtene Spitzenposition des Teddybären – antizipieren noch hat die Puppe in der kindlichen Spielzeugwelt, geschweige denn im Erziehungswesen, eine nennenswerte Vorreiterposition über andere, konkurrierend verfügbare pädagogische Mittel erringen können. Eher ist das Gegenteil der Fall: Die damals kontrovers geführten Debatten werden auch heute noch mit Vehemenz weitegeführt. Dies gilt vor allem für die Frage eines möglichen pädagogischen Schadens durch allzu technisierte oder durch hyperweiblich / hypermännlich stilisierte Puppen. So scheinen die unterschiedlichen pädagogischen und elterlichen Positionen bei dieser Frage mittlerweile eher dazu geführt zu haben, die Vorrangstellung von Puppen in der Spielwarenwelt der Kinder, zumindest der Mädchen, abzubauen und ihr eine möglicherweise beson-

---

[1] Die im folgenden Text genannten Verweise auf Ellis und Hall beziehen sich alle auf die Publikation von 1887 und werden insofern nicht mehr einzeln ausgewiesen. Auch die wörtlichen Zitate sind alle aus der deutschen Übersetzung der Publikation von 1887 übernommen worden, die von Lohmann und Fooken (2010) vorgelegt wurde.

dere Bedeutung eher abzusprechen. Letztlich ist diese Diskussion aber fast immer ideologisch geführt und kaum systematisch wissenschaftlich untersucht worden. Auch die einschlägigen wissenschaftlichen Disziplinen haben auf diese frühe, für ihre Zeit ja durchaus anspruchsvoll konzipierte, erste wissenschaftliche Untersuchung über Puppen kaum Bezug genommen. So bleibt auch Simms (2004, S. 71), etwa 100 Jahre nach Erscheinen dieser historischen Puppenerhebung, nicht viel anderes übrig als wiederum zu konstatieren:

> »Obwohl die Puppe im Leben vieler Mädchen eine wichtige Rolle spielt, ist sie vom akademischen Betrieb wenig beachtet worden. In der Geschichte der Psychoanalyse ist sie genauso wenig wie in der Geschichte der traditionellen Psychologie einer Untersuchung für wert befunden worden« (Übersetzung I. F.).

Puppen und Kuscheltiere sind einfach kein systematisch analysiertes Forschungsthema im 20. Jahrhundert gewesen. Dennoch soll im Folgenden ein kurzer chronologischer Überblick über einige identifizierbare Trends gegeben werden, wobei die konkreten Publikationen später noch einmal unter inhaltlichen Gesichtspunkten ausführlicher dargestellt werden.

Nach der Pionierarbeit von Ellis und Hall sind in den nachfolgenden ersten 30 Jahren des 20. Jahrhunderts zunächst nur eine Handvoll einschlägiger wissenschaftlicher Arbeiten zu diesem Thema publiziert worden (Benjamin, 1932; Hulson, 1930; Kawin, 1934; Lehman, 1927; Starr, 1909). Trotz des innovativen Potenzials der frühen Arbeit von Ellis und Hall kam ein substantielles wissenschaftliches Interesse an Puppen und Kuscheltieren erst ab den 1940er Jahren allmählich in Gang. Seit dieser Zeit lässt sich allerdings eine kontinuierliche Weiterentwicklung sowohl in Richtung einer Vertiefung theoretischer und methodischer Aspekte als auch einer Anreicherung der Themen und Anwendungsfelder von Puppen und Kuscheltieren beobachten, wenngleich die Arbeiten sehr verstreut über die verschiedenen Disziplinen, Praxisfelder und Publikationsformen verteilt sind. Analysiert man die entsprechenden Forschungs- und Erfahrungsberichte über den Zeitraum des 20. Jahrhunderts hinweg, dann lassen sich gewisse thematische Schwerpunkte bzw. »epochale Trends« und »Moden« im Verlauf der letzten hundertjährigen Zeitgeschichte bezüglich des Einsatzes von Puppen und Kuscheltieren identifizieren.

So wurden die *diagnostischen Möglichkeiten des Puppenspiels* zum ersten Mal in den wissenschaftlichen Arbeiten aus den 1940er Jahren thematisiert. Man hatte erkannt, dass eine kontrollierte und gezielte Beobachtung beim Puppenspiel wichtige Aufschlüsse über Verhaltenspotenziale, Erlebensformen und subjektive Wahrnehmungsperspektiven der Kinder erlaubte. Daneben gab es aber interessanterweise auch in dieser Zeit bereits einzelne Arbeiten, die den Aspekt der ethnischen Übereinstimmung bzw. der »*ethnischen Abweichung*« von Puppe und spielendem Kind problematisierten.

Eine weitere differenzierte thematische Auseinandersetzung mit der Anwendung und Nutzung von Puppen als *Werkzeuge für Erkenntnisse* über kindliche Befindlichkeiten und psychosoziale Problemlagen lässt sich in Studien aus den 1950er Jahren nachweisen. In dieser Zeit wurden mit Hilfe der Verwendung von Puppen vor allem Themen wie aggressives und sonstiges Problemverhalten sowie das kindliche Verständnis binnenfamilialer Rollenbeziehungen untersucht. Dabei werden die verschiedenen Einsatzmöglichkeiten des *Puppenspiels* seit dieser Zeit sowohl unter methodischen als auch inhaltlichen Fragen weiter differenziert und sind in der einschlägigen Fach- und Forschungsliteratur dem entsprechend stark vertreten.

- Die ersten Arbeiten über die Anwendung von Puppen im *therapeutischen Kontext* erschienen in den frühen 1960er Jahren.
- Viele der Forschungsarbeiten aus den 1970er Jahren griffen *soziale Themen* wie Unterschiede im Spielverhalten zwischen Kindern unterschiedlicher Rassen sowie Fragen von Geschlechtsidentität und sozialen Rollen auf.
- Ganz anders gelagert waren die Erfahrungen und Überlegungen über die Möglichkeiten und Grenzen des Einsatzes von *anatomisch korrekten Puppen* in der Therapie und bei der Befragung von sexuell missbrauchten Kindern, die in den Arbeiten der 1980er Jahre stark vertreten waren. Daneben findet sich am Ende dieser Dekade zum ersten Mal eine breite Thematisierung und Reflexion der pädagogischen Einsatzmöglichkeiten von Puppen und Kuscheltieren sowohl im generellen theoretischen Rahmen der Spielpädagogik als auch unter Bezugnahme auf die verschiedenen institutionellen pädagogischen Kontexte (vgl. beispielsweise Ecker, 1989; Fritz, 1989; 1992; Petzold, 1983a; Retter, 1979).
- Seit den 1990er Jahren findet sich ein noch etwas *breiteres thematisches Spektrum* an wissenschaftlichen Arbeiten über Puppen und Kuscheltiere. Diese beziehen sich unter anderem auf *theoretische Überlegungen* zum kindlichen *Spielverhalten*, auf die Rolle von Puppen als *Kommunikationsmittel* zwischen Kindern sowie zwischen Kindern und Erwachsenen, auf Arbeiten über die Anwendung von Puppen und Kuscheltieren in *medizinisch-institutionellen Kontexten*, in der *Psychotherapie* und in den verschiedenen Feldern *pädagogischer Praxis*. Hierzu gehören auch Reflexionen über die Rolle von Puppen in den *Medien* sowie gesellschaftskritische Arbeiten über moderne Spielzeugpuppen wie *Barbie* oder die Aktionsfigur *He-Man* als »dinghaftes Gegenüber des Menschen« (Fritz, 1989, S. 65).

Im Jahr 2007 hat die ursprünglich unter der Bezeichnung »Puppenstiftung« firmierende Stiftung »Chancen für Kinder durch Spielen« eine große *repräsentative Befragung* von 1000 Männern und Frauen zwischen 16 und 69 Jahren zur Frage der Bedeutung und des Stellenwerts von Puppen und Stofftieren in der Kindheit der Befragten deutschlandweit durchgeführt (ENIGMA, 2007; http://www.puppenstiftung.de, Zugriff am 08.10.2008). Das Fazit dieser per Telefonbefragung durchgeführten Erhebung ist, dass von den meisten der Befragten, relativ unabhängig von Alter und Geschlecht, diesen Gefährten der Kindheiten auch im Erwachsenenalter immer noch eine hohe Bedeutung zugeschrieben wird. In Kooperation mit der

Stiftung wurde dann in den Jahren 2009–2010 vom Internationalen Zentralinstitut für das Jugend- und Bildungsfernsehen (IZI) eine weitere repräsentative Erhebung mit Müttern von Kindern im Altersbereich von ein bis sechs Jahren sowie qualitative Erhebungen bei Eltern von Kindern im Kindergarten- und beginnenden Grundschulalter sowie mit Kindergartenkindern selber durchgeführt (Holler u. Götz, 2011). Hier wird deutlich, dass es mittlerweile vor allem Stoff- und Kuscheltiere sind, die als wichtige Kindheitsbegleiter fungieren. Sie leisten *emotionale Unterstützung bei der Alltagsbewältigung* und sind zudem wichtige *Spielgefährten*, mit denen in einem symbolischen Raum Prozesse der *Selbstversicherung* gestaltet werden können. Aus Sicht der befragten Kinder spielen die haptisch-sinnlichen Erfahrungen eine wichtige Rolle sowie insbesondere die Funktionen von Schutzgewährung, Geborgenheit, emotionaler Spiegelung und Selbstvergewisserung. Die vielfältigen hieraus abgeleiteten Erziehungstipps ermutigen Eltern unter anderem, sich auf die Beseelung der Kuscheltiere einzulassen und sie bei ihren Kindern zu fördern, die Anzahl dieser Gefährten nicht ausufern zu lassen, um die Bindung zu einzelnen, besonderen Kuschelwesen als Lieblingsgefährten zu fördern, und den Kindern nicht nur vorgefertigte Ausdrucksformen anzubieten, um den Raum für unterschiedliche sinnlich-ästhetische Erfahrungen weitgehend offen zu lassen.

Historische Puppenforschung vor mehr als 100 Jahren

»A study of dolls« – dieser von Ellis und Hall mit Leidenschaft, Verve und pädagogischem Anspruch auf den Weg gebrachten Untersuchung über die Bedeutung von Puppen ist letztlich nur eine geringe wissenschaftliche Resonanz beschieden gewesen. Die mangelnde Beachtung hängt dabei sicherlich auch mit dem überhöhten Bedeutsamkeitsanspruch der beiden Autoren und der moralischen Überfrachtung ihres Unterfangens zusammen. So inspirierend einzelne Beobachtungen und die daraus gezogenen Schlussfolgerungen auf der einen Seite auch sind, so problematisch ist dieses Werk auf der anderen Seite in methodologischer und methodischer Hinsicht. Dem reklamierten Anspruch, die damals gängigen Standards von Wissenschaftlichkeit und methodischer Objektivität einzuhalten, wird zwar partiell entsprochen, gleichzeitig wird diese hehre Absicht aber durch die von den beiden Autoren vorgenommenen höchst subjektiven Wertsetzungen und Kommentare konterkariert. Nichtsdestotrotz spiegeln sich in den eingesandten Rückmeldungen der im Rahmen dieser Untersuchung befragten Pädagogen, Eltern und Kinder viele Beobachtungen und Erkenntnisse wider, die zu einer Art *Phänomenologie der Puppe* führen, die wiederum auf einer ansatzweise empirisch abgeleiteten Systematik basiert. Letztlich wird hier ein erstaunliches Panorama entwicklungspsychologisch relevanter kindlicher Erlebensweisen und -welten aufgezeigt, das ungewöhnliche Einsichten in die Befindlichkeit, Fantasietätigkeit, Nachahmungsbereitschaft und kreative Handlungsfähigkeit von Kindern erlaubt. Integriert man die hier dargestellte Fülle der verschiedensten Formen und Inhalte des Spiels mit Puppen, dann wird das deutlich, was Retter (1979) als charakteristisch für das kindliche Spiel ansieht: im Puppenspiel manifestiert sich ein dynamischer Entwicklungsprozess der ständigen Wechselbewegung zwischen Nachahmung der Realität und Imaginierung eigener Welten.

G. Stanley Hall (1844–1924), von der deutschen Psychologie beeinflusster amerikanischer Entwicklungspsychologe und Pädagoge, der lange Jahre Präsident der American Psychological Association (APA) war, und sein Schüler Alexander C. Ellis (1871–1947) haben zunächst in der Zeitschrift Pedagogical Seminary (später Journal of Genetic Psychology) eine im Jahre 1884 begonnene Befragung über Puppen und Puppenspiel veröffentlicht (Ellis u. Hall, 1896), die ein Jahr später etwas umfangreicher in einer Broschüre publiziert wurde (Ellis u. Hall, 1887) sowie zehn Jahre später noch einmal in einem Sammelwerk von Hall mit dem Titel Titel »Aspects of child life and education« (Ellis u. Hall, 1907) abgedruckt wurde.

Pädagogischer Anspruch und Untersuchungsansatz

In einem ersten Untersuchungsschritt wurde in dieser Studie ein Fragebogen mit elf Fragekomplexen zum Thema Puppen zusammen mit einem Anschreiben (»Erwünscht sind Angaben über Gefühle, Handlungen oder Gedanken von Kindern und Jugendlichen gegenüber jeglichem Objekt, das ein Baby oder ein Kind darstellt«; vgl. Ellis u. Hall, 1897, S. 4) an etwa 800 Personen (Lehrer, Studentinnen von Lehrerseminaren und Eltern) verschickt. Der Rücklauf bestand aus 648 Antwortschreiben, die allerdings angesichts wenig formalisierter Vorgaben uneinheitlich ausfielen. Die Antwortformate reichten von ausführlichen retrospektiven Aufsätzen über das eigene Puppenspielverhalten, über Beschreibungen des Verhaltens der eigenen Kinder oder von Schülern und Schülerinnen bis hin zu wörtlich zitierten Aussagen von Kindern. Im Juni 1896 wurde eine zweite Befragungsaktion durchgeführt, bei der der Adressatenkreis auch auf Kinder unterschiedlichen Alters aus verschiedenen Schul- und Betreuungsformen erweitert wurde. Darüber hinaus wurden aber wiederum Lehrer, Betreuer und Eltern mit einbezogen. Diesen Zielgruppen wurden insgesamt 29 präzisierte Fragen zum Spielverhalten mit Puppen gestellt, die in den insgesamt 579 Rückantworten allerdings wiederum nicht vollständig beantwortet wurden. Die Daten der zweiten Befragung wurden tabellarisch aufbereitet (Ellis u. Hall, 1897, S. 37 f.) in dem Bemühen, positive und negative Antworttendenzen sowie Durchschnittswerte in Bezug auf bestimmte Merkmale statistisch zu dokumentieren. Der eigene Anspruch an die Wissenschaftlichkeit der Auswertung wird folgendermaßen formuliert: »Nachdem wir beide beträchtlich viel Zeit mit der vorläufigen Sichtung dieses Materials verbracht hatten, so schwer dies [auch] zu handhaben war und so sehr es [dem Material] an Einheitlichkeit mangelte, wurde entschieden, dass es eine so sorgfältig wie nur mögliche statistische Analyse verdiene« (Ellis u. Hall, 1897, S. 5 f.).

Insgesamt gingen 1227 Antworten bzw. Beschreibungen ein, die von Ellis und Hall nach inhaltsanalytischen Kriterien ausgewertet und unter verschiedenen thematischen Gesichtspunkten beschreibend zusammengestellt wurden. Die zentralen Ergebnisse bzw. Erkenntnisse sind somit deskriptiv aufbereitet worden. Sie können als Einblicke in kindliche Erlebens- und Verhaltensweisen verstanden werden und verweisen auf die beeindruckende kreative Kraft von Kindern, sich die Welt in einer ganz eigenen Weise anzueignen. Darüber hinaus sollten sie offenkundig auch als Appelle an Eltern und Erzieher verstanden werden, sich kindlicher Probleme, Nöte und Ängste intensiver anzunehmen. Gut ein Viertel der hier berücksichtigten Aussagen beziehen sich im Übrigen auf das Puppenspielverhalten von Jungen, so dass auch in dieser Zeit Puppen und Puppenspiel eher typische Mädchenaktivitäten darstellten. Die beiden letzten Kapitel der Publikation befassen sich mit anthropologischen und etymologischen Überlegungen und ordnen die Frage der Bedeutung von Puppen somit noch einmal in den kulturellen und gesellschaftlichen Kontext ein.

Zur Phänomenologie des Puppenalltags und Puppenspiels

Die von Ellis und Hall analysierten Aspekte lassen sich in einem ersten Schritt sechs Themenkreisen zuordnen. Hier geht es zum einen um eine Bestandsaufnahme der zeithistorisch ausgeprägten Erscheinungsformen und Determinanten des kindlichen Puppenspiels, zum anderen deutet sich aber möglicherweise an, dass Puppen und das Spiel mit ihnen in gewisser Weise auch zeitlos ist.

Material und Ersatzobjekte
Die Angaben zum Material, aus dem Puppen angefertigt wurden, spiegeln die Produktionsverhältnisse der Puppenindustrie gegen Ende des 19. Jahrhunderts wider. Am häufigsten bestehen Puppen demnach aus Porzellan (24 %), Wachs (19 %), Papier (17 %), Lumpen (15 %), Biskuitporzellan (12 %) und Gummi (7 %). Dabei mag der vergleichsweise hohe Anteil der Papierpuppen aus heutiger Sicht erstaunen. Psychologisch weitaus interessanter erscheinen allerdings die zahlreichen Berichte darüber, welche Objekte als Ersatzobjekte bzw. als Stellvertreter für Puppen gewählt werden. In gewisser Weise geht es hier um symbolisches Als-ob-Spiel bzw. es findet ein Übertragungsprozess statt, in dem bestimmte Gegenstände von Kindern zu Puppen gemacht und somit animiert werden. Anders gesagt: Es kommt zu einer oft erstaunlichen Materialisierung der kindlichen Emotionen und Bedürfnisse, die auf eine Art dynamisches Wechselspiel zwischen dem »Appell der Dinge« (vgl. Stieve, 2008, S. 12) und ihrer Beseelung durch das Kind verweist. Somit lassen sich selbst in leblosen Gegenständen durchaus Ausdrucksmerkmale bzw. Schemata finden, die bestimmte Affekte und ein daraus resultierendes Verhalten auslösen und in diesem Sinne wichtige Entwicklungsprozesse in Gang setzen bzw. aufrechterhalten können.

Insgesamt werden etwa 150 Objekte genannt, die von Kissen, die in der Mitte mit einem Bindfaden zusammen gebunden werden, über Wäscheklammern, Hocker, Stiefelknechte, den verschiedensten Blumen bis hin zu Haarbürsten und Maiskolben reichen. Ellis und Hall bewerten dieses Phänomen der hohen kindlichen Anregbarkeit durch die Objekte als Ausdruck eines Puppeninstinkts. Auch wenn man sich dieser Deutung nicht unbedingt anschließen muss, erscheint doch das ausgeprägte Bedürfnis, selbst ungewöhnliche Objekte zu *puppifizieren*, durchaus bemerkenswert: Das Gegenüber, ein nicht belebtes Objekt, wird vom Kind als Puppe und Ansprechpartner konstruiert und damit in gewisser Weise *beseelt*, das heißt, mit Wünschen und Überzeugungen ausgestattet. Es findet somit etwas Ähnliches statt wie bei der frühkindlichen *Mentalisierung* (Fonagy, Gergely, Elliot u. Target, 2004; Fonagy u. Target, 2006), einem Prozess der Herausbildung von Selbstrepräsentationen und Vorstellungen darüber, was in einem anderen Menschen vorgeht. Das hieße, dass sich möglicherweise eine kindliche *Theory of Mind* (vgl. Fooken u. Kavšek, 2011; Kavšek, 2010; Kern, 2007; Sodian u. Thoermer, 2006) nicht nur in intersubjektiven, zwischenmenschlichen Bezügen konstituiert, sondern auch in der vom Kind so konstruierten Kind-Puppen-Beziehung. Intensive Interaktionen mit Puppen oder puppifizierten Objekten könnten demnach Entwicklungserfahrungen sein, in denen gleichfalls die sehr grundlegende menschliche Fähigkeit, sich selbst und anderen mentale Zustände und Prozesse wie Wünsche, Überzeugungen und Absichten zuschreiben zu können, gefördert wird. Dabei zeigt die große Vielfalt und Unterschiedlichkeit der in dieser Weise zur Puppe gemachten Objekte, dass es dabei immer um eine ganz beziehungsspezifische, individuelle *Passung* zwischen dem jeweiligen Kind und dem als Puppenstellvertreter gewählten Objekt gehen muss, damit sich eine Beziehung in dieser Weise entfalten kann.

Ellis und Hall sind in diesem Zusammenhang daran interessiert, auf der Objektseite bestimmte generalisierbare Merkmale zu identifizieren, die in der Regel mit einem konstruktiven Puppenspielverhalten einhergehen. Ihrer Überzeugung nach ist das der Fall bei einfachen Puppen, bei Puppen, die überall mit hingenommen werden können, bei einer gewissen Geschmeidigkeit des Materials und beim Vorhandensein von Augen (oder dem, was als Auge gelten kann). Zudem bleiben zumeist die ersten Puppen weiterhin sehr wichtig, wenn nicht gar die subjektiv für am wichtigsten befundenen. Das Material, aus dem die Puppe besteht, wird von Kindern oft mit den psychischen Eigenschaften einer Puppe gleichgesetzt (demnach würde eine harte Holzpuppe einen eher störrischen Charakter haben). Manchmal stellen Kinder auch Analogien zwischen der (oft unzulänglichen) Wahrnehmung ihrer eigenen Anatomie und dem Material, aus dem die Innereien einer Puppe bestehen, her. Dieser Schluss kann angesichts der Zerbrechlichkeit von Puppen leicht zu Ängsten und Befürchtungen über die eigene Verletzbarkeit, aber auch zu falschen Vorstellungen über ihre (fantasierte) Unverwundbarkeit führen. Darüber hinaus sind es auch die an sich selbst erfahrenen Wachstums- und Entwicklungsprozesse, die in ähnlicher Weise auch für die Puppen angenommen werden. Das gilt vor allem für die Vorstellung des Nachwachsens abgeschnittener Haare sowie auch des Heilens gebrochener Glieder.

Viele Merkmale des kindlichen Verhaltens gegenüber der Puppe oder dem Ersatzobjekt scheinen sich aber in einem magisch aufbereiteten intermediären Bereich abzuspielen, der Erwachsenen häufig nicht zugänglich ist. So werden viele Verhaltensweisen gegenüber Puppen beobachtet, die für Erwachsene manchmal nachvollziehbar sind, dann aber wiederum als schwer verständlich und inkonsistent erlebt werden. So erschließt es sich nach Ellis und Hall zumeist nicht, warum manche Kinder eher hässliche alte, andere schöne neue Puppen lieben würden, manche große, andere kleine: »Warum manche Puppen alle Prügel abbekommen und andere die ganze Zuneigung« (Ellis u. Hall, 1897, S. 11) oder ein und dieselbe Puppe mal gut, mal böse ist, mal glücklich, mal weinerlich, kann von außen oft schwer erklärt werden. Insofern mag es sein, dass das Material, aus dem Puppen hergestellt sind, das heißt auch ihre Gestalt und ihr Habitus, in dem sie heutzutage als *Barbie* oder als *Baby-Born-Puppe* daherkommen, ein ganz bestimmtes Puppenspielverhalten triggert. Dennoch ist es letztlich das Kind, das – jenseits aller pädagogischer Absichten oder Befürchtungen seitens Eltern und Erzieher – selbst ganz wesentlich mit darüber entscheidet, was ihm die Puppe oder das Ersatzobjekt, dauerhaft oder temporär bedeutet: Identifikationsobjekt, Gefährtin, Spiegelbild, Alter ego, Sündenbock, Ersatzgeschwisterchen usw. Dem entsprechend resümieren Ellis und Hall (1897, S. 50): »Subjektives und Objektives, der Wille, Gefühle und das Wissen sind eigentümlich miteinander vermischt.« Oder wie Rittelmeyer (1989) es fast hundert Jahre später formuliert:

> »In der Hingabe an den Gegenstand gibt das Kind nur dann sein eigenes Wollen nicht auf, wenn dasselbe trotz der Bestimmtheit des Gegenstandes diesen noch mitbestimmt: Die Andersheit der Puppe muß auch graduell im Spielenden ›aufgehen‹, d. h. für dessen Phantasie, für dessen Ich offen sein« (S. 113).

Psychische Eigenschaften
Ähnlich variantenreich wie die Wahl der Ersatzobjekte gestaltet sich auch das Spektrum der insgesamt von Ellis und Hall ermittelten 65 psychischen Eigenschaften bzw. Charakteristika, die Puppen zugeschrieben werden. Dabei geht es sowohl um positiv konnotierte Charaktereigenschaften und soziales Verhalten (zum Beispiel: gut, liebevoll, geduldig, schlau, tugendhaft) als auch um negativ getönte Persönlichkeitsmerkmale und Verhaltensweisen (zum Beispiel: böse, ungezogen, missmutig, wütend) sowie um verschiedene andere Befindlichkeitsaspekte (zum Beispiel: hungrig, müde, schläfrig, sich warm oder kalt anfühlend). Interessanterweise überwiegen bei den hier beschriebenen psychischen Qualitäten deutlich die negativen Persönlichkeitseigenschaften bzw. beeinträchtigte Befindlichkeiten. Ellis und Hall gehen in jedem Fall davon aus, dass das Spiel mit Puppen automatisch mit seelischen Prozessen beim Kind einhergeht. Die von ihnen zusammengestellten Zitate

schildern immer wieder Situationen, in denen Puppen entweder als gleichberechtigte Beziehungspartner fungieren (es findet ein Austausch von Geheimnissen statt oder das Kind schüttet der Puppe gegenüber sein Herz aus) oder ihnen gegenüber wird eine erzieherische Haltung eingenommen, sei es fürsorgliches, sei es bestrafendes Verhalten. Oft kommen hier die großen kindlichen *Affekte* und *moralischen Gefühle* ins Spiel: Wut, Empörung, Scham, Schuld, Sorge, Reue, aber auch Stolz. Deutlich wird dabei, dass in diesem intermediären Bereich zwischen innen und außen ganz intensive Prozesse wie Emotionsregulierung (vgl. Holodynski u. Oerter, 2008), das Austesten von Grenzen und der Umgang mit der Erfahrung von Begrenzung stattfinden. In diesem Zusammenhang geht es ja zumeist um das Ausdrucksbedürfnis und das Verhandeln negativer Affekte. Ähnlich wird ja auch in der Bindungstheorie postuliert, dass es fast nur im Beziehungskontext einer sicheren, akzeptierenden und verlässlichen Bindungsbeziehung dem Kind möglich ist, negative Gefühle nicht zu unterdrücken, sondern unverstellt ausdrücken zu können und zu dürfen (Grossmann u. Grossmann, 2006). Die Kind-Puppe-Beziehung repräsentiert somit eine verlässliche und psychische Sicherheit gebende Beziehung, in der beide, das Kind und die Puppe (in die genau dieses Merkmal vom Kind hineingedeutet wird) ihre aktuellen Gefühle unverstellt und authentisch zeigen können, ohne mit Sanktionen oder Liebesverlust rechnen zu müssen. Dabei geht es im kindlichen Spiel nicht unbedingt nur um eine Imitation dessen, was die Kinder in der Welt der Erwachsenen beobachtet haben bzw. was ihnen dort widerfahren ist, sondern die Puppen-Kind-Interaktionen werden oft spielerisch, kreativ und sozusagen idiosynkratisch ausgestaltet und mit eigenem Bedeutungsgehalt belegt: »Mit einer Puppe werden Situationen gespielt, die sowohl typischen Alltagssituationen als auch eigenen inneren Themen und Konflikten entsprechen« (Stieve, 2008, S. 31).

Puppenalltagsroutinen
Auch in den zahlreichen Schilderungen des kleinen *Puppenalltags* werden viele Facetten und Alltagsroutinen der kindlichen Lebenswelten für die Bereiche Nahrungsaufnahme, Füttern, Hygiene, Sich-Zurechtmachen und Schlafarrangements aufgegriffen. Auch hier findet sich wiederum sowohl das Phänomen der Nachahmung realer Lebenswelten als auch das der spielerischen Ausgestaltung nach eigenen Regeln, Überzeugungen und Bedürfnissen. Kinder entfalten eine große Kreativität, um ihre Puppen sowohl mittels Nahrungs-Ersatzmaterialien zu füttern und zu versorgen als auch mit ihnen oft rein imaginativ große und kleine Szenen um die gemeinsamen Mahlzeiten herum zu gestalten. Gerade in diesem Bereich scheinen sich die kindlichen Vorlieben und Abneigungen relativ deutlich und unverstellt niederzuschlagen, die dann oft stellvertretend durch die Puppen ausgedrückt werden. Insofern kommt dem hier gezeigten Verhalten sowohl die Funktion der Verarbeitung und Bewältigung eigener mehr oder weniger belastender Erfahrungen zu als auch in gewisser Weise eine Appellfunktion an die soziale Umwelt, insbesondere an die Eltern.

Die Kontexte Körperhygiene und Kleidungsfragen werden nur vergleichsweise selten erwähnt und scheinen am ehesten genau das widerzuspiegeln, was die Kinder in ihrem eigenen Alltag erleben. Ganz anderes sieht es im Bereich des Schlafens und der Einschlafpraktiken aus. In vielen der hier analysierten Puppenspielbeschreibungen spielen der Schlaf und die diversen Einschlafzeremonien eine ausgesprochen große Rolle. Schaut man sich an, wie bedeutsam die Einschlafrituale sowie die Gebote und Verbote um das Schlafen und die nächtlichen Ängste und Alpträume herum im beschriebenen Puppenalltag sind, dann kann möglicherweise ermessen werden, welch große Bedeutung der Thematik Schlaf und Schlafen sowie dem Phänomen Schlaf-Wach-Rhythmus in der kindlichen Lebenswelt zukommt. So ist zu vermuten, dass die Art und Weise der gegenüber den Puppen mit Schlafproblemen gezeigten Fürsorge, die Zärtlichkeit, mit der Wiegenlieder gesungen werden, aber auch die Ruppigkeit, mit der manchmal die Schlaflosigkeit der Puppen geahndet wird, viele Hinweise auf kindliches Erleben und manche Nöte von Kindern andeuten, die somit von den erwachsenen Bezugspersonen quasi diagnostisch, als Zugang zur kindlichen Erlebniswelt, genutzt werden können.

Krankheit und Tod
Auch die kindliche Puppenspielwelt bleibt nicht von den großen menschlichen Dramen und Lebenskrisen verschont: Krankheit und Tod, mitsamt den Ritualen und Inszenierungen wie Trauerfeiern und Beerdigungen gehören ganz selbstverständlich zum Repertoire des geschilderten Puppenspielverhaltens. Offenkundig leiden Puppen oft und intensiv an vielen unterschiedlichen Krankheiten, wobei es sich insbesondere um Erkrankungen handelt, von denen vor allem Kinder betroffen sind. Erstaunlich ist nicht nur das große Spektrum der erwähnten Leiden, sondern auch der Einfallsreichtum bei der Erfindung von Behandlungsformen, verabreichten Arzneien und Heilungsprozeduren. Gelegentlich ziehen Kinder auch *Ärzte* zu Rate, die zumeist von anderen Kindern oder von den Eltern gespielt werden. Angesichts der oft unzulänglichen bzw. magischen Vorstellungen und Erklärungszusammenhänge, die Kinder in Bezug auf Körperorgane und -funktionen, Krankheiten, Ansteckungsmöglichkeiten und Behandlungsnotwendigkeiten lange Zeit beibehalten (vgl. Lohaus u. Ball, 2006), ist es erstaunlich, wie akribisch und datailversessen dieser ganze Bereich von den Kindern mit ihren Puppen durchdekliniert wird. Ähnliches gilt auch für den Themenkomplex Sterben, Tod und Trauer, der auf die Kinder eine beträchtliche Faszination ausübt. In diesen Äußerungen spiegeln sich sowohl die verschiedenen Formen und Inhalte kindlicher Todeskonzepte wider als auch die ganze Ambivalenz gegenüber dieser Thematik. Die Bewältigungsversuche bestehen in einer immer wieder austarierten Balance bzw. in einem In-der-Schwebe-Halten von Wissen, Nichtwissen, Nicht-Wissen-Wollen, Verunsicherung, anderen Abwehrformen, aber auch von kindlich-unbefangener Neugier. Dabei handelt es sich hier ja um einen Themenbereich, der auch von Erwachsenen oft tabuisiert wird und allein schon deshalb wird das kindli-

che Interesse an diesem großen Geheimnis geweckt. Kinder wissen in der Regel, dass ihre Puppen nicht sterben können, aber sie setzen sich gern in der symbolischen Form des *Wie-wenn* damit auseinander. Es wird inbrünstig so gespielt, als ob die Puppen tot wären und somit Anspruch auf Trauerrituale, Beerdigungen und Grabreden durch Prediger haben. Während Kinder in der Auseinandersetzung mit den Themenkreisen Schlaf und Krankheit häufig als Einzelperson mit ihrer Puppe oder ihren Puppen interagieren, scheint der Themenkomplex Sterben, Tod, Beerdigungen und Trauer(feiern) eher in der gemeinschaftlichen Interaktion und Kommunikation von Kindern untereinander stattzufinden. Möglicherweise sind Sterben und Tod der Puppe(n) Ereignisse, die man eher mit anderen Kindern als mit Erwachsenen teilen kann. Dies wäre in jedem Falle ein Hinweis auf eine bemerkenswerte kindliche Kompetenz: Trost zu spenden und sich in der Trauerbewältigung gegenseitig unterstützen zu können.

Erziehungsmaßnahmen
Kinder sind üblicherweise Erziehungsobjekte von Erwachsenen und deren pädagogischen Intentionen. Somit erfahren sie in ihren Lebenswelten in vielfältiger Weise Erziehungs- und Disziplinierungsmaßnahmen und es erstaunt insofern nicht, dass dem Themenkomplex *Lob und Tadel* ein wichtiger Stellenwert im kindlichen Puppenspielverhalten zukommt. Interessanterweise finden sich, ähnlich wie bei den Affekten und Emotionen, auch hier weitaus häufiger negativ getönte Äußerungsformen als positive Varianten. Dem entsprechend wird erheblich mehr bestraft als gelobt. Die beschriebenen Bestrafungspraktiken lassen im Übrigen vermuten, dass sie aus der eigenen Erfahrung stammen. So wird die ganze Litanei elterlicher Strafaktionen durchdekliniert: ins Bett schicken, den Hintern versohlen, Stubenarrest erteilen, Moralpredigten halten usw. Dabei erstaunen Einfallsreichtum und Unbekümmertheit, wenn es um fantasiertes Fehlverhalten und Ungehorsam der Puppen und die daraus folgenden Bestrafungsaktionen geht. Wahrscheinlich handelt es sich in der Tat um eine Identifikation mit den zumeist *elterlichen Aggressoren*, die es den Kindern erlaubt, die an sich selbst erfahrenen Abhängigkeiten, Beschämungen und Minderwertigkeitsgefühle auf diese Art abzuwehren, zu regulieren, stellvertretend auszuagieren, und damit auch zu bewältigen. Insofern enthält die Puppenwelt ein großes Entlastungspotenzial in Zeiten von moralischer Bedrängnis und / oder Trauer. Gerade weil viele Kinder nicht ganz genau wissen, ob Puppen den Schmerz, den sie ihnen durch ihre Strafmaßnahmen zufügen, empfinden können oder nicht, scheint es eine ganz wichtige Grunderfahrung zu sein, dass Puppen nicht nachtragend sind und den Kindern letztlich auf Dauer nichts übel nehmen. Das macht ja gerade für Kinder die Attraktivität bzw. den magischen Reiz und den Zauber der Puppenwelt aus, dass man selbst nach drastischen Bestrafungen von einem Moment auf den anderen wieder an eine positiven Beziehungsqualität anknüpfen kann, so als ob nichts gewesen wäre. Insofern scheint es weitaus weniger Notwendigkeit zu geben, Puppen zu loben, wobei die wenigen Beispiele

für geäußertes Puppenlob andeuten, dass Puppen vor allem für angepasstes und braves Verhalten positive Rückmeldungen erhalten.

Organisation des Puppenhaushalts und -familienlebens
Die formalen und institutionellen Rahmenbedingungen der kindlichen Lebenswelten scheinen gleichfalls einen Niederschlag in der Organisation des Puppenalltags gefunden zu haben. Das zeigt sich zum einen bei der Namensgebung der Puppen und zum anderen bei der Ausgestaltung der Puppenwelten, das heißt des Puppenfamilienlebens, der Puppenschulen, Puppenfeste, Puppenhochzeiten sowie des jeweils notwendigen Zubehörs. Die meisten Puppen erhalten individualisierte Namen, wobei der größte Teil der Kinder den Puppen Namen von Freunden oder ihnen persönlich bekannten Personen gibt. Das bedeutet auch, dass Puppen getauft werden, bei Namensänderungen durchaus mehrfach. Nicht alle Kinder, aber dennoch etwa ein Viertel von ihnen, ordnet den Puppen eine Familie zu bzw. bettet sie in vertraute gesellschaftlich-institutionelle Zusammenhänge ein (Beruf, Schule, Feste, Partys, Urlaub usw.). Die Kinder, die solche Kontexte kreieren, gestalten diese zumeist detailliert und akribisch aus, so dass es bei ihnen nicht allein um die individualisierte Kind-Puppen-Beziehung geht, sondern um einen Gesamtzusammenhang in Form eines fantasierten Mikrokosmos. In diesem von Kindern aktiv konstruierten Miniaturformat lassen sich gleichzeitig sowohl die eigene erfahrene kindliche Lebenswelt erkennen als auch mögliche kindliche Gegenwelten mit eigenen Regeln und Normen. Bei der Rekonstruktion der realen Lebenswelt erstaunt es nicht, dass auch das damals vorhandene Zubehör und die Ausstattung eines typischen Familienhaushalts (wie Kleidung, Toilettenartikel, Alltags- und Haushaltsgegenstände, Küchenutensilien, Mobiliar usw.) en miniature vorhanden sind.

Übergreifende Erkenntnisse – ein kritischer Blick

Nach der ersten, eher deskriptiven Erfassung der verschiedenen manifesten Formen des Puppenspiels arbeiten Ellis und Hall in einem zweiten Schritt verschiedene zusammenfassende Betrachtungsaspekte sowie thematische Schwerpunkte und Zusammenhänge heraus und ergänzen die von ihnen vorgelegte Phänomenologie des Puppenspielverhaltens zudem durch anthropologische und etymologische Kommentare.

Was lässt sich verallgemeinernd zu den verschiedenen Formen des Puppenspiels, zu den bevorzugten Puppentypen sowie auch zur Frage von möglichen Alterseffekten sagen?

Formen des Puppenspiels
Demnach gehört zu den beliebtesten Formen des Puppenspiels das Nachspielen der verschiedenen Alltagsroutinen, wie beispielsweise Anziehen und Bekleiden,

Waschen, ins Bett bringen, aber auch Nähen und Anfertigung von Puppenkleidung oder die Inszenierung besonderer Ereignisse wie gemeinsam Feste zu feiern sowie die Puppe als Begleiterin und Gefährtin im Tagesablauf einfach dabei zu haben.

Puppentypen
Hinsichtlich der verschiedenen möglichen Puppentypen werden drei Varianten noch einmal besonders betrachtet. Zum einen wird *Babypuppen* ein besonderer Stellenwert zugeordnet, wobei die Reaktion auf diese Puppen und ihre Präferenz als Spielpartner bei den Kindern ausgesprochen unterschiedlich und somit individuell ausgeprägt ist. Zum anderen scheinen *Papierpuppen* vor allem bei älteren Kindern, zum Teil in Form von Sammlungen, eine vergleichsweise große Rolle zu spielen. Und nicht zuletzt geht es um das Phänomen unansehnlich gewordener und / oder *beschädigter Puppen*. Manche Kinder lieben die von ihnen abgenutzten Puppen, andere stören sich an Gebrauchsspuren. Tritt eine solche Beschädigung plötzlich und unerwartet ein, lässt sich wiederum kein einheitliches kindliches Reaktionsmuster feststellen. Deutlich sichtbare Verstümmelungen der Köpfe, insbesondere die Beschädigung der Haare und Augen, scheinen aber zumeist Ängste, Abneigungen und Verunsicherung hervorzurufen.

Einfluss des Alters
Hinsichtlich der Bedeutung des Alters gehen Ellis und Hall davon aus, dass die intensivste Phase des Puppenspiels zwischen sieben und zehn Jahren liegt, mit einem Höhepunkt zwischen acht und neun Jahren. Das würde bedeuten, dass sich in der Phase der mittleren Kindheit, in der sich der Erfahrungsraum der Kinder durch den Eintritt in die Schule enorm erweitert, auch die kindliche Spielaktivität und das Spielrepertoire der Kinder stark ausdifferenziert, um dann allmählich in der Auseinandersetzung mit den zunehmenden Anforderungen der erwachsenen Lebenswelten abzuklingen. Nach den Einschätzungen von Ellis und Hall verliert sich in der Regel das Interesse der Mädchen an Puppen allmählich nach dem Grundschulalter und hört dann in der Regel mit der Pubertät ganz auf. Hier sehen die Autoren eine Analogie zum Verhalten junger Mädchen im alten Rom, die, wenn sie reif für die Ehe waren, ihre Lieblingspuppe der Göttin Venus weihten. Darüber hinaus finden sich allerdings in den Untersuchungsunterlagen zahlreiche Hinweise auf eine große interindividuelle Variabilität im Hinblick auf Phasen und Dauer des Puppenspiels. So gibt es Anhaltspunkte sowohl für einen sehr frühen Beginn des Puppenspiels bereits im Säuglingsalter als auch für die Beibehaltung eines intensiven Bezugs zu Puppen bis weit ins Erwachsenenalter hinein.

Zu welchen Schlussfolgerungen und Erkenntnissen gelangen Ellis und Hall auf der Basis des von ihnen zusammengetragenen Materials? Wie bewerten sie die ja zumeist von Eltern und Lehrern festgehaltenen Beobachtungen?

Pädagogischer Wert von Puppen
Zunächst wird deutlich, dass die meisten der von den hier befragten Erziehungsberechtigten verfassten Meinungsäußerungen den Einfluss der Puppen auf Kinder grundsätzlich gut heißen – eine Sichtweise, der sich die beiden Autoren mehr oder weniger unbefangen ohne Einschränkungen anschließen. Puppen gelten insbesondere bei Mädchen als ein brauchbares disziplinarisches Mittel, um traditionelle weibliche Tugenden einzuüben. Demnach unterstützen Puppen Eltern bei der Erziehung, sie fördern die Häuslichkeit der Kinder (Mädchen), bringen ihnen moralische Werte nahe, halten zu Ordentlichkeit, Reinlichkeit, Fürsorge, Fleiß, Vernunft etc. an. Somit wird deutlich, dass es vor allem der »Blick der Erwachsenen [ist] […] [und dass es ihre] Vorstellungen [sind, die] mit dem Gegenstand Puppe an das Mädchen herangetragen werden« (Regener, 1988, S. 176). Man täte Ellis und Hall allerdings Unrecht, wenn man verschweigen würde, dass sie das Puppenspiel neben seiner eher disziplinierenden sozialisierenden Funktion auch als eine wichtige Möglichkeit für Kinder bzw. Mädchen einschätzen, Fantasie und Individualität zu entwickeln, sich somit auf den Prozess der Individuation einzulassen, um damit eine »Differenzierung des Selbst auf einem spielerischen Weg zu erzielen« (Regener, 1988, S. 178).

Puppifizierungsphänomene und Mutterinstinkt
Auch das Phänomen der *Puppifizierung*, das heißt die Neigung von Kindern, alle möglichen Materialien in ihrer Umwelt zu animieren und in ihnen letztlich Puppen zu entdecken, wird noch einmal von Ellis und Hall aufgegriffen. Sie interpretieren dieses Bedürfnis von Kindern als Ausdruck eines natürlichen kindlichen Animismus, wenn nicht sogar Fetischismus, im Sinne einer Grunddisposition, die sowohl für Kinder als auch für *Wilde* (gemeint sind einfache Volksstämme) typisch sei. Diese fast immer spontan stattfindende Hinwendung zu Puppen über puppifizierbare Objekte deuten die beiden Autoren weniger als Beleg für das Vorhandensein eines Eltern- oder Mutterinstinkts, sondern als Ausdruck eines fast obsessiven Bedürfnisses, sich die unbelebte Umwelt über puppenähnliche Objekte oder konkrete Puppen aktiv animierend anzueignen. Hier ergibt sich nach ihrer Einschätzung sehr viel Ähnlichkeit mit dem Phänomen der Anbetung von Götzenbildern bei urzeitlichen, primitiven Stämmen. Dabei gehen sie davon aus, dass in beiden Fällen eine Abhängigkeit von der magischen Wirksamkeit bestimmter Mensch-Natur / Material-Verbindungen bestehe, die überwunden werden müsse, um die (notwendige) Weiterentwicklung auf ein vernünftig-menschliches Niveau voranzutreiben. Im Gegensatz zu anderen Forschern ihrer Zeit sprechen sie sich aber entschieden gegen eine Gleichsetzung von Puppifizierungsneigung und *Mutterliebe* bei Mädchen aus. Im Gegenteil – sie postulieren, dass die Art und Weise des als Kind praktizierten kindlichen Puppenspiels und eine wie auch immer geartete spätere Mütterlichkeit im Erwachsenenalter unabhängig voneinander sind. Puppe und Kind werden nicht gleichgesetzt, sondern ihrer Ansicht nach handelt es sich

beim Umgang mit der Puppe und bei den Gefühlen ihr gegenüber um ganz spezifische seelische Prozesse, die sich deutlich von der Haltung und den Gefühlen gegenüber einem Kind unterscheiden.

Zauber der Miniaturisierung
Die Beobachtung, dass innerhalb dieser Untersuchung die meisten der erwähnten und bevorzugten Spielpuppen eher erwachsene Menschen repräsentieren als Säuglings- und Babypuppen, veranlasst Ellis und Hall, noch einmal die große Bedeutung und den Zauber der Miniaturisierung, das heißt des verkleinerten Maßstabs der Erwachsenenwelt in einer Puppenwelt, zu betonen. In einem gewissen Sinne interpretieren sie dieses Phänomen als eine Möglichkeit der Kinder, ihre eigene Kleinheit und Minderwertigkeit erfolgreich zu kompensieren, weil sie es sind (und nicht die Erwachsenen), die in dieser verkleinerten und damit überschaubaren Welt das Sagen haben und die Dinge der erwachsenen Welt kontrollieren können:

»Kleinheit erlaubt der kindlichen Liebe das Gefühl ihrer Überlegenheit, [erlaubt] ihr [das] Bedürfnis, etwas herumzukommandieren, und ihre Wünsche auf dem Weg des geringsten Widerstandes erfüllt zu bekommen oder [einfach] ihrer Reaktion auf die Tyrannei des elterlichen Ärgers freien Lauf lassen [zu können]« (Ellis u. Hall, 1897, S. 48).

Das Phänomen, dass Kindern die Erwachsenenwelt in Miniaturformat, zum Zweck der Aneignung eben dieser Welt, verfügbar gemacht wird, gibt es seit Menschengedenken (Boehn, 1929). Dabei wirkt der Reiz der Miniatur mit Sicherheit nicht nur bei Kindern, sondern im Prinzip bei allen Menschen, vor allem auch bei Sammlern und bei all den Erwachsenen, die sich die Fähigkeit zu einer mehr oder weniger nostalgisch getönten Erinnerung an die eigene Kindheit bewahrt haben bzw. sich einfach von dem Kindchenschema der Miniaturform anrühren lassen:

»Es scheint ein tiefes Bedürfnis des Menschen zu sein, sowohl sich selbst als auch seine Umwelt im Kleinformat darzustellen, diesen Gestaltungen immer wieder andere Bedeutungen zuzumessen, seien sie nun symbolischer, religiöser, pädagogischer oder rein dekorativer Natur« (Hennig, 1979, S. 8).

So kann gerade durch die Miniaturisierung ein Vergrößerungsglaseffekt entstehen bzw. es kann im Kleinen das Wesentliche manchmal besonders deutlich und groß gesehen werden (Mahler, 1988, S. 142). In diesem Sinne konstruieren Ellis und Hall den von ihnen beschriebenen Puppenmikrokosmos als eine Art Ermöglichungsraum, in dem durch die Vereinfachung der Dinge der Blick auf die große Welt möglich wird, und zwar in einer Weise, die dem kindlichen Geist normalerweise nicht zugänglich wäre. Darin, so konstatieren sie, liege ein zentraler Aspekt des enormen Nutzens der Puppenwelt für die Pädagogik.

Geschlechtsspezifische Perspektiven
Obwohl im Rahmen der vorliegenden Untersuchung hauptsächlich Aussagen über das Puppenspielverhalten von Mädchen gemacht werden und über das Verhältnis von Jungen zu Puppen bzw. über ihre Formen des Puppenspiels relativ wenig berichtet wird, haben sich Ellis und Hall dennoch bemüht, auf die Frage möglicher geschlechtsbezogener Unterschiede, vor allem auf die generelle Einstellung und Neigung von Jungen gegenüber Puppen und Puppenspiel, einzugehen. Ihrer Ansicht nach gibt es genügend Hinweise darauf, dass Jungen im Grunde genauso gern mit Puppen spielen wie Mädchen. Das Problem sei, dass das Spiel mit Puppen sowohl von Erwachsenen als auch von Kindern als Mädchensache angesehen werde. So würden sowohl Jungen, die Einzelkinder sind, als auch Jungen, die die einzigen Söhne unter Schwestern sind, zunächst ganz unbefangen mit Puppen spielen. Die geschlechtsrollenbezogenen Vorurteile würden dann allerdings ab dem Alter von sieben bis acht Jahren ihr Wirkung entfalten, so dass ein unbefangener Zugang zum Puppenspiel für Jungen zunehmend erschwert werde. Anders ist es, wenn das Puppenspiel als eine Art geschlechtsheterogenes Rollenspiel gemeinsam mit anderen Kindern abläuft. Dann können Jungen problemlos mitspielen, wobei sie dazu tendieren, vor allem die Rollen der Autoritäten einzunehmen (Arzt, Prediger). Bezüglich der verschiedenen Puppentypen scheinen Jungen vor allem ungewöhnliche oder lustige Puppen zu bevorzugen oder solche, die sich als Heldenidentifikationsfiguren eignen. Ellis und Hall beurteilen in diesem Zusammenhang die vorliegende Evidenz etwas widersprüchlich. So gehen sie einerseits davon aus, dass den Jungen ein größerer räumlicher Aktionsradius beim Spiel mit Puppen zugestanden werden muss und dass bei Jungen – wegen drohender *Geckenhaftigkeit* – durchaus Anlass zur Sorge gegeben sei, wenn sie zu lange mit Puppen spielen würden; andererseits verweisen sie aber auch darauf, dass Jungen, die Erfahrung mit Puppenspiel haben, bereits als Kinder und noch mehr als erwachsene Männer deutlich mehr Empathie gegenüber Mädchen und Frauen entwickeln. Außerdem plädieren sie dafür, dass Jungen und Mädchen – zum Vorteil für beide Geschlechter – häufiger mit Jungenpuppen spielen sollten. Angesichts relativ konservativer Vorstellungen über Kinderziehung und über (vorgeblich) angemessenes geschlechtsspezifisches Spielverhalten erscheinen die Kommentare von Ellis und Hall in Bezug auf diesen Punkt somit vergleichsweise modern. Anderseits waren die Spielwelten der Kinder gegen Ende des 19. Jahrhunderts teilweise noch gar nicht so geschlechtstypisch getrennt, wie es sich dann im Laufe des 20. Jahrhunderts oft einstellte. Dass (von Müttern) kleinen Jungen früh aufgezwungene Erfahrungen mit Puppen und anderen Insignien der Mädchenwelt später durchaus zu Schwierigkeiten in Beziehungen zu Frauen und zu heftigen Aversionen gegenüber Puppen führen können, zeigt sich nicht zuletzt eindrücklich in Rainer Maria Rilkes Werk (Rilke, 1914/1921; Simms, 2004).

Realitätsgehalt vs. psychischer Gehalt der Puppenwelten
Die Frage, inwieweit beim Puppenspielverhalten dem Realitätsgehalt oder dem psychologischen Gehalt größere Bedeutung zukommt, wurde in der damaligen Fachwelt kontrovers diskutiert. Ellis und Hall konzedieren, dass es sich hier um eines der schwierigsten psychologischen Probleme handele, beziehen aber in diesem Zusammenhang relativ eindeutig Stellung. Zwar erscheint ihre Wortwahl etwas verklausuliert, es deutet sich aber in ihren Ausführungen an, dass mit dem Puppenspiel ein intermediärer Raum und Erfahrungsbereich entsteht, »in den in gleicher Weise innere Realität und äußeres Leben einfließen« (Winnicott, 1973, S. 11). Auch wenn dabei innere und äußere Realität durchaus nicht immer klar voneinander abgegrenzt sein müssen, bemüht sich das Kind im Bewusstsein des Spiels mit der Puppe in diesem Raum darum, sich sowohl von der inneren wie auch äußeren Realität abzugrenzen (Schäfer, 1989). Damit entsteht in faszinierender Weise eine neue Sphäre des *Dazwischen*, die anders als beispielsweise im Traumerleben ist, damit aber durchaus Ähnlichkeiten aufweist. In diesem Raum setzt sich das Kind damit auseinander, die *Gleichzeitigkeit von Ungleichzeitigem* in der Schwebe zu halten. Ellis und Hall identifizieren in ihren Zitatbeispielen Phänomene dieser Art als »Spuren eines geradezu schmerzlichen Kampfes zwischen Glauben und Zweifel, in dem beide jeweils triumphieren können« (Ellis u. Hall, 1997, S. 50). Auch sie bewerten diese Phase, in der das Zusammenspiel von Verhalten und Fantasie in einer besonderen Weise vom Kind gestaltet wird, als Ausdruck einer ganz spezifischen (mentalen und emotionalen) Kompetenz und als *Fähigkeit zur Hingabe an die Selbsttäuschung*. In der weiteren Entwicklung realisiert das Kind dann allerdings doch allmählich, dass es unvereinbare Diskrepanzen zwischen Fantasie und Wirklichkeit gibt. Dieser Widerspruch wird zunächst als Konflikt erlebt, aber auch zugelassen, um sich dann im Zuge des allgemeinen Wissenszuwachses über die Dinge und Phänomene des Lebens in dieser Form aufzuheben. In diesem Zusammenhang wird deutlich, dass die hier beschriebenen Phänomene durchaus denen ähnlich sind, die bei Kindern im Kontext des Phänomens imaginärer Gefährtenschaften und imaginärer Objekte auftreten (Gleason u. Hohmann, 2006; Neuß, 2009; Seiffge-Krenke, 2000; Smith, 2005).

Puppenspiel als Diagnostikum
Gerade weil im Spiel mit Puppen viele kindliche Erlebensprozesse, die normalerweise bei Kindern nicht unmittelbar erfragbar sind, subtil ablaufen, empfehlen Ellis und Hall den Kindheitsforschern das kindliche Puppenspiel als ein diagnostisches Instrument. In der Hingabe im Spiel können Dinge bei Kindern sichtbar werden, die zentrale Aspekte ihres seelischen Geschehens, ihre Ängste, Wünsche, Stimmungen, Befindlichkeiten, Annahmen, Geheimnisse usw. zum Ausdruck bringen. So konstatieren die Autoren, dass die Individualität der Kinder manchmal deutlicher in den Persönlichkeitseigenschaften, die der Puppe zugeschrieben werden, erkennbar ist, als im unmittelbar manifesten Verhalten der Kinder. Darüber hinaus ermögliche

eine intensive Beobachtung des Puppenspiels den Erwachsenen oft neue Perspektiven auf manchmal ungeahnte kindliche Kompetenzen. In dem Material von Ellis und Hall findet sich eine Fülle diesbezüglicher Beispiele: So sorgen blinde Kinder für ihre vorgeblich auch blinden Puppen, taube Kinder bringen ihren gleichfalls tauben Puppenkindern eine Zeichensprache bei usw.

Anthropologische und etymologische Anmerkungen
Zwei weitere Kapitel des Textes von Ellis und Hall bestehen aus anthropologischen und etymologischen Anmerkungen und Kommentaren. Es handelt sich dabei weniger um eine systematische Aufbereitung des zeitgenössischen ethnologischen und etymologischen Quellenmaterials und Erkenntnisstands als vielmehr um eine Auflistung von Beobachtungen aus völkerkundlichem Material verschiedener Autoren über die Bedeutung von und den Umgang mit Puppen bei unterschiedlichsten Völkern und Volksgruppen. Dabei lassen sich zwei Varianten des Bedeutungsgehalts von Puppen identifizieren: einerseits Volksgruppen, bei denen das Wort »Puppe« eng mit der Bezeichnung für (kleines) Mädchen oder (kleine) Kinder verbunden ist und Puppen in unterschiedlichen Formen und Bezügen letztlich vor allem als Kinderspielzeug dienen, und andererseits frühzeitliche, exotische und/oder asiatische Stämme, Gesellschaften und Kulturen, bei denen Puppen und Götzen- bzw. Götterbilder oder Schutzgottheiten auf einer zumeist symbolischen Ebene identisch waren oder sind. Im letzteren Fall werden Puppen im Kontext weiblicher (und gelegentlich auch männlicher) Initiationsriten eingesetzt, aber auch in zeremoniellen Zusammenhängen als Ausdruck der symbolischen Verbundenheit mit Vorfahren und Ahnen. Interessanterweise finden sich in den unterschiedlichen Quellen sowohl Hinweise auf einen stark reglementierten und ritualisierten Umgang mit Puppen als auch auf Möglichkeiten ganz individueller Spielvarianten, je nach Vorstellungsvermögen und Nachahmungsfähigkeit des einzelnen Kindes.

Auch die etymologische Analyse der in den verschiedenen Völkern gebräuchlichen sprachlichen Bezeichnungen für das Phänomen Puppe verweist darauf, dass es diesbezüglich wahrscheinlich jeweils kulturspezifische Traditionen gab und gibt, die sich nicht auf eine generalisierbare, universelle Bedeutung von Puppen zurückführen lassen. So verweisen manche Wörter für Puppe auf die Ähnlichkeit mit Babys oder kleinen Mädchen, manche auf weibliche Geschlechtsmerkmale, manche auf Gottheiten, manche auf Opfergaben, andere auf das Material, aus dem Puppen verfertigt werden, und wiederum andere auf die (kindliche) Tätigkeit des Spielens. Die beiden Autoren bilanzieren am Ende ihres anthropologischen und etymologischen Exkurses indirekt, dass noch viel Forschung notwendig sei, um die disparaten Befunde in einen einheitlichen Sinn- und Deutungszusammenhang stellen zu können.

Puppen im pädagogischen Kontext
Am Ende ihrer als wissenschaftlich apostrophierten Untersuchung über Puppen gehen Ellis und Hall noch einmal auf die Bedeutung von Puppen im Kontext der

Pädagogik ein. Angesichts ihrer Erkenntnisse nach der intensiven Beschäftigung mit dem kindlichen Puppenspiel schlussfolgern sie, dass damit von ihnen ein höchst wirksames *pädagogisches Mittel* identifiziert wurde, dessen Einsatzmöglichkeit und Nutzbarkeit sich in den verschiedensten pädagogischen Settings als unmittelbar evident erweisen würde. Dabei ordnen die beiden Autoren den Puppen ganz vorrangig eine sozialisatorische Funktion zu, das heißt, es geht ihnen zunächst um die erzieherische Intention, Kinder zu erwachsenen Vernunftwesen zu führen. In diesem Prozess sehen sie die Puppe als ein optimales Hilfsmittel an, über das den Kindern der Zugang sowohl zum schulischen als auch zum lebensweltbezogenen Wissen wesentlich erleichtert werden kann. Da insbesondere Hall ein Anhänger der von Ernst Haeckel propagierten biogenetischen Grundregel bzw. seiner *Rekapitulationstheorie* war (These: Die Ontogenese rekapituliert die Phylogenese), sieht er Kinder und Jugendliche in gewisser Weise als *junge Wilde*, die nicht ausschließlich mittels eines rein akademisch-schulischen Wissenskanons auf das Erwachsenwerden vorbereitet werden sollten, sondern die, da sie ein Stück ganzheitlicher menschheitsgeschichtlicher Entwicklung in Kindheit und Adoleszenz nachleben müssen, Freiräume brauchen und dabei pädagogisch begleitet werden sollten. Somit geht es den Autoren nicht ausschließlich um die rein erzieherische Funktion des Puppenspiels, sondern auch darum, den Kindern Raum für die Ausübung von Fantasie und Imagination zu geben und ihnen somit die aktive Aneignung ihrer innerseelischen Prozesse, ihrer eigenen Biographie und ihrer Lebenswelt zu ermöglichen – kurzum: den Prozess der Individuation zu fördern. So fordern sie Eltern und Erzieher auf, nicht allzu forciert in das kindliche Spiel einzugreifen und das Puppenspiel womöglich zweckgerichtet zu instrumentalisieren, um beispielsweise spätere Mutterliebe vorzuprogrammieren. Im Gegenteil: Erzieher und Kindheitsforscher sollten behutsam, achtsam, aber auch genau in der Beobachtung der Kinder sein, um den jeweils gegebenen psychischen Entwicklungsstand des Kindes zu erfassen und das daraus zu erkennende Entwicklungspotenzial fördern zu können.

Was hat Bestand?

Die hier vorgestellte wissenschaftliche Untersuchung über Puppen, »A study of dolls« von Ellis und Hall, kann aus zwei unterschiedlichen Perspektiven gewürdigt werden: zum einen aus dem damaligen zeitgeschichtlichen Wissenschaftskontext heraus und zum anderen aus heutiger Sicht. Betrachtet man den Wert der Studie zunächst aus dem eigenen zeithistorischen Rahmen, dann kann trotz aller berechtigten Kritik konstatiert werden, dass es sich um ein für damalige Verhältnisse ausgesprochen innovatives und beeindruckendes Forschungsunterfangen gehandelt hat. Abstrahiert man von einer gewissen ideologischen und moralischen Anspruchlichkeit, kann die Arbeit selbst heute noch als ein wichtiger Beitrag zu einer empirisch fundierten Phänomenologie des kindlichen Puppenspiels bewertet werden. In diesem Umfang ist weder vorher noch nachher versucht worden, sich aus einem wissenschaftlichen Anspruch heraus den Formen, Inhalten, Zielen, Universalien und Erklärungszusammenhängen des kindlichen Puppenspiels zu nähern. Zwar wurde im Jahr 1968 in der damaligen DDR eine Dissertation zur Frage geschlechtsspezifischen Spiels im Vorschulalter verfasst (Lippelt, 1968), in der es unter anderem auch um das Puppenspielverhalten von 324 Kindern im Vorschulalter aus der Sicht von Kindern und Eltern ging, aber der Erkenntnisgehalt dieser Studie ging nicht über einen recht einfachen sozialisatorischen Erklärungszusammenhang hinaus. Erst im Jahre 2007 hat es die ja bereits erwähnte, von der Stiftung »Chancen für Kinder durch Spielen« in Auftrag gegebene repräsentative Erhebung (via 1000 Telefoninterviews) über die retrospektiv eingeschätzte Bedeutung von Puppen und Kuscheltieren gegeben (ENIGMA, 2007), die als eine erste aktuelle empirische Annäherung an diesen Themenkomplex bewertet werden kann. Insofern erscheint es nachvollziehbar und angemessen, dass der 1907 erschienene Sammelband der Arbeiten von Stanley Hall und seinem Arbeitskreis, in dem die erste Fassung der Puppenstudie von Ellis und Hall enthalten ist, im Jahr 1995 als ein Legacy-Reprint erschienen ist (Hall, 1907/1995). Und auch der Faksimiledruck der Ellis-und-Hall-Publikation von 1887, der von der Stiftung »Chancen für Kinder durch Spielen« im Jahr 2009/2010 einschließlich der Übersetzung ins Deutsche (Lohmann u. Fooken, 2010) und der Würdigung des Unterfangens (Fooken, 2010a) ermöglicht wurde, unterstreicht die Bedeutung dieser historischen Studie.

Auch die in dieser Arbeit einbezogenen anthropologischen und etymologischen Anmerkungen bilden, wenngleich relativ unsystematisch zusammengestellt, eine Art soliden Grundstock diesbezüglicher Erkenntnisse über das kindliche Puppenspiel. Zwar hat die in der ersten Hälfte des 20. Jahrhunderts intensiv betriebene kulturhistorische Forschung einige der damaligen Überzeugungen revidiert, wie es in der umfassenden Darstellung von Max von Boehn über Puppen und Puppenspiele aus kulturhistorischer und kulturvergleichender Sicht (Boehn, 1929) dokumentiert wurde. Aber auch diese Veröffentlichung, die bereits ein Jahr nach Erscheinen von Walter Benjamin als eine Art blutleere »Raritätenkammer« (Benjamin, 1930/1969, S. 95) glossiert und in ihrem Aussagegehalt hinterfragt wurde, stellt auch nur eine vorläufige Bestandsaufnahme dar. So kann man davon ausgehen, dass es zu dieser gesamten Thematik bis heute noch kein allgemeingültiges und anerkanntes Standardwerk gibt, wenngleich mit den beiden umfassenden Ausstellungskatalogen »Traumwelt der Puppen« (Krafft, 1991) und »Puppen. Körper. Automaten. Phantasmen der Mode« (Müller-Tamm u. Sykora, 1999) eindrucksvolle Schritte in diese Richtung gemacht wurden.

Welche Erkenntnisse und Fragestellungen aus der Untersuchung von Ellis und Hall haben möglicherweise bis heute Bestand? Welche damaligen Befunde haben allenfalls historischen Wert und erwiesen sich letztlich doch nur als zeitgebunden? Beginnt man mit der letzten Frage, dann erscheinen einige der von Ellis und Hall als Naturgesetze eingeschätzten Verhaltensweisen sicherlich problematisch.

Natürlicher Puppeninstinkt?
Auch wenn die Existenz von Puppen seit Menschengedenken ubiquitär ist und es ein ziemlich weit verbreitetes Bedürfnis bei Kindern gibt, mit Puppen zu interagieren, ist es fragwürdig, ob von der Ausprägung eines Puppeninstinkts gesprochen werden kann. So gibt es genügend Kinder (überwiegend Jungen), die sich nicht für Puppen interessieren, ohne dass dieses Desinteresse in irgendeiner Weise pathologisiert werden sollte. Allenfalls könnte man konzedieren, dass Ellis und Hall mit ihrer These die Wirksamkeit des Kindchenschemas ansprechen, und es insofern in der Tat ein weit verbreitetes menschliches Verhalten ist, auf ein solches Puppen-Ausdrucksschema mit Zuwendung zu reagieren.

Puppenersatzobjekte – frei wählbar oder vorprogrammiert?
Die hohe Zahl und die unzähligen Varianten der in der Untersuchung von Ellis und Hall genannten Puppenersatzobjekte bzw. Stellvertreter dürften sich heutzutage wahrscheinlich nicht mehr in diesem Ausmaß nachweisen lassen. Es gibt mittlerweile keinen Mangel mehr an Puppen, so dass ihre hohe Verfügbarkeit in den verschiedensten Varianten, ergänzt durch ein unübersehbares Angebot an Kuscheltieren, höchstwahrscheinlich mit einer deutlich geringeren Neigung zur Puppifizierung aller möglichen Objekte und Materialien einher gehen dürfte. Anders gesagt: Es sind so viele Puppenobjekte verfügbar, dass ein Bedarf an Ersatzobjekten kaum noch besteht. Möglicherweise bleibt es inzwischen der Kunst überlassen, die dingliche Umwelt zu animieren und zu puppifizieren (vgl. Müller-Tamm u. Sykora, 1999). Das kann andererseits aber auch bedeuten, dass kindliche Fantasie und Imagination in dieser Hinsicht weniger Spielräume und Erfahrungsmöglichkeiten haben, denn die Außenwelt offeriert den Kindern mittlerweile viele Puppen- und Kuschelobjekte mit einem eher vorprogrammierten Ausdrucksappell. Dabei scheint die ursprüngliche Idee der faszinierenden Wirkung miniaturisierter erwachsener Lebenswelten mittlerweile stärker kanalisiert zu werden und an Marktinteressen orientiert zu sein: Zum einen finden sich unendliche stereotype Miniaturwelten hyperfeminisierter (Barbie) und hypermaskulinisierter (Action-Figuren wie He-Man) Puppenwelten und zum anderen ist das Ausmaß an fantastisch anmutender Verniedlichung und *Verkuschelung* der Gefühlswelten durch das immense Angebot von Kuscheltieren, das auch in hohem Maße ein (regressives) Kuschelbedürfnis der Erwachsenen zu befriedigen scheint, unübersehbar. So haben sich diesbezüglich Kinder- und Erwachsenenwelten in einer Weise angenähert, die gegen Ende des 19. Jahrhunderts wahrscheinlich noch nicht denkbar gewesen wäre.

Stellenwert von Babypuppen
Der von Ellis und Hall postulierte untergeordnete Stellenwert von Babypuppen gegenüber der Favorisierung erwachsener Puppen kann heutzutage angesichts der großen Attraktivität und Verbreitung von lebensähnlichen Baby-Born- oder Reborn-Puppen höchstwahrscheinlich nicht mehr bestätigt werden. Ganz im

Gegenteil: Insbesondere bei Mädchen und erwachsenen Frauen scheinen solche fast lebensechten Babypuppen einen enormen Reiz zu haben. Ob Emotionen und Verhaltensweisen, die durch diese Puppen getriggert werden, mit einem fast zwangsläufigen *Bemutterungsverhalten* (Stichwort: Mutterinstinkt) in Zusammenhang stehen, wie es damals angenommen wurde, oder worin genau die Faszination dieser hoch technisierten, das Leben detailgenau imitierenden Objekte liegt, mag dahingestellt sein.

Auf der anderen Seite findet sich in der Untersuchung von Ellis und Hall eine Vielzahl von Befunden, denen auch heute noch weitgehend Gültigkeit und Bedeutung zukommen dürfte bzw. die themenrelevante Bezugspunkte für aktuelle Forschung darstellen könnten. In einer Literaturrecherche über die Bedeutung von Puppen und Kuscheltieren für die kindliche Entwicklung (Lohmann u. Fooken, 2009a) bzw. in einer Würdigung der historischen Studie (Fooken, 2010a) sind bereits einige der diesbezüglichen Erkenntnisse formuliert worden. Sie sollen hier noch einmal zusammenfassend dargestellt werden.

Definition der Puppe durch die subjektive Konstruktion des Kindes
Ellis und Hall definieren die Puppe als ein Objekt, das von einem Kind beseelt wird, indem es ihm psychische Qualitäten und Empfindungsfähigkeit zuschreibt und als etwas Lebendiges behandelt. Damit leiten sie ihre Definition einer Puppe nicht vorrangig von den materiellen und physikalischen Eigenschaften des Spielobjekts ab, sondern vor allem von der subjektiven Konstruktionsleistung des Kindes. Es geht um den Umgang des Kindes mit der Puppe, um den zwischen Kind und Puppe geschaffenen intermediären Raum. Es geht um die Vorlieben des Kindes und um die jeweils individualisiert zu bestimmende Funktionalität, die dieses Objekt für das jeweilige einzelne Kind hat. Auch wenn die beiden Autoren zwar deutlich daran interessiert waren, in Bezug auf das Puppenspiel allgemeine Gesetzmäßigkeiten bzw. Universalien im Kontext der ontogenetischen Entwicklung zu identifizieren, liefern sie mit der unendlichen Vielzahl und Vielfalt ihrer aufgeführten Fallbeispiele eine Fülle von Evidenz für das hohe Ausmaß an Individualität und Einzigartigkeit, an Idiosynchronizität, jedes einzelnen Kindes im Umgang mit (seinen) Puppen. Es ist nicht zuletzt diese individualisierte Sichtweise, die einem *modernen Blick* auf Kinder entspricht.

Puppenspiel von Jungen
Ähnlich unverändert und bis in die heutige Zeit gültig findet sich die schon mehrfach erwähnte Tendenz, das Spiel mit Puppen bei Jungen als ein eher unmännliches Verhalten zu klassifizieren bzw. abzuwerten, sowohl von Seiten der Kinder selber, als auch von relativ vielen Erwachsenen. Dieses Phänomen ist insofern bemerkenswert, als etwa drei Viertel der Jungen, deren Verhalten in einer der Teilbefragungen von Ellis und Hall beschrieben wurde, durchaus mit Puppen spielten bzw. irgendwann gespielt haben. Dennoch: Trotz aller Gender-Diskurse und Gender-

Mainstream-Aktivitäten scheinen sich auch in diesem Fall die Mädchen- und Frauenwelten weitaus eher den Jungen- und Männerwelten angenähert zu haben, als es umgekehrt der Fall ist. In diesem Sinne scheint es kein Problem (mehr) für Mädchen darzustellen, mit Autos zu spielen, aber durchaus eins für Jungen, wenn es darum geht, dass sie mit Puppen spielen. Dabei mag der Zugriff auf Kuscheltiere, der kleinen Jungen ja durchaus problemlos zugestanden wird, die Behinderung des Zugangs zu den Puppenwelten möglicherweise in einem gewissen Sinn kompensieren. Ellis und Hall bedauern diese Ausgrenzung der Jungen aus den Puppenwelten und geben – ganz im Sinne einer modernen Jungenpädagogik – zu bedenken, dass das Puppenspiel den Jungen möglicherweise einen empathischeren Zugang zu Mädchen und Frauen ermöglichen würde.

Wertschätzung diagnostischer Möglichkeiten
An heutige Erkenntnisse anschlussfähig dürfte auch die Empfehlung von Ellis und Hall sein, das Puppenspiel als einen praktikablen und sinnvollen (diagnostischen) Zugang zu kindlichen Innen- und Erlebniswelten zu nutzen. Die diesbezüglichen Erkenntnisse haben sowohl im Zuge neuerer entwicklungspsychologischer Forschung im Kindesalter als auch im Laufe der weiteren Entwicklung und Anwendung kinderpsychotherapeutischer Maßnahmen ihren Niederschlag in den entsprechenden Praxisfeldern gefunden. Werden Puppen behutsam und wohl überlegt eingesetzt, bedeutet das, dass sie Psychodiagnostik unterstützen und eventuell auch als eine Art Hilfstherapeuten eingesetzt werden können.
Gibt es eine *Essenz*, die man aus dieser Untersuchung und aus den in ihr enthaltenen Botschaften für eine zeitgemäße Puppenforschung und ihre praktische Umsetzung ziehen kann? Wenn ja, wie könnten solche Schlussfolgerungen lauten? Zu den zentralen Aussagen von Ellis und Hall gehört die Erkenntnis, dass die Beziehung, die Interaktionen und die Art und Weise der Kommunikation zwischen Kind und Puppe vom Kind aktiv handelnd, konstruierend und zielorientiert gestaltet werden und zudem auf einer emotionalen Bindung, die in bestimmten Momenten als gegenseitig und reziprok erlebt wird, beruhen. Ellis und Hall sehen einen engen Zusammenhang zwischen den Erfahrungen und Erlebnissen, die den Puppen zugeordnet werden, und den aktuellen Selbstbildern und Lebenserfahrungen der Kinder. In der Puppen-Kind-Beziehung findet somit eine Art früher Aneignung der eigenen Biografie und bisherigen Lebensgeschichte statt. Darüber hinaus ermöglicht diese Beziehungsgestaltung den erwachsenen Erziehungspersonen Einblicke in das kindliche Seelenleben, die über direktes Befragen oft nicht möglich wären. Nicht zuletzt erscheint das pädagogische Potenzial des Puppenspiels und des Einsatzes von Puppen bislang noch weitgehend ungenutzt, aber durchaus vielversprechend.

In diesem Sinne scheint es durchaus bemerkenswert zu sein, dass die aus dieser historischen Untersuchung zu ziehenden Erkenntnisse vieles von dem vorweggenommen haben, was heute auch noch Gültigkeit hat, wie es ja nicht zuletzt die aktuelle Untersuchung von Holler und Götz (2011) gezeigt hat.

Wirkungsbereiche und Entwicklungsdimensionen

Die Wirkung des Umgangs mit der Puppe und des Puppenspiels bleibt nicht nur auf das Spiel mit der Puppe beschränkt. Trotz all ihrer historischen Zeitgebundenheit und ihrer theoretischen sowie methodischen Schwächen ist durch die Studie von Ellis und Hall dennoch deutlich geworden, dass es zentrale Entwicklungsbereiche gibt, in denen Puppen in einer ganz besonderen Weise, sozusagen in einer ihrem Puppenwesen inhärenten Art und Weise, wirksam werden (können).

Um welche Entwicklungsdimensionen und -prozesse handelt es sich? Auch wenn es sich letztlich um ein komplexes Zusammenspiel der verschiedenen beteiligten Entwicklungsbereiche handelt, kann man doch fünf Akzentsetzungen unterscheiden. So lassen sich zum einen Auswirkungen des Puppenspiels stärker auf intrapsychische, selbstbezogene Prozesse zunehmender Autonomiegewinnung beziehen, zum anderen auf solche, die eher in den Bereich intersubjektiver Beziehungen und Bindungen fallen. Davon abgrenzen lassen sich sowohl noch einmal die Prozesse, die vor allem in der Auseinandersetzung mit den eher sozial normierten Lern- und Entwicklungsaufgaben entstehen, als auch die, die sich im Umgang mit erfahrenen Belastungen und Konflikten als Bewältigungskompetenz herausbilden. Als einen fünften Aufgabenkreis, in dem die genannten vier Aspekte als Komponenten der inneren und äußeren Welt intermediär verbunden werden und sich konstellieren, kann man den Bereich der Imagination und Fantasie nennen. Diese Überlegungen lassen sich unter Bezugnahme auf die Funktion und Wirkung von Puppen wie folgt kategorisieren (vgl. auch Abbildung 8):

1. *Selbstprozesse*
    a) *Identität, Selbst-Differenzierung, biografische Aneignung*: In ihrer Funktion als intersubjektives und – vom Kind ja selbst geschaffenes – dialogisches Gegenüber ermöglicht die Puppe dem Kind einen Zugang zu seiner eigenen Innenwelt, verbindet es mit den intrapsychischen Begleitprozessen seines sich entwickelnden und ausdifferenzierenden Selbst und ermöglicht damit auch eine Aneignung der bisherigen eigenen biografischen Vergangenheit.
    b) *Kompetenzgefühl, Kontrollerleben, Selbstwirksamkeitsüberzeugungen, Autonomie*: Die naturgemäß gegebene Kleinheit und das damit potenziell einhergehende Minderwertigkeitsgefühl der Kinder gegenüber Erwachsenen kann kompensatorisch in und mit der Beziehung zur Puppe, die ja – je nach Bedürfnis des Kindes – klein und / oder groß gemacht werden kann, überwunden werden. Diese Erfahrung wird im Spiel mit Puppen zumeist als Kompetenzgewinn, als Selbstwirksamkeit und als Autonomiezuwachs erlebt, das heißt als Ausdruck zunehmender Unabhängigkeit von größeren Kindern und von Erwachsenen.
2. *Intersubjektivität*
    a) *Empathie, Perspektivenübernahme, Bindung*: Zum einen kann sich bereits allein durch die Existenz der Puppe eine Beziehung und somit Intersubjek-

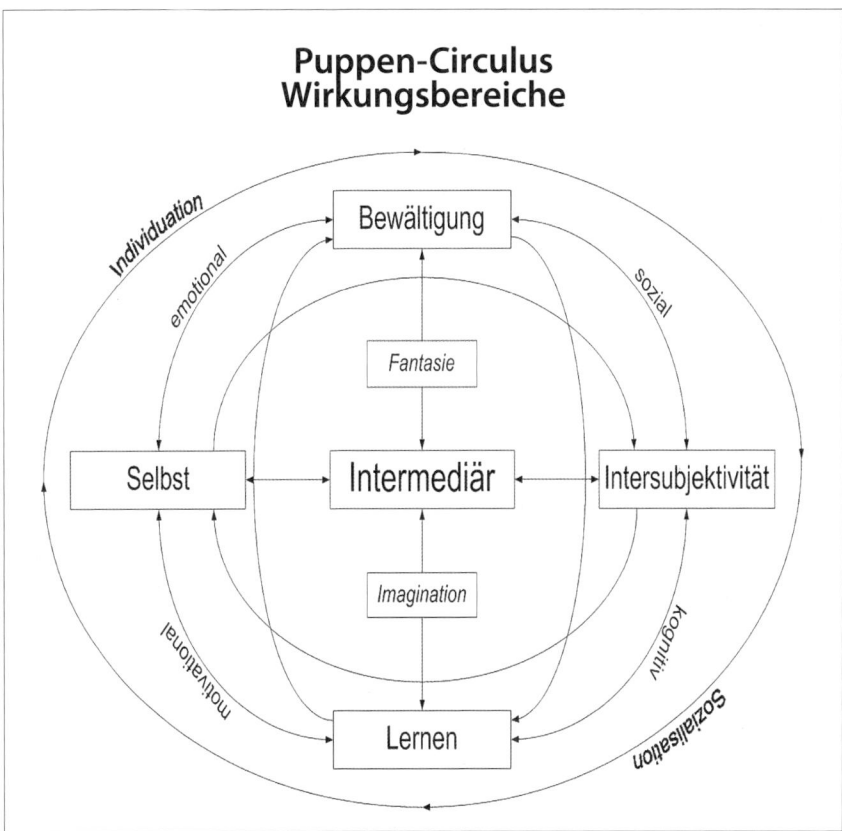

Abbildung 8: Wirkungsbereiche von Puppen

tivität konstituieren. Das heißt, es geht um das Einfühlen und Mitfühlen in *Fremdseelisches*, es geht um Einsichtsfähigkeit in Denk- und Bewusstseinsprozesse von anderen (Stichwort: Theory of Mind), so dass über die Erfahrung mit der Puppe zentrale sozioemotionale Bezüge und Bindungen auch zu anderen Menschen hergestellt werden können.

b) *Kommunikation, Interaktion, Ko-Konstruktion:* Im Spiel mit der Puppe werden Kommunikation erprobt und Interaktionen inszeniert, wobei die Puppe als mediale Vermittlerin im sozialen Kontext dient. Sie kann gezielt eingesetzt werden (beispielsweise für bestimmte Appelle an die soziale Umwelt), somit werden über sie und/oder mit ihr intersubjektive Bezüge zu anderen Menschen (zu Erwachsenen und anderen Kindern) hergestellt.

3. *Nachahmung, Lernen, Differenzierung*: In diesem Zusammenhang werden Einflüsse, Anforderungen und Erwartungen der Außenwelt (Entwicklungsaufgaben) aufgegriffen und ausprobiert und können über das Spiel mit der Puppe in die eigenen Denk- und Handlungsstrukturen integriert werden.

4. *Bewältigung von Bedrohung, Angst, Konflikten:* Mit der Puppe können Formen der Auseinandersetzung mit bzw. Bewältigung von unverarbeiteten und verunsichernden Gefühlen und Erfahrungen durchgespielt und mögliche Lösungen und Formen des Tröstens erprobt werden. Im Puppenspiel »transzendiert [sich somit möglicherweise] Leiden« (Becker, 1978, S. 30).
5. *Imagination, Fantasie, Kreativität*: In diesem Feld des Puppenspiels, bei dem Gedanken, Gefühle und Handlungen frei sind, entsteht der eigentliche *intermediäre Bereich*, in dem die Anforderungen der Außenwelt und die Impulse der kindlichen Innenwelt aufgehoben, integriert und spielerisch transformiert werden können. Die allen Beziehungen immanente *Ambivalenz* kann zugelassen werden: Man kann die Puppe gleichzeitig oder kurz hintereinander lieben und hassen, ohne dass es zu einem Beziehungsabbruch kommen muss. In diesen seelischen Grenzbereichen darf das Unmögliche, das Verbotene, das Unerfüllbare jenseits aller Sanktionen gedanklich und gefühlsmäßig durchgespielt werden. Nicht zuletzt darin besteht die große Bedeutung des Spiels mit Puppen.

Puppen können in allen sieben Bereichen als eine Art Vermittlerin wirken – sei es auf der im Kind selbst liegenden Ebene der intrapsychischen Prozesse und der Selbstdifferenzierung, die somit Teil seiner *Individuation* sind, sei es, dass sie ihre Wirkung stärker auf der inter-subjektiven Ebene in dyadischen Beziehungen bzw. in Interaktionen zwischen dem Kind und den Anforderungen seiner sozialen Umwelt entfalten und somit einen zentralen Bestandteil seiner *Sozialisation* darstellen. Darüber hinaus ist es wichtig zu vergegenwärtigen, dass im Umgang mit Puppen diese Vermittlungsfunktion zumeist sowohl *kognitiv-mental* als auch *emotional-affektiv* abläuft. Die sich entwickelnden (großen) Gefühle und (wilden) Gedanken sind zentrale Bestandteile bzw. Erlebens- und Ausdrucksformen der genannten Entwicklungsdimensionen, die im Puppenspiel ganz entscheidend mit angesprochen und gefördert werden.

Die Fülle der Beschreibungen in der Studie von Ellis und Hall enthält somit viele Informationen über kindliche Entwicklungsaspekte, die im Kontext des Puppenspiels wirksam werden, ohne dass das im Text genau so explizit wird. Dennoch lässt sich die in diesem Material enthaltene empirische Evidenz relativ gut mit den zuvor hier als themenrelevant bestimmten theoretischen Konzeptionen verbinden. Exemplarisch sei noch einmal auf die von Erik H. Erikson jeweils antithetisch vorgegebenen Kategorien der *Ich-Entwicklung* über den Lebensverlauf verwiesen, in denen typische Stationen und Phasen kindlicher und generell menschlicher Individualentwicklung beschrieben werden (Erikson, 1950/1966). Angewandt auf das Puppenspiel wäre dabei die Annahme zentral, dass es sozusagen in der Natur der kindlichen Beziehung zur Puppe liegt, dass die allererste potenzielle psychosoziale Krise, die des »Ur-Vertrauens vs. Misstrauens« (vgl. Erikson, 1950/1966) eindeutig zu Gunsten des Vertrauens ausfällt. Auf einer solchen Basis können dann alle weiteren, im Lebenslauf anstehenden *Entwicklungsthemen* und *psychosozialen Krisen* mit ihren Chancen, Risiken und ihrem Ambivalenzpotenzial wie eine psychosoziale bzw. sozioemotionale Grammatik im intermediären Raum des Puppenkosmos durchdekliniert werden. Das gilt vor allem für die im Kindes- und Jugendalter anstehenden potenziell bivalenten Themen: So wird im Puppenspiel überwiegend Autonomie erfahren und möglicherweise in dieser Lebensphase entstehende Gefühle von Scham und Zweifel können zumeist bewältigt werden; zudem bedeutet Puppenspiel in der Regel das Ergreifen der Initiative, wobei sich Kinder durchaus mit der Gefahr eines möglicherweise schuldhaften Zerstörens auseinandersetzen können; auch Erfahrungen von Leistung und Tüchtigkeit werden durch die zumeist unbedingt gegebene solidarische Unterstützung der Puppe möglich und können somit Minderwertigkeitsgefühlen entgegen wirken; und nicht zuletzt können diese positiven Entwicklungsresultate ein Identitätsgefühl erzeugen, das sich einer drohenden Rollendiffusion widersetzen kann. Aber selbst die zentralen Entwicklungsthemen der verschiedenen Phasen im Erwachsenenalter könnten somit sozusagen schon in einer Art Probedurchlauf angefühlt werden: So ermöglicht die Beziehung zur Puppe Intimität und verhindert Isolation; in der Sorge und Fürsorge für die Puppe wird Generativität praktiziert und Selbstabsorption bzw. Stagnation vermieden; und schließlich ist der komplexe intermediäre Kontext, der im Puppenspiel entsteht, selbst eine Art Integrationsleistung, schafft Ich-Integrität und kann Gefühlen von Verzweiflung trotzen.

Auch spieltheoretische und spielpädagogische Erkenntnisse werden durch die hier zusammengetragenen Erkenntnisse gestützt. Der Bogen, den Ellis und Hall mit der deskriptiven Fülle ihrer Beschreibungen des Puppenspielverhaltens aufgespannt haben, unterstreicht den Sinn und Zweck von Spiel und Spielen überhaupt und insbesondere auch die Bedeutung des Puppenspiels für die *Menschwerdung* und das Menschsein. Auch Tiere spielen, aber Tiere spielen, soweit bekannt, nicht mit Tierpuppen oder Tierpuppensurrogaten.

> »Im Spielen wird die Diskrepanz zwischen Traum und Realität überwunden. In dieser Vermittlung von Traum und Realität gibt es sowohl eine Fähigkeit zur Erinnerung als auch zur Revolution. Im Spiel wird das unbewußt Erfahrene, aber auch das nie Erfahrene und deswegen Utopische lebendig. Im Spiel gewinnen das Vermißte und Versäumte, aber auch das nur Erhoffte verändernde Gestalt. Spiel ist daher nicht nur Verarbeitung von Erinnerungen, sondern auch Utopie und Veränderung und Verwirklichung von Neuem« (Becker, 1979, S. 25 f.).

So wird in der fast verloren gegangenen Untersuchung von Ellis und Hall über die Bedeutung von Puppen ein weites Panorama intensiver Gefühle und sowohl wilder als auch normierter, sowohl utopischer als auch konventioneller Gedanken und Fantasien ausgebreitet, das im wahrsten Sinne des Wortes *eigen-sinnig* ist. Somit stellt sich zu Recht die Frage, ob das Spielen mit Puppen nicht eine ganz einzigartige Möglichkeit darstellt, den Prozess der Menschwerdung zu verwirklichen und zu vervollkommnen.

Abbildung 9: Jean Ètienne Liotard (1702–1789), »Mädchen mit Puppe«

Puppen und Kuscheltiere im Entwicklungsprozess – Sozialisationsagenten, Entwicklungshelfer und Kindheitsbegleiter

»Meine Pupe hat söne Kleider an.
Meine Pupe hat eine Tole frisur.
Meine Pupe kann ein luping.
Meine Pupe mag Pizza und friten.
Meine Pupe kann Spagat.
Meine Pupe ist schön.
Meine Pupe ist ein Medchen.
Meine Pupe mag Kaninchen.«

Jana, Zweitklässlerin, Anhang in Ann-Kathrin Körfer, »Puppen und Kuscheltier – Ermöglicht ihr Einsatz einen besonderen Zugang zu kindlichen Erlebniswelten?«, 2009, o. S.

Auch wenn die Funktion von Puppen und Kuscheltieren im Verlauf kindlicher Entwicklungsphasen nicht einheitlich für alle Kinder und Jugendlichen bestimmt werden kann, kann man dennoch davon ausgehen, dass sie für viele Kinder eine wichtige und oft nachhaltig wirksame Rolle in ihrer persönlichen Entwicklung spielen. Dabei hängen die spezifische Bedeutung von Puppen und Kuscheltieren als Objekte der Kindheit und die konkreten Formen, in denen sich die Beziehung zwischen Kind und Puppe bzw. Kind und Kuscheltier vollzieht, vor allem vom Lebensalter bzw. Entwicklungsstand ab. So liegt es auf der Hand, dass ein einjähriges Kind eine andere Beziehung zu seiner Lieblingspuppe hat als ein Kindergarten- oder Grundschulkind. Die Beziehungen zwischen Kind und seinen Lieblingsobjekten unterliegen einem am Entwicklungsverlauf des Kindes orientierten Wandlungsprozess. Umgekehrt kann die Art dieser Beziehungsgestaltung dem Kind dabei helfen, sich weiter zu entwickeln und sich auf diesen Wandlungsprozess einzulassen. Als *beseelte Objekte* passen sich Puppen und Kuscheltiere in der Regel den aktuellen Bedürfnissen des Kindes an und begleiten es auf dem Weg seiner persönlichen Weiterentwicklung. In diesem Sinne kann man Puppen und Kuscheltiere in der Tat als wichtige, manchmal unterschätzte Gefährten und Instanzen der Kindheit bezeichnen, die mit dem Kind wachsen und ihm in der Zeit der Kindheit und Adoleszenz – und manchmal auch darüber hinaus – beistehen.

In den folgenden fünf Abschnitten werden die einzelnen Entwicklungsphasen vom Säuglingsalter bis zum Jugendalter in Bezug auf die Ausprägung normativer kognitiv-motivationaler Aspekte und sozioemotionaler Kompetenzen – in Anlehnung an Laura Berk (2005) – als *Meilensteine kindlicher Entwicklung* kurz skizziert (vgl. auch Fooken u. Kavšek, 2012). Auf diesem Hintergrund wird dann in einem weiteren Schritt auf die jeweils möglichen Funktionen, Bedeutungskontexte und Wirkungsfelder von Puppen und Kuscheltieren eingegangen.

Baby- und Säuglingsalter – Zeit der Übergangsobjekte

Entwicklungsmeilensteine
Die psychische Entwicklung des Babys hat bereits lange vor der Geburt begonnen und nimmt weiterhin einen rasanten Verlauf. Fokussiert man zunächst den kognitiv-motivationalen Bereich, dann werden gemäß der Entwicklungstheorie von Piaget die ersten beiden Lebensjahre als *sensumotorische Phase* charakterisiert, in der *kognitive Entwicklung* bedeutet, dass sich durch die Kombination sensorischer und motorischer Schemata zunehmend komplexe mentale Strukturen aufbauen. Es gelingt dem Baby, Reflexe in aktive Handlungsmuster umzuwandeln – somit konstruiert sich das Baby schon selbst seine Welt. Dabei wird insbesondere im soziokulturellen Ansatz von Wygotski betont, dass die komplexer werdenden geistigen Aktivitäten des Kindes immer in einem sozial und kulturell bestimmten Raum stattfinden. Sie entwickeln sich somit zumeist aus *sozialen Interaktionen* mit Men-

schen, die einen Entwicklungsvorsprung haben, wie es bei Eltern und etwas älteren Kindern der Fall ist. Die *Informationsverarbeitung* gelingt in dieser Phase vor allem dank der wachsenden Effektivität und Flexibilität der *Aufmerksamkeit* sowie der verbesserten *Erinnerung* bzw. eines besseren *Wiedererkennungsgedächtnisses* für Menschen, Dinge und Orte. Babys zeigen bereits ein auf Ziele hin gerichtetes, *intentionales Verhalten,* sie suchen beispielsweise nach Dingen und es entwickelt sich zunehmend das Wissen darüber, dass Dinge und Menschen existieren, auch wenn sie nicht im eigenen Blickfeld sind (*Objektkonstanz* und mentale *Vorstellungen*). Im Kontext der *Sprachentwicklung* wird der *Bedeutungsgehalt von Wörtern* in zunehmendem Maße verstanden und die wachsende kommunikative Kompetenz führt zur Herstellung einer *gemeinsamen Aufmerksamkeit* zwischen dem Kind und seinen Interaktionspartnern (vgl. Kavšek, 2010).

Für die sozioemotionale Entwicklung in dieser Phase ist es von Bedeutung, dass bei Babys Anzeichen für fast alle grundlegenden Gefühle vorhanden sind, so dass die *zentralen Grundemotionen* (Freude, Interesse, Furcht, Überraschung, Ärger, Traurigkeit, Ekel) bereits früh entwickelt sind. Ihr eigener emotionaler Ausdruck ist stark auf Ereignisse im sozialen Umfeld bezogen, wie sie sich überhaupt am emotionalen Ausdruck ihrer Bezugspersonen orientieren und an diesen anpassen. Es kommt zum *sozialen Lächeln* und mit dem zunehmenden Verständnis der Bedeutung von Gefühlsausdrücken und den Hinweisreizen anderer Menschen zu einer ganz grundlegenden *sozialen Bezugnahme*. Damit sind die ersten Anzeichen für die Fähigkeit zur *Einfühlung in andere Personen* (Empathie) gegeben. In diesem Kontext konstituiert sich auch das *Gefühl für das eigene Ich* und für sich selbst als handelndes Objekt: Babys können sich selbst im Spiegel erkennen und besitzen zudem *Verhaltensstrategien,* mit denen sie *sich regulieren,* beispielsweise auch selbst beruhigen können. Die Haltung zur Welt kann als Hoffnung charakterisiert werden und das zentrale Entwicklungsthema stellt in dieser Phase die Frage des *Vertrauens* dar. Dabei spielt auch die *Angst vor Fremden* und vor Trennungen in dieser Zeit eine wichtige Rolle genauso wie das Interesse an der Erkundung der sozialen und materiell-dinglichen Umwelt. Über die Art und Weise, wie Bezugspersonen in solchen Situationen als sichere Basis dienen, entwickeln sich die zentralen Grundlagen für die Ausprägung bestimmter Formen bzw. Stile von *Bindung*.

Bezüge zu Puppen und Kuscheltieren
In dieser ersten Lebensphase scheinen eher Kuscheltiere als Puppen von Babys bevorzugt zu werden. Da in diesem frühen Alter die *Fähigkeit zur Symbolbildung* noch nicht hinreichend ausgeprägt ist, gelingt es sehr kleinen Kindern zumeist nicht, eindeutig zwischen lebendigen und nicht lebendigen Objekten zu unterscheiden. So zeigen Babys manchmal *Angst vor Puppen* und zwar besonders dann, wenn diese dem menschlichen Gesicht und Körper sehr ähneln (Finger-Treschner, 1989). Daher scheint es sinnvoll zu sein, bei jüngeren Kindern eher weiche und stilisierte Puppen ohne allzu lebensähnliche Gesichtszüge zu verwenden (Neuschütz,

1995). Darüber hinaus spielen in dieser Lebensphase die *taktilen Qualitäten* eines Kuscheltiers oder einer weichen Puppe eine zentrale Rolle. Hier geht es um physisch fassbare Objekte, die mit ihrer sinnlich konkreten Erfahrbarkeit insbesondere für die Förderung der sensumotorischen Entwicklung von großer Bedeutung sind. Es sind gerade diese taktilen Eigenschaften, die eine der wichtigsten Voraussetzungen für die *Bindung an ein Übergangsobjekt*, dem ersten persönlich bedeutsamen Objekt im Leben eines Kindes, darstellen. Die Entwicklung der Beziehung zu diesem Übergangsobjekt ermöglicht dem Kind die Unterscheidung zwischen dem Selbst und dem Nicht-Selbst, so dass die Erfahrung von Bindung *und* Trennung in einer nicht bedrohlichen Weise möglich ist. Damit wird das Kind in den intermediären Raum zwischen innerer und äußerer Realität geführt und dabei unterstützt, seine *ersten Schritte in die Selbständigkeit* zu wagen.

Kleinkindalter – selbstbezogene Aneignung der Welt

Entwicklungsmeilensteine
Spätestens um das zweite Lebensjahr herum ist das Kind in der Lage, seine Wahrnehmungen und Erfahrungen innerlich darzustellen (*mentale Repräsentation*). Das heißt auch, dass Kinder sich an das Verhalten von Vorbildern und Verhaltensmodellen erinnern und diese kopieren können, wenn sie nicht anwesend sind (*aufgeschobene Nachahmung*). Kinder beginnen zudem, die Absichten anderer Menschen zu erschließen und soziale Rollen nachzuahmen. Es ist die Phase, in der das *Als-ob-Spiel* beginnt, in dem Kinder Handlungen ausführen, die sie sich zuvor in ihrem Alltag abgeschaut, dann aber erst einmal innerlich, *imaginär vollzogen* haben. Orientieren sie sich dabei zunächst noch sehr selbstbezogen an konkret vorgegebenem Spielzeug, wird dieses Spiel zunehmend komplex und unabhängig von der realen Vorgabe – das *Symbolspiel* setzt ein. Typisch für das kindliche Denken in dieser von Piaget als *voroperatorisches Stadium* bezeichneten Phase ist der von ihm so genannte kindliche *Egozentrismus* (verstanden als Schwierigkeit, sich die Perspektive eines anderen Menschen vorzustellen), der dazu führt, dass Kinder gedanklich eher assimilativ mit ihren eigenen Vorstellungen an Phänomene herangehen und diese mit ihrem *animistischen Denken* erklären und beseelen. Es beginnt bereits die Zeit des *wilden Denkens* aus einer archaisch-magischen Weltsicht heraus (Lévi-Strauss, 1962/1968). Nach Wygotski spielt hier das Selbstgespräch in Form der *privaten Sprache* eine wichtige Rolle, da damit den Kindern ermöglicht wird, bei der Bewältigung von Herausforderungen das eigene Verhalten kommentierend zu begleiten und somit zu beeinflussen. Kinder erkennen, dass sich Denken in ihnen und in den Köpfen anderer Menschen abspielt, ohne dass man das Gedachte sieht. Sie entwickeln eine Vorahnung vom *Unterschied zwischen inneren geistigen Prozessen und dem Verhalten von Menschen* bzw. und äußeren physischen Ereignissen.

In dieser Zeit differenziert sich das *Selbstkonzept* der Kinder, das heißt, sie fangen an, in gewisser Weise über sich selbst Bescheid zu wissen (beispielsweise über Vorlieben und Abneigungen) und auch eine Ahnung vom Wert dieses Selbst im Sinne von *Selbstachtung* und *Selbstwertgefühl* zu haben. Eine wichtige Rolle spielen in diesem Alter *Besitztümer* als Quelle des (identitätsrelevanten) Wissens darüber, wer man ist. Dabei nimmt auch das *Einfühlungsvermögen* in andere Menschen und in deren Gefühlszustände zu. Insbesondere können Kinder nicht nur Ausdrucksformen von Gefühlen, sondern bereits mögliche Gründe und Folgen verstehen. In diesem Kontext kommt es nun zunehmend zu *Formen der Kooperation*, allerdings durchaus auch zu verschiedenen Varianten einer *instrumentalisierten Aggression*, wenn ein Kind ein bestimmtes Objekt besitzen oder ein bestimmtes Privileg erlangen möchte. Es geht um Willenskraft, um die selbst bestimmte Aneignung der Welt, und nicht von ungefähr spielt nach Erikson (1950/1966) in dieser Phase das Entwicklungsthema der *Autonomie* eine vorrangige Rolle, verbunden mit der Möglichkeit, auch Scham und Zweifel zu erleben. Einerseits gelingt im Zusammenhang mit der erweiterten sprachlichen Kompetenz die *emotionale Selbstregulierung* zunehmend besser; andererseits haben Kinder in dieser Zeit aber immer noch Schwierigkeiten, Schein und Realität durchgängig zu trennen, so dass Ängste und andere Gefühle nicht immer bewältigt werden. Um das zweite Lebensjahr herum festigen sich bei Kindern nun die Geschlechterkategorien und sie beginnen, sich deren Bedeutung anzueignen und sie mit entsprechenden Inhalten und Eigenbezügen zu füllen, so dass sich entsprechende *geschlechtstypische Verhaltensweisen und Aktivitäten* herausbilden.

Bezüge zu Puppen und Kuscheltieren
Im zweiten Lebensjahr entwickelt sich aus dem sensumotorischen Spiel allmählich das *Symbolspiel* heraus. Auch wenn die Bindung an ein Kuscheltier von Kindern selber oft noch mit seinen haptisch-taktilen Qualitäten begründet wird (Holler u. Götz, 2011), werden Puppe oder Kuscheltier nicht mehr hauptsächlich wegen dieser physisch und sinnlich erfahrbaren Eigenschaften benutzt, sondern stärker deswegen, weil sie etwas anderes repräsentieren – somit sind Teddys und Puppen nicht nur einfach weich und flauschig und eignen sich deswegen zum Schmusen, sie werden nun auch zu einem wichtige Interaktionspartner, der Schutz und Geborgenheit sowie emotionale Spiegelung und Verortung bietet (Holler u. Götz, 2011). Da in dieser Entwicklungsphase die *Symbolisierungsfähigkeit* noch sehr im Konkreten verhaftet ist, behandelt das Kind die Puppe oft so, wie es den Umgang mit (kleinen) Kindern in der realen (oder auch medialen) Welt beobachtet hat. Das Kind wiederholt mit der Puppe nachahmend eigene und fremde Verhaltensschemata – das Baby wird in einer *Quasi-Realität* (Ellwanger u. Grömminger, 1989) ins Bett gelegt, es schläft, wird gefüttert, gewickelt, gekämmt usw.

Mit der zunehmenden Weiterentwicklung der Symbolisierungsfähigkeit deutet das Kind immer häufiger Gegenstände, die nun nicht mehr dem realen Gehalt des

Geschehens ähnlich sein müssen, handelnd in sein *Als-ob-Spiel* um. Somit wird auch die Puppen-Kind-Beziehung symbolischer und fantasievoller und erlaubt es dem Kind, immer mehr Facetten seiner Erfahrungen, Wünsche, Fantasien und Möglichkeiten zu erproben. Es hat die Fähigkeit erworben, seine Gedanken und Vorstellungen mit Hilfe eines von ihm bestimmten Zeichens oder Symbols auszudrücken (Berk, 2001; Ellwanger u. Grömminger, 1989; Lowe, 1975; Oerter, 1999). Dank des assimilativen Charakters des Spiels mit Puppen und Kuscheltieren setzt sich das Kind in dieser Zeit mit der äußeren Welt, mit ihren Erwartungen, Anforderungen, aber auch Zumutungen auseinander, indem es die ganze Palette seines eigenen Innenlebens im Als-ob-Spiel durchdekliniert. Es geht somit nicht nur um wildes Denken und eine blühende Fantasie in dieser Zeit, sondern auch bereits um große Gefühle und das Durchprobieren verschiedener sozialer Rollen. Dabei hängen Symbolbildung und die damit gegebene aktive und selbst bestimmte Aneignung der Welt nicht zuletzt wiederum eng mit der sprachlichen Entwicklung des Kindes zusammen. In diesem Zusammenhang stellt insbesondere das *Selbstgespräch* eine Art lebendiges Mittel (»vital tool«; Berk, 2001, S. 83) zur Förderung der kindlichen Persönlichkeitsentwicklung und der Selbstregulation in Zeiten von großen emotionalen und intellektuellen Herausforderungen dar.

In der letzten Phase des Kleinkindalters, etwa im Alter von 21 Monaten, findet noch ein weiterer wichtiger Entwicklungsschritt in der Kind-Puppen-Beziehung statt: Spielhandlungen wie beispielsweise das Füttern oder Kämmen, die bisher überwiegend selbstbezogen waren, werden nun auf die Puppe übertragen, indem die *Puppe die Rolle eines Dialog- und Interaktionspartners* übernimmt. Bei dieser Partnersubstitution ist die Puppe zunächst eher passiver Empfänger der kindlichen Handlung, indem sie beispielsweise vom Kind gefüttert wird. Später aber wird die *Puppe selbst zum Akteur* mit einem eigenen Willen, mit Absichten, Gefühlen und einer guten Portion Eigeninitiative. Das sieht dann so aus, dass die Puppe nun selber bestimmt, was oder ob sie isst oder ob sie ein bestimmtes Essen verweigert (Lowe, 1975; Oerter, 1999; Smith, 2005). Auch wenn sich hinter dem scheinbaren Eigensinn der Puppe natürlich immer die Gedanken- und Gefühlswelt des spielenden Kindes verbirgt, kann dieser *Schritt vom Selbstbezug zum Partnerbezug* dennoch als entscheidend für die Entwicklung von sozialen Fähigkeiten und als wichtiger Vorläufer des späteren gemeinsamen Spiels angesehen werden (Oerter, 1999).

Vorschulalter – seelische Prozesse im soziokulturellen Kontext

Entwicklungsmeilensteine
Obwohl es in dieser Phase im kindlichen Denken noch häufig zu falschen Schlussfolgerungen und Denkfehlern kommt, bahnt sich dennoch bereits eine Form des operationalen und auch logischen Denkens an und kann dann umgesetzt wer-

den, wenn Aufgabenstellungen und Anforderungen nicht zu schwer sind. Auch gelingt den meisten Kindern nun die grundsätzliche *Unterscheidung zwischen belebten und unbelebten Objekten*, so wie sich überhaupt die Fähigkeit, zwischen Schein und Realität zu unterscheiden, deutlich verbessert. Kinder wissen nun, dass Gegenstände ihre eigentliche Identität nicht verändern, auch wenn eine veränderte Erscheinung das möglicherweise suggeriert. So wird ihnen zunehmend bewusst, dass das *Als-ob-Spiel* einen *Symbol- bzw. Repräsentationscharakter* hat. Bezüglich ihrer *Erinnerungsfähigkeiten* und *Gedächtnisleistungen* werden die alltäglichen Erfahrungen in Form von *Skripten* organisiert, die dann im verbalen Austausch mit den Bezugspersonen zur Etablierung eines *autobiographischen Gedächtnisses* führen können. Kinder entwickeln zudem allmählich eine Vorstellung davon, dass andere Menschen einen anderen Blick auf Dinge und Situationen haben können als sie selber (*Perspektivenübernahme*) und dass derselbe Sachverhalt von verschiedenen Menschen unterschiedlich wahrgenommen werden kann. So entwickeln Kinder im Vorschulalter allmählich eine *Theorie des Geistes* (»theory of mind«, vgl. Sodian u. Thoermer, 2006) das heißt, sie entwickeln ein Verständnis für die mentalen Zustände anderer und haben für das Vorhandensein solcher unterschiedlichen inneren geistigen Welten bei verschiedenen Menschen (*Metakognitionen*) Begründungen und Erklärungsansätze. Es ist auch gerade diese Kompetenz, die wildes Denken hervorlockt und die Herausbildung fantastischer Gedankengebäude fördert.

Bezüglich des Sozial- und Spielverhaltens in dieser Phase fällt auf, dass die Einzelaktivitäten und solitäres Spiel tendenziell abnehmen und *interaktives Spielverhalten* zunimmt. Die Beziehungen zu Gleichaltrigen und *Peers* werden zunehmend wichtiger und es finden sich auch erste *Freundschaftsbeziehungen*. Das *Selbstverständnis* im Sinne einer stärkeren Selbstwahrnehmung geht im Übrigen oft mit *Streitereien um begehrte Objekte* einher, wobei aber auch ein *Bemühen um Kooperation* mit anderen in der Regel vorhanden ist. Es geht um Möglichkeiten des Zugangs zur Welt und bezeichnenderweise gilt nach Erikson die Ausprägung von *Initiative* als das zentrale Entwicklungsthema in dieser Phase, verbunden mit der Möglichkeit, sich schuldig zu machen. Die Vorhersage und Interpretation der *emotionalen Reaktionen anderer* gelingt besser, wie überhaupt die Einfühlung in andere (*Empathie*) und die sich daraus unter Umständen entwickelnde *Sympathie* und das Mitgefühl für andere an Bedeutung gewinnt. Dabei helfen auch die zunehmenden Fähigkeiten zum *sprachlichen Ausdruck von Emotionen*, wie überhaupt das ganze Spektrum der Gefühle zum Klingen kommen kann. Auch wenn es Kindern in dieser Zeit durchaus möglich ist, zwischen *moralischen Regeln, sozialen Konventionen* und *persönlichen Angelegenheiten* zu unterscheiden, kann es durchaus auch immer wieder zum Ausbruch *feindlicher Aggressionen* kommen. Auffallend ist, dass *geschlechtsspezifische Präferenzen*, Überzeugungen und geschlechtsstereotypes Verhalten sich tendenziell verstärken.

Bezüge zu Puppen und Kuscheltieren
Um die vielfältigen *alltäglichen Erlebnisse zu verarbeiten*, werden etwa ab dem dritten Lebensjahr Puppen (und Kuscheltiere) und das Spiel mit ihnen zunehmend wichtiger. In dieser Entwicklungsphase eignet sich die Puppe besonders gut als Projektionsfläche, auf die Kinder ihre Ängste, Wünsche und Fantasien projizieren können (Ammon, 1983; Gauda, 2001; Woltmann, 1983). Die Kindheitsgefährten leisten eine emotionale Validierung, sie begleiten die Kinder beim Einschlafen und Aufwachen, trösten sie bei Kummer und unterstützen sie dabei, sich selbst zu beruhigen und Alltagsanforderungen mit Selbstbewusstsein zu bestehen (Holler u. Götz, 2011). Mit Hilfe der *Puppe als Identifikationsfigur* kann das Kind im Fantasie- und Symbolspiel seine im Alltag erfahrene Realität umwandeln. Diese Möglichkeit der *Realitätstransformation* macht Sinn:

> »Das Kind, dessen Bedürfnisse und Emotionen im soziokulturellen Kontext ununterbrochen auf Grenzen stoßen und das in einem schmerzvollen Prozess lernen muss, Ziele und Verhaltensweisen von der Umwelt zu übernehmen, schafft sich eine Welt, in der es zumindest stellvertretend die eigenen Bedürfnisse befriedigen und die Probleme, mit denen es in der realen, d. h. in der sozialen Welt, nicht fertig wird, meistern kann« (Oerter, 1999, S. 13).

1. Berk (2001, S. 111 ff.) geht bei der Bedeutung des Fantasiespiels in dieser Entwicklungsphase von zwei einzigartigen, sich komplementär ergänzenden Merkmalen in dieser Spielform aus: (1) Stärkung der *internalen Möglichkeiten* der Kinder, zivilisiert zu werden, Impulskontrolle zu erlangen und gleichzeitig soziale Verantwortung und Resonanz zu entwickeln, und
2. Ausstattung der Kinder mit *externalen Druckmitteln*, um sozial verträglich zu handeln und sich die Regeln des sozialen Miteinanders anzueignen. So verweist Berk unter Bezugnahme auf Wygotski auf den scheinbar *paradoxen Charakter* des *Als-ob-Spiels*, da Kinder sich in dieser Zeit freiwillig für ein nicht freies Spiel entscheiden, indem sie mit großer Selbstkontrolle soziale Regeln befolgen (z. B. Puppenkinder müssen schlafen gehen), aktuelle Bedürfnisse hintanstellen (beispielsweise dürfen Puppenkinder nicht mehr fernsehen) und diese Form der von ihnen selbst ausgeübten Kontrolle letztlich als befriedigend, spielerisch und in gewisser Weise lustvoll erleben.

Insofern kann als eine weitere Erscheinungsform der Realitätsumwandlung und Alltagsverarbeitung im Spiel mit der Puppe die so genannte *Rollenumkehr* genannt werden. In dieser Spielsituation übernimmt die Puppe die Rolle des Kindes und das Kind kann nun mit der Puppe das tun, was es selbst von den Eltern oder Erziehern erfährt. Damit ist gleichzeitig die Möglichkeit der Verarbeitung von erfahrenen erzieherischen Maßnahmen wie auch die der Identifizierung mit den Eltern oder Erziehern gegeben. Eine Puppe kann geliebt oder ausgeschimpft, umarmt oder geschlagen werden: »Die Puppe widerspricht uns nie. Sie muss das sein, was wir wollen« (Gauda, 2001, S. 7). Kinder, die wenig Zuwendung erfahren, können ihrer Puppe die Liebe geben, die sie selber vermissen. Durch die *identifikatorische Beziehung* mit der Puppe können sie so erfahrene Defizite selber kompensieren und sich über die Puppe die Liebe und Zuwendung holen, die sie brauchen. Aber auch Wut oder Eifersucht, wie beispielsweise gegenüber Geschwistern, lassen sich mit Hilfe von Puppenbeziehungen relativ gut verarbeiten (Finger-Trescher, 1989).

Auch die Identifikationsbildung des Kindes kann in der Beziehung zur Puppe unterstützt und gestärkt werden, Prozesse der Selbstdifferenzierung entwickeln sich weiter (Holler u. Götz, 2011): »Mit Hilfe der Puppe suchen wir unser eigenes Ich« (Neuschütz, 1995, S. 17). Als Projektionsfläche dient die Puppe auch als Spiegelbild eines *möglichen Selbst* (»possible self«): »Auch Dinge melden uns zurück, wer wir sind, zwar nicht mit Worten, jedoch durch Verkörperungen unserer Intentionen« (Fuhrer u. Josephs, 1999, S. 8). Es ist die Zeit der großen sozialen Polymorphie. In dieser Funktion hilft die Kind-Puppen-Beziehung dem Kind nicht nur in der Auseinandersetzung mit Aspekten seiner realen Identität, sie erlaubt ihm auch, in andere Rollen hineinzuschlüpfen und diese auszuprobieren. Nicht zuletzt wird in dieser Zeit das ganze Spektrum von Fürsorgeverhalten gegenüber kleineren und abhängigeren Wesen durchgespielt.

Darüber hinaus zeigt die Puppe dem Kind nicht nur, wer es ist, sondern auch, wer es sein möchte oder wer es sein könnte. Ein Kind, das mit einer Prinzessinnen- oder Königinnenpuppe spielt, erlebt möglicherweise, dass partiell etwas von der Besonderheit und Macht dieser Puppen auf das Kind übergeht (Gauda, 2001). Dieses *Spielen mit fantasierten Rollenalternativen* hilft Kindern, ihre eigene Identität zu stärken bzw. es ermutigt sie, etwas ganz anderes, Unerhörtes und Neues zu wagen. So können Kinder mit Puppen und Kuscheltieren in imaginären Dialogen ihre Erfahrungen und Ambivalenzen reflektieren. Die Frage der Spielforscherin Vivian Gussin Paley: »Warum haben Mädchen nur dann Mut, ihre Mutter zu verlassen, wenn sie jemand anders sein können?« (2007, S. 148) verweist auf mögliche archaische Kräfte, die in solchen wilden, unerhörten Spielarrangements und Spielinszenierungen jenseits aller Konventionalität stecken können.

Die Kindergarten- und Vorschulzeit ist die Zeit des klassischen Puppenspiels und der größten Intensität und Häufigkeit des Als-ob-Spiels. Dabei wird der Fantasieraum allerdings zunehmend von den gesellschaftlichen Vorgaben *geschlechtsstereotyper Rollenmuster* und sozialer Hierarchien bestimmt, verbunden mit den zugehörigen Vergleichs-, Verortungs- und Abwertungsprozessen. So nimmt das Spiel mit Baby- und Barbiepuppen bei Mädchen und der Einsatz von Aktions- und Monsterfiguren bei Jungen deutlich zu und auch in die Puppenwelten schleicht sich Statusdenken und Marktwert ein (Wer hat die angesagteste und teuerste Puppe?) bzw. es entsteht ein erstes Bewusstsein von Eigentum (Holler u. Götz, 2011). Andererseits wird das Puppenspiel während dieser Entwicklungsphase auch deutlich sozialer in Form des *gemeinsamen Puppenspiels*. Am Ende der Vorschulzeit spielen dann im Puppenspiel vor allem Themen, die mit der *Einübung geschlechtsspezifischer Rollenmuster* zusammenhängen, eine wichtige Rolle sowie die Auseinandersetzung mit gesellschaftliche Regeln und Konventionen, mit Erwachsenenrollen und gesellschaftlichen Idealbildern.

Grundschulalter – Erprobung und Aneignung sozialer Rollen

Entwicklungsmeilensteine
Das kindliche *Denken* wird *logischer*, ist allerdings immer noch relativ stark an konkrete Vorgaben und Situationen gebunden. Die *Informationsverarbeitung* wird schneller und effektiver, wobei sich insbesondere die kognitive Hemmung verbessert, das heißt, die Fähigkeit, ablenkende Reize innerer und äußerer Art zu kontrollieren und zu steuern im Sinne einer *kognitiven Selbstregulation*. Dementsprechend wird auch die *Aufmerksamkeit* selektiver, angepasster und planvoller bzw. bei Kindern, die leicht ablenkbar und hochgradig aktiv sind, zeigen sich Anzeichen für ein mögliches Problemverhalten (beispielsweise hyperkenetische Aufmerksamkeitsstörungen). Auch die *Gedächtnisstrategien* verbessern sich, da Kinder allmählich ein Wissen über die Einsatzmöglichkeiten solcher Strategien entwickeln und beispielsweise die Strategien der Wiederholung von Informationen und der Organisation im Sinne des Gruppierens ähnlicher Merkmale nutzen können. Bei der *Sprachentwicklung* imponiert der rasche *Zuwachs des Wortschatzes* und insbesondere auch ein zunehmendes Bewusstsein für *doppelte* und damit doppelsinnige *Wortbedeutungen*, was wiederum eine wichtige Voraussetzung für das *Verständnis von Metaphern* und *Humor* ist.

Das *Selbstkonzept wird differenzierter* und bezieht in zunehmendem Maße Persönlichkeitseigenschaften und *soziale Vergleiche* ein. Es geht um so etwas wie ein Kompetenzgefühl und nach Erikson lautet das zentrale Entwicklungsthema in dieser Phase *Leistung vs. Minderwertigkeit*. In diesem Zusammenhang differenzieren sich auch die Selbstachtung und das zunehmend realistischer werdende *Selbstwertgefühl*. Es entsteht ein *Konzept von Verantwortung* und im moralischen Bereich wird die Idee der *Verteilungsgerechtigkeit* auf neue Beurteilungsgrundlagen gestellt. Grundschulkinder können sich zumeist gut in die Lage eines anderen versetzen (*Empathie*) und auch sich selbst aus der Perspektive des anderen sehen. Die *Interaktionen mit Gleichaltrigen* werden *kooperativer*, so dass gerade auch in *Peergruppen* körperliche Aggressionen tendenziell abnehmen. *Freundschaften* sind keine »Schön-Wetter-Kooperationen« mehr, sondern bedeuten nun, dass als Grundlage der Beziehung *gegenseitiges Vertrauen* vorhanden sein muss. Das Wissen über *Geschlechtsrollenstereotype* weitet sich deutlich aus, wobei sich aber auch mehr Flexibilität im persönlichen Umgang damit findet.

Bezüge zu Puppen und Kuscheltieren
Die Puppen-Kind-Beziehungen behalten in dieser Phase die bisher genannten Funktionen grundsätzlich bei, werden aber komplexer und differenzierter. Die *Rollenspiele* in dieser Altersgruppe orientieren sich an hierarchischen Beziehungsmustern und komplizierten Spielregeln (Oerter, 1999). Die sozialen Regeln der erwachsenen Lebenswelten werden aktiv durchdekliniert – so als ob die *soziale Grammatik* der umgebenden Kultur gerade in der sozialen Interaktion und im gemeinsamen Spiel mit Gleichaltrigen intensiv durchgespielt werden muss. Dabei dienen Puppen weiterhin sowohl als *Projektionsfläche* für Wünsche, Gefühle und Fantasien als auch der Verarbeitung von Erfahrungen und Belastungen im Alltag. Darüber hinaus helfen Puppen den Kindern in dieser Entwicklungsphase *sich selbst zu finden*, sich in sozialen Kontexten wie Schule und Familie einzuordnen und sich auch im Hinblick auf *die eigene Position im gesellschaftlichen Wertesystem* zu verorten. Hier findet zumeist auch eine intensive Auseinandersetzung mit den herrschenden *Geschlechtsrollenstereotypien* statt – die gesellschaftlichen Standards und Normen hinsichtlich männlicher und weiblicher Attraktivität werden sehr bewusst zur Kenntnis genommen und bestimmen oft die Art und Weise des Spiels mit Puppen. So wird nicht zuletzt *Barbie*, die populärste und meistverkaufte Modepuppe aller Zeiten, in dieser Lebensphase für viele Mädchen zur wichtigen Begleiterin ihres Entwicklungsprozesses hin zur Frau – unabhängig davon, ob Eltern und / oder Erzieher das gutheißen oder nicht. Auch das zunehmende Bewusstsein über den *Wert von Spielzeug* führt dazu, dass hierüber soziale Vergleiche vorgenommen werden und damit Prozesse sozialer Exklusion (Ausschluss und Abwertung von anderen) und Inklusion (Zugehörigkeitsbeschwörungen und Gruppenidentität) stattfinden. Dabei hat sich in verschiedensten *pädagogischen Kontexten* der Einsatz von Puppenfiguren, oft in Form von Handpuppen, gerade bei der Sozialerziehung von Schulkindern oder auch im Kontext des Fremdsprachenunterrichts ausgesprochen bewährt (Haudeck, 2001; Wüthrich u. Gauda, 1990).

Adoleszenz – Aneignung und Überwindung der Kindheit

Entwicklungsmeilensteine
Mit dem Ende der Kindheit, der Pubertät und dem allmählichen Übergang ins Jugendalter sind die beginnenden Adoleszenten zunehmend fähig zu einer Form des hypothetischen *formal-operatorischen Denkens*. Sie erlangen die Kompetenz, auf der Grundlage von Beweisen Theorien abzuleiten, ihre *Argumentationsfähigkeit* verbessert sich, wobei sie sowohl idealistischer als auch deutlich kritischer als zuvor sind. Sie sind in der Lage zur *Metakognition* und zur verstärkten *kognitiven Selbstregulation*. Im Hinblick auf die Bewältigung von Alltagsroutinen verbessern sich ihre *Planungs- und Entscheidungsfähigkeiten*. Sind sie in den ersten Abschnitten dieser Entwicklungsphase in ihrem Denken zunächst eher noch befangen und

auf sich selbst zentriert, so verliert sich diese Selbstkonzentration, je mehr sie sich dem jungen Erwachsenenalter nähern.

Auch für den Bereich sozioemotionaler Entwicklung sind bestimmte dynamische Abläufe zu beobachten. So kommt es zunächst zu starken *Stimmungsschwankungen* und einer *höheren Konfliktbereitschaft* gerade in Bezug auf Eltern und Autoritäten. Aber auch wenn die Gruppe der Gleichaltrigen wichtiger wird, ersetzen die Peers nicht die Eltern. Im Gegenteil: es kommt eher zu einer Art *Umbau der sozialen Beziehungsnetze*, so dass beide Gruppen, Gleichaltrige und Eltern, Einfluss nehmen, aber in unterschiedlichen Ausschnitten der Lebenswelt von Adoleszenten. So findet sich zunächst ein starker *Konformitätsdruck durch die Peers*, gerade auch im Hinblick auf die Einhaltung *stereotyper Geschlechtsrollennormen*. Im Laufe der weiteren Entwicklung nimmt dieser Druck aber eher ab. Dies geht nicht zuletzt einher mit der Suche nach Antworten auf die identitätsrelevante Frage »Wer bin ich?«, nach sozialer Verortung, nach Individualität, nach Kontinuität. Um mit Erikson zu sprechen: Es geht um die Suche nach *Identität*, als dem zentralen Entwicklungsthema in dieser Phase – einer Phase, die für viele Adoleszente eine Art *psychosoziales Moratorium* darstellt.

Bezüge zu Puppen und Kuscheltieren

Auch wenn *Barbies* in der Regel im Übergang zum Jugendalter bei jungen Mädchen noch vorhanden sind, wird das durch die Barbiepuppe repräsentierte weibliche Schönheitsideal zumeist ambivalent bzw. doch deutlich kritischer als zuvor eingeschätzt. Parallel dazu fällt auf, dass nach der Hauptrolle, die das Kuscheltier in der frühen Kindheit gespielt hat, und seiner partiellen Zurückstellung gegenüber der Präferenz von Puppen in der mittleren Kindheit ihm ein erstaunliches *Comeback* in der Adoleszenz gelingt.

In einer Befragung von 230 (amerikanischen) Jugendlichen zwischen 13 und 14 Jahren gaben 88 % der weiblichen und 71 % der männlichen Befragten an, mindestens noch ein *Übergangsobjekt aus der früheren Kindheit* zu besitzen (Shafii, 1986). Von den Bewahrern des Kindheitsobjekts haben wiederum 72 % der Mädchen und 74 % der Jungen ein Stofftier als Lieblingsobjekt genannt, während die restlichen eine Decke, eine Puppe oder andere Objekte erwähnten. Etwa ein Fünftel von ihnen benutzte dieses Lieblingsobjekt auch noch im Jugendalter.

In einer weiteren Studie untersuchte Humphrey (1986) die Funktion der Bindung an ein (vorhandenes) Kuscheltier in einer Gruppe 18- bis 19-jähriger Frauen, indem sie junge Frauen mit und ohne eine solche Bindung verglich. Ein hoher Prozentsatz der Frauen (81 %), die eine Bindung an ihr Lieblingsstofftier angaben, nutzte diese Beziehung als hilfreiche Möglichkeit zur Beruhigung in Stresssituationen. So deutet sich an, dass eine der *Hauptfunktionen von Übergangsobjekten*, als Trostspender und Beruhigungshilfe während wichtiger Übergangsphasen oder belastender Ausnahmesituationen zu fungieren, auch im späteren Leben der Besitzer beibehalten wird.

So scheinen die besonderen Objekte der Kindheit, allen voran das geliebte Kuscheltier, auch noch in der Adoleszenz mögliche Turbulenzen abmildern zu können, den Übergang ins Erwachsenenleben zu erleichtern und eine identitätsstiftende Wirkung im Sinne des Erlebens biographischer Kontinuität zu entfalten. In diesem Sinne braucht die folgende Zeitungsmeldung nicht zu verwundern:

Suchfahndung: Australische Studentin vermisst ihren Teddy
Eine australische Studentin hat am 8. Mai ihren Teddy verloren und hat sich mit einer verzweifelten Email an die Polizei gewandt. Wer den Teddy auf dem Foto in Göttingen gesehen hat oder Auskunft über seinen Verbleib machen kann, möge sich bitte bei der Göttinger Polizei melden. Auffällig am braunen Teddy sind sein markantes Kleid sowie das fehlende Knopfauge links.
(www.buergerstimmen.de/politik/abgeordnete_studentin328.htm; Zugriff am 15.06.2009)

In einer zusammenfassenden tabellarischen Übersicht werden noch einmal die themenrelevanten Entwicklungsmeilensteine für die Bereiche kognitiv-motivationaler und sozioemotiomaler Entwicklung aufgeführt und durch Beispiele des möglichen Funktions- und Bedeutungszusammenhangs von Puppen und Kuscheltieren in den fünf hier berücksichtigten Entwicklungsphasen ergänzt (vgl. Tabelle 2).

Tabelle 2: Funktionen von Puppen und Kuscheltieren im Verlauf verschiedener kindlicher Entwicklungsphasen

Entwicklungs-phase	Merkmale kognitiver und motivationaler Entwicklung	Merkmale sozio-emotionaler Entwicklung	Funktionen von Puppen und Kuscheltieren
Säuglings- und Kleinstkind-alter (0–18 Monate)	aktive Handlungs-muster; intentionales Verhalten; *Objektkonstanz*; Verbesserung der Aufmerksamkeit; Wiedererkennung und Erinnerung; Bedeutungsgehalt von Wörtern verstehen	Entwicklung der Grundemotionen; soziales Lächeln und soziale Bezugnahme; beginnendes *Gefühl für das eigene Ich* und für sich selbst als handelndes Objekt; sich selbst im Spiegel erkennen; erste Anzeichen von Einfühlung in andere Personen	Kuscheltiere oder weiche Puppen mit stilisierten Gesichtszügen werden als *klassische Übergangsobjekte* bevorzugt; sie fördern die sensumotorische Entwicklung, befriedigen Bedürfnisse nach Exploration, Macht und Kontrolle, ermöglichen Freude an der eigenen Handlungsfähigkeit und unterstützen erste Schritte zur Selbständigkeit

Entwicklungsphase	Merkmale kognitiver und motivationaler Entwicklung	Merkmale sozioemotionaler Entwicklung	Funktionen von Puppen und Kuscheltieren
Kleinkindalter (1,5–3 Jahre)	*Als-ob-Spiel*; egozentrisches und animistisches Denken; *private Sprache*; Vorahnung vom Unterschied zwischen inneren geistigen Prozessen und Verhalten bzw. äußeren physischen Ereignissen	*Selbstkonzept*/Selbstachtung; größeres Einfühlungsvermögen; Kooperation; instrumentalisierte Aggression; *emotionale Selbstregulierung*; Verstehen des Kontextes von Gefühlen; geschlechtstypisiertes Verhalten	Puppen und Kuscheltiere dienen als *Partner für die Nachahmung* von konkreten, in der äußeren Welt beobachteten Erfahrungen, aber auch immer noch als Übergangsobjekte und als Hilfe zur Selbständigkeit, der *Entwicklung von Fürsorge* und Empathie, aber auch dem solitären *Spiel allein*
Kindergarten- und Vorschulalter	graduelle Entwicklung des operationalen Denkens; Perspektivenübernahme; *Unterscheidung von belebten und unbelebten Objekten*; autobiographisches Gedächtnis; »Theorie des Geistes«; Verständnis mentaler Zustände anderer; *Metakognitionen*	interaktives Spiel; erste Freundschaften; Vorhersage und Interpretation der emotionalen Reaktionen anderer; Unterscheidung von moralischen Regeln, sozialen Konventionen und persönlichen Angelegenheiten; *sprachlicher Ausdruck von Emotionen*; geschlechtsspezifische Präferenzen	Puppen und Kuscheltiere helfen in der Verarbeitung von Alltagserfahrungen und dienen als *Projektionsfläche für Wünsche, Gefühle und Rollenumkehr*; zunehmende Symbolbildung und Höhepunkt des Als-ob-Spiels; klassisches *geschlechtsspezifisches Puppenspiel* (Baby-puppen/Barbie vs. Aktionsfiguren); Anfänge des *gemeinsamen Puppenspiels*
(Grund-) Schulalter	*Denken wird logischer*; Aufmerksamkeit wird selektiver, angepasster, planvoller; Bewusstsein von Gedächtnisstrategien; kognitive Selbstregulation	*differenzierteres Selbstkonzept* und Selbstwertgefühl; soziale Vergleichsprozesse; Konzept von Verantwortung; *Empathie*; Freundschaften basieren auf gegenseitigem Vertrauen	*komplexeres Rollenspiel* mit Puppen; Unterstützung der *Identitätsbildung* in Bezug auf *gesellschaftliche Normen, Rollenverständnisse und Schönheitsideale*; Puppenfiguren als Hilfe in der schulischen Sozialisation
Adoleszenz/ Jugendalter	hypothetisches, *formal-operatorisches Denken*; Argumentationsfähigkeit; idealistischer und kritischer als früher; Planungsfähigkeit	Stimmungsschwankungen; Umbau sozialer Beziehungen: Peers und Eltern; Konformitätsdruck; Geschlechtsrollennormen; Suche nach *Identität*	Kuscheltiere fungieren wieder als *Übergangsobjekte* zur *emotionalen Stabilisierung*; Ambivalenz gegenüber gesellschaftlichen Schönheitsidealen werden z. B. mit *Barbie* verarbeitet

Abbildung 10: Vilmos Aba-Novak (1894–1941),
»Ehefrau und Tochter des Künstlers« (1935)

Puppen und Kuscheltiere – Kontexte, Spielweisen, Besonderheiten

»Mit meinem Tedy spiele ich manchmal.
Meine Tedy kann mich trösten.
Mein Tedy kann mich beschützen.
Ich küsse immer mein Tedy und mein Tedy küsst mich.
Ich habe den lieb.
Mein Tedy kitzelt mich manchmal mit ihre dicke Nase.
Und ich kizele den auch.
Manchmal lachen wir zusammen.«

Ebru, Drittklässlerin, Anhang in Ann-Kathrin Körfer, »Puppen und Kuscheltier – Ermöglicht ihr Einsatz einen besonderen Zugang zu kindlichen Erlebniswelten?«, 2009, o. S.

Allein spielen – solitär und doch dyadisch-dialogisch

Das solitäre Spiel allein mit der Puppe oder dem Kuscheltier schafft eine intime Situation in einer dyadisch-dialogischen Begegnung bzw. Beziehung. Diese Erfahrung stellt eine wichtige Grundlage für die Ausdifferenzierung der kindlichen Persönlichkeit und Beziehungsfähigkeit dar. Im Dialog werden Puppe oder Kuscheltier zum *Alter Ego*, zum *anderen Ich*. Indem Gefühle, unausgesprochene Wünsche und unverarbeitete Erfahrungen des Kindes auf ihre nur scheinbar stummen Dialogpartner projiziert werden, helfen diese dem Kind, seine Empfindungen zu verarbeiten und zu transformieren. Die Identifikation mit Puppe oder Kuscheltier sowie die mit dieser einzigartigen Beziehung verbundene starke Emotionalität stellen den intermediären Erfahrungsraum her, in den zentrale Aspekte sowohl der inneren (psychischen) als auch äußeren Realität einfließen. Beide Realitäten konstituieren diesen Raum, der aber eben auch vom Kind konstruiert wird. Es ist ein Bereich mit einer sehr eigenen Atmosphäre, geheimnisvollen Zwischentönen und Illusionen, in denen sich Selbstdifferenzierung und Selbsterkenntnis in besonderer Weise entwickeln können.

Grundsätzlich bleibt ein solcher intermediärer Erfahrungsbereich für die lebenslang sich vollziehenden Entwicklungs- und Entfaltungsprozesse von zentraler Bedeutung. Was hier passiert, erinnert in gewisser Weise an Konfrontationen mit *Archetypen* im Sinne von C. G. Jung (Jung, 1933). Dennoch ändern sich die Erscheinungsformen der archetypischen Wegbegleiter in diesem Raum. Während es sich in späteren Lebensabschnitten um menschliche Beziehungen, Symbole und/oder kognitive Konstrukte handelt, ist der Objektcharakter der Begleiter dieser Entfaltungs- und Tansformationserfahrungen in der Kindheit immer sehr konkret. Ein Kind braucht handfeste Objekte, um in diesen anderen Erfahrungsbereich zu gelangen und die Lieblingspuppe oder der Lieblingsteddy sind zumeist die perfekten Partner dafür. Somit wird aus dem eigentlichen solitären Spiel des Kindes mit Puppe oder Kuscheltier in dieser einzigartigen Beziehung eine dyadische, soziale Beziehung. Die hier entwickelte und erfahrene Empathie schafft soziale Kompetenz. Damit stoßen die Erfahrungen in diesen besonderen frühen Beziehungen zwischen Kind und Puppe bzw. Kind und Kuscheltier die Fähigkeit der Kinder an, sich in nachfolgenden Entwicklungsphasen mit anderen Kindern in gemeinsamen sozialen Spielkontexten verbinden zu können.

Mit anderen spielen – Intersubjektivität und Interpersonalität

Mit dem beginnenden Kindergarten- und Vorschulalter wird das Puppenspiel zunehmend mehr zu einem sozialen Akt. Bereits in der Studie von Ellis und Hall (1896) gaben 72 % der befragten Kinder an, dass sie am liebsten mit anderen Kindern gemeinsam mit Puppen spielen. Dabei beinhaltet das gemeinsame Puppenspiel die gleichen Elemente und Funktionen wie das Spiel in der solitär-singulären Beziehung, erweitert aber die Spielräume dadurch, dass mehrere Kinder am Funktions-, Konstruktions- oder Rollenspiel teilnehmen können. Nun kann das Kind nicht nur Prinzessin spielen, sondern als Prinzessin in eine Beziehung mit einem König, einem Prinz oder auch einer Hexe treten. Diese Art von Puppen- und Kuschletierspiel ist insofern ein sozialer Akt, als jeder Beteiligte nicht nur die Handlungsmuster seiner eigenen Rolle kennen muss, sondern auch das *Skript* bzw. die Skripten von mindestens einem weiteren Spielpartner.

Spielen bedeutet eine *Veränderung der Realitätsebene*. Sobald mehrere Partner am Spiel beteiligt sind, erfordert dieser Wechsel bestimmte Vereinbarungen oder Signale, die außerhalb des gegebenen Spielrahmens getroffen werden. Gemeinsames Puppen- und Kuscheltierspiel setzt eine Vorkommunikation voraus – eine Art *Metakommunikation*, die den Spielrahmen sowohl herstellt als auch während des Spiels aufrechterhält (Oerter, 1999). Lilian Fried (2004) untersuchte die Kommunikationsprozesse im gemeinsamen Puppenspiel bei Kindergartenkindern und stellte fest, dass ein erheblicher Teil der Vorspielzeit damit verbracht wird, die Rollen, Skripte und erlaubten Handlungsmuster der Mitspieler zu definieren – *Kinder ko-konstruieren* das nötige Wissen über die beabsichtigten Spielinhalte und den für sie verbindlichen Bezugsrahmen ihrer sozialen Welt. Das Wissensmaterial für das gemeinsame Aushandeln des Spielskripts und der Spielkonstrukte entstammt überwiegend den Alltagserfahrungen und -beobachtungen der Kinder (z. B. Alltagsroutinen; besondere Situationen wie ein Arzt- oder Zoobesuch; Berufe; soziale Beziehungen und Rollen wie Mama-Sein, Großmutter-Sein, Freundschaft; soziale Auseinandersetzungen wie Wettbewerb, Streit, Kampf, Krieg usw.). Eine weitere Wissensquelle für die gemeinsame Konstruktion der Spielinhalte kommt aus dem Bereich des *Kinderkulturwissens* (z. B. Kinderreime oder Lieder; Märchen; Inhalte von bekannten Bilder- oder Kinderbüchern, Fernsehserien usw.).

Durch die Verteilung von Spielrollen und die Verhandlung über und Festlegung von Spielinhalten können Kinder ein Gefühl für die Nachteile von Rechthaberei, Eigennutz und Geltungsstreben und die Vorteile von kooperativem Verhalten bekommen. Sie können zudem Vorstellungen über Verteilungsgerechtigkeit und ein allmählich autonomeres Verständnis von Moral entwickeln. Auch wenn es sich bei einem solchen Spielverhalten in gewisser Weise um das ernsthafte Einüben sozialer Regeln handelt, macht den meisten Kindern diese Art des gemeinsamen Spiels mit den Lieblingsobjekten in der Regel viel Spaß. So geben die meisten Kinder (zumindest die meisten Mädchen) an, dass sie gern mit anderen Kindern (Mädchen) »Puppen spielen«.

Der fantastische Raum – Fantasiefreundschaften und imaginäre Gefährten

Eine besondere Art des *Als-ob-Spiels*, das in der Kindheit (und gelegentlich auch noch im Jugendalter) häufiger vorkommt, ist die so genannte Fantasiefreundschaft bzw. die Existenz eines *imaginären Gefährten* (oder auch imaginierten Gefährten). Bei diesen Fantasiegestalten handelt es sich zumeist um eine nicht sichtbare, mit einem Namen versehene Person, die für das Kind, das diese Person konstruiert, über einen längeren Zeitraum hinweg eine *psychische Realität* besitzt und auf die es sich mehr oder weniger explizit in seiner Alltagskommunikation bezieht. Dieser Freund bzw. diese Freundin hat oft ein spezifisches Aussehen, typische Persönlichkeitseigenschaften und weist in der Regel dasselbe Geschlecht auf. Dabei scheinen mehr Mädchen als Jungen über eine solche befristete Gefährtenschaft zu verfügen. Am häufigsten handelt es sich bei dem imaginären Gefährten um ein *normales Kind* (27 %), um ein Tier (19 %), um ein Kind mit besonderen Zauberkräften (17 %) oder um eine Person, die älter ist (und damit lebenserfahrener) als das Kind (12 %). In der Regel haben imaginäre Gefährten einen freundlichen Charakter und werden vom Kind positiv erlebt (Seiffge-Krenke, 1987, 2000; Taylor, 1999).

Die Schaffung eines solchen Gefährten ist kein Ausdruck einer pathologischen Störung oder einer Persönlichkeitsspaltung, eher handelt es sich um das Gegenteil: Nicht der Fantasiefreund dominiert das Kind, sondern das Kind kreiert diesen Gefährten und manipuliert und modifiziert ihn. Die Schaffung eines solchen imaginären Gefährten geht parallel mit bestimmten Entwicklungsprozessen einher. Etwa mit dem dritten Lebensjahr gelingt die Unterscheidung von Realität und Fantasie. Kinder wissen somit durchaus, dass der Gefährte eigentlich nicht existiert. Andererseits *vermischen sie Realität und Fantasie* und lassen ihn für sich doch als real existent erscheinen. Während man früher gelegentlich davon ausging, dass es sich dabei um Kinder mit sozialen und psychischen Problemen handelt, die sich auf diese Weise einen Freund schaffen, um ihre soziale Isolation zu kompensieren, weiß man heute, dass es eher kreative, begabte, sozial sensible bzw. empathische Kinder sind, die mit diesem Kunstgriff ihren sozialen Erlebnisraum erweitern. So scheinen Kinder, die eine Freundschaft mit einem Fantasiegefährten pflegen, insgesamt kreativer zu spielen als Kinder ohne solche Freundschaften (Gleason, Jarudi u. Cheek, 2003; Taylor, 1999; 2002). Weiterhin erweisen sich Kinder mit Fantasiefreundschaften insgesamt als weniger ängstlich sowie als kooperativer und reifer in ihrer Beziehungen zu Erwachsenen (Gleason, Jarudi u. Cheek, 2003). Insgesamt scheint es sich um ein nicht ganz so ungewöhnliches Phänomen zu handeln, denn etwa bis zu 50 % der Kinder zwischen drei und acht Jahren kennen eine solche Fantasiefreundschaft, auch wenn sie dann etwa ab dem zehnten Lebensjahr zumeist verloren geht (Smith, 2005). Allerdings finden sich durchaus auch Hinweise für die Existenz ähnlicher Phänomene bis in die Adoleszenz hinein. So erscheint *der imaginäre Gefährte am Beginn des Jugendalters oft als Adressat im Tagebuch* und stellt in diesem Falle eine private Form der Selbstrepräsentation dar (Seiffge-Krenke, 1987, 2000, 2001).

Manchmal kann auch ein Kuscheltier oder eine Puppe die Rolle des imaginären Gefährten einnehmen (Gleason, 2004b; Taylor, 2002), wobei die Fantasiefreundschaft mit einem Kuscheltier oder einer Puppe eine besonders intensive Beziehung ist. In einer solchen Beziehung spielt das Kind nicht nur mit dem Kuscheltier oder mit der Puppe, sondern verwandelt die Puppe (oder das Kuscheltier) in einen lebendigen Partner, mit dem es regelmäßig kommuniziert. Das Kind spricht mit dem Kuscheltier oder mit der Puppe und »hört«, was es / sie ihm zu sagen hat. Kuscheltier oder Puppe werden überall hin mitgenommen und begleiten das Kind in seiner Fantasie. Die Fantasiefreundschaft in der frühen Kindheit mit einem Kuscheltier oder einer Puppe unterstützt die Entwicklung von Bindungsfähigkeit und Empathie und scheint ein effektives Training für die Gestaltung richtiger Beziehungen zu sein. Durch die Beziehung zu diesem Fantasiefreund entwickeln Kinder Mitgefühl und Verständnis für andere. So gibt es Hinweise darauf, dass Kinder mit Fantasiefreundschaften engere und weiterentwickelte soziale Beziehungen zu Gleichaltrigen haben als Kinder ohne solche Freundschaften (Gleason, Jarudi u. Cheek, 2003; Gleason, 2004a; Gleason u. Hohmann, 2006). Zudem fördern die Gespräche mit diesen Gefährten die Kommunikations- und Reflexionsfähigkeit. Obwohl die Beziehung zum Fantasiefreund den Kindern grundsätzlich sehr wichtig ist, ist auch das kleine Kind durchaus in der Lage, zwischen einer Fantasiefreundschaft und einer realen Freundschaft zu unterscheiden (Taylor, 2002). Dabei spiegeln die Fantasiefreundschaften in vielerlei Hinsicht die Qualitäten realer Freundschaften wider – es geht um emotionale Nähe, Hilfsbereitschaft, gegenseitige Achtung, Unterstützung usw.

Einer der *Erklärungsansätze* für dieses Phänomen geht davon aus, dass imaginäre Gefährten der Impulskontrolle dienlich sind. In diesem Sinne fungiert der Fantasiefreund als Ich und ist eine Zwischeninstanz, die dem Kind hilft, zwischen unterschiedlichen Ansprüchen (den eigenen, denen der Eltern) zu vermitteln und in uneindeutigen Situationen und bei ambivalenten Gefühlen emotionale Unterstützung zu gewähren. Darüber hinaus können mit solchen Fantasiefreunden natürlich auch relativ einfach Zeiten von Langeweile überbrückt werden.

Differenzielle Aspekte – Besonderheiten von Kindern und Spielzeug

Puppen und Kuscheltiere haben im Kontext kindlicher Entwicklung nicht nur typische, sondern auch unterschiedliche Funktionen und Bedeutungszusammenhänge. Ihnen kommt somit auch immer ein differenzieller Stellenwert zu. Bereits bei der Betrachtung der verschiedenen Entwicklungsphasen wurde deutlich, dass das Spielen mit Puppen und Kuscheltieren für Kinder je nach Alter eine unterschiedliche

Bedeutung hat bzw. haben kann. Aber es finden sich nicht nur Unterschiede, die mit der Zugehörigkeit zu bestimmten Altersgruppen oder Entwicklungsphasen zusammenhängen, sondern – wie die empirische Forschung es im Kontext ganz unterschiedlicher Fragestellungen nachgewiesen hat – es gibt auch Eigenschaften bzw. Verhaltensweisen auf Seiten der Kinder, die mit unterschiedlichem Spielverhalten einhergehen.

Hohe vs. geringe Spielintensität
Das eigentliche Wesen des Spiels wird von manchen Autoren gesehen als bestimmt durch

> »[seine] Momente der Freiheit, der inneren Unendlichkeit, seiner Scheinhaftigkeit, die sich im schwebenden und schwerelosen Charakter zeigt […]. Weitere Momente sind seine Geschlossenheit durch die Distanz zur gewöhnlichen Welt und nicht zuletzt seine Gegenwärtigkeit, dass das Spiel sich aus unserem Uhrzeitmaß herauslöst und Gegenwart und Vergangenheit miteinander verbindet« (Kahl, 1996, S. 213).

Dieses Phänomen der »sich in einer Spieltätigkeit verlierende[n] Erfahrung« wird häufig mit dem Begriff »Flow« bezeichnet (Csikszentmihalyi u. Rochberg-Halton, 1989; Koste, 1995). Als ausschlaggebendes Kriterium für ein *Flow-Erleben* im Zusammenhang mit einer intensiven Spielerfahrung ist das veränderte subjektive Zeiterleben. »Eine halbe Stunde ist nur acht Minuten für mich«, wird von einem Fünfjährigen konstatiert, der sich vollständig in sein Spiel vertieft hatte (Koste, 1995, S. 73). Im Kontext eines solchen eindringlichen Spielerlebnisses verliert die lineare Zeit an Bedeutung. Es entsteht hier ein besonderer Erfahrungsraum, in dem die innerlich erlebte Zeit wie ein Ewigkeitsmoment (»eternal now«, S. 73) wirkt.

Dabei gibt es sowohl interindividuelle Unterschiede in dieser Erlebensfähigkeit als auch eine intraindivuelle Variabilität. Nicht jedes Kind erlebt jedes Mal die gleiche Intensität beim Spielen. Manchmal taucht ein spielendes Kind ab und verliert sich im Spiel und manchmal macht es genau diese Erfahrung nicht. In zahlreichen Studien wurden Unterschiede in der erlebten Spielintensität sowohl in quantitativer als auch qualitativer Hinsicht nachgewiesen. In ihrer Arbeit »Dramatic Play in Childhood« beobachtete und beschrieb Koste (1995) spielende Kinder und ließ sie selber über ihre unterschiedlichen Erfahrungen im Spiel zu Wort kommen (siehe oben). Lippelt (1968) hingegen maß die Zeitdauer, die Kinder mit einem bestimmten Spielzeug oder mit bestimmten Spielarten verbringen und dokumentiert über diesen Parameter die Unterschiede in der Spielintensität zwischen Kindern. Dabei scheint die erlebte Intensität des Spielens ganz vorrangig mit der Art der Beziehung zwischen Kind und Spielobjekt zusammenzuhängen. In diesem Zusammenhang stellt sich die Frage, ob bestimmtes Spielzeug die Fantasie der Kinder in besonderer Weise anregt. Es geht also darum, ob es dem Spielobjekt oder besser gesagt: ob es der bestehenden *Kind-Objekt-Beziehung* gelingt, eine dichte Spielintensität zu erzeugen und das Kind in den intermediären Raum zwischen innerer und äußerer Realität zu führen.

Die drei von Sutton-Smith (1986) identifizierten Spielzeugarten spiegeln dabei in gewisser Weise die *unterschiedlichen Beziehungsebenen* zwischen Kind und Spielzeug wider. Die Varianten der ersten, eher wenig einflussreichen Spielsachen (»toys of acquaintance«) sind zwar zahlreich in den Kinderzimmern vorhanden, schaffen es aber zumeist nicht, beim Kind eine hinreichende Spielintensität anzuregen. Solches Spielzeug hat aus Sicht der Kinder zumeist wenig Bedeutung und wird – zumindest längerfristig – oft völlig ignoriert. Bei der zweiten Kategorie des alters- und geschlechtstypisierten Spielmaterials handelt es sich dagegen um Spielzeug, dem in einer bestimmten Entwicklungsphase durchaus eine hohe persönlich Bedeutsamkeit zukommt und das in dieser Zeitspanne mit einer hohen Spielintensität einhergeht. Dieses Spielzeug regt die Fantasie des Kindes an und zwar in einer Weise, die für seinen momentanen Entwicklungsstand wichtig ist. Typisch für geschlechtsrollenspezifisches Spielzeug ist es allerdings, dass es mit der Zeit an Bedeutung verliert, weil das Kind – paradoxerweise genau mit Hilfe dieser Spielmaterialien – allmählich aus dessen Bedeutungs- und Einflussbereich herauswächst. Anders liegt der Fall bei der dritten Kategorie (»toys of identification«), bei der das hier zugehörige Spielzeug ganz zentral mit der Identität und dem Selbstbild des Kindes verbunden ist. In der Beziehung zu und mit diesen Spielmaterialien gelingt es dem Kind nicht nur, sich den *intermediären Erfahrungsraum* zugänglich und verfügbar zu machen, sondern dieses Spielzeug erfährt zusammen mit den Entwicklungsprozessen des Kindes selber einen Bedeutungszuwachs, so dass der Erfahrungsraum zu einem seelischen Ermöglichungsraum wird. Typische Exemplare dieser Spielzeugkategorie sind in der Regel die *Lieblingspuppe* oder das *Lieblingskuscheltier*.

Ein solches Medium der Identifikation übt seinen förderlichen Einfluss auf Wohlbefinden und Gefühlslagen im Übrigen nicht nur bei Kindern, sondern durchaus auch bei erwachsenen Personen aus. (Lieblings-)Objekte beziehen sich zwar oft auf vergangene Erfahrungen, aber deswegen muss ihre Wirkung nicht unbedingt verblassen, da solche Erinnerungen zumeist nicht einfach nur im Gedächtnis abgelegt werden, sondern durchaus aktuell präsente Einflussgrößen darstellen können, die die gegenwärtigen Inhalte und Formen der erwachsenen Lebensgestaltung mitbestimmen.

Ethnische Übereinstimmung zwischen Puppe und Kind

Auch Puppen stammen aus unterschiedlichen Ethnien und Kulturkreisen und repräsentieren diesen Erfahrungsraum. Interessanterweise scheinen um 1900 herum in den bürgerlichen Puppenhaushalten in Europa schwarze Puppen eine durchaus beliebte Erweiterung der Puppenfamilien gewesen zu sein. Die schwarze Lolo gehörte wie selbstverständlich in den Puppenkreis von »Nesthäkchen« (Ury, 1915/1918/o. J.) und auch Karen Horney vertraute ihrem Tagebuch im Alter von 15 Jahren an, wie glücklich sie sei, endlich einen »Negerjungen« (Puppe) zu Weih-

nachten bekommen zu haben (Horney, 1980, S. 17). Zur Frage nach möglichen Auswirkungen einer diesbezüglichen Passung oder Nichtübereinstimmung zwischen spielenden Kindern und ihren Puppen gibt es eine Reihe einschlägiger Forschungsarbeiten. Die älteste Arbeit des afroamerikanischen Psychologenehepaars Kenneth und Mamie Clarks aus dem Jahr 1939 (1939/2010, Experiment Resources) ist dabei grundlegend gewesen, hat in den USA ein Stück Rassenpolitik geschrieben und ist im Jahr 2007 noch einmal Vorbild für den Film »A girl like me« von Kiri Davis geworden (http://en.wikipedia.org/wiki/Kiri_Davis; Zugriff am 22.03.2011). Hier sowie in den weiteren Untersuchungen ging es im Wesentlichen um
1. Präferenzen für weiße oder farbige Puppen und
2. um den Aspekt der Zuschreibung von sozialen Rollen und Eigenschaften im Puppenspiel, wenn Puppen unterschiedlicher Ethnien bzw. Farben verfügbar sind.

Nur in einer Untersuchung stand die Frage zur Debatte, ob es mögliche Unterschiede zwischen weißen und afroamerikanischen Kindern hinsichtlich der Art und Weise ihres Spielverhaltens mit Puppen gibt. Hier hatte Graham (1953) die Frage aufgeworfen, inwieweit das Puppenspielverhalten von weißen und afroamerikanischen Kindern mit der gleichen Methodik untersucht werden könne, und zog aus den Ergebnissen der Studie letztendlich den Schluss, dass das Spiel mit Puppen bei Kindern beider Rassen in der Tat mit der gleichen Methodik erfassbar sei.

Als interessanter erweisen sich allerdings die Erkenntnisse, die aus anderen Arbeiten gezogen werden können. Hier gilt die Studie des Ehepaars Clark als grundlegend, die in ihrer Untersuchung schwarzen Kindern unterschiedlich farbige Puppen zeigten, Fragen nach Präferenzen und Ähnlichkeiten stellten und ermittelten, dass die meisten Kinder weiße Puppen bevorzugten und nur mit diesen Puppen positive Eigenschaften verbanden – ein Verhalten, das sie als Ausdruck eines tiefen, basalen Minderwertigkeitsgefühls deuteten (http://en.wikipedia.org/wiki/Kenneth_and_Mamie_Clark; Zugriff am 22.03.2011). In ähnlicher Weise untersuchten auch Radke und Trager (1950) die Zuschreibung von sozialen Rollen im Puppenspiel zwischen weißen und afroamerikanischen Kindern und ermittelten gleichfalls bemerkenswerte Ergebnisse hinsichtlich der unterschiedlichen Bewertung von dunklen und weißen Puppen: 38 % der weißen und 16 % der schwarzen Kinder ordneten dunklen Puppen eher niedrigere bzw. und negativer konnotierte soziale Rollen zu als weißen Puppen. So wurden dunkle Puppen beispielsweise häufiger als arm bezeichnet, während weißen Puppen häufiger die Eigenschaft »gut« attribuiert wurde. Eine etwa vierzig Jahre später durchgeführte Untersuchung über die Präferenz für entweder weiße oder dunkle Puppen unter afroamerikanischen Kindern zwischen sechs und neun Jahren wies hingegen eine deutliche Präferenz für dunkle Puppen nach, die sich mit zunehmendem Alter noch verstärkte (Burnett u. Sisson, 1995). Dabei könnte die eindeutige Bevorzugung von Puppen derselben ethnischen Zugehörigkeit, die dem Kind somit vom unmittelbaren Aussehen her ähnlicher sind, Ausdruck und Widerspiegelung eines veränderten Selbstverständnisses und

Selbstbewusstseins afroamerikanischer Kinder sein. Diese Schlussfolgerung relativiert sich allerdings wiederum durch gegenläufige Erkenntnisse. So reproduzierte die Filmemacherin Kiri Davis in ihrem Filmprojekt fast siebzig Jahre später ähnliche Ergebnisse wie die Clarks (http://www.finalcall.com/artman/publish/National_News_2/New_doll_test_produces_results_2919.shtml; Zugriff am 22.03.2011). Und auch in zwei weiteren aktuellen Studien findet sich weiterhin Evidenz für eine deutliche Abwertungstendenz der Puppen, die Züge der eigenen rassischen Zugehörigkeit, sofern sie farbig sind, zeigen, und eine Bevorzugung der weißen, dabei zumeist blonden und blauäugigen Puppen (Bagby-Young, 2008; Souza, 2010).

Zur Frage der Inklusion – Kinder mit Behinderungen vs. Kinder ohne Behinderung
Auch wenn es wenig sinnvoll ist, Kinder mit Behinderungen als eine homogene Gruppe zu betrachten und ihre Besonderheit allein über die Kontrastierung mit wie auch immer gearteten nicht behinderten Kindern zu bestimmen, besteht dennoch Konsensus darüber, dass Kinder mit physischen, sensorischen und / oder geistigen Behinderungen teilweise ein anderes Spielverhalten aufweisen und möglicherweise auch etwas andere Spielzeugpräferenzen haben als Kinder ohne solche Handicaps. Dabei können spezifische Unterschiede im Spielverhalten und in der Spielzeugpräferenz allerdings auch mit der Art der Beeinträchtigung zusammenhängen, die bestimmte Interaktionsformen mit Puppen behindern kann. Generell scheinen Kinder mit Behinderungen mehr Zeit mit Erwachsenen zu verbringen und stärker in passive Aktivitäten involviert zu sein als Kinder ohne Behinderungen (Howard, 1996). Darüber hinaus ist ihr Interaktions- und Aktivitätsniveau im Umgang mit Objekten (Spielzeug) im Allgemeinen weniger deutlich ausgeprägt (Gowen, Johnson-Martin, Goldman u. Hussey, 1992). In einer Studie über das Spielverhalten von autistischen Kindern zwischen 41 und 86 Monaten zeigte sich, dass diese Kinder Spielzeug bevorzugen, das sensumotorische Qualitäten anspricht, wie zum Beispiel Spielmaterialien, die Geräusche von sich geben oder die einfach bewegt werden können (Desha, Ziviani u. Rodger, 2003). Solches Spielzeug unterstützt die Objektexploration und löst insofern ein Spielverhalten aus, das vor allem auch für jüngere Kinder ohne Behinderungen typisch ist. Eine ähnlich intensive Form der Objektexploration lässt sich im Übrigen auch beim Spielverhalten von Kindern mit allgemeinen Entwicklungsstörungen nachweisen (Case-Smith u. Kuhaneck, 2008).

Die möglicherweise besonderen Bedürfnisse behinderter Kinder werden mittlerweile längst von Spielzeugentwicklern wahrgenommen und berücksichtigt. Viele Firmen produzieren Spielzeug für diese Gruppe (Canedy, 1997). So haben auch Puppenproduzenten die Population dieser Kinder als eine Marktlücke entdeckt. Seit Mitte der 1980er Jahren gibt es eine Reihe verschiedener Puppen für behinderte Kinder. Firmen wie »People of Every Stripe«, »Kidslikeme« oder »New Friends« produzieren Puppen für behinderte Kinder. Diese Puppen sind in ganz unterschiedlichen Ausführungen auf dem Markt, um Kinder (bzw. eigentlich: deren Eltern) mit spezifischen Behinderungen gezielt anzusprechen. Es gibt beispielsweise Puppen mit Prothesen, blinde Puppen mit einem Blindenhund und Blindenstock, Puppen mit Down-Syndrom oder Puppen, die gerade eine Chemotherapie durchmachen. Auch Mattel, der Produzent von Barbie, brachte eine Puppe mit dem Name »Share a Smile Becky« mit einem rosa Rollstuhl heraus (Barbie Becky Share a Smile Special Edition Doll, 1996). Diese Puppe war so populär, dass sie innerhalb von zwei Wochen ausverkauft war. Allerdings beschweren sich einige Eltern darüber, dass Beckys Rollstuhl nicht in den Fahrstuhl von Barbies Traumhaus hineinpasste. Mattel hat dieses Problem mittlerweile gelöst und das Haus Beckys Bedürfnissen angepasst.

Obwohl die Frage der Verfügbarkeit solcher Puppen für behinderte Kinder unter Fachleuten und Eltern durchaus kontrovers diskutiert wird (Fisher, 2008), sind sie bei vielen, wenngleich nicht bei allen Kindern und Eltern, durchaus auch populär. So haben sich in manchen pädagogischen Kontexten solche spezifisch ausgestatteten Puppen für behinderte Kinder als ausgesprochen hilfreich erwiesen (Heekin, 1984). Im Zuge der aktuellen Inklusionsdiskurse sollte möglicherweise der Einsatz von Puppen, die mit unterschiedlichsten Abweichungen und Behinderungen ausgestattet sind, in ihrer Funktion als mögliche Integrationshelfer sowohl für betroffene als auch für nicht betroffene Kinder in diesen Integrationssettings noch einmal ganz neu überdacht werden.

Abbildung 11: Aleksandr Vladimirovich Makovsky (1869–1924),
»Boy with a doll« (1922)

Geschlechterrollen und Spielzeug – Barbie, He-Man und die anderen

»Wie wunderbar wir gespielt haben! Mit den Puppen war mehr anzufangen, als mit dem Dichter- und Komponistenquartett […]; aber die Puppen wurden wirklich lebendig; das bedeutete natürlich einen ungeheuren Vorteil. Ja, Bobbelchen, Madamchen und all die anderen lebten, sie hatten sogar die kompliziertesten Schicksale. Sie zankten sich, sie bekamen Kinder, sie erwarben Vermögen, verloren sie, unternahmen Reisen, litten an bösen Krankheiten. Sie hatten Lieblingsgerichte, so daß sie im Chore riefen: ›Darum – lasst uns – Wurstbrot – schmatzen – ‹; einige von ihnen waren so eitel, daß man ihnen ständig neue Kostüme schneidern mußte, andere schienen boshaft und aufsässigen Charakters.«

Klaus Mann, »Kind dieser Zeit«, 1932/1983, S. 21

Zur Frage geschlechtstypischer Spielzeugpräferenzen

In der Spielzeugpräferenz zeigen sich recht früh Unterschiede zwischen den Geschlechtern. In seinem Buch »Toys as Culture« legte Sutton-Smith (1986) die Ergebnisse einer Reihe von einschlägigen Arbeiten vor, die im Laufe von zwanzig Jahren zwischen 1956 und 1976 durchgeführt wurden. In allen Studien zeigten sich bei Kindern im Altersbereich zwischen fünf und zwölf Jahren deutliche Geschlechtsunterschiede in der Bevorzugung bestimmter Spielgegenstände. Auch wenn die Frage einer bereits sehr frühen Ausprägung geschlechtsrollenstereotypischen Spielverhaltens zurecht kritisch diskutiert wird, scheinen Jungen bereits ab etwa einem Alter von 18 Monaten häufig eine Präferenz für Spielautos und Bausteine zu haben, während Mädchen lieber mit Puppen spielen und ein ausgeprägteres Interesse an ihnen (wie im Übrigen auch an echten Babys) haben (Case-Smith u. Kuhaneck, 2008; Eliot, 2010; Lyytinen, Laakso, Poikkeus u. Rita, 1999). Die Tatsache, dass diese Unterschiede im Verlauf der Kindheitsjahre größer werden, verweist auf den hohen Einfluss der sozialen und dinglichen Umwelt. Interessant ist, dass auch im Rahmen einer Dissertation zu geschlechtsrollenspezifischem Spielverhalten, die 1968 in der DDR verfasst wurde, von den 324 befragten Vorschulkindern alle Mädchen ohne Ausnahme angaben, eine Puppe zu besitzen, während bei den befragten Jungen etwa 19 % mehr oder weniger verschämt zugaben, eine Puppe zu haben (Lippelt, 1968). Die Frage, ob man gern mit Puppen spielen würde, wurde allerdings erst ab dem Alter von sechs Jahre vehement von den Jungen verneint, während bei den Jüngeren deutlich weniger Ablehnungen geäußert wurden. Auch in einer freien Spielsituation, in der die Wahl zwischen Bau- und Puppenmaterial vorgegeben wurde, gab es in der Gruppe der Drei- bis Vierjährigen noch keine signifikanten Unterschiede zwischen den Geschlechtern. Da in dieser Untersuchung auch die elterliche Einstellung gegenüber geschlechtsrollenkonformem bzw. nicht konformem Spielverhalten der Kinder einbezogen wurde, wurde deutlich, dass Jungen, die in der Untersuchungssituation durch ein »hohes Gestaltungsniveau« (Lippelt, 1968, S. 132) im Spiel mit Puppen und Puppenmaterialien auffielen, signifikant häufiger Eltern hatten, die ihren Söhnen durchaus auch eine Puppe schenken würden.

In diesem Zusammenhang sind auch die Ergebnisse der aktuellen repräsentativen Studie von Holler und Götz (2011) interessant, da hier deutlich wird, dass bis etwa zum Alter von drei Jahren Kuscheltiere für Jungen und Mädchen in gleicher Weise wichtig sind, dann aber allmählich Differenzen deutlicher werden. So bevorzugt von den Mädchen in dieser Zeit gut ein Drittel Puppen, die für Jungen nur in Ausnahmefällen Bedeutung haben. Hinsichtlich der Funktionen, die diesen Gefährten der Kindheit zukommen, gibt es nur kleine Unterschiede zwischen den Geschlechtern: Mädchen nutzen ihre Lieblingswesen noch etwa bis zum Grundschulalter als Begleiter bei besonderen Anlässen, für Jungen ist in dieser Altersphase der eigene Besitz dieses Spielzeugs als Demonstration gegenüber Gleichaltrigen etwas früher ausgeprägt.

Durchgängig scheint sich allerdings zu bestätigen, dass es Mädchen weitaus leichter möglich ist, mit Jungenspielzeug zu spielen, als es umgekehrt für Jungen der Fall hinsichtlich der Mädchenspiele ist. Man könnte in diesem Zusammengang überlegen, ob Aktions- und Monsterfiguren in die Kategorie Puppen mit einbezogen werden können. In diesem Fall verlieren sich die Geschlechtsunterschiede in der Häufigkeit des Spiels mit Puppen, denn in diesem Sinne spielen auch fast alle Jungen mit (Jungen-)Puppen (Case-Smith u. Kuhaneck, 2008).

Geschlechtsspezifisches Spielzeug und das damit verbundene Spielverhalten ist Teil der generellen geschlechtsspezifischen Sozialisation und kann somit auch als Ausdruck der Identifikation mit den herrschenden Geschlechterrollen angesehen werden (Caldera u. Sciaraffa, 1998). So unterstützt das Spielen mit Babypuppen tendenziell die Entwicklung von Fürsorgeverhalten und die Herstellung von emotionaler Nähe, während Spielzeug, das eher von Jungen bevorzugt wird, zumeist mit erhöhter Aktivität und Mobilität einhergeht und dabei eher das Ausprobieren von technischen Handlungen fördert (Blakemore, 1990; Caldera, Huston u. O'Brian, 1989). Unklarheit besteht allerdings darüber, inwieweit ein solches Puppenspiel und vor allem auch die Art der Puppe, mit der ein Kind spielt (ob Babypuppe, Barbiepuppe, Aktion- und Monsterfiguren usw.), als Ursache, Verstärkung oder Verfestigung von Geschlechtsrollenstereotypen einzuschätzen ist (Rogge, 1991). Und auch die Frage, ob bestimmte Puppenvarianten pädagogisch bedenkliche Auswirkungen haben oder nicht bzw. welche persönlichen und sozialen Komsequenzen das Spielen mit solchen Puppen möglicherweise hat, bleibt strittig und wird in der Fachwelt uneinheitlich beantwortet. In diesem Zusammenhang resümiert Neisemeier (2007) hinsichtlich ihrer Erfahrungen in Schulklassen: »Die von der Mehrzahl der Mädchen […] mitgebrachten Babypuppen bzw. Barbies stellen zumeist nur einen kleinen Ausschnitt des häuslichen Puppenbesitzes dar. Die Jungen brachten wenig Beispiele mit, weil sie die meisten Figuren längst bei Ebay verkauft hatten« (S. 12).

Aktions- und Monsterfiguren: Puppen für Jungen?

Gemäß den Ergebnissen einer von Case-Smith und Kuhaneck (2008) durchgeführten Befragung der Eltern von 166 Kindern im Alter zwischen drei und sieben Jahren bevorzugen Jungen vor allem das Spiel mit Aktions- und Monsterfiguren, wobei Spielhäufigkeit und Spielintensität bei vierjährigen Jungen besonders ausgeprägt waren. Auch andere Autoren berichten über die Popularität solcher Puppenfiguren unter Jungen (Holler u. Götz, 2011; Rogge, 1991; Sutton-Smith, 1986).

Wegen ihrer *übersteigerten Männlichkeitsmerkmale*, ihrer *aggressiven Potenz* und ihrer damit vorgegebenen *Verkörperung von Gewalt* sind Aktions- und Monsterfiguren wie He-Man, Skeletor, G. I. Joe, Wrestling-Figuren und alle anderen Varianten unter Fachleuten ausgesprochen umstritten. So werden von Seiten der Spiel- und Medienpädagogik durchaus auch positive Werte mit den kraftstrotzenden und den archaischen Kampf zwischen Gut und Böse bestreitenden Figuren verbunden (Rogge, 1991). In diesem Fall wird argumentiert, dass diese Figuren nicht nur den ja durchaus vorhandenen vielfältigen und starken Gefühlen von Jungen Gestalt geben, sondern ihnen auch Wege aufzeigen, mit solchen Emotionen und Affekten umzugehen. Demnach helfen diese Kunstmänner-Puppen den Jungen, ihre innere Erlebniswelt zum Ausdruck zu bringen: Sie regen Bilder, Träume und Wünsche an, die der Bewältigung von ungelösten kritischen Lebensereignissen und Alltagserfahrungen dienlich sein können (S. 193). Andere Autoren hingegen kritisieren die Eindimensionalität solcher Figuren und argumentieren, dass Kindern durch solche einseitigen und einengenden Verhaltensmodelle suggeriert würde, dass alle ihre Probleme in gewisser Weise immer durch Gewalt und Macht gelöst werden können (Amon, 1976; Fuchs, 2001). Außerdem tendieren solche Vorbilder dazu, latente Handlungsbereitschaften abzurufen oder zu verstärken, die allesamt mit »Kampf, Zerstörung, Gewalt, Krieg, Horror, Angst« (Fritz, 1989, S. 70) verbunden sind.

Im Rahmen einer interessanten Fragestellung zur Entwicklung des männlichen Körperbilds untersuchten Pope, Olivardia, Gruber und Borowiecki (1999) die Muskeln einer Reihe männlicher Aktionsfiguren – produziert zwischen 1973 und 1998 – und stellten fest, dass diese Figuren mit der Zeit zunehmend muskulöser und monströser geworden sind. Weiterhin verglichen sie die Körpermaße dieser Figuren mit denen von australischen Lacrossespielern (einem athletischen Ballspiel) und konnten nachweisen, dass selbst diese wahren Muskelpakete mit den Puppenfiguren nicht mithalten konnten. Der Brustumfang einer Puppenfigur, beispielsweise der »Wolverine« aus dem Jahr 1998, war zwei Mal so groß wie der Umfang der Taille, die gleichzeitig genau so groß (oder schmal) war wie der Umfang des Bizeps. Somit erwies sich dieses durch die Puppenfiguren stilisierte männliche Köperbild als extrem unrealistisch. Verstärkt werden derartige Körperbotschaften auch durch die mediale Einbindung solcher Figuren, die bestimmte mediale Erinnerungsbilder produzieren können, die wiederum »wie in einem Alptraum seltsam verschoben und vermischt [sein können]« (Fritz, 1989, S. 70).

Interessant bleibt die Frage, ob und inwiefern sich Jungen mit den physischen Eigenschaften und übertriebenen Männlichkeitsattributen von Aktionsfiguren identifizieren oder anders gefragt: »Was passiert mit ›He Man‹ in Kinderhand?« (Fritz, 1989, S. 71 ff.). In der Zusammenschau der Ergebnisse verschiedener kleinerer Pilotstudien kommt Fritz zu vorsichtigen und relativierenden Schlussfolgerungen:
1. jüngere Kinder (4–5 Jahre) unterliegen der Faszinationskraft dieser Figuren in stärkerem Maße als ältere Kinder (7–8 Jahre);
2. eindeutig zuzuordnende Wirkungen der Puppen auf das Spielverhalten konnten nicht nachgewiesen werden, denn Kinder beleben die Figuren in jeweils eigener Weise nach ihren momentanen Wünschen und Spielbedürfnissen;

3. die Spielmotivation und der Reiz der Spielfiguren nimmt in der Regel kontinuierlich ab;
4. eine generelle, die Aggressionsbereitschaft auch in anderen Situationen fördernde Wirkung konnte nicht nachgewiesen werden;
5. durch die teilweise gegebene Beweglichkeit der Figuren wurde das Funktionsspiel angeregt;
6. jüngere und Kinder aus bildungsferneren Schichten unterliegen dem spezifischen Anregungsgehalt der medialen Vorgabe stärker als ältere und phantasievolle (Mittelschicht-)Kinder und
7. Kinder tendieren dazu, wie am Tropf von fortlaufend erweiterten medialen Angeboten zu hängen.

Dementsprechend resümiert Fritz (S. 74 f.):

»Die Kinder der vergangenen Jahrhunderte und Jahrtausende simulierten im Spiel, was sie in ihrer unmittelbaren Umgebung sahen und was sie beeindruckte. Die Kinder unseres Zeitalters verlieren zunehmend eine unmittelbare Umgebung und müssen sich immer stärker mit einer medialen Wirklichkeit auseinandersetzen, die [...] für sie speziell erzeugt wird, damit sie sich spielend damit auseinandersetzen können.«

Bezieht man die Aktionspuppen noch einmal auf ihren Stellenwert im Rahmen männlicher Sozialisation und betrachtet das Spielen mit dieser Art von Figuren unter dem Aspekt möglicher subtiler *Auswirkungen auf das eigene Körperbild*, dann finden sich in einer im Jahr 2005 von Barlett, Harris, Smith und Bonds-Raacke (2005) durchgeführten Studie interessante Hinweise auf solche Zusammenhänge. Bei den Teilnehmern dieser Studie handelte es sich um 82 männliche College Studenten aus den USA mit einem Durchschnittsalter von 18,9 Jahren, die in zwei Untersuchungsgruppen und eine Kontrollgruppe aufgeteilt wurden. Den Männern der ersten Untersuchungsgruppe wurden sehr muskulöse Aktionsfiguren zur Verfügung gestellt, während sich die Teilnehmer der zweiten Gruppe mit Ken befassten, dem attraktiven, aber nicht sonderlich muskulösen Puppenfreund von Barbie. Nach der Beschäftigungsphase mit diesen Puppen wurden die beiden Untersuchungsgruppen und die Kontrollgruppe hinsichtlich der Einschätzung ihres Körperselbstbildes verglichen. Die Ergebnisse deuten darauf hin, dass die Konfrontation mit den ausgeprägt männlich-muskulösen Aktionsfiguren mit einem negativeren Körperselbstbild der jungen Männer einherging, denn sowohl die Studenten in der Kontrollgruppe als auch die in der Ken-Gruppe wiesen im Schnitt positivere Werte für das eigene Körperselbstbild auf.

Barbie – die umstrittenste Mädchen- und Modepuppe aller Zeiten

Wenn die Zahl der existierenden Publikationen über ein bestimmtes Spielzeug als Maßstab sowohl für das allgemeine Interesse als auch für die Aufmerksamkeit der Fachwelt daran genommen wird, so gibt es eine Puppe, die noch weitaus kontroverser diskutiert wird, als es bei den Aktions- und Monsterfiguren der Jungen der Fall ist – es handelt sich um deren weibliches Gegenstück: die Modepuppe Barbie.

Modepuppen existieren seit Hunderten von Jahren und sind über die Zeit hinweg ihrer Bestimmung, nämlich der Verkörperung von jeweils zeitgebundenen Schönheits- und Modevorstellungen, immer treu geblieben. Nach ihrer ursprünglichen Funktion als Botschafterin der Mode für Erwachsene entwickelte sich die Modepuppe nach und nach immer mehr zu einem Spielzeug für Kinder. Dabei hatte die Modepuppe in ihrer Funktion als Spielmaterial immer eine besondere Anziehungskraft auf Mädchen. Bereits Ellis und Hall haben über die Vorliebe älterer Mädchen für die zweidimensionalen Papiermodepuppen der damaligen Zeit berichtet (Ellis u. Hall, 1896). Aber Barbie ist mittlerweile einfach *die* moderne Modepuppe schlechthin: Sie ist die meistverkaufte Puppe aller Zeiten und genießt eine enorme und bereits seit Jahrzehnten anhaltende Popularität unter (weiblichen) Kindern und manchmal auch noch deren Müttern (Fritz, 1992; Kahl, 1996; Kuther u. McDonald, 2004; Meyer u. Flemming, 1991; Sutton-Smith, 1986). Barbie, die am 9. März 2009 50 Jahre alt wurde, beeindruckt aber nicht nur durch ihren außerordentlichen kommerziellen Erfolg, sondern auch dadurch, dass sie enorm polarisiert. Sie erweist sich somit nicht nur als die kommerziell erfolgreichste, sondern auch als die umstrittenste Puppe aller Zeiten: Noch nie hat ein Puppenphänomen für so viel Diskussion, Aufregung und finanziellen Ertrag gesorgt wie *Barbie*, die 29,2 Zentimeter große Modepuppe aus Vinyl.

Barbie – die Fakten
Barbie stammt ursprünglich aus Nachkriegsdeutschland. Sie begann ihre Karriere am 24. Juni 1952 als Cartoongeschöpf mit Namen »Lilli«, langbeinig und blond, in der Bild-Zeitung (Krafft, 1991, S. 346 f.). Wegen der großen Leserresonanz auf diese Frauenfigur entschied man sich, Lilli dreidimensional als Puppe aufzubereiten. Da Lilli mit ihren langen Beinen und einem kurzen Rock mit gespreizten Beinen sitzend zu ordinär gewesen wäre, wurde ein Hüftgelenk für sie entwickelt. Aber:

> »Als Spielpuppe für Kinder stieß sie bei Eltern und Spielwarenhändlern auf Befremden, denn die vollentwickelte Teenagergestalt wich völlig vom gewohnten kindlichen Puppenschema ab und wirkte in den prüden 50er Jahren auf viele allzu sexy« (Krafft, 1991, S. 347).

Die Lilli-Rechte wurden an das amerikanische Ehepaar Handler aus Los Angeles verkauft. Lilli wurde von ihnen umgestaltet und erschien als »Barbie« zum ersten Mal am 9. März 1959 auf der Spielwarenmesse in New York. Ruth Handler, Mitgründerin des Spielzeugherstellers Mattel und Haupterfinderin von Barbie, wollte eine Puppe kreieren, mit der sich das (weibliche) Kind in die verschiedenen (erwachsenen) Frauenrollen hineinspielen konnte (Fritz, 1989; Kahl, 1996). Das Konzept Barbie entpuppte sich als ein Riesenerfolg:

> »Vier Jahre lang arbeiteten 300 Künstler und Wissenschaftler zusammen, entwarfen die Puppe, betrieben Marktforschung, Werbung und Planung. Schon im ersten Jahr wurde 500.000 Exemplare mit ca. 1 Million Kleidern und Accessoires verkauft. In Amerika und Japan nähten jährlich 10.000 Näherinnen 24 Millionen Kleidungsstücke. Es wurden ca. 70.000 Kaninchenfelle jährlich verarbeitet. Die Fabrikation übertraf zu der Zeit (1968) die Bekleidungsindustrie und den Stoffverbrauch der US-Armee. In drei Erdteilen sind 250.000 Menschen mit Barbie beschäftigt« (Jürgensen, 1981, S. 101 f.).

Mittlerweile wurden weltweit über eine Milliarde Exemplare verkauft. Im Durchschnitt besitzt jedes Mädchen sieben Barbie-Puppen und pro Sekunde werden – statistisch gesehen – drei Exemplare verkauft (www.style.de; Zugriff am 01.03.2011).

Barbie scheint in ungewöhnlichem Maße den Zeitgeist des 20. Jahrhunderts widerzuspiegeln. In dieser Puppe vereinen sich »Massenproduktion, Konsumgeist und Profitdenken. Sie prägt weibliche Schönheitsideale und sozialisiert ganze Kindergenerationen« (Kahl, 1996, S. 211). In den fünfzig Jahren ihrer Existenz auf dem Markt hat Barbie quasi 150 Schönheits-Operationen durchgemacht, um ihrer Hauptaufgabe als zeitgemäßem weiblichem Schönheitsideal gerecht zu werden. In der gleichen Zeit hat sie 109 verschiedene Berufe ausgeübt: Sie war Ärztin, Astronautin, Krankenschwester, Geschäftsfrau, Lehrerin, Aerobic-Trainerin, Formel-1-Pilotin, Schauspielerin, Stewardess, Sängerin, Tänzerin, Tierärztin und auch: deutsche Bundeskanzlerin (www.burdastyle.de; Zugriff am 01.03.2011). Barbie ist einfach allen Aufgaben gewachsen – sie ist ein Gewinnertyp, dem alles gelingt (Bachmann, 1999; Tosa, 1998). Aufgrund ihres Erfolgs hat sie nicht nur Tausende von Outfits, sondern auch genug Geld, um sich alles zu kaufen, was ihr Herz begehrt. Barbie besitzt eine Traumvilla, einen Campingbus, mehrere Pferde, eine Hochzeitskutsche, ein Flugzeug und noch vieles mehr. Barbie verkörpert somit die alterslose, schöne, reiche und durchgängig erfolgreiche Frau, die Traumfrau von heute schlechthin.

Barbie ist *Kult- und Fantasiefigur zugleich*. Eine Frau mit den Körperproportionen von Barbie (99–46–84 cm) könnte es im realen Leben so nicht geben. Ihre Brüste sind so groß, dass sie nach vorne fallen würde, ihre Taille ist so schmal, dass sie nicht atmen könnte und in ihrem Bauch gibt es einfach viel zu wenig Platz für alle notwendigen Organe (von Gehlen, 2009). Auch ihre vielseitigen beruflichen Erfolge und ihr Leben im Überfluss wären in der Realität nicht denkbar. Dabei muss allerdings konzediert werden, dass Barbie nie als lebensechte, realistische

Figur gedacht war. Ihre Hauptfunktion wurde und wird darin gesehen, eine Brücke zwischen Wunsch und Realität zu schlagen (Spielmittel, 1992). Und dieser Rolle wird sie in der Tat mit großem Erfolg gerecht. Trotz sehr schlechter allgemeiner Umsatzzahlen in der Modebranche hat man – wie in einem aktuellen Artikel aus der »New York Times Fashion Section« berichtet wird – bei Bloomingdale's mit Barbie wieder einmal einen neuen Verkaufsrekord erzielt: »Wir machen ein Riesengeschäft mit Barbie« (Trebay, 2009). Warum? Was könnte der Grund für diese neue aktuelle Verkaufswelle von Barbie sein? Liegt es daran, dass sich in Krisenzeiten Fantasie einfach besser als Realität vermarkten und verkaufen lässt? Hat dieses Phänomen möglicherweise etwas mit der Sentimentalität der US-amerikanischen »Babyboomer«-Generation zu tun? Oder trifft beides zu? Die Fragen bleiben offen.

Barbie im Spiegel und Kreuzfeuer der Expertenmeinungen
Barbie ist nicht nur die meistverkaufte Puppe, sie scheint auch die Puppe zu sein, die eine bislang immer noch nicht endende Flut an Kontroversen und Meinungsäußerungen ausgelöst hat. Recherchiert man zum Thema, findet sich eine Fülle von Aufsätzen, Doktorarbeiten und wissenschaftlichen Studien. Sowohl in den psychologischen und pädagogischen Fachdisziplinen als auch bei Eltern und Erzieherinnen wird vehement über den Erziehungswert von Barbie gestritten. Eine umfassende Darstellung dieses *Pro-und-Contra-Barbie-Diskurses* kann und soll hier nicht stattfinden. Allerdings erscheint es sinnvoll, kurz auf die beiden Lager einzugehen: Barbie-Ablehner und Barbie-Befürworter.

Von Seiten der Barbie-Ablehner richtet sich die Kritik insbesondere auf den durch die Barbie-Figur repräsentierten Sozialisierungsdruck und die damit verbundenen und vermittelten Werte und Normen vor allem im Hinblick auf das im wahrsten Sinne des Wortes *verkörperte* Frauenideal. Das Phänomen Barbie wird angesichts der ausgeprägten Betonung von sowohl physischer Attraktivität als auch von Konsum als zentralem Lebensinhalt in seiner negativen Vorbildwirkung für Mädchen (und Jungen) beanstandet. Barbie wird für eine unreflektierte Übernahme von übertriebenen und einseitigen Schönheitsidealen verantwortlich gemacht, die junge Mädchen nicht nur in ihrem eigenen Entwicklungspotenzial und der Ausprägung von Individualität einschränken, sondern im Extremfall beispielsweise auch magersüchtiges Verhalten auslösen könnten. Weiterhin gehen die Barbie-Ablehner davon aus, dass die vorgefertigte Barbiewelt nur wenig bis gar keinen Raum für die Entfaltung der eigenen Fantasie der Kinder zulässt (Fuchs, 2001; Meyer u. Flemming, 1991; Nicolaïdis, 1998).

Die Barbie-Befürworter hingegen relativieren die genannten Vorwürfe bzw. kommen zu gegenteiligen Einschätzungen. Innerhalb dieser Fraktion geht man davon aus, dass Barbie positive Sozialisierungswerte repräsentiert – dazu gehöre beispielsweise die Auseinandersetzung mit erwachsenen Frauenrollen und weiblicher Sexualität. Gemäß der Argumentation einiger Pro-Barbie-Vertreter ist Barbie gerade *wegen* ihrer Sexualisierung so wichtig, weil sie damit das einzige Spielzeug ist, das es jungen Mädchen ermögliche, in Kontakt mit ihrer eigenen Sexualität zu kommen und sich damit auseinanderzusetzen (Brougère, 1992). Was die Barbie-Ablehner als fantasiehemmend ansehen, sehen die Barbie-Befürworter als fantasieanregend. So schreiben Letztere der mit vielen Details bestückten *Barbiewelt* einen besonders hohen Spielwert zu, weil es Kindern bzw. Mädchen dadurch möglich wird, in unterschiedliche Erwachsen- bzw. Frauenrollen zu schlüpfen (Kahl, 1996; Spielmittel, 1991, 1992). Auch Erinnerungen und Berichte über eigene Erfahrungen mit Barbie in der Kindheit sowie die Einschätzungen und Beobachtungen von Erzieherinnen verweisen durchaus darauf, dass bzw. wie kreativ Kinder mit Barbiepuppen spielen können (Weckmann u. Drexler, 1988).

Barbie aus der Sicht der Kinder
Barbies Erfolgsgeschichte hängt aber sicherlich nicht nur mit den Vorstellungen der Erwachsenen zusammen, sondern sie wird selbstverständlich auch von Kindern bzw. von Mädchen und ihren Vorlieben zu genau dieser Puppe bestimmt. Dennoch weiß man vergleichsweise wenig darüber, was Kinder eigentlich wirklich mit Barbie verbinden. Insofern macht es Sinn zu fragen: Was sagen Kinder über Barbie bzw. über das Spiel mit ihrer Barbie?

Zunächst einmal kann man davon ausgehen, dass jedes Mädchen im Schnitt zumeist mehr als eine Barbie-Puppe besitzt. Dabei bestätigen grundsätzlich viele Eltern und Erzieherinnen, dass Mädchen oft und gern mit Barbie-Puppen spielen (Meyer u. Flemming, 1991; Weckmann u. Drexler, 1988). Dennoch bleibt die Frage, *wie* bzw. *was* Mädchen mit Barbie spielen und *warum* sie es in der Weise tun, in der sie es tun. Antworten darauf lassen sich zumindest für ältere Mädchen in einer Studie von Kuther und McDonald (2004) finden, die 10- bis 14-jährige Mädchen über ihre Einstellung zur Barbie-Puppe und über ihr Spielverhalten mit Barbie befragten. Obwohl die Mädchen in dieser Untersuchung mehrheitlich angaben, nicht mehr mit Barbie-Puppen zu spielen, waren sie durchaus bereit und in der Lage, über ihr früheres Spielverhalten Auskunft zu geben. Aus diesen berichteten Erinnerungen ließen sich *drei verschiedene Spielarten bzw. -themen* mit Barbie identifizieren: Fantasiespiele, Folterspiele und Wutspiele.

1. *Fantasiespiele* entsprechen den Szenarien und Rollenspielen, die man üblicherweise mit Barbie verbindet: Barbie geht tanzen, Barbie zieht sich an und um, Barbie ist Teil einer Familie usw. So gaben alle Mädchen an, in dieser Art und Weise mit Barbie gespielt zu haben.
2. In den so genannten *Folterspielen* wird Barbie auf verschiedene Weisen gedemütigt oder gequält: Sie wird nackt in den Schnee geworfen, ihr Auto wird gegen eine Wand gefahren, ihre Haare werden abgeschnitten, ihr Körper wird angemalt, Beine oder Kopf werden entfernt usw. Diese Spielthemen finden sich vor allem in der späteren Kindheit und werden in dieser Form meist in Anwesenheit von Jungen inszeniert. Auf die Frage, ob auch andere Puppen gequält wurden, berichteten die meisten Mädchen, dass nur Barbie zum Folteropfer

wurde. Die typische Antwort auf diese Frage, warum es ausgerechnet Barbie traf, die gequält werden musste, lautete sinngemäß: Weil sie die Einzige war, die so perfekt aussah.
3. Ähnlich gelagert waren auch die so genannten *Wutspiele*, die gleichfalls relativ häufig praktiziert wurden. In diesen mit Wut und Aggressivität aufgeladenen Spielen benutzten die Mädchen ihre Barbie zum Abreagieren nach dem Motto: Wenn ich sauer war auf jemanden, nahm ich meine Barbie, erstach sie und stellte mir vor, dass es genau dieser Mensch war.

Gefragt, was sie denn grundsätzlich von Barbie hielten, bezeichneten alle Mädchen Barbie als unrealistisch. Die Kritik betraf viele Bereiche der äußerlichen Erscheinung und des Verhaltens: Es sollte eine dicke Barbie geben; die sind alle so dünn, das ist unfair dicken Menschen gegenüber; die sind alle zu perfekt, ich glaube, sie macht zu viel; ich habe immer gedacht, dass Barbie so cool wäre, aber als ich älter wurde, lernte ich, dass es unmöglich ist, so wie Barbie zu sein.

Auch in anderen Projektberichten und empirischen Untersuchungen wird auf die nachhaltige Virulenz und Wirkung von Barbie und auf die von ihr ausgelösten zwiespältigen Empfindungen verwiesen. So deutet sich zwar einerseits an, dass Barbiepuppen bei jungen Mädchen im Übergang zur Pubertät noch real-konkret oder zumindest als spielerische Möglichkeit vorhanden sein können. Andererseits wird aber das von Barbie repräsentierte weibliche Schönheitsideal allmählich deutlich kritischer eingeschätzt. So findet sich beispielsweise in einer Dokumentation aus dem Kunstunterricht in der Sekundarstufe I die Arbeit einer Schülerin, die Barbie in einem Sarg aufgebahrt und auf ihrer Brust einen von einem Nagel durchbohrten Zettel befestigt hat, auf dem steht: »Mama hat gesagt, ich soll endlich erwachsen werden« (Kolhoff-Kahl, 2007a, S. 8). Überhaupt scheinen die Erfahrungen aus dem Kunstunterricht zu zeigen, dass es in der Auseinandersetzung mit Barbie gut möglich wird, stereotype Männlichkeits- und Weiblichkeitsmuster kritisch zu reflektieren und zu transformieren (Klinke, 2007).

Jenseits des Kindes- und Jugendalters gab und gibt es in unterschiedlichen Generationen von Frauen sowohl die Tendenz, weiterhin ganz ungebrochen der Faszination dieser besonderen Modepuppenwelt zu erliegen und sie als romantische Idylle zu bewahren, als auch deutliche Formen der Abwehr dieser auf reinen Konsum hin ausgerichteten Puppenwelt, die als Prototyp einer restriktiven, weiblickeitsstereotypisierenden Sozialisation empfunden wird. Insofern zeigen die hier kurz skizzierten Berichte, dass es sinnvoll ist, sich in der ästhetischen Praxis des Kunstunterrichts und im Kontext der beginnenden Suche nach Identität mit Barbie und dem Erbe dieser Puppenikone der Kindheit kritisch-reflexiv auseinanderzusetzen. Damit können wichtige Entwicklungsschritte in ein selbst bestimmtes weibliches Rollenverhalten initiiert werden.

Das Barbie-Phänomen findet sich weltweit. Dabei ist es der Firma Mattel gelungen, sowohl die Dominanz des herrschenden blonden und blauäugigen Prototyps beizubehalten als auch den verschiedenen Zeitgeist- und Modeströmungen zu entsprechen sowie ethnisch und rassisch angepasste Barbie-Varianten parallel zu vertreiben (Souza, 2010). In Ländern und Kulturen, in denen das Diktat weiblicher Schönheitsstandards relativ ungebrochen herrschen kann, hat Barbie weiterhin uneingeschränkt Konjunktur und verstärkt sich und ihre Wirkung somit auch jenseits ihres 50. Lebensjahres. So erwies sich im März 2011 in der brasilianischen Millionenstadt Porto Alegre das »Museum der bezaubernden Barbie« als große Attraktion für das überwiegend weibliche Publikum. Es handelte sich hier um eine Ausstellung mit über 400 historischen und aktuellen Barbie-Puppen bzw. Barbie-Editionen, die in einem großen Kaufhauskomplex präsentiert wurden (http://ameixacult.blogspot.com/2011/museo-encantado-barbie-porto-alegre.html; Zugriff am 22.03.2011). Somit erweist sich einmal mehr: Barbie ist und bleibt Kultfigur. Sie ist eine einflussreiche und höchst ambivalenzträchtige Projektionsfläche – für die Fantasien von Kindern genauso wie für die heimlichen Sehnsüchte, Ängste und Aversionen von (weiblichen) Jugendlichen und erwachsenen Frauen.

Abbildung 12: Isaac Claesz van Swanenburg (1537–1614),
»Catharina van Warmondt« (1596)

Mediale Assistenz in pädagogischen Kontexten

»Der erzieherische Wert von Puppen ist gewaltig […] und wie [das Puppenspiel] gezielt eingesetzt werden kann, wird im Rahmen des Erziehungswesens bedeuten, ein neues, höchst wirksames pädagogisches Mittel entdeckt zu haben […]. Kinder mit französischen Puppen neigen dazu, ihr weniges Französisch mit ihnen zu üben; kann eine solche Neigung für den Fremdsprachenunterricht bei kleinen Kindern genutzt werden? Manche Kinder lesen Geschichten, um sie ihren Puppen zu erzählen […]. Kinder, die kein Interesse haben, für sich selber zu lesen, lesen manchmal ihren Puppen vor und lernen [dadurch] Dinge, die sie sonst nicht lernen würden, um [den Puppen] etwas beizubringen.«

Albert C. Ellis und G. Stanley Hall, »A study of dolls«, 1887, S. 53 f.

Ersatzlehrer oder besondere Formen der Wissensvermittlung?

Puppen und Kuscheltiere können Fluch und Segen in pädagogischen Zusammenhängen sein, je nach Gesamtkontext ihres Einsatzes. In dem zwischen Kind und Puppe / Kuscheltier neu geschaffenen (Lern-)Raum können reale Lehrpersonen ersetzt, aber auch unterstützt werden. Dabei kann die Ersatzlehrerin ein Roboter sein, der mit entsprechend programmierten Verstärkungsplänen eingesetzt wird, es kann sich aber auch um eine Art pädagogischen Assistenten handeln, der als weitere Identifikationsfigur zusätzlich hilfreich und wirksam sein kann.

Saya – die japanische Puppenlehrerin
Ein sehr konkretes, dabei in pädagogischer Hinsicht eher zweifelhaftes Beispiel für die Anwendung von Puppen als Vermittler von Wissen zeigt sich in Form des Puppenautomaten *Saya*, einer *Roboter-Lehrerin* aus Japan. Saya ist eine lebensechte selbsttätige Puppe, die in japanischen Schulen derzeit auf ihren Wert als Pädagogin getestet wird und später als zusätzliche Hilfskraft im Unterricht eingesetzt werden soll. Saya kann sechs *Grundemotionen* ausdrücken: Überraschung, Angst, Empörung, Wut, Trauer und Freude. Um das zu erreichen, kann sie ihre Gummihaut zu einem Lächeln verformen oder beispielsweise auch die Augenbrauen hochziehen. Sie kann Schüler zur Ordnung rufen, sie mit einfachen Phrasen ermahnen und sich darüber hinaus auch ihre Namen merken. Obwohl Saya im Testlauf eine Gruppe kleinerer Kinder zum Weinen brachte, als sie mit ihnen schimpfte, scheint sie nach den japanischen Erkenntnissen gerade bei jüngeren Schülern (Lern-)Erfolge zu erzielen. Ob selbsttätige Roboterpuppen pädagogisch wertvoll sind, wird zu Recht derweil heftig diskutiert. Mit Sicherheit wird mehr und gezieltere Forschung nötig sein, um abzuklären, ob und in welchen Zusammenhängen Roboterpuppen wie Saya in Unterrichtssettings eingesetzt werden sollten (Süddeutsche Zeitung, 2009).

Der reisende Bär – Teddy als Berufskundler
Eine ganz andere mediale Funktion kann dem Einsatz von Puppen bzw. in diesem Falle von Teddybären im Kontext *berufskundlicher* Themen innerhalb des Sachunterrichts an Grundschulen zukommen. In einem von Jerry Kiser (1996) beschriebenem Unterrichtsprojekt vermittelten »reisende Teddybären« Grundschulkindern von der zweiten bis zur fünften Klasse Wissen über verschiedene Berufe und Berufswelten. Die Schulkinder schickten einen Teddybären mit einer Art Tagebuch in verschiedene Geschäfte, Betriebe und berufliche Einrichtungen ihrer Stadt mit der Bitte an die dort Verantwortlichen, in das beiliegende Tagebuch eine kurze Beschreibung der beruflichen Anforderungen und Aktivitäten zu notieren sowie mögliche Fotos und zusätzliche relevante Informationen beizusteuern. Nach seinem Ausflug in die Arbeitswelt kehrte der Teddybär ins Klassenzimmer zurück, wo die Berichte und gesammelten Informationen mit Hilfe einer Lehrkraft von den Kindern diskutiert und durchgearbeitet wurden.

Der reisende Berufsteddy entpuppte sich als großer Erfolg. Zum einen waren die Kinder mit Spaß und Begeisterung an der Planung und Durchführung des Projekts dabei. Zum anderen erwies sich der Einsatz des Teddys auch in pädagogischer Hinsicht insofern als wertvoll, da er nicht nur Wissen über die verschiedenen Berufsmöglichkeiten in der Lebenswelt und dem sozialen Umfeld der Kinder vermittelte, sondern sie auch beim Lesen, Schreiben und bei der Entdeckung ihrer Stadt unterstützte. So mussten die Schulkinder in diesem Projekt vielfältige bildungsrelevante Aufgaben aktiv erledigen: Sie formulierten die Projektbeschreibung, lasen die Eintragungen der beteiligten Geschäftsleute, mussten die Arbeitsstellen auf einer Straßenkarte finden und nicht zuletzt Dankesbriefe schreiben. Auch wenn keine systematische Evaluation durchgeführt wurde, schien der entscheidende Unterschied zwischen diesem Projekt und einer üblichen Unterrichtseinheit genau am Einsatz des Teddybären gelegen zu haben. So zeigte sich in diesem Projekt, dass ein beseeltes und zur Identifkation aufforderndes Objekt wie ein Teddybär den Unterricht nicht nur auflockert, sondern zumindest bei Grundschulkindern erfolgreicher bei der Vermittlung von lebenskundlichem Wissen wirken kann, als es im Rahmen anderer, eher lehrerzentrierten Formen und Methoden des Unterrichts der Fall ist.

Kommunikationshilfe und Förderung (fremd)sprachlicher Entwicklung

Der Einsatz von Puppen und Kuscheltieren hat sich in der Regel schon bereits bei Kleinkindern im frühen familiären Kontext als zusätzliche Kommunikationshilfe bewährt. Man kann mit ihnen oder durch sie sprechen oder sich von ihnen ansprechen lassen, wobei der spielerische Charakter viele Verhaltensweisen und Lösungen möglich sein lässt.

Rosi – die Waldorfpuppe

Ähnlich wie in manchen Kinderbüchern Puppen über ihr Erleben und ihre Wahrnehmungen sprechen können und damit Kindern tendenziell einen Perspektivenwechsel ermöglichen, kann auch der Einsatz von konkreten Puppen im Rahmen pädagogischer Institutionen als Kommunikationshilfe genutzt werden. So berichten Meyer und Flemming (1991) von einem Versuch im Kindergarten, bei dem eine Puppe in dieser Weise eingesetzt wurde: Rosi, eine weiche Stoffpuppe mit Haaren aus Wolle und einfachen, nur angedeuteten Gesichtszügen, lag eines Tages in einem Korb im Kindergarten. Noch mit einem Tuch verdeckt, wurde Rosi den Kindern im Stuhlkreis als eine Überraschung vorgestellt. Aus dem Korb heraus sprach sie zu den Kindern und bat darum, sie herauszunehmen. Dann stellte sie sich vor und erzählte, dass sie ganz lange herumgesucht und nun gehört habe, dass in diesem Kindergarten eine Puppenwohnung frei sei – ob sie hier bleiben dürfe? Die Kinder stimmten zu und Rosi erzählte weiter von ihren früheren Erfahrungen in einem

Kindergarten, in dem die Kinder sie nicht besonderes gut behandelt hatten. Sie wurde an den Haaren gezogen, nackt liegen gelassen und herumgeworfen. Dann fragte sie die Kinder, ob sie vielleicht mehr acht auf sie geben würden, wenn sie bliebe. Die Kinder versprachen, das zu tun.

War die Beziehung zu Rosi einmal etabliert, gehörte sie im Kindergartenalltag als Gruppenmitglied dazu. Rosi wohnte und schlief in der Puppenwohnung und die Kinder achteten darauf, dass es ihr gut ging. Wenn irgendetwas nicht in Ordnung war, sprach Rosi direkt mit den Kindern, die in der Regel auf sie hörten. Dabei fungierte Rosi nicht nur als Kommunikationshilfe und -brücke zwischen den Erzieherinnen und den Kindern, sondern sie förderte auch den kommunikativen Austausch unter den Kindern selbst. Insbesondere zurückhaltende und schüchterne Kinder fanden bei Rosi Trost und nutzten die Ermutigung durch die Puppe, um mit den anderen Kindern besser in Kontakt zu kommen.

Kasper als Sprachlehrer
Über die psychologische Bedeutung und mögliche pädagogische Anwendungsbereiche des Puppenspiels haben Ellwanger und Grömminger (1989) eine ganze Reihe von Erkenntnissen zusammengetragen. Die Förderung der Entwicklung mündlicher Sprachfähigkeit bzw. sprachlicher Kompetenz durch das Puppenspiel lässt sich demnach sechs Hauptdimensionen zuordnen:
1. Hören auf Sprache (im Sinne eines Dialogs der Figuren),
2. Überwindung von Sprechangst,
3. sprachliches Können und sachgerechtes Argumentieren im Dialog mit den spielenden Puppen,
4. Deuten von Spielhandlungen,
5. sprachliches Gestalten von Spielhandlungen im eigenen Spiel und
6. Sprachspielerei (S. 122 f.).

Eine zentrale Voraussetzung für sprachliche Kommunikation zwischen Menschen ist die Fähigkeit zum *Zuhören*. Dabei hängt allerdings die Bereitschaft zuzuhören zumeist auch immer davon ab, ob das, was mitgeteilt wird, den Zuhörer interessiert oder nicht. In diesem Zusammenhang bietet das Puppenspiel mit seiner oftmals faszinierenden Wirkung auf Kinder zumeist eine gute Voraussetzung für genaues Hinhören, wobei ein solches konzentriertes Zuhören während des Puppenspiels besser in geschlossenen als in offenen Formen des Spiels möglich und gefördert wird, weil genau hier das Zuhören und nicht die eigene aktive Beteiligung am Spiel im Vordergrund steht. Weiterhin hat es sich nach Ellwanger und Grömminger (1989) im Kontext des Handpuppenspiels bewährt, zurückhaltende und schüchterne Kinder am Spiel zu beteiligen, und ihnen dadurch zu helfen, ihre sozialen Hemmungen abzubauen. Schon allein das Überziehen der Handpuppe und noch mehr die Identifizierung mit der gespielten Figur bieten einem sprachlich gehemmten Kind eine Art Schutz und damit die Möglichkeit, durch die Figur aus sich herauszugehen. Darüber hinaus entlastet die Spielsituation Kinder von bestimmten Rahmenbedingungen der Schulwirklichkeit, sie kann ihnen den Druck und die Angst vor möglichem Fehlverhalten nehmen. Gerade dann, wenn schüchterne Kinder im Spiel aufgehen können, fühlen sie sich zumeist nicht mehr so beobachtet wie in normalen schulischen Leistungssituationen und genau dieser Freiraum ermutigt eigenes Sprachhandeln. Neben der Überwindung von Sprachhemmungen kann das Puppenspiel auch direkt die sprachliche Kompetenz und Performanz beeinflussen, denn der nachahmende Charakter des Puppenspiels unterstützt das Beschreiben, Benennen und sprachliche Einordnen des Gespielten. Bei der aktiven Teilnahme am Spiel wird das Kind zum Gespräch mit den Figuren durch die Figuren aufgefordert. So kann und darf eine Puppe die Kinder immer wieder herausfordern, andere bzw. präzisere und deutlichere Formulierungen zu benutzen. Durch den engen Zusammenhang von Sprache und Spielgeschehen »mündet sprachliche Rezeption ein in sprachliches Handeln« (S. 126). Und nicht zuletzt regen auch die Inhalte des Puppenspiels zumeist klärende Gespräche bzw. sprachliche Nachbereitungen an, in denen Kinder ihre Meinungen und Gefühle zum Inhalt des erlebten Spiels zum Ausdruck bringen können. Dabei verweisen die Art und Weise des Nachspielens in der Regel auf zentrale Aspekte des Erlebens und Verstehens des Stücks und bieten damit den Erziehern Anhaltspunkte dafür, wie das Medium Handpuppenspiel möglicherweise noch gezielter für die Spracherziehung und -förderung eingesetzt werden kann.

Fremdsprachenlernen mit Puppen und Kuscheltieren
Auch Schulbuchverlage haben mittlerweile vor allem für den Grundschulbereich die Vorteile des Einsatzes von Puppen im Fremdsprachenunterricht bzw. im Deutschunterricht als Fremdsprache erkannt (Graffmann, 2001; Haudeck, 2001; Wick, 2010). In einer kleinen empirischen Untersuchung zeigte Wick, dass die von ihr im frühen Englischunterricht der Grundschule eingesetzte Puppe Jack von den Kindern mit menschlichen Eigenschaften beseelt wurde. Interessanterweise konstruierten die Kinder die Puppe als einen besonderen Freund und nicht einfach als ein Medium, das ihnen beim Fremdsprachenlernen hilft. In einem gewissen Sinne war Jack keine Puppe wie die Puppen, mit denen (in der Wahrnehmung von Jungen) Mädchen spielen, sondern sie war für Jungen und Mädchen gleichermaßen attraktiv, als ein interessanter Jemand aus einem fremden Land mit einer fremden Sprache. Durch den Einsatz der Puppe konnten viele Sprechansätze geschaffen und bestimmte Sprachmuster den Kindern spielerisch nahegebracht werden. Die Puppe konnte neue Vokabeln einführen und die Aussprache der Kinder korrigieren, ohne dabei als sanktionierend oder Kritik äußernd erlebt zu werden. Gerade dann, wenn die Kinder selber die eingesetzten Puppen überstreiften bzw. führten, wurde ihnen vielfach die eigene Hemmung vor der Aussprache einer fremden Sprache genommen, da es ja die Puppe war, die sprach, und nicht das Kind. Dies galt insbesondere für leistungsschwächere Schüler, die am deutlichsten vom Ein-

satz der Puppen profitierten. Fast alle befragten Dritt- und Viertklässler gaben an, dass sie sich dank der Anwesenheit von Jack häufiger als in anderen Fächern und vor allem lieber am Unterricht beteiligen. Aber auch in höheren Klassenstufen wird mittlerweile häufiger mit Puppen und Kuscheltieren gearbeitet. So berichtet Kohout (2010) beispielsweise von einem erfolgreichen Sprach- und Austauschprojekt mittels Stofftieren im Französischunterricht einer siebten Klasse.

Vermittler sozioemotionaler und interkultureller Kompetenzen – interpersonales Verstehen, Perspektivität, Rollenübernahme und Empathie

Puppen und Kuscheltiere erweisen sich aber nicht nur als hilfreiche Medien und Assistenten in den Bereichen der Förderung sprachlicher Kommunikation oder der Hilfe bei sprachlichen Hemmungen, sondern generell im Gesamtsystem von Interaktionen, Beziehungen, zwischenmenschlichen Begegnungszusammenhängen und den daraus entstehenden Spannungen und Konflikten, aber auch den möglichen Chancen. Diese können sich in den verschiedensten institutionellen Settings, in interkulturellen oder in integrations- bzw. inklusionsbezogenen Kontexten ergeben. Puppen und Kuscheltiere scheinen in solchen Zusammenhängen sowohl Anregung geben zu können als auch Entlastung zu sein.

Puppenspiel und Konfliktlösungen in Kindergarten und Grundschule
Der Einsatz verschiedenster Formen des Handpuppenspiels hat sich nicht nur bei der Sprachförderung als wirksam und effektiv erwiesen, sondern auch bei der *Sozialerziehung* von Vor- und Grundschulkindern. Da solche Spielsettings in der Regel das Interesse und die emotionale Anteilnahme der Kinder am Spielgeschehen ganz unmittelbar wecken, identifizieren sie sich zumeist mit den Gefühlen und Erlebnissen der Spielpuppen. Unabhängig davon, ob sie eher passive Zuschauer sind oder sich aktiv beteiligen, lassen Kinder die von den Puppenfiguren erlebten Situationen auf sich wirken, machen sich Gedanken über das Geschehen und haben dadurch indirekt einen Zugang zur Reflexion und möglichen Modifikation des eigenen Verhaltens. Darüber hinaus findet im Puppenspiel – mehr oder weniger intendiert – auch eine Vermittlung sozialer Werte statt sowie ein modell- und beispielhaftes Vorspielen von (einvernehmlichen) Konfliktlösungen und (adäquatem) Problemlöseverhalten. Denn im inszenierten Puppenspiel werden ja in der Regel im Handlungsverlauf verschiedene Konfliktsituationen und problematische Verhaltensweisen der Protagonisten vorgelebt, um den kindlichen Zuschauern Vorstellungen über sozial akzeptables Verhalten zu vermitteln. Auch wenn die vorgespielten Handlungen oft mit fantastischen Figuren ausgestattet sind, eher übertrieben präsentiert werden und die gezeigten Dramen relativ holzschnittartig und plakativ einen Kampf zwischen positiven und negativen Kräften, zwischen Gut und

Böse, suggerieren, fühlen sich die kindlichen Zuschauer zumeist emotional berührt und gehen im identifkatorischen Erleben und Erleiden innerlich mit. Dabei fordert gerade die halboffene Form des Puppenspiels, in der die Kinder als Zuschauer aktiv am Geschen beteiligt sind, nicht nur das »Mitleiden und Miterleben heraus, sondern die konkrete Stellungnahme in der unmittelbaren Spielsituation« (Ellwanger u. Grömminger, 1989, S. 114). So machen Kinder zwar stellvertretend, aber im unmittelbaren Erleben dennoch direkt die Erfahrung sozialer Gerechtigkeit oder Ungerechtigkeit und sind an den entsprechenden Problemlösungsvorgängen beteiligt. Auch im eigenen Puppenspiel greifen die Kinder dann oft Konflikte aus ihrem eigenen Erlebens- und Erfahrungsspektrum auf, stellen diese spielend dar und sind zumeist in der Lage, nach Lösungen zu suchen und sie teilweise auch auszuführen. Gerade im Kontext des an Schulen mittlerweile häufig beklagten Phänomens des *Bullying* als einem höchst problematischen Verhalten von Schülern untereinander können die medialen Funktionen des Puppenspiels als Wertevermittlung und Konfliktlösung möglicherweise eine Lücke in der Sozialerziehung von Kindern füllen (Hirschstein u. Frey, 2006). In diesem Sinne könnte das Puppenspiel dazu beitragen, Vor- und Grundschulkindern nicht nur ein Gefühl für soziale Gerechtigkeit zu vermitteln, sondern ihnen auch Lernangebote im Hinblick auf soziale und gerechte Konfliktlösungen zu machen.

Farbige Kinder – weiße Puppen?
Fragen zur »ethnischen Übereinstimmung« von Puppen und Kindern und mögliche Konsequenzen aus dem Ausmaß dieser (Nicht-)Passung für kindliche Entwicklungsaspekte sind bereits angesprochen worden. Die mögliche Relevanz dieses Phänomens für pädagogische Kontexte ist empirisch vergleichsweise wenig untersucht worden. Als themenrelevant zeigt sich in diesem Zusammenhang ein kurzer Bericht des Berliner Projekts »Kinderwelten« von Hahn (2002). So wurden in fünf städtischen Projektkindertagesstätten in Berlin-Kreuzberg die Puppenecken durch farbige bzw. schwarze Puppen ergänzt, um das interkulturelle Verständnis zwischen deutschen Kindern und Kindern mit Migrationshintergrund zu verbessern. Diese neuen Puppen waren nicht nur als neues Spielangebot für »nicht weiße« Kinder gedacht, sondern sie sollten von den Erzieherinnen gezielt eingesetzt werden, um mit den Kindern über Fragen von Diskriminierung ins Gespräch zu kommen. Der relativ kurze Bericht über dieses Projekt liefert zwar eine theoretische Begründung und verweist auf die Notwendigkeit der Verbesserung interkultureller Verständigung, präsentiert aber leider (noch) keine konkreten Ergebnisse. In Anbetracht der bereits berichteten Forschungsergebnisse, die eine relativ ungebrochene Fortführung der Minderbewertung von Puppen der eigenen rassischen bzw. äußeren Zugehörigkeit andeuten, wären es ausgesprochen segensreich, den Inklusionsgedanken aufzugreifen und das große Spektrum faktisch vorhandener interindividueller Differenzen (von Menschen und Puppen) in pädagogischen Kontexten positiv zu konnotieren.

Miss Spree Forest: eine Spreewaldpuppe als interkulturelle Botschafterin

In einem ungewöhnlichen *Bildungsprojekt* der Englischlehrerin Petra Günther (Günther, 2003) fungierte eine Spreewaldpuppe als interkulturelle Botschafterin. Ähnlich wie der in Sachen Berufskunde reisende Teddy war auch *Miss Spree Forest* mit einem Tagebuch und einer Reihe von Fotos in der ganzen Welt unterwegs und besuchte Schulklassen in 25 unterschiedlichen Ländern. Die Idee begann in einer achten Realschulklasse in der Kleinstadt Großräschen, Niederlausitz. Während die Klasse im Englischunterricht landeskundliche Aspekte der USA durchnahm, stellte sich die Frage, ob die Schüler möglicherweise über Internetkontakte mehr vom echten Leben in den USA erfahren könnten. So entstand die Idee, eine Spreewaldpuppe als *Austauschschülerin* in die USA zu schicken, um amerikanischen Schülern etwas über das Leben in Deutschland zu vermitteln und umgekehrt etwas über das Leben in den USA zu erfahren. Das Projekt stieß auf großes Interesse und Bereitschaft zur Mitarbeit bei der Klasse. Während eine Arbeitsgruppe regionale Informationen über die eigene Heimat zusammenstellte, suchte eine andere Arbeitsgruppe nach möglichen Partnerklassen im Internet, nicht nur in den USA, sondern in der ganzen Welt. Die Resonanz war groß und nach kurzer Zeit meldeten sich Englischlehrer und Englischlehrerinnen aus 25 Ländern und signalisierten ihre Bereitschaft zur Mitarbeit. Im September 2001 trat Miss Spree Forest zusammen mit einem Tagebuch, einem Reiseplan, einer Reihe von Fotos und Informationen über ihre Herkunftsregion ihre Weltreise an. Nach zwei Wochen erhielt die Klasse eine erste Email-Bestätigung aus Frankreich, in der mitgeteilt wurde, dass Miss Spree Forest ihren Besuch beendet hatte und auf dem Weg in die USA war. Die Weltreise der Puppe lief nach Plan und nach einigen Monaten kam sie in Großräschen mit einem vollen Kofferreisebuch wieder an. Die Klasse bearbeitete das vorhandene Material mit großem Interesse. So ließen sie sich auch von den vielen neuen Ausdrücken nicht abschrecken, sondern begannen, die unbekannten Vokabeln im Lexikon oder im Computer nachzuschauen. Neben der Erweiterung der sprachlichen und landeskundlichen Kenntnisse entstanden aus dem Projekt viele internationale Kontakte und Begegnungszusammenhänge, die seither nicht nur den Englischunterricht der Schule bereichern. So wurden mit Schulklassen in Frankreich, Australien und Costa Rica weitere Projekte vereinbart, wie beispielsweise die Erarbeitung eines internationalen Feiertagekalenders, der die Traditionen und Bräuche des jeweiligen Landes genauer beschreibt. Das internationale Interesse, das aus dieser Idee entstanden ist, zeigt, welche ungeahnten Folgen letztlich eine kleine Spreewaldpuppe in Bewegung setzen kann. Trotz ihrer kulturspezifischen Ausstrahlung konnte sie den typischen »Puppeneffekt« auslösen und von Kindern ganz unterschiedlicher Nationalitäten beseelt werden. Letztendlich entpuppte sie sich somit als eine Art Botschafterin, die lebendige Interkulturalität förderte.

Begleitung in Übergangssituationen

Die große Bedeutung von Puppen und Kuscheltieren als transitorische Objekte in der frühen Kindheit ist bereits beschrieben worden. Dabei kommt der Funktion dieser Objekte als Begleitung, Unterstützung und Ermutigung sowohl in schwierigen Trennungs- und Übergangssituationen als auch bei den normativen Entwicklungsaufgaben im Kontext lebenslanger Sozialisation ein wichtiger Stellenwert zu. In diesen Zusammenhängen, die oft eine Neugestaltung von Beziehungen erforderlich machen, stellen Puppen und Kuscheltiere wichtige Medien dar (Goldbrunner, 1991).

Kuscheltiere erleichtern den Einstieg in eine Kindertagesstätte
Dass Kuscheltiere in Kindergärten und Grundschulen mitgenommen werden können bzw. pädagogische Einrichtungen auch selber (Kuschel-)Tiere haben, die Kinder wechselweise mit nach Hause nehmen können, ist in der Praxis seit Längerem bekannt. Hier soll exemplarisch ein Bericht von Kaiser (2006) in einer nordrhein-westfälischen regionalen Zeitung erwähnt werden. Es handelt sich um eine Kindertagesstätte in Bocholt, die Kuscheltiere gezielt einsetzt, um die Anpassung an die neue Situation in der Tagesstätte insbesondere für jüngere Kinder zu erleichtern. In der Kindertagesstätte »Mummi« können Kinder entweder ihr eigenes Kuscheltier mit in die Einrichtung nehmen oder auch eines der Tagesstättenkuscheltiere als Tagesbegleiter aussuchen. Am Ende der Betreuungszeit dürfen die Kinder das (fremde) Kuscheltier mit nach Hause nehmen oder es in einem besonderen Bett in der Tagesstätte übernachten lassen. Der Erfolg dieser Maßnahme unterstreicht die Funktion von Übergangsobjekten: Das Kuscheltier als Tagesbegleiter erfüllt eine beruhigende Funktion und hilft dem Kind, mit der neuen und ungewohnten Situation in der Tagesstätte besser fertig zu werden.

Puppen für behinderte Kinder und Menschen –
institutionelle Integration und Inklusion
In einem amerikanischen Programm, initiiert vom »Chapel Hill Training Outreach Project«, wurden so genannte *New-Friends-Puppen* eingesetzt, um den wechselseitigen Anpassungs- und Integrationsprozess von Kindern mit körperlichen Behinderungen und Kindern ohne Behinderungen in Kindergärten und Grundschulklassen zu fördern (Heekin, 1984). Da Kindergartenkinder in der Regel noch keine festen Annahmen und Einstellungen über Menschen mit Behinderungen haben, wollten die Projektinitiatoren die Chance nutzen, frühzeitig positiv getönte Begegnungszusammenhänge zu ermöglichen. Darüber hinaus wurde die Gelegenheit genutzt, auch Erzieher und Lehrer aus Regelschulen über die besonderen Bedürfnisse behinderter Kinder aufzuklären. Dieses New-Friends-Programm wurde 1981 in verschiedenen staatlichen Kindergärten und Grundschulen im Bundesstaat North Carolina in einem Testdurchlauf erprobt. Für dieses Projekt wurden große, stabile Puppen, die verschiedene Formen von Behinderungen aufwiesen, einge-

setzt. Auf diese Weise sollte nicht behinderten Kindern gezeigt werden, wie Kinder mit bestimmten Behinderungen aussehen und sich möglicherweise verhalten können. Bevor ein behindertes Kind neu in die Gruppe kam, setzten die Erzieher die New-Friends-Puppe ein und klärten die Kinder über die spezifische Behinderung des neuen Kindes auf. Beim Eintritt des neuen Kindes in die Institution waren die anderen Kinder auf seine besondere Situation vorbereitet und ihm gegenüber eher positiv eingestellt. Darüber hinaus bestand eine weitere Funktion dieser Puppen darin, gerade auch dem behinderten Kind zu helfen, sich in der Gruppe wohl zu fühlen. Exemplarisch wird von einem Kindergartenjungen mit spastischer Lähmung berichtet, der in einen solchen Regelkindergarten integriert wurde. Als er die New-Friends-Puppe mit Helm sah, reagierte er freudig und spontan: »Er sieht genau so aus wie ich!« Nach Einschätzung der Autorin erwies sich dieses Projekt als erfolgreich, da es die beabsichtigten Integrationsziele zunächst einmal erreicht hat. Ein ganz anderes Beispiel des Einsatzes einer Puppe im Kontext einer Behinderung wird von Senckel und Augusta (1993) beschrieben. Hier geht es um einen geistig behinderten jungen Mann, dessen frühkindliche Beziehungsbedürfnisse nach intensiver körperlicher, symbiotischer Nähe zu seiner Betreuerin zunächst mit Stofftieren als Übergangsobjekten in eine erste Form von Selbständigkeit gelenkt werden konnten. Im weiteren Verlauf gelang es dann, mittels einer weiblichen und später einer zusätzlichen männlichen Puppe Entwicklungsanreize zu setzen, die tatsächlich in eine neue Form von Beziehungs- und Kontaktfähigkeit mündeten.

Funktionen in ästhetischen und medialen Bildungskontexten

Nicht zuletzt bieten sich Puppen bzw. Puppen- und Tierfiguren im Bereich der ästhetischen Bildung und der medialen Sozialisation an. Selbst dann, wenn der Raum bereits virtuell ausgeformt ist, zeigt sich eine unterschiedliche Wirkung, je nachdem, ob Menschen, Puppen oder andere Symbole in dieser Virtualität agieren. Dies ist ja nicht zuletzt ein zentraler Ansatzpunkt für den Einsatz von Puppen im Bereich des Kinderfernsehens.

Puppen im Kunstunterricht

Wegen ihrer Symbolhaftigkeit als Ebenbild des Menschen werden Puppen oft im Kunstunterricht eingesetzt, wenn es um das Thema *Subjekt* geht. So befasst sich ein ganzes Themenheft der Fachzeitschrift »Kunst und Unterricht« (2007a) mit dem Verhältnis von Menschen zur Puppe: »Kreative Transformationen, neue Sichtweisen, Denk- und Handlungsräume eröffnen sich besonders an der künstlerisch-ästhetischen Schnittstelle von Mensch und Puppe, die den didaktischen Schwerpunkt dieses Heftes darstellt« (S. 6). Das Heft ermutigt Kunstlehrer, das Thema Puppe in den Unterricht einzubeziehen. So wurde angeregt, dass Schüler und Schülerinnen sich Kunstwerken aus den verschiedensten Kunstrichtungen – Malerei, Fotografie, Montage, Skulptur, Plastik oder Performance – annähern und sich zu eigenen Umsetzungen des Themas inspirieren lassen. Weiterhin wurden mögliche didaktische Zugänge vorgestellt, mit denen eine kreative Auseinandersetzung des Themas Mensch–Puppe in den verschiedenen Altersstufen im schulischen Kontext gestaltet werden konnte.

In einer späteren Ausgabe dieser Fachzeitschrift wird das Resultat einer solchen Umsetzung im Kunstunterricht vorgestellt (Fischer, 2008). Es handelt sich um das Projekt einer siebten Klasse aus Klagenfurt, in der die Idee der sprechenden Köpfe des Künstlers Tony Oursler, die mittels Projektion animiert wurden, aufgegriffen wurde. Das jeweilige Gegenüber der Schüler war eine Puppe, auf deren Kopf das eigene Gesicht des Schülers projiziert wurde, so dass die Kinder in ein Zwiegespräch mit sich selbst treten konnten. In diesem Zwiegespräch mit der Puppe konzentrierten sich Schüler und Schülerin jeweils auf ein individuelles und persönlich gewähltes Thema. Das Fazit der Lehrerin: »Teilnehmende wie Lehrerin haben in diesem Projekt voneinander gelernt, sich zu vertrauen, genau zu beobachten und zu entdecken« (S. 16).

Puppenfiguren im Fernsehen– medienpädagogische Überlegungen
Sendungen mit Puppen gehören seit langem zur Fernsehkultur für Kinder und der pädagogische Wert von Kinderfernsehsendungen mit Puppen wird im Allgemeinen hoch geschätzt (Götz, 2002). Eine Reihe von Studien zeigen allerdings, dass insbesondere jüngere Kinder oft die emotionale Botschaft von Puppenfiguren im Fernsehen nicht verstehen (Beentjes u. Aquinostraat, 1997). Zudem gibt es das Problem, dass gerade bei Lizenzstofftieren im Fernsehen pädagogische Bewertungen durch erwachsene Medienexperten und der Geschmack bzw. die Vorlieben der Kinder voneinander abweichen. Was Erwachsene als billig und unschön ansehen, finden Kinder, etwa im Fall von Bob, dem Baumeister, cool und lustig (Holler, 2009).

Shalom Fisch (2005) stellte drei Experten aus der Produktion der Fernsehserie »Sesamstraße« die drei folgenden Fragen:
1. Wie kann die Qualität von Sendungen mit Puppenfiguren gesichert werden?
2. Was ist nötig, damit eine Figur wirklich das transportiert, was man mit ihr vermitteln will?
3. Wie können Puppenfiguren im Fernsehen so eingesetzt werden, dass sie ihre pädagogischen Ziele auch erreichen?

Die Antworten lassen sich wie folgt zusammenfassen: Puppenfiguren im Kinderfernsehen haben zwei Hauptaufgaben – zu unterhalten und eine Botschaft zu vermitteln. Der unterhaltende und der erzieherische Inhalt müssen so miteinander verbunden werden, dass die pädagogische Botschaft bei den Kindern ankommt, während sie unterhalten werden. Puppenfiguren müssen Kinder ausreichend »in ihren Bann ziehen«, so dass sie dabei bleiben und schauen, die Botschaft verstehen, verarbeiten und etwas daraus lernen. Sie müssen »die Magie der Kreativität mit der Botschaft auf eine einzigartige Weise verbinden, so dass es nachhaltig wirkt« (S. 47). *Synergie* zwischen Text, Puppen und Puppenspieler ist notwendig, um dieses Ziel zu erreichen. Der Text muss verständlich und altersgerecht formuliert sein. Er muss von Kindern als ehrlich und authentisch erlebt werden und sie emotional, im Inneren bewegen. Die Puppenfiguren, insbesondere die für jüngere Kinder, sollten relativ einfach gestaltet sein, dabei aber so ausdrucksfähig, dass sie eine Reihe von Emotionen vermitteln. Bei der Gestaltung der Puppen sollte »Energie in guten Figuren stecken, die großartige Beziehungen haben, die sich umeinander kümmern, die dem Publikum eine Reaktion entlocken und die es schaffen, dass man sie interessant findet« (S. 47). Die Stärke von Puppenfiguren liegt darin, dass sie einen Schritt weit von der Realität eines Erwachsenen oder eines Kindes entfernt sind und sich gerade deswegen Einiges erlauben können. Ein Kind, das so egozentrisch wie Elmo wäre, wäre nicht so liebenswert. Ein Kind, das vom Kekse-Essen so besessen wäre wie das Krümelmonster, würde einem sehr schnell auf die Nerven gehen. Eine Figur, die etwas abstrakter, aber noch menschenähnlich genug ist, bietet hingegen sehr viele Möglichkeiten für Identifikation und Abgrenzung, sie hilft bei der Entfaltung von Humor und erlaubt einem Kind, eben auch auf Distanz zur Figur gehen zu können.

Zudem müssen kulturelle bzw. kulturspezifische Merkmale und Besonderheiten ebenfalls berücksichtigt werden. Puppenfiguren müssen sozusagen durch das Prisma einer Kultur gesehen werden. Bei der ägyptischen Koproduktion der Sesamstraße trägt beispielsweise eine Figur ein farbenfrohes, gestepptes Gewand, das an die farbigen Muster der früheren Nomaden erinnert. »Die Entwicklung der Art und Weise, wie eine Puppe aussehen sollte, sollte die Diskussion darüber reflektieren, wer wir sind oder welche Modelle und Vorbilder wir für unsere Kinder entwickeln wollen« (S. 49). Schließlich muss der Puppenspieler die Puppe in eine mehr oder weniger liebenswerte und in jedem Falle überzeugende Figur verwandeln. Dazu gehört neben der Beherrschung der Technik eine Art magische Chemie zwischen Figur und Spieler. Der Puppenspieler muss sich mit der Figur verbunden fühlen und dann die vorhandenen technischen Möglichkeiten benutzen, um authentische Emotionen zu vermitteln. Das Fazit: Wenn die Qualität von Puppenfiguren im Fernsehen gesichert wird, bieten diese eine ausgezeichnete Möglichkeit, pädagogische Botschaften zu vermitteln.

Ganz ähnlich argumentiert auch Wes Anderson, der Regisseur des Films »Der fantastische Mr. Fox«, der als ein Stop-Motion-Animationsfilm gedreht wurde, in dem Puppen von Puppenspielern geführt wurden, um eine besondere Form beseelter Animation der Tierpuppen-Protagonisten zu erreichen (Rutenberg, 2010).

Abbildung 13: Paula Modersohn-Becker (1876–1907),
»Mädchen mit Puppe« (um 1903)

Erkenntnisgewinnung und Zugänge zur inneren Welt von Kindern

»Ja, gewiß, jetzt begriff er, daß Kinder Puppen so liebhatten, weil sie sich verwandeln konnten. Und verwandelt hatte sie sich wirklich, diese Puppe. Sie war ein König gewesen und hatte mit einer Krone auf dem Kopf dagesessen, und sie war das kleine Mädchen des Droschkenkutschers gewesen und hatte mit piepsender Kinderstimme gesprochen. Sie hatte vor gar niemandem Respekt. Sie war Mutter selbst gewesen, wie sie da hinter ihrem Ladentisch stand und Äpfel und Apfelsinen verkaufte, und sie war all die Frauen und Dienstmädchen gewesen, die in den Keller kamen, um einzukaufen. Was hatten sie damals für gute Tage im Obstkeller gehabt, er und die Puppe.«

Selma Lagerlöf, »Ein Emigrant«, 1974, S. 241

Zugänge zur kindlichen Weltanschauung

Das kindliche Puppenspiel ist von Erwachsenen bereits seit langem sowohl intuitiv als auch mit »pädagogischem Blick« als eine Art Diagnostikum der seelischen Befindlichkeit des Kindes genutzt worden. »Vergesst es doch nie, dass Spiele der Kinder mit toten Spielsachen darum so wichtig sind, weil es für sie nur lebendige gibt und eine Puppe so sehr ein Mensch ist«, mahnt Jean Paul (1807/1975, S. 605) und fordert die Erwachsenen auf, kindgemäße Umwelten zu schaffen, die die Kinder beseelen können und es den Erwachsenen in der Beobachtung der Kinder beim Spiel ermöglichen, ein Stück von der kindlichen Weltanschauung zu erhaschen. Seit sich gegen Ende des 19. bzw. zu Beginn des 20. Jahrhunderts mit dem Buch »Seele des Kindes« von William Thierry Preyer (1882) und den grundlegenden Veröffentlichungen von William Stern (1914) und Karl Bühler (1918) eine wissenschaftliche Kinderpsychologie etabliert hatte und zudem, beispielsweise von Anna Freud, die ersten kinderpsychoanalytischen Erkenntnisse veröffentlicht wurden (Freud, 1927), spielten auch immer Fragen des Zugangs zur inneren Erlebniswelt des Kindes eine zentrale Rolle. Das führte dazu, dass bereits in den ersten Dekaden des 20. Jahrhunderts Kinderpsychotherapie und Spieldiagnostik Hand in Hand gingen (Ermert, 1997). Dabei hat in den deutschsprachigen Ländern insbesondere der Scenotest (Staabs, 1940/1964) als ein bis in die Gegenwart populärer Spieltest einen vorrangigen Stellenwert eingenommen. Zum Scenotest gehören neben vielfältigem Material (Tiere, Klötze, Möbel, Haushaltsgegenstände etc.) auch insgesamt 16 biegsame Puppen beiderlei Geschlechts und unterschiedlichen Alters, mit denen die spielenden Kinder Familienszenen und somit ihr soziales Bindungs- und Beziehungsgefüge darstellen können. Hier kommt insbesondere den Puppenfiguren eine hohe Bedeutung für den Einblick in das kindliche Erleben zu.

Auch in den angloamerikanischen Ländern wurden Puppen ab den 1940er Jahren als Erkenntniswerkzeuge für Erwachsene genutzt, das heißt als Zugangsmöglichkeit zu den inneren Welten von Kindern. Man hatte erkannt, dass die kontrollierte und gezielte Beobachtung von Kindern beim Puppenspiel wichtige Aufschlüsse über deren Verhalten, Erleben und subjektive Wahrnehmungen ermöglichte. In dieser Funktion stellen Puppen – und teilweise auch Kuscheltiere – ein wichtiges Kommunikationsbindeglied zwischen Kindern und Erwachsenen dar und erlauben somit den Erwachsenen einen Zugang zu dem für sie nicht immer verständlichen Innenleben und der Eigenlogik von Kindern.

Die erste, in angloamerikanischen Fachkreisen interessiert zur Kenntnis genommene wissenschaftliche Arbeit, die in diesem Sinne Puppen eingesetzt hat, stammt von Robert R. Sears aus dem Jahr 1947, in der er sich mit einer bestimmten Untersuchungsmethodik, nämlich dem »Dolls' House Play«, dem Spiel mit einem Puppenhaus, auseinandersetzte. Im »Dolls' House Play« (später als DHP abgekürzt) erhalten Kinder eine Sammlung von Puppen in einem Puppenhaus, mit denen sie frei spielen können. Diese Puppen stellen – ähnlich wie im Scenotest – Mitglieder einer Familiengruppe dar, die aber nicht unbedingt der Familie des Kindes entsprechen muss, sondern zunächst einfach nur generell das System Familie repräsentiert. Sears interessierte sich zum einen dafür, inwieweit die Eigenschaften der Puppen zusammen mit dem vorgegebenen Zubehör das Spielverhalten der Kinder beeinflussten, und zum anderen für intersubjektive Phänomene, die in und aus der Beziehung zwischen spielendem Kind und dem Untersucher entstehen können. So war er darum bemüht, mögliche Einflüsse, sprich: Eigen- und Gegenübertragungsphänomene (Heuft, 1990), des Untersuchers auf das Spielverhalten zu erfassen, wie beispielsweise die Auswirkungen der Vorstellungen und Projektionen seitens des Untersuchers oder auch die Interaktions- und Beziehungsdynamik zwischen Kind und Untersucher. Auch wenn es sich hier noch weitgehend um eine beschreibende und keine experimentelle Untersuchungsanordnung handelte, legten die gewonnenen Erkenntnisse doch den Grundstein für Weiterentwicklungen in diesem Bereich. Insofern sind die verschiedenen Einsatzmöglichkeiten des Puppenspiels seit dieser Zeit sowohl unter methodischen als auch inhaltlichen Aspekten weiter differenziert worden.

Zu den einschlägigen Untersuchungsinstrumenten, die den Anspruch erheben, mittels ihres Einsatzes wichtige und spezifische Erkenntnisse über Verhalten, Erleben und subjektive Wahrnehmungen von Kindern gewinnen zu können, gehören beispielsweise die MSSB (MacArthur Story Stem Battery), die Mixed MSSB, Teddy Bears' Picnic, das Attachment Doll-Play Interview, die Incomplete Doll Story Procedure sowie das bereits erwähnte DHP. Eine informative Darstellung des Einsatzes dieser verschiedenen Instrumente im Vergleich kann bei Woolgar (1999) nachgelesen werden. In der Zusammenschau wird deutlich, dass mittels dieser verschiedenen Methoden eines entweder freien oder auch stärker strukturierten Puppenspiels Auskünfte und Einblicke in unterschiedlichste Bereiche und Ausschnitte des kindlichen Erlebens und der Lebenswelt von Kindern durchaus möglich sind. So geht es beispielsweise um die kindliche Sichtweise und das Verständnis von familiären Beziehungen und Rollen (Kotaskova, 1971; Laible, Gustavo, Torquati u. Ontai, 2004; Mueller u. Tingley, 1990; Ucko u. Moore, 1964), um Bindungsstile (Lim, 2005; Steele, Hodges, Kaniuk, Hillman u. Henderson, 2003; Venet, Bureau, Gosselin u. Capunano, 2007), Moralverständnis (Woolgar, Steele, Steele, Yabsley u. Fongay, 2001), um Beziehungen zu Gleichaltrigen (Marshall u. Doshi, 1965) und um kindliches Konfliktverhalten auf dem Hintergrund ethnischer und interkulturelle Unterschiede (Petrowski, Joraschky, Juen, Benecke u. Cierpka, 2009). Darüber hinaus wird das Spiel mit Puppen genutzt, um ein besseres Verständnis über Verhaltensstörungen, insbesondere über Aggressivität bei Kindern, zu erhalten (Mueller, 1996; Murray, 2007; Tallandini, 2004). Obwohl die Grenzen und Möglichkeiten dieser verschiedenen Instrumente immer wieder kritisch diskutiert werden, scheinen sie dennoch bei bestimmten Fragestellungen ihre Aufgabe als »Erkenntniswerkzeug« der Erwachsenen für kindliche Befindlichkeiten hinreichend zu erfüllen. So wundert es nicht, dass in Studien, die aus diagnostischen Zwecken bzw. aus Gründen eines kindgemäßen Zugangs zur Innenwelt von Kindern ganz gezielt mit Puppen und Puppenspielvorgaben arbeiten, in der einschlägigen Fach- und Forschungsliteratur durchaus stark vertreten sind.

Kinder als Zeugen

Wenn, wie postuliert, der Einsatz von Puppen es Erwachsenen erlaubt, einen weitgehend verlässlichen Einblick in die für Erwachsene nicht immer leicht verständliche innere Welt des Kindes zu erhalten, dann scheint es auf den ersten Blick naheliegend zu sein, bei der Befragung von Kindern als Zeugen mit Puppen als Erinnerungshilfen zu arbeiten und Puppen auf diese Art wiederum als Erkenntniswerkzeuge einzusetzen. Im Rahmen von Strafverfahren gingen professionelle Ermittler lange Zeit von der Annahme aus, dass, wenn ein Kind sprachlich oder emotional (noch) nicht reif genug ist, um erlebte bzw. beobachtete Erlebnisse zu verbalisieren, Puppen an seiner Statt sprechen können. Konkret bedeutet das, dass Kinder, die im Kontext von Ermittlungsverfahren mögliche Straftaten oder Vergehen bezeugen könnten, Puppen als Anregung zur Verfügung gestellt bekommen, um erlebte oder beobachtete Ereignisse mit diesen Werkzeugen einerseits indirekt, andererseits aber auch möglichst realistisch darzustellen.

Obwohl ein solches Vorgehen zunächst plausibel erscheint, bleiben dennoch eine ganze Reihe von Fragen nach dem Sinn, der Effektivität und dem Wahrheitsgehalt beim Einsatz von Puppen als Erinnerungshilfen offen. Denn: Kann man grundsätzlich davon ausgehen, dass kindliche Aussagen im Kontext eines Puppenspiels wahrhaftiger sind als ohne diese Form der stimulierenden Vorgabe? Interessanterweise wird in einer Reihe von Studien, in denen verschiedene Befragungsmethoden kombiniert wurden, darauf verwiesen, dass der Stellenwert von Puppen als Erinnerungshilfen trotz aller Plausibilität durchaus auch kritisch zu hinterfragen ist (DeLoache, 1995; Lindberg, Chapman, Samsock, Stuart u. Lindberg, 2003; Lohaus,1986; Paus-Haase, Süss u. Lampert, 2001). So wird vermutet, dass insbesondere zwei Faktoren für das Scheitern des Einsatzes von Puppen als Erkenntniswerkzeug bei der Befragung von kindlichen Zeugen verantwortlich sein können:
1. die Funktion von Erinnerungen und
2. das Wesen der Puppe selbst.

Zu 1.: So sind Erinnerungen grundsätzlich stark beeinflussbar, suggestibel und unterliegen zumeist immer gewissen Verzerrungen. Dies gilt gerade auch für die Erinnerungsrekonstruktion bei Kindern (Pezdek u. Taylor, 2000), denn die Art der Befragung, die Beziehung zwischen dem Kind und dem Interviewer, die Frage, welche (Vor-)Informationen gegeben werden, der Aspekt, wie und von wem Fragen gestellt werden, die gegenwärtige Verfassung des Kindes, der Einfluss früherer

Erfahrungen usw. – all dies sind Faktoren, die die Produktion bzw. Reproduktion von Erinnerungen beeinflussen (vgl. Lindberg et al., 2003).

Zu 2.: Wichtiger aber für die hier interessierende Fragestellung ist die Rolle der Puppe in diesem Zusammenhang. Man kann davon ausgehen, dass insbesondere jüngere Kinder, auf die ja solche indirekten und behutsamen Befragungsmethoden ausgerichtet sind, den eigentlichen Sinn der Puppen in solchen Kontexten nicht wirklich verstehen. Kinder unter vier Jahren verstehen in der Regel nicht, dass die Puppe in dieser Situation als Spiegelbild des Kindes oder eines anderen Menschen fungieren soll (DeLoache u. Marzolf, 1995). Laborstudien, in denen die Erinnerungsrekonstruktionen von Kindern mit und ohne Einsatz von Puppen verglichen wurde, verweisen darauf, dass Kinder in Situationen mit Puppen zwar oft mehr Details als bei Abwesenheit von Puppen generieren, dass aber die im Spiel mit den Puppen erzeugten Informationen weitaus häufiger falsch sind (Lohaus, 1986; Thierry, Lamb, Orbach u. Pipe, 2005). Statt die Puppen als ein Ausdrucksmittel für nicht verbalisierbare, aber real erlebte Erfahrungen zu nutzen, neigen gerade jüngere Kinder oft dazu, einfach mit den Puppen zu spielen und somit eine neue Realität zu konstruieren. Interpretiert man dieses Ergebnis puppenimmanent, dann könnte man sagen: Auf Grund ihres Wesens eignen sich gerade Puppen nicht für die Funktion eines vorgeblich objektiven Werkzeugs. Eine Puppe ist eben *kein* neutrales Objekt, das unvoreingenommen und überall einsetzbar ist, sondern ist in ihrem So-Sein immer eine Projektionsfläche für Wünsche, Bedürfnisse, Gefühle und Fantasien. Sie ist besetzt mit den persönlichen Inhalten, denen in der aktuell gegebenen psychischen Verfassung Valenz zukommt. Puppen spiegeln in diesem Sinne keine neutrale objektive Realität wider, sondern eine hoch persönliche, subjektive innere Realität. Da Puppen darüber hinaus auch für Erwachsene eine Projektionsfläche darstellen, spielen in solchen Ermittlungs- und Befragungskontexten zusätzlich die Annahmen und Hypothesen der Interviewer eine zentrale Rolle. Kinder nehmen oft – bewusst oder unbewusst – die Vorstellungen und unausgesprochenen Vermutungen ihres erwachsenen Gegenübers wahr und sind bemüht, diesen Erwartungen durch ihr demonstriertes Spielverhalten zu entsprechen.

So kann man konstatieren, dass, wenn Puppen bei der Befragung von kindlichen Zeugen eingesetzt werden, sich die projizierten persönlichen Konnotationen von Fragern und Befragten vermischen und in ein komplexes, nicht unbedingt immer durchschaubares Interaktions- und Beziehungsprodukt transformiert werden, das eine nicht mehr entwirrbare Gemengelage der verschiedenen Realitätsebenen darstellt: Innerhalb solch hoch sensibler Kontexte kann das Spiel mit Puppen nicht als eindeutig zu interpretierende Reproduktion einer erlebten äußeren Realität bewertet werden.

Anatomische Puppen

Eine spezifische Form der kindlichen Zeugenbefragung findet auch im Kontext des Verdachts auf sexuelle Gewalt statt. So wurden und werden *anatomische Puppen* gleichfalls als Erkenntnisinstrumente im Rahmen solcher spezifischen traumatischen kindlichen Erfahrungskontexte eingesetzt. So erschien zum ersten Mal Mitte der 1980er Jahre diese besondere Gattung der Kategorie Erkenntnispuppe. Anatomisch korrekte bzw. anatomisch ausgebildete Puppen (so ein weiterer Fachterminus für diese Art von Puppen) sind Puppen mit Genitalien, die bei Verdacht auf sexuellen Missbrauch in der Befragung von Kindern eingesetzt werden (Fegert u. Mebes, 1993). Die anatomischen Puppen dienten dabei als ergänzendes realistisches Ausdrucksmittel im Rahmen der Aufklärungs- bzw. Aufdeckungsarbeit und wurden vor allem bei der Befragung von jüngeren Kindern als Kommunikationshilfe eingesetzt, um Details der Erfahrung sexueller Gewalt so realitätsgetreu wie möglich wiedergeben zu können.

Das Konzept der anatomischen Puppe gewann sehr schnell an Popularität und war bald aus der Arbeit mit sexuell missbrauchten Kindern »nicht mehr wegzudenken« (S. 21). Allerdings wurden nach der anfänglichen Begeisterung für diese Puppen bald auch kritische Fragen laut. So wurde hinterfragt, ob anatomische Puppen wirklich die Informationen, nach denen gesucht wird, evozieren oder ob möglicherweise andere Faktoren eine bedeutsamere Rolle spielen. Bereits Ende der 1980er und Anfang der 1990er Jahre gab es zahlreiche wissenschaftliche Studien sowohl über Möglichkeiten als auch über Grenzen des Einsatzes solcher Puppen. Die Diskussion blieb kontrovers. Einige dieser Arbeiten verteidigen vehement Sinn und Zweck der Verwendung anatomischer Puppen als Erkenntniswerkzeuge, andere schätzen sie nicht nur als ineffektiv, sondern sogar als kontraproduktiv ein (beispielsweise Fegert u. Mebes, 1993; Cronch, Viljoen u. Hansen, 2006; Thierry et al., 2005).

Letztlich erwies sich der Einsatz dieser Puppen, ähnlich wie es auch bei der Verwendung von (unspezifischen) Puppen in Befragungen von Kinderzeugen der Fall war, besonders bei jüngeren Kindern als problematisch. Während ältere Kinder den Sinn dieser Puppen offensichtlich verstehen und sie als eine plastisch-konkrete Ergänzung zu den sprachlichen Ausdrucksformen nutzen, tendieren jüngere Kinder dazu, mit diesen Puppen genau wie mit anderen Puppen einfach zu spielen. So können die anatomischen Details der Puppen jüngere Kinder zur Exploration im Spiel anregen, was – möglicherweise fälschlich – als Hinweis auf die Erfahrung von sexueller Gewalt und Missbrauch verstanden wird. Statt den Realitätsgehalt zu klären, führt der Einsatz der anatomischen Puppe häufig zu Verwirrung und zur Verzerrung der Wahrnehmung. Die daraus gezogenen Schlussfolgerungen können sich in der Folge dann als fatal erweisen und zu Missverständnissen, Fehlaussagen oder falschen Schuldzuweisungen führen, kurzum: zum Missbrauch des Missbrauchvorwurfs (Cronch et. al., 2006; Spiegel-Archiv, 1997).

Die Verwirrung, die die anatomische Puppe hervorrief, war häufig das Resultat einer Fehlkommunikation zwischen den Vorstellungen von Erwachsenen und denen von Kindern. Oder anders gesagt: Wieder einmal wurde deutlich, dass die Wirkung des Wesens der Puppe unterschätzt bzw. fehl eingeschätzt wurde. So scheiterte letztendlich das Konzept der anatomischen Puppe, weil sich das So-Sein der Puppe als Projektionsfläche kindlicher Fantasien gegen eine eher vordergründige Realitätsannahme der Erwachsenen durchsetzte. Oder noch pointierter formuliert: Im Konkurrenzkampf zwischen den Vorstellungen von Erwachsenen und dem Wesen der Puppe gewann die Puppe. In diesem Sinne stellt das Scheitern der anatomischen Puppe als Erkenntniswerkzeug über kindliche Innenwelten für die Puppenforschung eine Art Sieg dar. Denn: Da, wo die anatomische Puppe ihr ursprüngliches Ziel verfehlte, erreichte sie ein anderes: die Erkenntnis über die große Macht und Bedeutung der Beziehung zwischen dem Kind und seinem intersubjektiven Objekt Puppe.

Abbildung 14: Mädchen auf der Flucht mit Puppe im Arm

Therapeutische Begleitung und Lebenshilfe

»[…] mein Vater sagte mir, dass wir eine ganz weite Reise machen müssen und nicht wiederkommen können. Ich könnte deshalb auch nur eine Puppe mitnehmen, die ich selber tragen müsse. Mein Vater hatte die ›Nanni‹, eine sperrige Celluloid-Puppe (Schildkröt), in der einen Hand und eine weiche Babypuppe in der anderen Hand. Ich wusste so schnell nicht, welche ich wählen sollte. Ich schaute meinen Vater an […]. Er sagte nichts, aber ich sah, dass seine Augen unendlich traurig waren. Ich wollte lieb zu ihm sein und dachte blitzschnell, dass die etwas sperrige Puppe ein Geschenk von ihm für mich […] war. Schnell wählte ich die ›Nanni‹ zum Mitnehmen, weil ich glaubte, dass ich ihm damit eine Freude machen könnte.«

70-jährige Teilnehmerin eines Projekts über kriegsbedingter Vaterlosigkeit, in Barbara Stambolis und Insa Fooken, »Vaterlosigkeit in vaterfernen Zeiten«, Materialien, 2011

Puppen und Kuscheltiere werden in vielen unterschiedlichen Bereichen und Settings eingesetzt, wobei die Grenze zwischen reinen Erfahrungsberichten und stärker auf Forschung hin ausgerichteten Anätzen nicht immer klar zu bestimmen ist. Bereits bei der Betrachtung von Puppen und Kuscheltieren als Übergangsobjekte wurde darauf verwiesen, dass es zu deren Hauptfunktionen gehört, zu beruhigen, Angst und Aufregung zu mildern sowie Stress zu reduzieren. In seiner Natur als Projektionsfläche bietet das Übergangsobjekt Kindern – aber auch erwachsenen Personen – eine Möglichkeit der psychischen Verortung von inneren Bedürfnissen, Wünschen und Ängsten. Darüber hinaus spielt das Übergangsobjekt eine wichtige Vermittler- und Unterstützerrolle während Übergangsphasen und Zeiten von Identitätsbedrohung im Lebensverlauf. Unter Bezugnahme auf diese Funktionen kann man davon ausgehen, dass sich Puppen und Kuscheltiere in verschiedenen heilpädagogischen, therapeutischen und klinischen Kontexten als hilfreich erweisen (Blajan-Marcus, 1983; Schubert, 1983). Sie wirken als Trostspender in Krisensituationen, bei der Bewältigung von Trauer und Verlust oder bei der Verarbeitung bedrohlicher Krankheiten.

Im Folgenden sollen eher exemplarisch als systematisch verschiedene Erfahrungsbereiche, Einsatz- und Anwendungsmöglichkeiten, mögliche Fragestellungen, besondere Settings und Zielgruppen – ohne Anspruch auf Vollständigkeit – skizziert werden. In der Regel sind dies eindrückliche Zeugnisse für die Wirkung von Puppen und Kuscheltieren gerade unter den Vorzeichen von Risiken, Gefährdungen, Kummer, Verlust, Leid und Trauer.

Angstbewältigung, Trennungs- und Verlustbearbeitung

Jede Beziehung zwischen einem Kind (bzw. einem Mensch) und einer Puppe oder einem Kuscheltier ist zumeist immer in gewisser Weise therapeutisch: Das Kind erfährt hier Beruhigung, Trost, Hilfe beim Abreagieren negativer Gefühle oder kann unausgesprochene bzw. unaussprechbare Bedürfnisse, Wünsche und Fantasien ausdrücken. Daher werden Puppen und Kuscheltiere nicht zuletzt wegen ihrer Wirkung und Bedeutung als Projektionsfläche und Kommunikationsträger oft im Rahmen therapeutischer Behandlungen gezielt eingesetzt. Darüber hinaus erweisen sie sich gerade auch für diagnostische Zwecke zur Abklärung verschiedenster Problemlagen und Störungsbilder als hilfreich. Das Einsatzspektrum von Puppen und Kuscheltieren im therapeutischen Bereich ist relativ groß, aber auch unübersichtlich, und die verschiedenen theoretischen Orientierungen und Schulen gehen unterschiedlich mit dem Einsatz von Puppen um. Dennoch lassen sich gewisse grundlegende Gemeinsamkeiten und Übereinstimmungen bestimmen.

So betrachtet beispielsweise Erik H. Erikson (1979) Spielen als ein probates Mittel, das Kindern in der Regel auch zur Verfügung steht, um erfahrene Traumata durchzuarbeiten und Krisen zu bewältigen. In der Auseinandersetzung mit solchen psychosozialen Krisensituationen helfen gerade Puppen und Kuscheltiere in einer spezifischen Art und Weise, denn sie sind verfügbare und zudem handfeste Objekte, mit denen ein Kind sich identifizieren und in Beziehung treten kann. Puppen oder Kuscheltiere bieten in kindgemäßer Weise eine Fläche, auf die Kinder ihre Gefühle projizieren und Konflikte übertragen können (Gauda, 2001; Webb, 1999). Gelingt eine solche Übertragung und findet sozusagen eine therapeutische Beseelung statt, dann können Puppe oder Kuscheltier zu einem wichtigen Bestandteil bzw. zu einflussreichen Partnern im therapeutischen Prozess werden. Dies trifft sowohl für den Einzelfall als auch für Gruppenprozesse zu (Ammon, 1983).

Dabei dienen Puppen in solchen therapeutischen Beziehungen nicht nur als Kommunikationsmittel, sie bieten dem Kind auch Schutz – Kinder können sich sowohl durch die Puppe mitteilen als auch hinter ihr verstecken (Bratton u. Ray, 1999). Es entstehen Spiel-Räume, in denen Handpuppen als therapeutische Helfer vielfältige Funktionen einnehmen können (Retzlaff, 2008). So können im therapeutischen Kontext Puppen oder Kuscheltiere dem Kind als Freund beistehen, es stärken und ermutigen oder auch als Lehrer auftreten, der einem Kind nützliche Bewältigungsstrategien vermittelt. Darüber hinaus können Puppen als erfolgreiche Rollenmodelle fungieren, zum Beispiel dann, wenn die Puppe oder das Kuscheltier eine für das Kind Angst erzeugende Situation erlebt (bzw. überlebt) und ihm vormacht, wie man solche Situationen meistern kann. Ein solches Bewältigungsverhalten kann wieder und wieder durchgespielt werden, bis das erwünschte Ergebnis erreicht ist (Webb, 1999).

Die folgenden Fallbeispiele verdeutlichen in anschaulicher Weise, wie Puppen als Ko-Therapeuten in verschiedenen kritischen Situationen unterstützend und hilfreich sein können.

Angstüberwindung
Das Beispiel stammt aus einem Beitrag von Danger (2003) und wird hier leicht modifiziert übernommen. Die Ausgangssituation:

> Anna hat Angst. Jedes Mal, wenn ihre Mutter sie zum Kindergarten bringt, hat sie Angst, dort zu bleiben. Sie will nicht ohne ihre Mutter sein. Aber Annas Angst ist neu. Vor dem Anschlag auf das World Trade Center am 11. September 2001 ging sie gern in den Kindergarten. Jetzt möchte sie ihre Mutter, die am Flughafen arbeitet, nicht mehr aus den Augen lassen.

Die Behandlung bestand aus einem fünfwöchigen therapeutischen Spielangebot, in dem eine Puppe zum Einsatz kam. Im Spielzimmer gab es einen Tisch, bestückt mit Puppen und Puppenmöbeln, die der Situation zu Hause und im Kindergarten entsprachen. Die Therapeutin erzählte Anna zunächst, dass die Zeit im Spielzimmer eine ganz besondere »Geschichtenzeit« für Anna wäre, und spielte dann Annas Tagesablauf und den ihrer Mutter mit den Puppen vor:

»Hier ist ein Mädchen namens Anna. Anna liegt im Bett. Da kommt ihre Mutter ins Zimmer und ruft: ›Anna, Zeit aufzustehen!‹ Anna und ihre Mutter frühstücken zusammen in der Küche. Danach fahren sie zum Kindergarten. (Mädchen- und Mutterpuppe steigen in ein Spielzeugauto und fahren ein paar Mal um den Tisch herum.) Anna und ihre Mutter kommen beim Kindergarten an. Sie gehen zusammen hinein. Oh, da kommt Annas beste Freundin Maria und fragt, ob Anna mit ihr spielen möchte! ›Viel Spaß beim Spielen, Anna‹, sagt Annas Mutter und gibt ihr einen dicken Kuss. Anna geht in den Raum mit Maria. Annas Mutter steigt in ihr Auto und fährt zur Arbeit. […] Eine Weile später kommt Annas Mutter wieder, um sie abzuholen. ›Hast du einen schönen Tag gehabt?‹, fragt sie Anna. ›Ja!‹, sagt Anna.«

Die Intervention dauerte fünf Minuten. Danach konnte Anna zehn Minuten lang mit anderem Spielzeug im Zimmer frei spielen. Nach ihrem anfänglichen Wunsch, die Puppen und das Spielgeschehen selbst zu kontrollieren, fühlte sich Anna zunehmend wohler und entspannter in dieser therapeutischen Situation. Manchmal steuerte sie Kommentare bei oder bezog eine andere Puppe mit in das Geschehen ein, aber meistens hörte sie der Therapeutin ruhig zu und zeigte sich während des Spielens der Geschichte freudig gestimmt. In dieser ritualisierten Form wurde der Tagesablauf fünf Wochen lang jedes Mal wiederholt. Danach ging Anna wieder ohne Angst in den Kindergarten.

Posttraumatische Belastungsstörungen:
Wenn ich gut für dich sorge, geht's mir auch gut
Eine wirksame Einsatzmöglichkeit von Puppen in der therapeutischen Arbeit mit Kindern, die an einem Posttraumatischen Belastungssyndrom (PTBS) leiden, findet sich bei Cole und Piercy (2007), die die Konzeption eines solchen Programms samt einer detaillierten Beschreibung der Intervention sowie der Entwicklung eines persönlichen Versorgungsprogramms beschreiben. Ausgangspunkt ihrer Überlegungen war die Tatsache, dass insbesondere jüngere Kinder im Altersbereich zwischen etwa drei und sechs Jahren, die eine traumatische Erfahrung zu verarbeiten haben, mit anderen Methoden oft schwer zu erreichen sind. Dabei wissen gerade Eltern oft nicht, wie sie ihrem Kind helfen können. In der von Cole und Piercy beschriebenen Intervention wird dem Kind eine Puppe oder ein Kuscheltier mit dem Namen des Kindes überreicht und eine Erläuterung bzw. Instruktion gegeben: Ihm wird gesagt, dass diese Puppe (bzw. dieses Kuscheltier) eine ganz besondere Macht bzw. Kraft besitze. Nun sei aber die Puppe verletzt worden und habe einfach noch viel Angst. Wenn sich die Puppe wieder sicher fühlen würde, dann bekäme sie ihre Kraft zurück und könne all das machen, was das Kind gern hätte. Die Aufgabe des Kindes sei es nun, für diese Puppe zu sorgen und ihr zu helfen, sich wieder sicher zu fühlen. Wenn sich die Puppe wieder geschützt und geborgen fühle, dann könne sie auch die bösen Träume des Kindes verscheuchen.

Mit der Vorgabe eines solchen Settings erstellen die Eltern gemeinsam mit dem

Kind eine Art Versorgungsprogramm für die Puppe: Was braucht die Puppe, um sich sicher zu fühlen? Vielleicht möchte die Puppe, dass das Kind unter sein Bett schaut, bevor sie beide schlafen gehen? Vielleicht möchte die Puppe zuschauen, wenn die Eltern die Fenster und Türen nachts abschließen? Vielleicht mag die Puppe es besonders, wenn das Kind sie hält, tröstet und ihr versichert, dass sie sie lieb hat? Dabei wird dieses Versorgungsprogramm für die Puppe in jedem Fall den individuellen Bedürfnissen und Umständen des traumatisierten Kindes angepasst. Durch die Identifizierung mit der Not der Puppe und durch das fürsorgliche Verhalten gegenüber der Puppe wird das Kind somit zu seinem eigenen Therapeuten.

Begleitung in der Auseinandersetzung mit bedrohlichen Krankheiten und Operationen
Erkolahi (1991) beispielsweise hat Kinder mit einer *chronischen Krankheit* (Diabetes mellitus oder Rheuma) mit nicht chronisch erkrankten Kindern in Bezug auf die Häufigkeit der Verwendung von Übergangsobjekten verglichen. Dabei konnte sie nachweisen, dass
1. Kinder mit einer chronischen Krankheit generell häufiger und länger als gesunde Kinder Übergangsobjekte benutzen, und dass
2. Übergangsobjekte am häufigsten und längsten von Kindern gebraucht wurden, die an Rheuma erkrankt waren.

Dabei war der Teddybär das am häufigsten genannte Übergangsobjekt, gefolgt vom Kuscheltuch oder einem anderen Kuscheltier. Somit scheinen gerade für chronisch erkrankte Kinder diese Lieblingsobjekte als wichtige Trostspender, Begleiter und Helfer in der Auseinandersetzung mit der Krankheit besonders geeignet.

Auch bei der Vorbereitung von Kindern auf *operative Eingriffe* und die nachfolgenden Prozesse der Regeneration und Erholung werden häufig Handpuppen erfolgreich eingesetzt (Linn, 1977, 1978; Alger, Linn u. Beardslee, 1985). In solchen Zusammenhängen können Puppen Kindern nicht nur helfen, ihre Ängste und Sorgen zu äußern, sondern sie können auch die Vermittlung praktischer Informationen über den Ablauf der anstehenden Prozeduren unterstützen und somit bei der präoperativen Aufklärung behilflich sein.

Erfahrungen mit dem Einsatz von Kuscheltieren im Krankenhaus finden sich auch im Zusammenhang mit *Borderline-Störungen* (Cardasis, Hochman u. Silk, 1997; Schmaling, DiClementi u. Hammerly, 1994; Stern u. Glick, 1993). Da bei diesem Störungsbild vor allem regressive Bedürfnisse stark ausgeprägt sind und das Verhältnis zum Primärobjekt gestört ist, fungieren insbesondere Kuscheltiere bei diesen Patienten als Trostspender. Somit helfen sie nicht nur bei der Krankheitsverarbeitung der Betroffenen, sondern können auch den begleitenden Therapeuten Informationen über Beziehungskonflikte und Übertragungsphänomene liefern, die dann auch für den therapeutischen Prozess hilfreich sein können (Cardasis et al., 1997).

Vermittlung psychischer Sicherheit im Kontext von Krieg, Flucht und Bedrohung
Obwohl man davon ausgehen kann, dass in der therapeutischen Begleitung von kriegstraumatisierten Kindern höchstwahrscheinlich häufig Puppen und Kuscheltiere eingesetzt werden, wird vergleichsweise wenig darüber veröffentlicht. Eine der wenigen Berichte über den Einsatz von Puppen findet sich bei Ulli Burri-Fey (www.person-zentriert.de; Zugriff am 26.08.2009), die 1999–2000 in einem Spezialkindergarten der Stadt Basel mit Flüchtlingskindern aus dem Kosovo gearbeitet hat. Hier gelang es, mit der Handpuppe Lukas als einem wichtigen Medium erst einmal in einem täglich wiederholten Ritual mögliche Gefühle und Stimmungen der Kinder anzusprechen. Lukas, der im Kindergarten »wohnte«, berichtete von vielen Stimmungsschwankungen, Ambivalenzen und kindlichen Malheure und machte den Kindern spielerisch deutlich, dass man über inneres Erleben sprechen kann. In einer späteren Phase bastelten die Kinder sich jeweils eine eigene Stoffpuppe, die ein kleines Herz bekam und »Beba« genannt wurde. Die Bebas schliefen bei Lukas, wurden morgens sanft von den Kindern geweckt und behutsam danach abgehorcht, ob ihr Herz noch schlägt. Sie beteiligten sich an dem Ritual des Erzählens von nächtlichen Träumen und Ängsten und waren dann auch tagsüber beim Spiel im Freien mit dabei. Über die Identifikation mit den Puppen gelang es somit allmählich, ein Klima gemeinsamen Vertrauens herzustellen, in dem die Kinder wichtige Entwicklungsschritte vollziehen konnten und Wege in eine Art von Normalisierung fanden.

Sowohl in den Medien und als auch in verschiedenen psychotherapeutischen Kontexten wird mittlerweile auch das große Bedürfnis der Generation der Kriegskinder des Zweiten Weltkriegs deutlich, über traumatische Kindheitserlebnisse zu sprechen, die lange Zeit sowohl von der sozialen Umwelt, von einschlägigen Professionellen als auch von den Betroffenen selber beschwiegen wurden (Radebold, Heuft u. Fooken, 2006). So wurde in der ARD eine vierteilige Dokumentationsreihe über Kriegskinder ausgestrahlt, deren dritter Teil nicht von ungefähr den Titel trägt: »Mit dem Teddy auf der Flucht« (ARD, 2009; www.mdr.de/kriegskinder/vierteiler/teil3/; Zugriff am 31.03.2009). Gerade im Zusammenhang mit der Erfahrung von Flucht und Vertreibung spielt die Bewahrung von persönlich bedeutsamen Dingen und Übergangsobjekten eine zentrale Rolle, um trotz des Zusammenbruchs der fundamentalen Lebenszusammenhänge ein Stück Identität, Verortung und Zugehörigkeit zu bewahren. Die in dieser Produktion befragte Zeitzeugin Heidi Hummler, Jahrgang 1934, berichtete davon, dass sie beim Bombenalarm auf ihre Heimatstadt Heilbronn nicht zuerst nach ihren jüngeren Geschwistern griff, die sie »doch wirklich lieb hatte«, sondern instinktiv nach ihrer Lieblingspuppe und ihrem Lieblingsbuch. Ganz anders dagegen kam der ambivalente Charakter von Puppen bei dem 15-jährigen Hitlerjungen Artur Führer, Jahrgang 1929, zum Tragen. Er wurde im April 1945 noch im Nahkampf ausgebildet und berichtete als fast 80-jähriger Mann immer noch fassungslos: »[…] das hat mich unwahrscheinlich erschreckt – da waren Puppen und wir mussten mit dem Bajonett immer in die

Puppen stechen [...] jetzt müssen sie – man soll ja unterscheiden zwischen Puppe und Mensch, aber so unterscheidet man ja auch nicht – so [...] in die Puppen, ich kriegte das gar nicht hin [...].«

In noch einer etwas anderen Weise stellt sich das Thema Kuscheltier im Kurzfilm »Teddybär« des Regisseurs Pedram Zolgadri dar, der im Dezember 2005 in München Premiere hatte: Die neunjährige taubstumme Hannah befand sich mit ihrer Familie zur Zeit der Deportation von Menschen jüdischer Herkunft auf der Flucht. Zu dem Nötigsten, das mitgenommen wurde, gehörte auch ihr Teddybär, den sie über alles liebte, von dem sie dann aber auf der Flucht getrennt wurde. Die Geschichte nahm ihren Lauf. Der Teddy, Protagonist des Geschehens, begegnete in den nachfolgenden 66 Jahren einer Vielzahl von Menschen. Er führte ein bewegtes Leben, bis er Hannah, nun 75 Jahre alt, wieder traf und sie beide (wieder) in ihrer Art miteinander kommunizieren konnten (www.teddybaer-film.com; Zugriff am 31.03.2009).

Auch in einer Ausstellung über Teddybären (Ruhrlandmuseum Essen, 1991), in der nach einem öffentlichen Aufruf die Exponate von Privatpersonen zusammengetragen wurden, finden sich zahlreiche »Kriegsteddybären«, die teilweise selber zu Worte kommen:

»Am Ende des 2. Weltkriegs erblickte ich das Licht der Welt. Eigentlich schäme ich mich etwas wegen meines Aussehens. Im Laufe der vielen Jahre bin ich ganz schlapp geworden. Kopf, Arme und Beine baumeln an mir herum. Auch habe ich nicht so ein schönes Fell wie andere Bären. Dafür kann ich aber nichts, denn ich wurde – ich sage es nicht gerne – aus einem Kindermäntelchen genäht. Es war ja Krieg, und Spielzeug gab es kaum zu kaufen. Aber meine kleine Besitzerin sollte trotzdem ein Schmusetier bekommen. So entstand ich, nur für sie!! Darauf bin ich sehr stolz. Wie lieb hat sie mich all die Jahre gehabt. Auf ihrem dreijährigen Rücken trug sie mich bei der Flucht in ihrem kleinen Rucksack. Zwischen Pantoffeln, Schlafanzug und Strümpfen hatte ich kaum Luft zum Atmen. Aber ich habe überlebt und werde bis heute sehr geliebt. Darüber bin ich sehr glücklich, und das läßt mich mein Aussehen leichter ertragen. Bin ich nicht sogar ein ganz besonderer Teddybär?!« (S. 77).

Bindung und Vermittlung zwischen künstlich getrennten Welten
Am Beispiel der Situation von zu früh geborenen Babys in Inkubatoren beschreibt die Anthropologin Kyra Marie Landzelius (2003), wie eine solche künstliche Umwelt durch die Einbeziehung von Kuscheltieren, denen eine Vermittlerrolle zwischen den Müttern und ihren zu früh geborenen Kindern zukommt, ansatzweise humanisiert werden kann. Landzelius skizziert die möglicherweise zugrunde liegende Psychodynamik folgendermaßen: Die Trennung der Frauen von ihren neugeborenen Babys nach einer Frühgeburt stellt sich nicht zuletzt gerade auch für die Mütter oft als sehr traumatisch dar. Neben der Sorge um die Gesundheit ihrer Kinder leiden sie darüber hinaus unter der körperlichen Trennung von ihren Neugeborenen. Sie

können ihre Babys zwar durch das Glas des Inkubators betrachten, müssen dabei aber zusehen, dass und wie die Neugeborenen – statt durch den Körper der Mutter – von einer Maschine versorgt werden. Die Umgebung, in der die Babys sich befinden, ist steril und in diesem Sinne künstlich und wenig menschlich. Insofern fühlen sich Frauen oft nicht nur ihrem Kind gegenüber vollkommen hilflos, sondern sie erleben sich auch von ihrer Rolle als Mutter sowie als Versorgerin und Beschützerin ihres kleinen Babys abgeschnitten.

Landzelius wollte ursprünglich Krankenhausriten im Umgang mit Frühgeborenen untersuchen. Dabei fielen ihr bestimmte Handlungsabläufe auf, die sie zu genaueren Beobachtungen anregten. So stellte sie fest, dass Mütter (und manchmal auch Väter) häufig kurz nach einer Frühgeburt und der damit einhergehenden Verlegung des Säuglings in einen Inkubator ein Kuscheltier in den Apparat neben das Baby legten. Da aber die Augen von Frühgeborenen oft verbunden sind und ihr Entwicklungsstand es ihnen zumeist gar nicht möglich macht, visuelle oder taktile Kontakte mit dem Kuscheltier herzustellen, schlussfolgert die Autorin, dass die Funktion des Kuscheltiers möglicherweise gar nicht so sehr darin besteht, dem Kind Zuwendung zu geben, sondern eher der Mutter dient, da in dieser Situation das Kuscheltier vor allem multifunktional für die Mutter und ihre Bedürfnisse zu sein scheint. So kann das Kuscheltier in gewisser Weise als ein partieller und temporärer Ersatz für das Kind dienen, weil es, im Gegensatz zum verkabelten »Frühchen«, aus dem Inkubator herausgenommen, gehalten, gestreichelt und auch wieder zurückgelegt werden kann. Zudem signalisieren Kuscheltiere in dieser sterilen Umgebung Wärme, Farbe und Stofflichkeit und können somit eine lebendigere und menschliche Atmosphäre herstellen. Das Kuscheltier kann mit seiner Anwesenheit im Inkubator als eine Art Botschafter der Liebe zwischen Mutter und Baby, zwischen der äußeren Welt und der Binnenwelt des Inkubators fungieren. Es schafft in einem ganz basalen Sinn eine körperliche Verbindung zwischen der Frau und ihrem Kind und bestätigt sie in gewisser Weise als Mutter in ihrer mütterlichen Identität, die sich angesichts der eher unnatürlichen Gesamtumstände oft nur erschwert entwickeln kann. Auch im Todesfall des Kindes kann einem solchen Kuscheltier eine besondere Bedeutung zukommen. Es ist ein Objekt, das in gewisser Weise mit dem Leben des toten Kindes verbunden und beseelt war und ist, das mit nach Hause genommen werden kann und damit eine Art Verbindung zwischen der Mutter und ihrem Baby repräsentiert, sowohl in der Zeit der unmittelbaren Trauer als auch darüber hinaus.

Babywunsch als Problem – Säuglingssimulatoren als Puppenbabys mit Batterie

Baby- bzw. Säuglingssimulatoren sind in den USA entwickelt worden und haben seit geraumer Zeit auch in Deutschland eine relativ große Verbreitung in der pädagogischen Arbeit mit marginalisierten und bildungsbenachteiligten Jugendlichen erfahren (Spies, 2008). Der Säuglingssimulator ist eine selbsttätige Babypuppe, die das Verhaltensspektrum von Neugeborenen realistisch nachahmt. Ein Computerchip sorgt nicht nur für die lebensechte Ausführung von Geschrei, Aufstoßen und ähnliche frühkindliche Äußerungsformen, sondern registriert auch, was mit der Puppe geschieht (beispielsweise ob sie heftig geschüttelt wird). Der Säuglingssimulator ist als männliches und weibliches Baby und in sieben unterschiedlichen Hautfarben verfügbar und kann fünfzehn verschiedene Verhaltensprogramme ablaufen lassen – vom pflegeleichten, schläfrigen Baby bis zum schreilustigen Horror-Baby. Der Säuglingssimulator wird unter anderem in der pädagogischen Arbeit mit jungen, lernbehinderten Mädchen eingesetzt, die sich manchmal der Gefahr aussetzen, ein Baby als Heilung oder Erlösung aus unübersichtlichen und prekären Problemlagen zu betrachten. Im Rahmen eines halbjährigen Elternpraktikums bzw. einer Baby-Bedenkzeit wird den Teilnehmerinnen ein Säuglingssimulator zur Verfügung gestellt, für den sie drei Tage lang, Tag und Nacht, wie eine »richtige Mutter« sorgen müssen.

Um lernbehinderten Mädchen die Realität des Alltagslebens als Mutter eines Säuglings vergleichsweise authentisch nahebringen zu können, entschied sich beispielsweise der Bundesverband zur Förderung von Menschen mit Lernbehinderungen (2002), solche selbsttätigen Puppen einzusetzen. Für diesen Zweck schaffte sich die Dr.-Kürten-Schule, eine Schule für sprach- und lernbehinderte sowie erziehungsschwierige Jugendliche in Hürth, Rheinland, vier solcher Säuglingssimulatoren an. Nach der Erfahrung mit dem (fast) lebensechten Baby-Automaten konnten die Mädchen die Realität des Mutterseins zumeist etwas realistischer einschätzen und waren besser in der Lage, ihre Lebensplanung bezüglich der eigenen Familienplanung zu überdenken. So bekundete ein sechzehnjähriges Mädchen, das zuvor unbedingt ein Baby haben wollte, dass die Zeit mit der Puppe »voll anstrengend« war. »Ich will kein Kind mehr. Ich will zuerst eine Ausbildung machen«, lautete das von ihr gezogene Fazit, und sie war einerseits recht froh, das Computerbaby abgeben zu können. Andererseits stellte sie auch fest: »Aber irgendwas wird mir dann fehlen.« Die wenigen Forschungserkenntnisse in diesem Bereich verweisen darauf, dass grundsätzlich immer viel Ambivalenz im Spiel bleibt und es somit in jedem Fall geboten scheint, den Einsatz von Babysimulatoren verantwortlich vor- und nachzubereiten (Spies, 2008).

Identitäts(rück)gewinnung und Annäherungen an Ich-Integrität im Alter

Auch am anderen Ende der Lebensspanne, wenn in der Lebensphase des Alters intra- und interpersonale Zusammenhänge aus den Fugen zu geraten drohen, wenn Verlusterfahrungen kumulieren und Kontrollüberzeugungen abhanden kommen, wenn Lebenskontexte unübersichtlich werden, können beseelte Puppen und Kuscheltiere eine besondere Wirkung entfalten. Als wegweisend zeigen sich in diesem Zusammenhang die Texte von Hilarion Petzold (1982), der als einer der ersten in der therapeutischen und geragogischen Arbeit mit alten Menschen sowohl in Einzelsituationen als auch in Gruppenzusammenhängen Puppen und Kuscheltiere einsetzte und in eindrücklichen Erfahrungsberichten und Fallgeschichten dokumentierte. Selbst hergestellte Puppen können nach Petzold als Selbst-Puppen sowohl real gegebene Rollenzusammenhänge thematisieren (Realpuppen) als auch symbolische Möglichkeiten des Selbst (Symbolpuppen als alter Weiser, Zauberer, Königin etc.) repräsentieren. Wie in allen Lebensaltern kann auch in der Arbeit mit alten Menschen in der Einzeltherapie durch die Autokommunikation die Selbstexploration angestoßen werden. So kann sowohl *über* die Puppe als auch in einem identifikatorischen Prozess *als* Puppe über sich selbst gesprochen werden. Dabei lassen sich insbesondere Zusammenhänge mit dem im Alter virulenter werdenden Themenkomplex Bewegung, Leiblich- und Körperlichkeit herstellen. Auch in der Gruppenarbeit kann das Geschehen sowohl auf der Ebene der Puppen als auch auf der Ebene der Personen verortet werden. Wie in der Einzelarbeit lassen sich die verschiedenen Puppenspieltechniken einsetzen wie das Doppel- oder Hilfs-Ich, der Rollenwechsel und Rollentausch sowie die Identifkation. Nach Petzold haben sich in der Puppenspielarbeit mit alten Menschen vor allem Lebensbilanzspiele und Symbolspiele bewährt. Der in der Spielsituation entstehende intermediäre Raum mit seiner besonderen Zwischenreich-Atmosphäre regt zum einen dazu an, Situationen aus der eigenen Lebensgeschichte – auch unter Rekurs auf Mitspieler – nachzuspielen und sich dabei noch einmal mit zentralen Entwicklungsthemen (wie Vertrauen, Identifikation, Generativität, Distanzierung) auseinanderzusetzen. Zum anderen erlaubt das symbolische Spiel einen Bezug zum Unbewussten, so dass – jenseits von Rationalität und Bewusstsein – existenzielle Themen wie Sterben, Tod, Jenseits, Glaube, die vor allem im archaischen kollektiven Unbewussten (vgl. Jung, 1933) verankert sind, angesprochen werden, die an unbewusste Ängste und Sehnsüchte alternder Menschen anknüpfen können.

So bietet sich mit diesen bereits in den 1970er und 80er Jahren vorgelegten Erfahrungen gerade auch ein Zugang zur Welt demenziell erkrankter Menschen an, der angesichts der heutigen Realität und Praxis in Alten- und Pflegeheimen wieder verstärkt aufgegriffen werden könnte (vgl. Kolakowski, 2010).

Zur Frage der Sichtbarkeit von Puppen im Kontext von Alter und Krankheit
Im Rahmen der Altenarbeit ist es ein fast selbstverständlicher und zumeist wenig kommunizierter Erfahrungswert, dass in Haushalten und Umwelten älterer Menschen, insbesondere älterer Frauen, oft Puppen und/oder Kuscheltiere anwesend sind und zumeist in einer besonderen Weise präsentiert werden. Somit scheinen auch ältere Menschen Puppen und Kuschelwesen in belastenden bzw. angstauslösenden Situationen als Übergangsobjekte zu nutzen, die helfen können, psychische

Sicherheit herzustellen. Auch wenn diese Sicherheitsspender prinzipiell sichtbar sind, geraten sie aber eher selten in einen bewussten Fokus der Aufmerksamkeit seitens der Außenwelt. Möglicherweise sind Puppen und Kuschelwesen zu sehr mit Kindheit konnotiert, so dass ihre Präsenz bei Erwachsenen tendenziell ausgeblendet wird oder sie nur beiläufig als Nebensächlichkeit wahrgenommen werden. Das mag mit der Gefahr zusammenhängen, gerade im Fall des Spielens mit Puppen als infantil bewertet zu werden. Bei Kuscheltieren hingegen scheint diesbezüglich mittlerweile eine weitaus größere Akzeptanz ihrer Präsenz in erwachsenen Umwelten gegeben zu sein.

In diesem Zusammenhang sei ein zufällig gewonnener Eindruck im Rahmen einer Fernsehsendung genannt, der interessant und – gerade wegen seiner Beiläufigkeit – aussagekräftig erscheint:

> In einem Fernsehbeitrag zur Praxistauglichkeit von Bundestagsabgeordneten wird am 28. September 2009 der Gesundheitsökonom und SPD-Gesundheitsexperte Karl Lauterbach in der Rolle als Pflegehelfer in einem Bielefelder Krankenhaus gezeigt; im Fernsehbeitrag sieht man ihn in einem Krankenzimmer, wo er mit einer älteren Patientin spricht, die sich offen und unbefangen mit ihm unterhält; auf ihrem Nachttisch liegt eine große Babypuppe in einem hellblauen Strampelanzug (www.swr.de/abgeordnet/praxistrest/karllauterbach; Zugriff am 15.09.2010).

So deuten auch einige Fallstudien und Berichte in einschlägigen Fachzeitschriften der Psychosomatik und seelischen Gesundheit an, dass es sich – sowohl aus diagnostischen wie auch aus therapeutischen Gründen – als durchaus sinnvoll und nützlich erweisen kann, im Krankenhausalltag darauf zu achten, welche Kuscheltiere und/oder Puppen in welchen Funktionen auf Nachttischen oder in Betten anwesend sind (Stern u. Glick, 1993; Schmaling, DiClementi u. Hammerly, 1994; Mack u. Viederman, 2000). Selbst in literarischer Form findet sich das Thema: Der schwer verletzte und extrem schüchterne Puppenspieler Sigurd kann nur über seine beiden Handpuppen Balder und Bodil mit der Außenwelt kommunizieren (Bringsværd, 2010).

Verarbeitung eines temporären Zusammenbruchs
Kuscheltiere und Puppen helfen nicht nur Kindern oder erwachsenen Patienten mit unterschiedlichen Formen von Symptomen und Störungen, sie können sich auch bei »normalen« älteren Menschen in der Auseinandersetzung mit Krankheiten und Krisensituationen als hilfreich erweisen. »Nicht ohne meinen Affen!«, so könnte man das von Mack und Viederman (2000) veröffentlichte Fallbeispiel überschreiben, das von der lebenserhaltenden Kraft eines Kuschelaffen für eine ältere Frau in einer emotional hoch belasteten und stark von medizinischen Eingriffen bestimmten Lebenssituation berichtet. Die Autoren schildern die Situation einer 77-jährigen Krankenhauspatientin, die wegen Komplikationen nach einer Speisenröhren-

Operation in Behandlung war. Die Patientin, im Artikel als Mrs. E. bezeichnet, fiel dem Krankenhauspersonal auf, weil sie sich ständig mit einem Kuschelaffen, den sie »Jim« nannte, unterhielt. In diesem Zusammenhang war in der Anamnese vorab abgeklärt worden, dass bei der Patientin bislang keinerlei psychiatrische Erkrankungen aufgetreten waren, so dass es sich für Außenstehende erst einmal nur um ein mehr oder weniger skurriles Verhalten handelte.

Allerdings hatte Mrs. E. in der Zeit vor ihrer Operation eine ganze Reihe von Verlusten erlebt. So trauerte sie um den Tod ihres Mannes, der nach 55-jähriger Ehe sechs Monate vor ihrer Aufnahme in der Klinik plötzlich an einem Herzinfarkt verstorben war – wobei die Beziehung zwischen Mrs. E. und ihrem Mann als eng und harmonisch erlebt worden war. Die Verarbeitung dieses Verlustes wurde zusätzlich erschwert durch den Tod ihres Hundes und eine belastete Beziehung zu ihrer Tochter. Auf dem Hintergrund dieser vorausgegangenen Belastungen wurde sie zunächst ins Krankenhaus eingeliefert und nach ihrer Operation in die Rehabilitation überwiesen, wo sie sich aber nicht erholte, sondern gesundheitliche Rückschläge erlitt. Während sie mit ihrer Krankheit zu kämpfen hatte, setzte sie ihre ganzen Hoffnungen auf ihren behandelnden Arzt, der dann kurz vor ihrer Wiederaufnahme ins Krankenhaus bei einem Autounfall starb. Kurz danach entwickelte sich bei Mrs. E. eine Infektion, die eine Isolationsbehandlung erforderte. Ihren neuen Arzt lehnte sie ab, weil er ihr mitteilte, dass sie sich nie wieder von ihrer Krankheit erholen werde. In dieser Phase kumulierender Krisen von Trauer, Verlusten, Isolation, Ablehnung und der Herausforderungen durch ihre Krankheit fand Mrs. E. Trost und eine Art Freundschaft in der Beziehung zu einem Kuschelaffen, den sie nach ihrem Mann Jim genannt hatte. Mrs. E. verbrachte ihre Tage im Krankenhaus mit Jim, der abwechselnd die Rolle entweder als ruhiger Begleiter oder als aktiver Gesprächspartner übernahm. Die Beziehung zu Jim beruhigte sie nicht nur, sondern half ihr letztlich, ihre Trauer zu verarbeiten und mit den Symptomen ihrer Krankheit besser zurechtzukommen. Der Spielraum, der der Patientin gelassen wurde, ermöglichte es ihr somit, durch die Beseelung des Kuscheltiers eine für sie wirksame, stabilisierende und damit lebenserhaltende Bewältigungsstrategie in einer in psychischer, physischer und sozialer Hinsicht extrem belasteten Situation zu entwickeln. Das mag ein regressiver Umweg gewesen sein, der es der Patientin aber ermöglicht hat, wieder einen aktiven Bezug zu einem normalisierten Leben herzustellen.

Frühere Gefährten und / oder neue Beziehungen in der Demenz
Puppen und Kuscheltiere haben sich nicht zuletzt als hilfreich im Umgang mit demenziell veränderten Menschen erwiesen. So kann im Rahmen basaler Stimulation die Berührung einer Puppe oder eines Kuscheltiers taktil aktivierend wirken und die Verbindung zwischen dem erkrankten Menschen und der Außenwelt unterstützen (Ehrenfeld u. Bergman, 1995). Ebenso können Puppen oder Kuscheltiere als Kommunikationshilfen und Ausdrucksmöglichkeiten für Menschen mit

kognitiven oder sprachlichen Defiziten dienen. Sie können helfen, bei Erkrankten emotionale Fähigkeiten wie Liebe oder Fürsorge wieder hervorzulocken oder neu zu entwickeln, sie können zwischenmenschliche Kontakte fördern oder demenzkranken Menschen neuen Lebenszusammenhalt geben. Darüber hinaus können Puppen und Kuscheltiere Erinnerungen an frühere Elternrollen wecken oder einfach auch nur positiv auf das gegenwärtige Selbstbild wirken (Ehrenfeld, 2003). Im Rahmen der Biografiearbeit ist es erstaunlich, welche therapeutischen Effekte die Einbeziehung und Präsenz von altem Spielzeug, insbesondere gerade auch von Puppen und Kuscheltieren, in der Umgebung demenzkranker Menschen anstoßen kann (Kolakowski, 2010).

So beschreiben James, Mackenzie und Mukaetova-Ladinska (2006) eine erfolgreiche Intervention mit Puppen und Kuscheltieren in einem Pflegeheim für Demenzkranke: An einem festgelegten Tag lagen insgesamt 15 Puppen und 15 Teddybären auf einem Tisch im Gemeinschaftszimmer des Heims. Jeder Bewohner, der wollte, konnte sich entweder eine Puppe oder einen Teddybär aussuchen und mitnehmen. Interessanterweise wählten alle 13 Teilnehmer (11 Frauen und 2 Männer) eine Puppe. Nachfolgend wurden ihr Verhalten und ihre Interaktionen mit der Puppe zwölf Wochen lang vom Pflegeteam beobachtet und dokumentiert.

Obwohl das Vorhandensein der Puppen grundsätzlich eine positive Auswirkung auf das Wohlbefinden der Teilnehmer hatte, erwiesen sich Form und Art der Beziehung zwischen den einzelnen Bewohnern und ihren jeweils gewählten Puppen als ausgesprochen individuell. Einer der beiden männlichen Heimbewohner, ein ehemaliger Arzt für Allgemeinmedizin, verbrachte viel Zeit mit der ärztlichen Behandlung seiner Puppe. Er zog die Kleidung der Puppe aus, legte sie auf den Rücken und überprüfte die Beweglichkeit der Arme und Beine. Eine andere Frau wiederum nannte die Puppe nach einem ihrer vier Kinder. Eine weitere Gruppe von Frauen bildete eine Art Müttergruppe mit ihren Puppen. Diese Frauen saßen oft zusammen, redeten miteinander und hielten dabei ihre Puppen auf dem Schoß. Obwohl die meisten der beobachteten Verhaltensweisen deutlich positiv getönt waren, gab es aber auch einige schwierige Situationen. So wurde eine der Frauen beispielsweise eifersüchtig auf die Puppen der anderen und nahm sie ihnen oft weg. Auch erwies sich die Intensität der Interaktionen mit den Puppen nicht als durchgängig konstant, sondern wurde durch unterschiedliche Faktoren wie beispielsweise Erkrankungen beeinflusst. Insgesamt lassen sich aber die Ergebnisse als positives Signal für den Einsatz von Puppen und Kuscheltieren in der Arbeit mit demenziell erkrankten älteren Menschen deuten, da sie verlässliche Hinweise auf eine generelle Erhöhung von Aktivitätsniveau und Wohlbefinden geben.

Dass Puppen, wenn sie in der Umwelt von demenzkranken Menschen verfügbar sind, Schichten des emotionalen Erlebens ansprechen können, die dann auch ausgedrückt werden, scheint einer der leicht zu übersehenden Tatbestände im Umgang mit Demenzkranken zu sein. Dabei ist es sicherlich besonders für Angehörige nicht einfach, sich auf diese (nur) scheinbar kindliche Beziehungsebene einzulassen. Ein eindrückliches Beispiel dafür findet sich auf den letzten Seiten des Buchs »Demenz. Abschied von meinem Vater« von Tilman Jens (2009):

»Der Vater, den ich kannte, der ist lange schon gegangen. […] Aber jetzt, da er fort ist, habe ich einen ganz anderen Vater entdeckt, einen kreatürlichen Vater – einen Vater, der einfach nur lacht, wenn er mich sieht, der sehr viel weint und sich Minuten später über ein Stück Kuchen, ein Glas Kirschsaft freuen kann. […] Er hat Spaß, nimmt sich eine Limo-Flasche. Er versucht das Etikett mit den gelben Buchstaben zu entziffern. Er strengt sich an. O-ran-gen … das Wort Limonade schafft er nicht mehr. Ich möchte weinen. Er aber fühlt sich wohl. […] Mein Vater geht ins Nebenzimmer. Als er zurückkommt, hat er eine große Puppe im Arm. Er hält sie ganz vorsichtig, wiegt sie. Das Plastikbaby sagt Mama« (S. 140 ff.).

Abbildung 15: Die Puppenkünstlerin Käthe Kruse, fotografiert von Stefan Moses (1963)

Retrospektive biografische Bezüge im Kontext des Erwachsenseins

Enfant terrible

Ich
Habe eine
Ich habe eine Puppe
Gestohlen.
Die ich mir wünschte
Bekam ich nie.
Drei Geburtstage lang
Und dann die mit Tintenaugen
Und Haaren aus Zelluloid.
Beinah ist oft schlimmer als Nein.
Nun habe ich eine.
(Gestohlen.)

Mascha Kaléko, »In meinen Träumen läutet es Sturm«, 1977, S. 67

Frauen und Männer blicken zurück – repräsentative Daten

Größere empirische Befragungen zur retrospektiv eingeschätzten Bedeutung von Puppen und Kuscheltieren bei Menschen jenseits des Kindesalters sind eher selten. Umso informativer erweist sich die bereits mehrfach erwähnte repräsentative Studie der Stiftung »Chancen für Kinder durch Spielen« (vgl. ENIGMA, 2007) sowie die Erhebung von Holler und Götz (2011), in der eine Reihe von Einschätzungen der befragten Eltern und Mütter zu den Vorlieben ihrer Kinder mit den Ergebnissen der ENIGMA-Studie verglichen werden.

Die meisten der Erwachsenen (85 %) in der Altersgruppe der 16- bis 69-Jährigen (Jahrgänge 1938–1991) haben in ihrer Kindheit im Schnitt etwa zwölf Puppen und/oder Stofftiere besessen. Differenziert man diese Aussage nach Geschlecht und Alter, dann wird deutlich, dass dies für fast alle Frauen (93 %) und etwas weniger Männer (76 %) zutrifft und dass die jüngsten Befragten fast doppelt so viele Gefährten besaßen, während unter den Ältesten der Befragten gut ein Drittel angab, – kriegsbedingt – gar kein Spielzeug dieser Art gehabt zu haben (bzw. im Schnitt deutlich weniger). Geschlechtstypische Unterschiede finden sich hinsichtlich der Präsenz von einerseits Puppen und andererseits Teddys: Während 91 % der Frauen Puppen besaßen, traf das nur für 20 % der befragten Männer zu. Bei den Teddys gab es hier nur kleinere Abweichungen, so dass fast drei Viertel im Besitz eines solchen Kuscheltiers waren. Gab es eine Hierarchie der Bevorzugung unter den verschiedenen Spielzeugvarianten, so führten in gleicher Weise zu jeweils einem Viertel Puppen und Teddys diese Rangreihe der Beliebtheit an. Von den insgesamt 23 vorgegebenen möglichen Funktionen dieser Gefährten kam bei Männern und Frauen der Tatsache, »etwas ganz Eigenes, was nur einem allein gehört, zu haben«, der höchste Stellenwert zu. Das ist im Übrigen auch das einzige Funktionsmerkmal, das in dieser Gesamtgruppe deutlich stärker ausgeprägt ist als bei den Befragten der Elternstudie. In dieser wiederum sind es die Funktionen der Einschlafhilfe und des Spaßbezugs, die häufiger benannt werden. Hinsichtlich der anderen möglichen Funktionsmerkmale zeigt sich ein großes Spektrum, das vom Liebes- und Schmuseobjekt über Trostspender und Dialogpartner, Freund und Spielgefährten bis hin zum Erziehungsobjekt reicht und relativ gleich über die Alters- und Geschlechtergruppen verteilt ist. Knapp die Hälfte der Befragten in der Gesamtgruppe besitzt noch den damals wichtigsten Kindheitsgefährten, wobei diese Zahl mit zunehmendem Alter deutlich abnimmt. Unterschiede in der Bedeutung zwischen Puppen einerseits und Teddys/Stofftieren andererseits werden von circa drei Viertel der Gruppe verneint. Das ist in etwa auch die Zahl derer, die das Spielen mit Puppen und Teddys für Kinder grundsätzlich wichtig finden. Wird allerdings speziell nach der Puppe und ihrer spezifischen Bedeutung für Mädchen und Jungen gefragt, zeigt sich, dass Puppen von der großen Mehrheit (86 %) für Mädchen als wichtig erachtet werden, während nur 30 % Puppen auch für Jungen für bedeutsam halten. Wird die eigene Kindheit mit den heutigen

Kindern bezüglich der Bedeutung von Puppen, Teddys und Stofftieren verglichen, konstatieren alle Altersgruppen eine Abnahme der Bedeutung der Puppen, während es in Bezug auf die Kuscheltiere altersspezifische Einschätzungen gibt. Während die Mehrheit der Befragten davon ausgeht, dass sich diesbezüglich nicht viel verändert hat, sehen die Ältesten bei den heutigen Kindern einen Bedeutungsanstieg der Teddys und Stofftiere.

Puppen und Teddys in Lebensgeschichten – qualitative Erinnerungen

In der Kinder- und Jugendliteratur bzw. der Mädchenliteratur des 19. und beginnenden 20. Jahrhunderts waren Puppenerzählungen äußerst beliebt (Mikota et al., 2010). Die Beliebtheit von Puppen lässt sich auch an den vielen Verweisen auf den Besitz von Puppen und das Spiel mit ihnen in der autobiografischen Literatur von Frauen in dieser Zeit ablesen (Regener, 1988). Man kann davon ausgehen, dass Puppen in den bürgerlichen Mädchenkindheiten dieser Zeit grundsätzlich ein wichtiger Stellenwert zukam, denn auch ihre manchmal nur beiläufige bzw. fast floskelhafte Erwähnung als »heißgeliebte Puppe« oder »meine Lieblinge« deutet nach Susanne Regener (S. 160) nur an, dass sie eine alltägliche und selbstverständliche Form der Lebensbegleitung darstellten, die nicht besonders begründet werden musste. Über Puppen wurde in Autobiografien in der Regel dann mehr geschrieben, wenn sie entweder demonstrativ abgelehnt wurden oder wenn es an ihnen – zumeist aus finanziellen Gründen – mangelte.

> »Der Puppe wird in der Tendenz nicht das Leben entzogen, sondern sie wird stets mit Leben erfüllt und als ein vermenschlichtes Objekt direkt mit dem eigenen Leib in Beziehung gesetzt. Auch der Haß auf eine Puppe […] bezeugt eine gefühlvolle Auseinandersetzung mit einem Gegenüber, das als Wesen mit menschlichen Attitüden imaginiert wird« (S. 178).

Nun werden die autobiografischen Schilderungen der kindlichen Gefühle nicht in der Kindheit geschrieben, sondern sie sind Produkte erwachsener Frauen, in denen sich deren Formen der Verarbeitung und nachträgliche Interpretationen wiederfinden. Die autobiografischen Aussagen, die erwachsene Frauen über ihr früheres Spiel mit Puppen machen, bzw. die Art und Weise, wie Frauen (und Männer) auf Puppen und Kuscheltiere ihrer Kindheit Bezug nehmen, können sehr unterschiedlich gedeutet werden. »Es scheint, als sei die Kindheit des bürgerlichen Mädchens dann beendet, wenn es des Puppen-Vehikels nicht mehr bedarf, wenn es selbst zur Puppe geworden ist«, schreibt Susanne Regener und schlussfolgert: »Anhand von Lebenserinnerungen kann man die Verinnerlichung des überspitzt formulierten weiblichen Schicksals herauslesen« (S. 180).

Ob das, was erwachsene Menschen über ihre frühen Kindheitsgefährten schreiben, alles Ausdruck einer geschlechtstypisierenden Dressur ist oder einfach nur zeigt, dass biografische Aneignungen und Zugänge zu eigenen kindlichen Erlebensformen möglich sind, ohne notwendigerweise Verzerrungen oder Idealisierungen zu unterliegen, sollten Leser und Leserin selbst entscheiden.

Hier werden im Folgenden eine Reihe von Beispielen angeführt, die dokumentieren, dass in den einschlägigen pädagogischen Kreisen in den 1980er und 90er Jahren eine recht große Offenheit bestand, für sich selbst auszuloten, in welcher Weise das frühe Spiel mit Puppen und Kuscheltieren zur eigenen Menschwerdung beigetragen hat. So hat sich der Spielzeugforscher Brian Sutton-Smith (1986) intensiv mit kindlichen Lieblingsobjekten (»toys of identification«), zu denen auch Lieblingspuppen und -kuscheltiere gehören, und mit ihrer Rolle bei der Identitätsentwicklung im Lebensverlauf beschäftigt. Er hat über Jahre hinweg Spielzeugbiografien gesammelt und festgestellt, dass es typisch für diese Art des besonderen Spielzeugs ist, dass es zumeist liebevoll aufbewahrt wird. Wegen ihrer Verbindung und Nähe zu bestimmten Lebensereignissen, biografischen Übergängen und persönlichen Entwicklungsschritten reflektieren solche bewahrten Puppen- oder Kuscheltiersammlungen oft wichtige Lebensstationen des Sammlers. So enthält die Teddybärensammlung einer der von Sutton-Smith befragten Frau beispielsweise einen Lieblingsteddybären aus ihrer Kindheit, zwei große Teddybären, die sie in ihrer Jugendzeit von ihrem ersten Freund geschenkt bekam, und eine Reihe von politischen Maskottchen, die sie sich später im Erwachsenalter zulegte. Eine andere Frau sammelte Stofftiere, die den Verlauf ihrer inneren Entwicklung widerspiegeln und die sie mit wichtigen psychologischen Reifungsprozessen in ihrer Lebensgeschichte in Verbindung bringt.

Selbst dann, wenn sie nicht mehr als handfeste und konkrete Objekte existieren, behalten die besonders geliebten Puppen oder Kuscheltiere ihre besondere Magie in der Erinnerung von Erwachsenen zumeist ein ganzes Leben lang. Die Macht der Vergangenheit und die Präsenz des unmittelbaren Erlebens in der Gegenwart fließen in den autobiografischen Narrativa der Erzähler und Erzählerinnen oft ineinander über. Die vielfältigen persönlichen Erzählungen von Erwachsenen über ihre Erfahrungen mit Puppen oder Kuscheltieren zeigen, wie stark diese Bindung sein kann und wie lebendig die Beziehung in der Erinnerung bleibt. Dabei scheint es durchaus auch Männern zu gelingen, sich dem magischen Bann bestimmter geschlechtstypischer Tabus, die es heutigen Jungen oft so schwer machen, ihre Affinität zu Puppen und Kuscheltieren offen und unbefangen auszudrücken, nicht zu unterwerfen:

> »Darf ich vorstellen: Bärli, Bimi und Tricky, die drei Überlebenden meiner Teddybären. […] Sie waren Gefährten meiner frühen Jahre, so manche kindliche Intimität wurde ihren Plüschohren anvertraut, und in ihren Glasaugen spiegelten sich Freud und Leid einer wechselvollen Geschichte […]. Vielleicht ist das ein Vorabdruck aus meinen Memoiren,

in denen […] die drei Teddys eine wichtige Rolle im ersten Kapitel zu spielen hätten: Bimi, der heruntergekommene Großbürger, Negerbärli, das mickrige Kriegsgeschöpf, und Tricky, das kleinbürgerliche Wohlstandstier« (Harvolk, 1987, S. 275 ff.).

Hier deutet sich noch einmal an, dass das Anknüpfen an frühe Spiel- und Objektkontexte in der Kindheit einen vielversprechenden Ansatz für Biografiearbeit und andere Formen aktiver autobiografischer Reminiszenz bieten (Lohmann u. Heuft, 1995).

»Wie ein richtiges Baby – In einem Kaufhaus in Breslau saß sie, inzwischen all den anderen – meine Puppe! So groß wie ein richtiges Baby mit weichem Körper und einem festen Kopf. Sie war mein Herzenswunsch, so intensiv herbeigesehnt, wie man es kaum einem fast zehnjährigen Mädchen zutraut. Und dann fand ich sie – versteckt unter dem Geburtstagstisch mit ›richtigen Babysachen‹ und hübschen, von der Mutter genähten Kleidchen. In meinem Zimmer stand nun das von der Nachbarin geschenkte kleine Himmelbett und auf dem Tisch wurde der ›Wickelplatz‹ eingerichtet. Vor der Schule versorgte ich Bärbel und nach der Schule hatte ich gleich wieder ›Arbeit‹ mit ihr: füttern und im Puppenwagen spazieren fahren. Dies hielt viele Wochen an. Trotz Kriegswirren, Bomben und Flucht ist sie noch wohlbehalten. Auch fast alle ihre Kleidchen. Manchmal hole ich sie aus dem Schrank nach nunmehr 48 Jahren und setze sie in einen Sessel – wie ein richtiges Baby« (N. N., in Büttner et al., 1988, S. 124).

»Da sitzt sie vor mir, meine Puppe aus der Kindheit, als ich vier oder fünf Jahre alt war. Es war die Zeit nach dem Zweiten Weltkrieg. Ich wohnte mit meinen Eltern in einem Zelt- und Barackenlager, welches die Amerikaner als erste Hilfsmaßnahme für deutsche heimat- und elternlose Jungen errichtet hatten. Meine Eltern hatten sich beruflich um die Jungen in dem Lager zu kümmern. Ich fand meine Puppe, eine kleine Schildkrötpuppe, in einer Kleiderausgabestelle. Eine Puppe für mich! Sie war ein wenig zu klein und sie hatte keine echten Haare zum Kämmen, aber wählerisch konnte ich nicht sein. Mir gefielen ihre kurzen, aufgemalten Haare und ihr freundliches, liebes Gesicht. Wie auch in der Kinderzeit, lagen die Beine lose herum. Das war schon immer ein Problem, denn der Gummi, der sie am Körper hielt, ging oft kaputt. Wahrscheinlich habe ich sie zu oft gebadet, ein beliebtes Spiel. Ich lernte, sie selbst zu ›operieren‹, und darauf war ich stolz. Ich hole Hutgummi und Streichhölzer und beginne, die Beine wieder anzumontieren. Ich bade sie wie früher und entdecke dabei noch Schminkreste im Gesicht, an den Fingern und Zehen vom ›Puppenschminken‹. Es war etwas, was ich selbst bei mir als Kind nicht durfte. Schminken galt als unanständig. So musste die Puppe herhalten. Sie war es auch, mit der ich meine Erlebnisse besprach oder die ich in große Geheimnisse einweihte. Oftmals erzählte ich ihr von meinen Sorgen oder ich spielte mit ihr Kindergarten, indem ich ihr vormachte, was die ›Tante‹ im Kindergarten uns am Vormittag vorgesungen, mit uns gespielt oder uns erzählt hatte. Und war ich ärgerlich, bekam sie meinen Zorn zu spüren, indem sie laut beschimpft wurde« (Irmgard Wagner in Büttner et al., 1988, S. 123).

»Ich war vier Jahre alt, als du in mein Leben tratest. Nach meiner Mandeloperation lag ich im Krankenhaus und war manchmal recht unglücklich, wenn die Mutter nach ihrem Besuch wieder gegangen war. Damals hatte man in einem Krankenhaus noch kein Verständnis für die Trennungsängste eines kleinen Kindes. Da legte dich eines Tages, eingepackt in Papier, die Lieblingstante auf mein Bett. Ungeheuer groß war das Paket und heraus kamst du. Wir sahen uns an – es war Verstehen auf den ersten Blick, und es wurde eine lange und große Liebe daraus. Heute hast du wieder Platz in meiner Wohnung, nachdem du etliche Jahre in Schränken und Kisten zubringen musstest. Ich sehe in deine vertrauten runden Bärenaugen und gleich werden sie wieder wach, die Kindergefühle und Ereignisse von damals« (Anne Kettner in Büttner et al., 1988, S. 125).

»Wiederannäherung an meinen Teddy – Mein Teddy muss irgendwann einmal weggeworfen worden sein. Zerschlissen wie er war, hatte er wohl ›seinen Dienst getan‹. Als junger Erwachsener, kann ich mich erinnern, habe ich mich bisweilen nach ihm gesehnt. Wahrscheinlich wäre ich von ihm enttäuscht gewesen, wie es mir mit vielen Dingen ging, die ich mir nach so langer Zeit wieder hervorgeholt habe. Offenbar habe ich mich zu sehr verändert, als daß Gegenstände aus meiner Kindheit mir noch etwas bedeuten. Geblieben sind Bilder, Fotos und Bilder der Erinnerung. Ich weiß noch, daß er mir eine Zeitlang das wichtigste Spielzeug war. Seine Ärmchen, härter als die heutigen Teddys, weil mit Holzwolle gestopft, spüre ich heute noch um meinen Hals, als ob er mich trösten wolle. Als Kind war ich viel allein. Nachts hat er in meinem Bett auf meinem Kopfkissen geschlafen. Seine Kleider lagen wie die meinen auf einem Stuhl daneben. Daß meine Mutter Kleider für ihn genäht hat, obwohl sie Handarbeiten nicht besonders gern mochte, ist mir in eindrücklichster Erinnerung. Das An- und Ausziehen, die Widerspenstigkeit seines Körpers gegen die Zartheit der Stoffe und die Brüchigkeit der Nähte kann ich noch nachfühlen. Später habe ich meinem Teddy Tisch und Stühle aus kleinen Leistchen und Brettchen gebastelt. Dann kam ein Esbit-Herd dazu, ein paar Teller und Töpfe. Mein Teddy sollte gut versorgt sein. Heute nach 40 Jahren schwanke ich immer noch zwischen versorgen und versorgt werden. Anstelle des Teddys sind leibhaftige Menschen getreten« (Christian Büttner in Büttner et al., 1988, S. 126).

Mit der Serie »Spielen – anno dazumal« hat der Kölner Stadtanzeiger einen Aufruf an seinen Leserkreis gestartet, in dem nach Kindheitserinnerungen von »Puppenstuben und Teddy-Abenteuern« gefragt wird (Leinweber, 2011, S. 54). Die ersten Reaktionen zeigen, dass das Thema der Teddys und Puppen Menschen inspiriert, sich die eigene Biografie aus dieser Perspektive neu anzueignen.

Abbildung 16: Schlafwächterschaf

Empirische Rahmung – der bilanzierende Blick auf Puppen und Kuscheltiere im jungen Erwachsenenalter

»Die Puppe war für den Tag, das Kuscheltier für die Nacht.«

Antwort einer Studentin in einer empirischen Befragung von Pädagogik-Studierenden zur Bedeutung von Puppen und Kuscheltieren in der Kindheit

In diesem Kapitel werden noch einmal Bezüge zur empirischen Befundlage hergestellt. Da die Zeit des beginnenden Erwachsenenalters eine Phase mit komprimierten Veränderungsanforderungen ist (Masten, Burt, Roisman, Obradović, Long u. Tellegen, 2004), in der es auch um eine erste Bilanzierung von Kindheit und Jugend angesichts der anstehenden eigenen Verortung im Lebensverlauf unter dem Aspekt des Erwachsenseins geht, erscheint es reizvoll, sich noch einmal gezielt anzuschauen, wie die eigene Kindheit bzw. bestimmte Aspekte der Kindheit repräsentiert sind.

Bezugsquellen sind im Folgenden Daten von zwei größeren empirischen Erhebungen zur Existenz und Bedeutung von Puppen, Teddys und Stofftieren in der Kindheit. Das sind einmal die Grunddaten zur Altersgruppe der 16- bis 29-Jährigen (Geburtsjahrgänge 1978–1991) aus der bereits mehrfach erwähnten Repräsentativerhebung der Stiftung »Chancen für Kinder durch Spielen« (ENIGMA, 2007), zum anderen bislang noch unveröffentlichte Daten aus einer weiteren empirischen Erhebung von Studierenden aus verschiedenen pädagogischen Studiengängen (Fooken, 2010b). In der Repräsentativerhebung wird auf altersspezifische Besonderheiten geachtet und in beiden Fällen geht es zudem um mögliche geschlechtstypische Ausprägungen.

Die Spielobjekte der Kindheit – eine repräsentative Erhebung

In der Repräsentativbefragung wurden neben Fragen zur Bedeutung von Puppen und Stofftieren auch noch eine Reihe weiterer Aspekte zur Einschätzung der Kindheit erfragt. Welche Ergebnisse erscheinen in diesem Zusammenhang erwähnenswert? Es fällt auf, dass bei der Angabe zur Dauer der Kindheitsjahre die hier befragten jungen Frauen etwas andere Bewertungen vornahmen als die gleichaltrigen befragten Männer. Frauen gingen davon aus, dass die Kindheit früher beginnt (bereits im ersten Lebensjahr) und später endet (im Schnitt im Alter von 13,8 Jahren im Gegensatz zum Durchschnittswert von 11,6 Jahren bei Männern). In ihrer Wahrnehmung dauert die Kindheit somit länger an – eine Einschätzung, die gewisse Konsequenzen hat, wenn es darum geht zu bestimmen, wie lange man noch Kind und kindlich sein darf, ohne möglicherweise Sanktionen seitens der sozialen Umwelt befürchten zu müssen. In diesem Sinne scheint der kindliche Schonraum der kleinen Jungen kürzer zu sein als bei den kleinen Mädchen bzw. Jungen und zukünftige Männer müssen »cooler« sein und spüren unter Umständen einen stärkeren Druck, die Welt der Kindheit schnell abzulegen.

Schaut man sich die Bewertung *relevanter Aspekte für die Entwicklung von Kindern* an, wird allerdings deutlich, dass beide Geschlechter sich diesbezüglich in ihren Einschätzungen nicht wesentlich unterscheiden: Die Erziehung im Elternhaus und ein harmonisches Familienleben wurden als wichtigste Einflussgrößen angesehen. Dennoch ergaben sich auch eine Reihe von Unterschieden. So schätzten die befragten Männer im Vergleich mit den gleichaltrigen Frauen den Stellenwert von Kindergartenbesuch, das Lesen der richtigen Bücher, Musizieren und das Spielen mit Bauklötzen (sic!) etwas geringer ein. Bezüglich der Fragen nach verschiedenen *Aspekten und Erinnerungen an die eigene Kindheit* fällt auf, dass beide Geschlechter in diesen jüngeren Altersgruppen angaben, sich etwas weniger genau an ihre Kindheit erinnern zu können als die älteren Befragten (30–69 Jahre). Dies erscheint insofern bemerkenswert, als ihre Kindheitsjahre ja tatsächlich noch nicht so lange zurücklagen. Möglicherweise standen bei ihnen aber aktuell eher Themen der Gegenwart und Zukunft an und das Bedürfnis, sich von Kindheitsthemen abzugrenzen, war größer als die Bereitschaft, sich noch einmal als Kind zu vergegenwärtigen.

Dennoch gab es zahlreiche *Rückerinnerungen an die eigenen Kindheit*, wobei die jüngeren Männer hier wiederum weitaus weniger und auch andere Angaben machten als die befragten Frauen. So schrieben sich die Frauen eher zu, ein verspieltes Kind gewesen zu sein und eine glückliche Kindheit gehabt zu haben, obwohl sie sich gleichzeitig auch als etwas strenger erzogen und von ihrer Kindheit stärker geprägt erlebten, als dies bei den jungen Männern der Fall war. Verglichen mit den älteren Befragten waren die Kinderjahre der jüngeren Altersgruppen weitaus stärker durch eine größere Anzahl von Spielzeug geprägt. Hinsichtlich des *Besitzes von Puppen, Teddys und Stofftieren in der Kindheit* gab es allerdings vor allem Unterschiede zwischen den Geschlechtern, insbesondere besaßen die Frauen weitaus häufiger *Puppen*. Die Frage nach möglichen *Lieblingspuppen, -teddys, -stofftieren* wurde am häufigsten in der Gruppe der jüngeren Männer verneint; sie erinnerten sich deutlich weniger an solche Spielobjekte bzw. ihre Angaben deuten an, dass sie weniger mit diesen gespielt haben. Zur Frage des *Alters, in dem man ein solches Lieblingsobjekt bekommen* hat, neigten die Männer der jüngsten Altersgruppe dazu, hier das Kleinkindalter (bis einschließlich drei Jahre) anzugeben, während die Frauen eher davon ausgingen, dass sie kontinuierlich bis in die mittlere Kindheit hinein mit solchen Objekten spielen konnten. Und auch bei anderen vergleichbaren Fragen, zum Beispiel nach dem Alter, in dem Puppen und Kuscheltiere wichtig waren, tendierten die jüngere Männer eher dazu, dies auf die Phase der frühen Kindheit zu beschränken. Allerdings wurde in der jüngeren Altersgruppe sowohl bei Männern als auch bei Frauen deutlich, dass diese *ehemaligen Lieblingsobjeke* noch deutlich häufiger als bei den älteren Befragten existieren. Hinsichtlich der *Bedeutung und Funktion von Puppen und Kuscheltieren* gab es eine relativ große Übereinstimmung über die Geschlechter und alle Altersgruppen hinweg: Puppen, Teddys und Stofftiere wurden unter verschiedensten Aspekten als hilfreich und anregend in der Kindheit eingeschätzt. Ihre Existenz bedeutete, ein Objekt gehabt zu haben, das einem ganz allein gehörte, das man richtig lieb gehabt hat, das gut zum Kuscheln und Schmusen war, das immer da war, beim Einschlafen half, das Freude und Leid teilte, tröstete, wenn man Kummer hatte, das zuhörte, das Alleinsein verhinderte, mit dem man Familie spielte und das einfach wie ein Spielkamerad war.

Auch wenn es nur relativ wenige geschlechtsspezifische Unterschiede gab, zeigte sich hier, dass die befragten Frauen weitaus stärker als die Männer Puppen und Kuscheltiere in ihrer Bedeutung für das (Nach-)Spielen familiärer Rollen benannten sowie die Tatsache betonten, dass das jeweilige Spielobjekt wie ein Kind war. Hingegen brachten vor allem die jüngeren männlichen Befragten zum Ausdruck, dass sie an diesen Objekten durchaus auch ihren Ärger ausgelassen haben. Gingen diese Lieblingsobjekte verloren, zeigten sich interessanterweise gerade die jungen Männer vergleichsweise am unglücklichsten darüber.

Bündelt man die Antworten im Hinblick auf die Funktions- und Bedeutungsbereiche der Puppen und Kuscheltiere in eine Zwei-Cluster-Lösung, dann zeigt sich, dass für beide Geschlechter der Partneraspekt (des Spielobjekts) die wichtigste Rolle spielte, wobei bei den befragten Frauen zudem auch der Kindaspekt, das heißt die Übernahme der Mutterrolle gegenüber der Puppe oder dem Kuscheltier, eine Rolle spielte. Verteilt man die angegebenen Funktionsbereiche auf vier Cluster, wird deutlich, dass die Männer im Gegensatz zu den gleichaltrigen Frauen weitaus stärker eine reine Spielzeugfunktion der Puppen und Kuscheltiere akzentuierten und die Aspekte der Begleitung und / oder der Erziehung deutlich weniger gewichteten. Die Antworten auf die Frage nach *weiterem Spielzeug in der Kindheit* machen deutlich, dass den Männern der jüngsten Altersgruppe relativ viele Alternativen und Möglichkeiten zur Verfügung standen, die sie auch intensiv nutzten. Dabei bevorzugten sie zumeist klassisches Jungenspiel (Eisenbahn, Auto, Indianer, Baukasten), während typisches Mädchenspielzeug (Puppenstuben, Puppenküchen) eher abgelehnt wurde. Die größere Bedeutung von Puppen für Mädchen (und Frauen) zeigt sich auch in der Kenntnis von deutlich mehr *Puppenmarken*, wobei am häufigsten »Baby Born« und »Barbie« genannt wurden. Außerdem besaßen diese häufiger auch entsprechende *Sammlungen* ihrer Lieblingsobjekte.

Als ein zentrales Fazit dieser Repräsentativuntersuchung kann man festhalten, dass über alle Altersgruppen hinweg Lieblingsteddys, Lieblingspuppen und Lieblingsstofftiere aus der Kindheit auch im Erwachsenenalter einen hohen Stellenwert beibehalten können. Fragen nach den Lieblingsobjekten der Kindheit (vor allem nach Puppen und Kuscheltieren) und ihrer weiteren Bedeutung im biografischen Verlauf erlauben somit einen durchaus reizvollen Zugang zum Selbst- und Rollenverständnis erwachsener Menschen. Allerdings scheint dieser Themenbereich zumindest bei jüngeren Männern mit zentralen Aspekten ihres männlichen Selbstverständnisses im Widerspruch zu stehen. Insbesondere das Thema Puppen scheint in ihrer Wahrnehmung so deutlich mit der traditionell weiblichen Geschlechtsrolle konnotiert zu sein, dass sie sich hier weitgehend als nicht zuständig erklären. Dabei sind sie – im Gegensatz zu den älteren Männern in dieser Erhebung – eigentlich in einer Zeit aufgewachsen, in der die gängige Erziehungspraxis zumindest den Anspruch hatte, sich nicht mehr unbedingt und unreflektiert an einseitigen geschlechtsstereotypisierten Normen zu orientieren. Möglicherweise kommen aber zwei Wirkfaktoren zusammen, die diesen aktuell zu beobachtenden

Traditionalisierungsschub bei Männern im jungen Erwachsenenalter begünstigen und somit auch Einfluss auf ihren eher defensiven Umgang mit dem Thema Puppen und Kuscheltiere haben. So deuten die aktuellen Männer-Diskurse auf bestehende Probleme hin, eine neue, zeitgemäße und positiv bewertete Definition von Männlichkeit und Männerrollen zu bestimmen (vgl. Böhnisch, 2004; Böhnisch u. Winter, 1993). Dies wird nicht zuletzt durch einen im Jahre 2010 durchgeführten Männerkongress zum Thema »Neue Männer – muss das sein? Über den männlichen Umgang mit Gefühlen« unterstrichen (vgl. Piper, Franz u. Tress, 2010). Zudem ist die Lebensphase des beginnenden Erwachsenenalters ohnehin eine Zeit des Moratoriums, das heißt eine Zeit der Suche nach Selbstfindung und Identität, die in Anbetracht der anstehenden Entwicklungsaufgabe, sich in seiner Rolle als Mann im unübersichtlich gewordenen Geschlechterdiskurs zu verorten, gewisse Schwierigkeiten und Verunsicherungen im Umgang mit weiblich konnotierten Themen und Objekten mit sich bringen kann.

Puppen und Kuscheltiere – (k)ein Thema für zukünftige Schul- und Sozialpädagogen?

In den Jahren 2009 und 2010 wurde in Grundstudiumsveranstaltungen verschiedener (sozial)pädagogischer Studiengänge an der Universität Siegen und der Pädagogischen Hochschule Karlsruhe ein Fragebogen zu eigenen Spielerfahrungen mit Puppen und Kuscheltieren in der Kindheit ausgeteilt. Von den etwa 500 verteilten Bögen wurden insgesamt 333 Bögen mehr oder weniger sorgfältig und ausführlich beantwortet. Man wird dabei davon ausgehen können, dass die Studierenden, die den Fragebogen nicht zurückgegeben haben, wahrscheinlich keinen Bezug zu dieser Fragestellung herstellen konnten bzw. wollten. Dazu gehörten überwiegend männliche Studierende, die in diesen Fachrichtungen ja ohnehin in der Minderheit sind. So wurde bei ihnen auf Nachfragen hin deutlich, dass sich die meisten nicht angesprochen fühlten, da es ja »um Puppen« ging. Das hieß für sie, es ging um ein »Mädchenthema«. Aber auch unter den Studentinnen gab es einige, die den Bogen nicht ausgefüllt haben. Das heißt aber wiederum nicht, dass diejenigen, die den Fragebogen beantwortet haben, in jedem Falle intensiv mit Puppen und Kuscheltieren gespielt haben. Unter den auswertbaren Fragebögen ist somit das ganze Spektrum von kaum vorhandener bis hin zu intensiver Spielaktivität vertreten.

Auch wenn die Angaben zu Alter, Geschlecht und Studiengang nicht ganz vollständig vorliegen, lässt sich die hier erhobene Stichprobe dennoch in Bezug auf die folgenden demografischen Merkmale skizzieren (vgl. Tabelle 3).

Tabelle 3: Stichprobe über Alter, Geschlecht und Studiengang (n = 333)

Alter	n	%	Geschlecht	n	%	Studiengang	n	%
ohne Angabe	49	15 %	ohne Angabe	28	7 %	ohne Angabe	40	12 %
Verteilung in %			Verteilung: absolut und %			Verteilung in %		
18–21 Jahre		58 %	männlich	41	13 %	Sozialpädagogik		38 %
22–25 Jahre		30 %	weiblich	268	87 %	Lehramt		47 %
26 Jahre und älter		12 %				sonstiges		15 %

Altersmäßig gesehen waren die Befragten im Schnitt Anfang 20 und repräsentieren somit die Entwicklungsphase des frühen Erwachsenenalters (»emerging adulthood«). Verortet man sie zeithistorisch, bedeutet das, dass sie zumeist in den 1987–89er Jahren geboren wurden, das heißt in der Zeit des Mauerfalls und der deutschen Vereinigung. Die Fokussierung auf pädagogische Studiengänge bringt erwartungsgemäß eine ungleiche Geschlechterverteilung mit sich. So sind mit nur 13 % die männlichen Studierenden deutlich in der Minderheit. Bei den beteiligten Studiengängen stellen die Studierenden der Lehrämter für Grund-, Haupt- und Realschule knapp die Hälfte der Befragten (47 %), wobei zu dieser Gruppe fast ausschließlich Studierende der PH Karlsruhe gehören. Eine weitere Teilgruppe setzt sich aus Siegener Studierenden der Sozialpädagogik bzw. Sozialen Arbeit zusammen (38 %) und eine kleine Gruppe gehört zum Siegener Studiengang »Entwicklung und Inklusion«, der sozial-, schul- und sonderpädagogische Elemente verbindet.

Die Puppe(n) und das erinnerte Puppenspiel in der Kindheit
Eine gänzlich puppenlose Kindheit war für die meisten der befragten Studentinnen eher unüblich (nur 5 %), während unter den ohnehin ja nur wenigen jungen Männern in dieser Stichprobe mehr als die Hälfte angab, keine Puppe besessen zu haben. Mehrheitlich verfügten die Mädchen über mehr als drei Puppen (45 %) oder besaßen zumindest zwei bis drei und nur eine Minderheit (16 %) hatte nur eine einzige Puppe. Gut zwei Drittel der befragten Frauen erinnerten sich dabei an eine Lieblingspuppe, hingegen nur knapp ein Viertel der männlichen Studenten. Etwa die Hälfte der Befragten konnte den Namen der Lieblingspuppe angeben, aber es gab auch etliche, die ihn vergessen hatten. Bei gut einem Viertel (28 %) entsprach der Name dem Markennamen der Puppe (v. a. Baby Born und Barbie). Die restlichen 107 genannten Vornamen waren eher individualisiert, wenngleich sie zumeist das Spektrum der gängigen und beliebten (weiblichen) Vornamen der 1980er Jahre widerspiegeln (v. a. Anne / Anna, Lisa, Susi etc.). Die erwähnten 14 männlichen Vornamen deuten an, dass gelegentlich auch männliche Puppen in den Kinderzimmern vertreten waren (aber nicht unbedingt bei den Jungen).

Die Spielintensität mit der Puppe bzw. den Puppen konnte auf einer Skala von 1 (= kaum / gar nicht) bis 6 (= sehr intensiv) eingeschätzt werden. Der Mittelwert von 4,0 macht deutlich, dass im Schnitt – zumindest bei den Studentinnen – die

Spielintensität relativ hoch ausgeprägt war. Zwar spielte ein Viertel der Befragten fast gar nicht oder kaum mit Puppen, aber etwas mehr als ein Drittel (36 %) attestierte sich eine mittlere Spielintensität, während der Anteil der intensiven Puppenspielerinnen am deutlichsten ausgeprägt war (39 %). Dabei zeigte sich, dass die Spielintensität signifikant mit dem Alter einherging: Je jünger die Befragten, umso intensiver schätzten sie ihr Puppenspiel ein. Möglicherweise war unter den jüngeren Befragten der Bezug zur eigenen Kindheit und die intensiven Erinnerungen an das eigene kindliche Puppenspielverhalten noch stärker ausgeprägt bzw. die Scheu geringer, das kundzutun. Als bedeutsam erwies sich hier zudem der Studiengang: So schätzten die befragten Studierenden der Pädagogischen Hochschule Karlsruhe ihre Spielintensität signifikant höher ein als alle anderen Studierenden der Siegener Universität, wobei die Karlsruher allerdings ohnehin auch eher zur jüngeren Altersgruppe gehörten.

Die meisten Puppenbesitzerinnen konnten Angaben über den Verbleib ihrer (Lieblings-)Puppe machen: Bei fast zwei Dritteln (63 %) war sie noch vorhanden, bei den anderen hingegen nicht mehr. Dabei korreliert die Spielintensität verständlicherweise hoch signifikant mit der Aufbewahrung der Puppe: Je intensiver die Spielaktivität, desto größer ist die Wahrscheinlichkeit, dass die Puppe aufbewahrt wird, so dass mehr als drei Viertel der intensiven Puppenspielerinnen ihre Lieblingspuppe im (jungen) Erwachsenenalter noch in ihrem Besitz haben.

Wurde eher allein mit der Puppe bzw. den Puppen gespielt oder fand das Puppenspiel im sozialen Kontext statt? Schaut man sich den bevorzugten Spielkontext an, so wird deutlich, dass knapp die Hälfte der Befragten (47 %) mit ihren Puppen vorzugsweise allein spielte, die anderen (53 %) hingegen beim Puppenspiel eher das Zusammenspiel mit anderen Kindern bevorzugten. Dabei scheinen das Ausmaß der Spielintensität und die Frage des sozialen Spielkontextes eher unabhängig voneinander zu sein. Hatte die Lieblingspuppe einen eher individualisierten, eigenen Namen, überwog das Einzelspiel, während die Verwendung funktioneller Namen eher typisch für diejenigen unter den Befragten war, die als Kind mit ihren Puppen eher gemeinsam mit anderen Kindern spielten. Auch die Anzahl der Puppen, die man besaß, und die Frage, ob eher solitär oder mit anderen zusammen gespielt wurde, scheint in einem signifikanten Zusammenhang zu stehen: Je mehr Puppen vorhanden waren, umso eher spielte man »Puppen« mit anderen Kindern.

Was erinnerten die Befragten zur *Bedeutung bzw. zur Funktion der Puppe(n) und des Puppenspiels* in ihren kindlichen Lebenswelten? Es konnten bis zu drei Einschätzungen gegeben werden, wobei insgesamt gut drei Vierteil der Befragten (79 %) zumindest einen ersten Bedeutungskontext genannt haben. Insgesamt wurden 478 Nennungen abgegeben. Darin sind 26 Aussagen von 15 Männern enthalten und 422 Nennungen von insgesamt 232 Frauen (die Differenz zur Gesamtzahl der Nennungen erklärt sich durch die 30 Befragten, die keine Angabe zu ihrer Geschlechtszugehörigkeit gemacht haben). Das große Spektrum an Nennungen verdeutlicht, dass dem Puppenspiel von den Befragten unterschiedliche Bedeu-

Tabelle 4: Kategorien zur Bedeutung und Funktion von Puppen

01 keine Bedeutung, kaum mit Puppen gespielt, war eher uninteressant etc. (14 = 3 %)
Beispiele:
»Ich hatte nicht viele Puppen und habe sie kaum benutzt.«
»Hatte keine große Bedeutung, war nur ein Objekt zum Spielen.«

02 reiner Spielgegenstand, Zeitvertreib, gegen Langeweile (107 = 22 %)
Beispiele:
»Es war eine Freizeitbeschäftigung mit einem Spielzeug.«
»Wenn es regnete und ich nix zu tun hatte, habe ich manchmal mit Puppen gespielt.«

03 Geschenk, etwas Besonderes, von Bezugspersonen geschenkt (14 = 3 %)
Beispiele:
»Die Puppe war von meiner Mutter handgefertigt und roch so gut nach ihr.«
»Sie war ein Geschenk von meinen Eltern zu meiner Geburt.«

04 eigene Welt, Fantasieraum, Geschichten erfinden, Nachspielen (28 = 6 %)
Beispiele:
»Ich konnte mir Geschichten ausdenken und die dann mit ihnen spielen.«
»Ich habe manchmal den Streit, den ich mit meiner Mutter hatte, mit meiner Puppe nachgespielt.«

05 Kümmer-Funktion (»care-taking«, Versorgen, Fürsorge zeigen, Unterweisen) (40 = 8 %)
Beispiele:
»Ich konnte mich um die Puppe kümmern, sie ankleiden, waschen, füttern.«
»Es war einfach etwas, um das ich mich kümmern konnte.«

06 Baby haben (wie ein eigenes Kind) (49 = 10 %)
Beispiele:
»Die Puppe war mein eigenes Baby.«
»Ich habe die Puppe wie ein eigenes Kind behandelt, so gekleidet wie ein Baby.«

07 (Familien-)Rollen spielen, Mutter-Vater-Kind; Geschwister; Lehrer, Arzt (74 = 16 %)
Beispiele:
»Sie war das Kind beim Vater-Mutter-Kind-Spielen.«
»Sie war Ersatz für ein jüngeres Geschwisterkind.«

08 Gesprächs- und Interaktionspartner, Empathie und Unterstützung erfahren (55 = 12 %)
Beispiele:
»Sie war eine Art Gesprächspartner für mich.«
»Sie war zum Reden und zum Trösten da.«

09 Freundin und Spielgefährtin (49 = 10 %)
Beispiele:
»Die Puppen waren wie Freundinnen.«
»Sie waren Spielkameradinnen für mich.«

10 weiblichkeitsstereotypisiertes Rollenverhalten, Frisieren, Schminken, Kleider (23 = 5 %)
Beispiele:
»Ich habe ihr die Haare immer frisiert und dann abgeschnitten.«
»Die Barbiepuppe war wie ich als erwachsene Frau.«

11 mit anderen Kindern spielen (25 = 5 %)
Beispiele:
»Ich habe mit anderen Kindern mit unseren Puppen Rollenspiele gespielt.«
»Wir haben mit Freunden und anderen Kindern und deren Puppen gespielt.«

tungszusammenhänge zugeordnet wurden. In einem ersten Auswertungsschritt wurden die Antworten elf Kategorien zugeordnet (vgl. Tabelle 4).

Am häufigsten (22 %) wurden die Puppen bzw. das Spiel mit ihnen als ein reiner *Zeitvertreib* eingeschätzt, der half, Langeweile zu überwinden oder einfach Spaß bereitete. Weiterhin dienten Puppen häufig dazu (16 %), die verschiedenen *Rollenbezüge* zu spielen, die die Kinder in ihrer sozialen Lebenswelt, insbesondere in der Familie, erfuhren (oder die sie sich gewünscht hätten). In der Regel fand dabei ein Rollenwechsel statt, so dass das Kind im Puppenspiel die Rolle der Erwachsenen bzw. der Personen mit einem Erfahrungsvorsprung übernahm, während der Puppe zumeist die Funktion des (abhängigen) Kindes zukam, die das Kind in seiner Lebenswelt zumeist selbst erfuhr. Dieses Durchdeklinieren der Hierarchie sozialer Rollenbezüge scheint dabei von den Kindern sowohl im solitären Spiel als auch im Spiel mit anderen Kindern praktiziert worden zu sein. Weitere Bedeutungs- und Funktionszusammenhänge wurden wie folgt genannt: Der Puppe kam die Rolle als eine wichtige *Dialogpartnerin* zu (12 %), mit der man Kummer besprach und die sowohl Empathie und Unterstützung gab als auch selber vom Kind erfuhr. Häufig (10 %) kam der Puppe die Bedeutung zu, ein *eigenes Babys* bzw. ein eigenes Kind zu haben. Genauso oft (10 %) fungierte die Puppe aber auch als beste *Freundin und Spielgefährtin*. Auch die traditionelle weiblich stereotypisierte Rolle des *Sichkümmerns* (»care-taking«) war wichtig (8 %), bei dem es um das lustvoll inszenierte und aktiv-intensive Spiel von Fürsorge und Versorgung ging. Weitere Funktionsmerkmale der Puppen verweisen auf die Möglichkeit, in *eigene Fantasiewelten* und ausgedachte Geschichten einzutauchen oder bestimmte erfahrene Situationen gedanklich und affektiv durchzuarbeiten (6 %), auf den *gemeinsamen Spielkontext mit anderen Kindern* (5 %), auf das Einüben *normierten Weiblichkeitsverhaltens* wie Frisieren und Schminken (5 %), auf die Tatsache, dass Puppen *Geschenke von besonderen Personen* sein können (3 %), oder einfach nur auf die demonstrative Bekundung, dass Puppen *keine Bedeutung* hatten und man sie eigentlich uninteressant fand (3 %).

Fasst man die angesprochenen Bedeutungs- und Funktionsmerkmale noch etwas prägnanter zusammen, lassen sich fünf Funktionskontexte unterscheiden (vgl. Tabelle 5).

Tabelle 5: Zusammengefasste Funktionskontexte zur Bedeutung und Funktion von Puppen (prozentuale Ausprägung und durchschnittliche Spielintensität)

Kategorie	%	Spielintensität Mittelwert Skala 1–6
(Spiel) »Funktionalität« (1 + 2)	25 %	3,6
»Privatheit«, individuelle Welt und Fantasie (3 + 4)	9 %	3,9
»Fürsorge« und Familienrollen (5 + 6 + 7)	34 %	4,5
»Reziprozität«, Intimität und Empathie (8 + 9)	28 %	4,6
»Peerkultur« und Weiblichkeitsstereotypien (10 + 11)	10 %	3,9

Auf diese Weise wird noch einmal deutlich, dass die befragten Studentinnen am häufigsten *familienrollenbezogenes Fürsorgeverhalten* mit dem Puppenspiel in ihrer Kindheit verbinden sowie die Erfahrung von *Reziprozität*, Empathie und Intimität. Dies alles sind Merkmale, die mit traditionell weiblichem Rollenverhalten konnotiert sind. Das erklärt möglicherweise auch die starke Distanzierung, die gerade von den hier befragten jungen Männern im Zusammenhang mit ihrer möglichen Beziehung zu Puppen als kleinen Jungen zum Ausdruck gebracht wurde. Allerdings wird man nicht per se davon ausgehen können, dass Mädchen nur deshalb so intensiv mit Puppen spielen, weil es für sie einen entsprechenden Anpassungs- und Sozialisationsdruck in Richtung weiblichkeitsstereotypisierten Rollenverhaltens gibt. Selbst wenn das für einige Mädchen (und Frauen) zutreffen sollte, zeigt der größte Teil der hier empirisch erfassten Evidenz, dass es sich zumeist um vielfältige und selbstbestimmte Formen eines konstruktiven und lustvoll kreierten sozialen Rollenhandelns in den berichteten Spielzusammenhängen handelte. Nicht von ungefähr erinnerten sich diese jungen Frauen auch am häufigsten an die Existenz einer Lieblingspuppe. Dabei haben diejenigen Studentinnen, die vor allem die Erfahrung des reziproken und empathischen Austausches mit dem Puppenspiel verbinden, mit ihren Puppen eher allein gespielt. Überwogen in den Spielkontexten die Funktionalität der Puppe und die Einflüsse der Peerkultur, erinnerten sich die Befragten eher an gemeinsam mit anderen Kindern praktizierte Spielhandlungen.

So zeigt sich nicht zuletzt gerade am Beispiel des Bedeutungszusammenhangs der Reziprozität, dass in der Schaffung einer dialogischen Interaktionsstruktur mit der Puppe intensive Selbstklärungs- und Selbstdifferenzierungsprozesse möglich sind. Es ist ja genau dieser intermediäre Zwischenraum zwischen der Außen- und der Innenwelt, der Kindern einen Freiraum lässt, mittels Fantasie und einem spielerischen Als-ob die Ambivalenzen ihrer Gefühlswelt und die Ambiguitäten ihrer Lebenswelt auszuloten. Ähnlich verweist bei den weiblichen Befragten auch der Funktionszusammenhang der *Privatheit* bzw. des Auslebens von Fantasiewelten auf sehr individuell ausgeprägte Erfahrungskonstellationen im Umgang mit Puppen. Insofern erscheint es durchaus ein wenig bedauerlich, dass diese spezifische Zugangsmöglichkeit zu einer differenzierenden Selbsterfahrung den Jungen tendenziell eher versperrt bleibt. Andererseits stellt sich aber auch für Mädchen die Frage, inwieweit durch eine stark stereotypisierte *Mädchen-Peerkultur,* beispielsweise durch vorgeprägte Puppentypen wie Barbie und Baby Born oder durch geschlechtsrollennormiert vorgegebene Puppenwelten, der Zugang zu individualisierten Formen von Lebensbewältigung zunehmend erschwert wird. In diesem Zusammenhang erscheint es im Übrigen interessant, dass die kontroversen Diskussionen über den pädagogischen Gehalt von Barbie, die die Gemüter sowohl von Eltern als auch von Pädagogen bereits seit Jahrzehnten bewegt (vgl. Fuchs, 2001), sich in den Erinnerungen der hier Befragten nicht so deutlich niedergeschlagen haben. So wird Barbie bei der Frage nach einer Wunschpuppe insgesamt von 19 Befragten genannt, während die (fast lebensechte) Babypuppe Baby Born die damaligen Mädchensehnsüchte offenkundig stärker beflügelte: So wird Baby Born von insgesamt 62 Befragten als ein sehnlichst erwünschtes Spielzeugobjekt erwähnt – ein Wunsch, der bei den meisten auch in Erfüllung ging. Dass Mädchenkindheiten mittlerweile aber nicht (mehr) automatisch mit Puppenkindheiten gleichgesetzt werden können, zeigt die relativ hohe Zahl von Studentinnen, die einen deutlich *pragmatisch-funktionalen* Zugang zum Thema Puppen zum Ausdruck bringen und für die die vorhandenen Puppen nur ein Spielobjekt unter anderen waren.

Die Kuscheltiere der Kindheit und das erinnerte Spiel
Die Fragen nach den Kuscheltieren der Kindheit wurden analog zu den Puppenfragen gestellt. Alle Befragten haben die Frage nach der Anzahl der Kuscheltiere beantwortet und fast alle (bis auf 4 %) besaßen Kuscheltiere, die meisten davon (71 %) mehr als drei. Nur ein kleiner Teil der Befragten erinnerte sich an den Besitz nur eines Kuscheltiers (7 %) und 18 % besaßen zwei bis drei Stofftiere. Tendenziell gaben die befragten Männer eine etwas geringere Anzahl von Kuscheltieren an. Ein Lieblingskuscheltier haben aber relativ unabhängig vom Geschlecht gut drei Viertel der Befragten (78 %) genannt. Die angegebenen Namen bzw. Bezeichnungen nennen in der Regel das konkrete Tier, obwohl es auch bestimmte Namensnennungen gibt (13 %), die nicht eindeutig einer bestimmten Tierart zugeordnet werden können oder sich auf vergleichsweise unspezifische (TV-)Figuren beziehen.

Wie sieht die *Rangreihe der Beliebtheit* bei den insgesamt 214 konkreten Nennungen von Lieblingsstofftieren aus? Die Liste wird ganz eindeutig vom *Bären* in seinen verschiedenen Erscheinungsformen (Braunbär, Koalabär, Eisbär, Pandabär, Plüschbär etc.) angeführt (36 %) – wobei tatsächlich am häufigsten der Bär als Teddybär erwähnt wird. Die Rangreihe der beliebtesten Stofftiere geht weiter mit Hund (14 %), gefolgt von: Hase (9 %), Affe (6 %), Katze (4 %), Maus (4 %), Elefant (3 %), Ente (3 %), Löwe (3 %), Tiger (3 %) und Robbe (2 %). Damit sind 71 % der insgesamt 28 erwähnten Tierarten (die weiteren: Pferd, Pinguin, Schaf, Nilpferd, Dinosaurier, Frosch, Delfin, Schildkröte, Schwein, Biber, Eichhörnchen, Esel, Eule, Igel, Känguru, Murmeltier, Reh) abgedeckt. Vergleichsweise häufig (59 %) werden »artspezifische« Kosenamen genannt (z. B. Teddy, Bäri, Wauwau, Bello, Hasi, Hoppel, Äffi, Robbie), von den befragten Männern noch etwas häufiger als von den Frauen. Die anderen Befragten (41 %) haben ihren Kuscheltieren eher individuellere Namen gegeben. Trotz gewisser normativer Muster der Namensgebung werden die Lieblingskuscheltiere aber zumeist als individualisierte und damit einzigartige Bezugs- und Übergangsobjekte beschrieben.

Die Intensität des Spiels mit den Kuscheltieren konnte gleichfalls auf einer sechsstufigen Skala eingestuft werden. Nimmt man den Mittelwert der Gesamtstichprobe als Maßstab (3,8), dann scheinen Kuscheltiere ein durchaus wichtiges Spielobjekt gewesen zu sein. Dabei schätzte circa ein Viertel der Befragten (26 %) die Intensität des eigenen Spiels eher gering ein, während 38 % der Befragten eine mittlere Spielintensität angaben und gut ein Drittel (36 %) ihr damaliges Spiel mit Kuscheltieren als sehr intensiv bezeichnete. Ähnlich wie beim Puppenspiel sind die Studierenden der Lehrämter am stärksten in der Gruppe mit der intensivsten Spielaktivität vertreten. Und auch hinsichtlich des Alters und der Geschlechtszugehörigkeit gibt es vergleichbare Zusammenhänge: Je jünger die Studierenden, desto intensiver wird das Spiel erinnert, und die männlichen Befragten attestieren sich zu circa zwei Dritteln eine eher geringe Spielintensität. Der Anteil derjenigen, bei denen das Kuscheltier noch vorhanden ist, liegt allerdings mit 83 % bei Männern und Frauen in gleicher Weise bemerkenswert hoch, zudem umso höher, je stärker die Spielintensität ausgeprägt war. Die große Mehrheit der Befragten (80 %) spielte vorzugsweise allein mit den Kuscheltieren, während nur ein kleinerer Teil den gemeinsamen Spielkontext mit anderen Kindern bevorzugte.

Wie wird aus heutiger Sicht die damalige *Bedeutung bzw. Funktion der Kuscheltiere* eingeschätzt? Der Stellenwert der Kuscheltiere in der eigenen Kindheit scheint bei beiden Geschlechtern relativ groß gewesen zu sein, da 87 % mindestens einen Bedeutungszusammenhang angaben. Insgesamt wurden über die drei Antwortmöglichkeiten hinweg 552 Nennungen angegeben. Darin sind 71 Nennungen von 36 männlichen Befragten und 446 Nennungen von 238 Studentinnen enthalten (die Differenz zur Gesamtzahl der Nennungen erklärt sich wiederum durch die 30 Befragten, die keine Angabe zu ihrer Geschlechtszugehörigkeit gemacht haben). In einem ersten Auswertungsschritt wurden diese Angaben neun Kategorien zugeordnet (vgl. Tabelle 6).

Die am häufigsten spontan genannte Funktion (19 %) bezieht sich auf das Kuscheltier als (unverzichtbarem) *Begleiter des Schlafs in der Nacht*, das sowohl für das Einschlafen als auch für das Durchschlafen von herausragender Bedeutung war. Tendenziell erwähnten Studentinnen diese Funktion noch etwas häufiger als ihre männlichen Kommilitonen. Die zweithäufigste Nennung (16 %) verweist auf die Funktion des Stofftiers als einer wichtigen, mit Fantasie ausgeschmückten *Bezugsperson* bzw. als Freund und Gegenüber beim Spiel und für Gespräche. Interessanterweise wird diese Bedeutung etwas häufiger von Männern als von Frauen genannt. Die beiden weiteren wichtigen Bedeutungskontexte verdeutlichen die Funktion des Kuscheltiers einmal als Objekt zum *Kuscheln und Schmusen* (15 %) und zum anderen als *unterstützendes Übergangsobjekt, als Trostspender und Begleiter* (15 %). Beide Kategorien finden sich wiederum etwas häufiger in den Antworten der Studentinnen. Auch die Beschreibung des Kuscheltiers als einem *Objekt, das einfach da war und Sicherheit und Kontinuitätserleben* ermöglichte (11 %), wird eher von den jungen Frauen erwähnt. Wird das Kuscheltier hingegen eher *instrumentell als Ersatz in einem anderen Funktionszusammenhang* genutzt (13 %), handelt es sich etwas häufiger um männliches Spielverhalten. Die drei restlichen Kategorien sind vergleichsweise gering besetzt, obwohl partiell durchaus bedeutungsvoll: Die Funktion als *Haustierersatz* (4 %) spielte für einige

Tabelle 6: Kategorien zur Bedeutung und Funktion von Kuscheltieren

01 reine Objekte, wenig Bedeutung, eher Deko-, Sammel-, Prestigeobjekt (24 = 4 %)
Beispiele:
»Die Kuscheltiere waren einfach nur Dekoration.«
»Prestigeobjekt gegenüber den Geschwistern.«
»Sie hatten weniger Bedeutung, außer man hat sie gesammelt.«

02 Ersatz- bzw. Nutzobjekt für andere Funktionen wie Fußball, Maskottchen etc. (70 = 13 %)
Beispiele:
»Ich habe es als Boxsack benutzt.«
»Es war mein Glücksbringer, in der Schule, bei Arbeiten usw.«

03 Haustierersatz (25 = 4 %)
Beispiele:
»Gab mir ein Gefühl, ein Haustier zu besitzen.«
»Ich durfte kein echtes Tier haben, es war also Ersatz.«

04 Geschenk und Erinnerung an wichtige Bezugspersonen (16 = 3 %)
Beispiele:
»Ich habe das Elefantenkuscheltier zur Geburt bekommen. Es war mein erstes Spielzeug.«
»Es war ein Geschenk von meinem Opa, der dann gestorben ist. Es erinnert mich an ihn.«

05 biografische Kontinuität und Präsenz, war immer schon da, Begleiter (61 = 11 %)
Beispiele:
»Es ist ein Beschützer.«
»Es ist überall immer dabei, bis heute.«

06 Einschlaf- und Durchschlafhilfe, war immer mit im Bett (105 = 19 %)
Beispiele:
»Ich hatte es nachts immer in der Hand.«
»Ich brauche es zum Einschlafen.«

07 Unterstützung, Trost bei Bedrohung, Angst, Neuem, Unbekanntem (80 = 15 %)
Beispiele:
»Damals wie heute: ein Freund bei Einsamkeit und Traurigkeit.«
»Es ist ein Trostspender bei Sorgen.«

08 Kuscheln, Schmusen, Geborgenheit geben (84 = 15 %)
Beispiele:
»Es ist zum Kuscheln und Wärme geben.«
»Ich kann mit ihm schmusen und mich ausruhen.«

09 Bezugsperson, Spiel-Fantasieobjekt, Freund, Gegenüber (87 = 16 %)
Beispiele:
»Es war ein Freund und Gesprächspartner.«
»Ich konnte mit ihm in eine Fantasiewelt abtauchen.«

der Befragten eine wichtige Rolle und ging zumeist mit einer hoch ausgeprägten Spielintensität einher, und auch die Bedeutung des Kuscheltiers als *Geschenk* bzw. Erinnerungsgegenstand an eine geliebte Person (3 %) spielte für diese Befragten oft eine sehr wichtige Rolle. Schließlich gibt es eine kleine Anzahl von Befragten (4 %), für die die Kuscheltiere relativ bedeutungslos bzw. ein reines *Status- oder Dekorationsobjekt* waren.

Auch hier kann eine Zusammenfassung der Einzelkategorien die von den Befragten wahrgenommenen Funktions- und Bedeutungskontexte der Kuscheltiere ihrer Kindheit noch etwas prägnanter abbilden (vgl. Tabelle 7).

Tabelle 7: Zusammengefasste Funktionskontexte zur Bedeutung und Funktion von Kuscheltieren (prozentuale Ausprägung und durchschnittliche Spielintensität)

Kategorie	%	Spielintensität Mittelwert Skala 1–6
»Instrumentalität«, (Um)-Funktionalität, Status (1 + 2)	17 %	3,5
»Haustierersatz« (3)	4 %	4,3
»Erinnerungsobjekt«, Geschenk (4)	3 %	3,3
»Support«, Achtsamkeitserfahrung, Trost (5 + 7)	26 %	3,8
»Geborgenheit«, Symbiose und Regression (6 + 8)	34 %	3,9
»Interpersonalität«, Bezugsperson, Animationspartner (9)	16 %	4,3

Auch wenn die beiden Kategorien *Geschenke / Erinnerungsobjekte* und *Haustierersatz* zahlenmäßig nicht stark besetzt sind, wurden sie als einzelne Funktionskreise beibehalten, weil in beiden Fällen jeweils ganz distinkte, zentrale Erlebensqualitäten angesprochen werden. Die anderen vier Einzelkategorien, die hinsichtlich der angesprochenen Erlebensaspekte und funktionalen Bedeutungen vergleichsweise ähnlich sind und Merkmale des Beschützt-, Bestärkt-, Begleitet- und Behütetwerdens in Übergangslagen bzw. in fremden Situationen beschreiben, sowie das Kuschel- und Schmusebedürfnis, das Geborgenheit vermittelt, wurden in zwei Cluster zusammengefasst. Zum einen geht es um die multifunktionale Unterstützungsfunktion (»support«) des Kuscheltiers bzw. der Kuscheltiere als verlässliche Ressource im Fall von Kummer und Bedrohung oder bei Übergängen in unbekannten Situationen. Hier wird Schutz gewährt, psychische und körperliche Sicherheit vermittelt, Trost, Ermutigung, Selbstvergewisserung, Wertschätzung etc. gegeben. Es ist eine Erlebensqualität, die man als die Erfahrung von *Achtsamkeit* bezeichnen könnte. Zum anderen findet sich stärker eine Bedürfniskonstellation nach Geborgenheit, nach Regression, symbiotischer Verschmelzung und Ritualisierung, der durch die unhinterfragte Präsenz des Kuscheltiers entsprochen wird. Auf diesem Hintergrund werden sicherlich auch die kindlichen Dramen im Fall eines drohenden oder faktischen Verlustes des Kuscheltiers verständlich. Bei diesen beiden Funktionszusammenhängen handelt es sich in gewisser Weise um eine komplementäre Entsprechung der Fürsorgekategorie im Funktions- und Bedeutungsbereich der Puppen, nur diesmal von der Empfängerseite her gesehen. Ging es dort um die eigene aktive Übernahme der verschiedenen Facetten eines Fürsorge- und Kümmer-Verhaltens gegenüber kleineren und abhängigeren Wesen, so handelt es sich hier um die Erfahrung, in der Beziehung zum Kuscheltier aufgehoben und geborgen zu sein, um das Gefühl, beschützt und geliebt zu werden, das in immer wiederkehrenden Ritualen inszeniert wird. Diese Funktionen von Kuscheltieren werden von fast zwei Drittel der Befragten genannt. Ohne dass das den befragten Studierenden wahrscheinlich bewusst war, attestieren sie sich damit als Kind eine bemerkenswerte Fähigkeit zur Introspektion sowie zur Antizipation und Regulation intrapsychischer und intersubjektiver Prozesse, insbesondere in Zeiten möglicher Bedrohung: Über die von ihnen selbst vorgenommene projektive Besetzung des Kuscheltiers als einem fürsorglichen und sich kümmernden Objekt ko-konstruieren sie mit diesem die Erfahrung von sowohl eher mütterlichem (Wärme, Geborgenheit, Fürsorge, Akzeptanz) als auch väterlichem Rollenverhalten (Geleitschutz, Ermutigung).

Auch wenn bei beiden Geschlechtern diese beiden Kategorien am stärksten besetzt sind, scheint vor allem das Funktionsmerkmal des Kuschelns und der Geborgenheit ein besonders typischer Erlebenszusammenhang der Studentinnen (46 %) zu sein. Die jungen Männer sind hingegen etwas stärker in den beiden verbleibenden Bedeutungskategorien vertreten. Dies gilt insbesondere für den Aspekt der *Instrumentalität* und des Umfunktionierens des Kuscheltiers in einen anderen (Spiel-)Funktionszusammenhang (Boxsack, Kissen), in dem das Kuscheltier eine reine Objekt- bzw. Nützlichkeitsfunktion einnimmt. Vielleicht wird der emotionalaffektive Sog und Appell, der dem Kuscheltier ja oft zueigen ist, auf diese Weise abgewehrt und ermöglicht es den Jungen, zwar eine heimliche, warme Zuneigung zu diesem Objekt zu haben, aber dennoch scheinbar cool zu bleiben. Allerdings erinnert sich ein Teil der jungen Männer durchaus noch an die früheren Kuscheltiere in einem *interpersonellen* Bedeutungszusammenhang. Gemeint ist damit ein Verhaltenskontext, in dem das Kuscheltier als Bezugsperson, Gegenüber, Gesprächspartner und Freund vom Kind, sprich: Jungen, animiert, inszeniert und somit zum Resonanzkörper im zumeist solitären Spiel mit dem Objekt gemacht wird. Diese Spielvariante berührt einmal die affektiv-emotionale Erlebensebene, findet aber auch als Gestaltung einer wechselseitigen Bezogenheit und Interaktion statt. Somit zeigt sich, dass auch Jungen im Spiel mit Kuscheltieren Prozesse der Perspektiven- und Rollenübernahme erfahren und einüben können.

Zur Präferenz von Puppen und / oder Kuscheltieren
Die Fragen, die sich auf Puppen bezogen, wurden fast nur von Studentinnen und kaum von männlichen Studierenden beantwortet, so dass man davon ausgehen kann, dass die meisten der männlichen Studierenden in ihrer Kindheit nicht mit Puppen gespielt haben. Für die Kuscheltiere lässt sich hingegen eine vergleichbare geschlechtsspezifische Einseitigkeit nicht feststellen. Es wurde ja bereits darauf verwiesen, dass Richard Steiff, der Neffe von Margarete Steiff, den (Teddy-)Bären als Puppe für Jungen einführen wollte (vgl. Kania, 1991; Steiffs Tierleben, 2008). Obwohl diese Intention nie explizit propagiert wurde, scheint sie aber letztlich erfolgreich gewesen zu sein: Auch in dieser Befragung führten die Teddybären gerade bei den Jungen die Liste der Lieblingskuscheltiere an. Offenkundig kolli-

diert der Besitz eines Teddybären nicht mit (männlicher) Identität und Identifikation als Junge.

In Bezug auf eine Reihe von Merkmalen unterscheiden sich Spielverhalten und Umgang mit Puppen und Kuscheltieren voneinander. Während das Puppenspiel bei der Hälfte der (weiblichen) Befragten im sozialen Kontext mit anderen Kindern stattfindet, spielen beide Geschlechter mit Kuscheltieren überwiegend allein – oft vor dem Schlafengehen im Bett oder in sonstigen Übergangssituationen. Auch die Frage nach der (Auf)Bewahrung von Lieblingspuppe oder Lieblingskuscheltier verweist auf eine unterschiedliche Praxis: Während das Lieblingskuscheltier bei fast allen Befragten noch vorhanden ist, gibt es die Lieblingspuppe bei etwa der Hälfte der Befragten nicht mehr. Mit dem Kuscheltier scheint somit ein Stück Kindheit ins Erwachsenenalter hinübergenommen zu werden, während die Puppe bei einem Teil der Studentinnen eher ein Stück abgeschlossene bzw. entsorgte Kindheit repräsentiert.

Die durchschnittliche Spielintensität ist in Bezug auf beide Spielobjekte in etwa gleich ausgeprägt und liegt in der Selbsteinschätzung im oberen Mittelbereich. Bezieht man die Aktivitätsniveaus aufeinander, dann finden sich unterschiedliche Spielvarianten. Da die jungen Männer ohnehin nur in sehr begrenztem Umfang mit Puppen gespielt haben, gibt es bei ihnen nur zwei Varianten: Gut ein Drittel spielte kaum mit Puppen und auch nur wenig mit Kuscheltieren und etwas mehr als die Hälfte bevorzugten das Spiel mit Kuscheltieren deutlich vor dem Puppenspiel. Bei den Studentinnen gibt es etwas andere Konstellationen: Bei nur sehr wenigen Befragten (6 %) war das Spiel mit beiden, Puppen und Kuscheltieren, nur wenig ausgeprägt, knapp ein Drittel (30 %) spielte intensiv sowohl mit Puppen als auch mit Kuscheltieren, ein weiteres knappes Drittel (30 %) bevorzugte das Spiel mit Kuscheltieren deutlich vor dem Puppenspiel und bei gut einem Drittel (34 %) verhielt es sich genau umgekehrt.

Die jeweils separat erfassten Funktions- und Bedeutungszusammenhänge der beiden Spielobjekte verweisen sowohl auf Gemeinsamkeiten als auch auf Unterschiede. Grundsätzlich besteht bei beiden die Möglichkeit, sie in einer gewissen Weise zum Leben zu erwecken (Kuznets, 1994). Insofern findet im Rahmen eines solchen Spiels eine sozioemotionale Differenzierung statt, die die kindliche Lebensbewältigungspraxis unterstützt. Allerdings werden auch unterschiedliche Dimensionen bzw. Erlebnisebenen akzentuiert. So geht die eher niedlich-amorphe Anmutung des Kuscheltiers mit einer Art Anthropomorphisierung einher, die archaischer zu sein scheint und möglicherweise tiefere Schichten des Bewusstseins anspricht als es bei der Puppe mit ihrem eher menschlich-ebenbürtigen Ausdrucksgehalt der Fall ist. Dabei ist das Kuscheltier in der Regel rollenunspezifischer und geschlechtsneutraler bzw. androgyner und scheint für Mädchen und Jungen relativ unabhängig von Sozialisationsanforderungen zu sein: Im Spiel mit Kuscheltieren kommen palliative und emotional stabilisierende Formen des Beruhigens, Begleitens und Sicherheit-Gebens zum Tragen. Puppen hingegen übernehmen mit ihrem menschlichen Ausdruck stärker die Funktionen des Spiegelns und fungieren als Doppelgänger. Unterschwellig schwingt im Spiel mit der Puppe auch immer die Frage nach der Unterscheidung zwischen Belebtem und Unbelebtem mit. Puppen können insofern auch leichter Irritationen auslösen und für manche Kinder (und Erwachsene) kann der Anblick der Puppe mit der Anmutung des Unheimlichen konnotiert sein (vgl. Simms, 2004). So schrieb eine der Befragten: »Vor Puppen habe ich mich immer gegruselt.« Andererseits ist das Spiel mit den Puppen fest im Kontext des aktiven sozialen Rollenhandelns verankert: Es geht um Alltagsgestaltung, um soziales Konfliktverhalten sowohl in asymmetrischen (z. B. Eltern-Kind-Beziehungen) als auch in symmetrisch-reziproken (z. B. Gleichaltrigen-Beziehungen) Rollenbezügen und es geht damit nicht zuletzt um Fragen der Selbstverortung und Selbstbestimmung im Sozialisationsgeschehen.

Zur (direkten) Frage nach Unterschieden und Gemeinsamkeiten
Die direkte Frage danach, ob es Unterschiede in der Bedeutung von Puppen und Kuscheltieren gibt, wurde von gut zwei Dritteln der Befragten bejaht, wobei die meisten ihre Aussagen auch mehr oder weniger ausführlich begründeten. Bei der Frage nach Unterschieden zwischen den beiden Spielzeugarten gab es insgesamt 213 Nennungen. Recht viele der Befragten nennen eine Art komplementärer *Arbeitsteilung* zwischen Puppe und Kuscheltier. Das kann vielerlei Formen annehmen, wobei zumeist eine Art Unterscheidung getroffen wird, in der die Puppe stärker für eine Art Realitätsprinzip und das Kuscheltier eher für etwas, das man als Ausdruck des Lustprinzips ansehen kann, steht. Demnach ist die Puppe wichtig für (Rollen-) Spiele und das Kuscheltier für emotionale Bedürfnisse oder anders gesagt, es geht um Aktivität vs. Passivität, um Versorgen vs. Versorgtwerden, um soziale Verantwortung vs. soziale Verlässlichkeit. Die konkreten Formulierungen sehen folgendermaßen aus: »Auf die Puppe habe ich aufgepasst und das Kuscheltier hat auf mich aufgepasst«, »Die Puppe ist für tagsüber, das Kuscheltier für nachts«, »Die Puppe repräsentiert die Realität und ist lebensnah, das Kuscheltier steht für die Fantasie«, »Die Puppe ist das Kind, das Kuscheltier der Freund«, »Mit der Puppe habe ich gespielt, das Kuscheltier war einfach immer da«. Für eine Reihe von jungen Männern ist die geschlechtsspezifische Verteilung das dominante und entscheidende Merkmal: »Die Puppe ist für Mädchen, Kuscheltiere sind (auch) für Jungen«. Zahlenmäßig gesehen, überwiegen diejenigen, die *Kuscheltiere als die bedeutsameren kindlichen Spielobjekte* einschätzen. Begründet wird diese Sichtweise mit der Omnipräsenz der Kuschelwesen, die einfach da waren und den jeweils vorhandenen emotionalen Bedürfnissen unbedingt entsprachen. In diesem Zusammenhang finden sich auch Äußerungen, in denen eine mehr oder weniger große Abneigung gegenüber Puppen zum Ausdruck gebracht wird (»Puppen fand ich eklig«). Für andere Befragte hingegen spielten Kuscheltiere eine eher periphere Rolle und sie schrieben den Puppen die größere Bedeutung im Rahmen der eigenen kindlichen Entwicklung zu. In den entsprechenden Begründungen wird auf die größere Affinität der Puppe zu menschlichen Eigenschaften und Verhaltensweisen verwiesen (»sie sind menschlicher«, »man lernt Verantwortungsbewusstsein«, »sie sind lebensnäher«).

Für nur wenige der befragten Studierenden (10 %) überwogen die Gemeinsamkeiten im Spiel mit Puppen und Kuscheltieren. Die wenigen Aussagen, die die Gemeinsamkeiten betonen, drücken relativ allgemein aus, dass man beide, Puppen und Kuscheltiere, animieren und mit ihnen Fantasiewelten aufbauen konnte und dass sie somit beide gleichwertige und wichtige Begleiter der Kindheit waren.

Letztlich wird man davon ausgehen können, dass die grundsätzliche Verfügbarkeit beider Spielobjekte für Kinder die beste Voraussetzung bietet, sich je nach Bedürfnislage in differenzieller und selbst bestimmter Weise aktiv konstruierend sozioemotionale Kompetenz anzueignen.

Erinnerte »Puppendramen«
Knapp ein Drittel der Befragten, fast ausschließlich Studentinnen, hat sich darauf eingelassen, eine »wichtige« oder »dramatische« kleine Geschichte im Zusammenhang mit den eigenen Puppen zu notieren, so dass es insgesamt 108 solcher Schilderungen gab. Bei der vorgegebenen Instruktion liegt es auf der Hand, dass mehr als die Hälfte dieser kleinen Dramen tendenziell von Kummer, Ärger, Verlust und Belastungen handeln und sie somit eher *negativ* getönt sind: So geht es um Missgeschicke mit der Puppe, Verletzungen, Angriffe, enttäuschte Erwartungen etc. Dabei wird der Kummer tendenziell von den Eltern eher verschärft als gemildert (z. B. Schimpfen über Unachtsamkeit). Auffallend ist, dass als häufigstes Einzelthema das Abschneiden der Haare erwähnt wird (fast immer trifft es eine Barbie-Puppe) und das nachfolgende Entsetzen über die nicht mehr zu reparierende Entstellung der Puppe. Generell passieren die Puppenverletzungen häufiger durch mehr oder weniger böswillige Attacken von Gleichaltrigen als durch gewollte oder unbeabsichtigte Aktionen seitens der Puppenmütter. So wird aber deutlich, dass es gegenüber den Puppen durchaus auch heftige aggressive Bedürfnisse gibt, die in ein entsprechendes Verhalten münden. Die Mädchen-Puppen-Beziehung repräsentiert eben nicht ausschließlich nur eine idyllisch-heile, beschauliche Welt, sondern enthält das ganze Spektrum der großen menschlichen Gefühle von heftiger Zuneigung und Liebe bis hin zu massiven Ärgerausbrüchen, Wut und Hass. Daneben gibt es eine Reihe von Geschichten, die unspektakulär ablaufen bzw. neutrale oder lustige Situationen beschreiben.

Zur Veranschaulichung seien hier einige Kostproben wiedergegeben:

»Mein Bruder hatte die Puppe die Treppe runtergeworfen – sie war kaputt –, für mich brach eine Welt zusammen, und mein Bruder hatte einen ganz schlechten Stand bei mir. Ein anderes Mal hat er meiner Puppe mit langen Haaren die Haare abgeschnitten – von da ab waren wir geschiedene Leute« (weiblich, ohne Altersangabe).

»Ich hatte eine Lieblingspuppe, ihr Name war Florian. Ich habe sie heiß und innig geliebt und behandelt, als wäre sie mein eigenes Kind. Sie musste überall mit hin und schlief jeden Abend in meinem Bett.

Eines Tages wollte ich mit meiner Mutter zum Einkaufen und auch Florian musste mit! Auf dem Weg zum Auto fiel ihm auf einmal der Kopf ab!!!! Ich habe angefangen zu weinen. Meine Mutter versuchte mich zu trösten, meinte aber dann, dass man den Schaden wohl nicht mehr reparieren könne! Also nahm sie ihn, zog Strampler, Body und Windel aus, gab es mir und schmiss den kopflosen Florian in die nächste Mülltonne!!! Das werde ich niemals vergessen! Florian war übrigens gefüllt mit gelbem und grünem Schaumstoff! Dieses Bild hat sich irgendwie in meinen Kopf eingebrannt« (weiblich, 23 Jahre).

»Meine Lieblingspuppe ist kaputt gegangen. Sie ist mir aus der Hand gefallen, dabei hat sie ihren Kopf verloren. Meine Mutter musste sie wieder reparieren. Dann war die Welt wieder heil« (weiblich, 21 Jahre).

»Meine Puppe war im Gegensatz zu den Puppen meiner Freundinnen und Schwestern schwarz« (weiblich, 20 Jahre).

»›Heimliche‹ bzw. ›getarnte‹ Spaziergänge mit Puppenwagen und Nachbarstochter, damit andere nicht ›hänselten‹ o. Ä., sondern dachten, es sei ihre Puppe« (männlich, 21 Jahre).

»Ich habe sehr oft ›Schule‹ gespielt mit meinen Puppen, sie waren dann Teil meiner Klasse, die ich imaginiert habe. Diejenigen, die ich nicht leiden konnte, haben immer schlechte Noten bekommen und Ärger von mir, der Lehrerin. Aber meine Puppe, das war ich, sie hieß in dem Fall wie ich, die war immer die liebste und beste« (weiblich, 19 Jahre).

Erinnerte »Kuscheltierdramen«

Anders als bei der Aufforderung, eine wichtige Puppengeschichte zu formulieren, scheint es etwas mehr Befragten leichter gefallen zu sein, eine kleine dramatische Geschichte im Zusammenhang mit Kuscheltieren festzuhalten. Insgesamt wurden 130 kurze Skizzen verfasst, wobei ein kleiner Teil auch von männlichen Studierenden stammt (15 %). Interessanterweise beginnen relativ viele dieser kleinen Dramen (42 %) mit einer Katastrophe aus kindlicher Sicht, die aber (oft dank der elterlichen Initiative und Anteilnahme) einen guten Ausgang nimmt: So werden verloren gegangene Kuscheltiere wieder gefunden, abgefallene Köpfe wieder angenäht, Tiere aus dem Wasser gefischt etc. Andererseits enden zahlreiche dieser Geschichten (27 %) auch ohne Happyend und werden als traurige, Enttäuschungs- oder Verlustgeschichten in der Erinnerung bewahrt. Insofern findet sich auch hier die ganze Skala großer, dramatischer menschlicher Gefühle wieder. Darüber hinaus finden sich Kurzberichte, in denen mehr oder weniger große Verletzungen und Verluste eher faktisch berichtet werden. In einer Reihe von Geschichten (11 %) geht es um Themen, die mit Krankheit, Krankenhaus oder Tod zu tun haben, in denen dem Kuscheltier eine wichtige Verbindungs- und Trostfunktion zukommt. Ähnlich häufig finden sich lustige oder deutlich positive Geschichten (»Mein Vater hat mir ein kleines Schäfchen geschenkt, das ich bis heute habe«) oder auch kurze Berichte, in denen mehr oder weniger neutrale Fakten konstatiert werden (»Ich habe mit meinem Kuscheltier den Film ›König der Löwen‹ nachgespielt«).

Auch hierzu sollen einige Veranschaulichungen erwähnt werden:

»Ich hatte ein Kuscheltier (war aber nicht mein liebstes), das war unheimlich weich! Ich liebte es dafür. Es war ein kleiner roter Esel mit dem Namen ›IA‹. Seine Augen waren nur ›aufgeklebt‹ und ich ›pulte‹ gerne an ihnen herum. Eines Tages hatte ich es geschafft und hatte ihm das Auge abgerissen!! Ich hatte ein furchtbar schlechtes Gewissen, da ich davon ausging, dass der Esel nun blind sei! Ich war total entsetzt! Da ich selbst von Geburt an Probleme mit meinen Augen habe, bestand ich darauf, dass wir den Esel das nächste Mal mit zum Augenarzt nehmen! Das haben meine Eltern gemacht! Der Augenarzt meinte dann, dass man das ›Sehvermögen‹ des Esels retten könne! Die ›OP‹ könne meine Mutter durchführen! Wieder zu Hause klebte meine Mutter die Augen des Esels wieder an! Ich war froh, dass mein Esel wieder sehen konnte, und dankte dem Arzt das nächste Mal.«

»Immer, wenn mein Kuscheltier gewaschen werden musste, musste es dann nass auf einem Stuhl neben meinem Bett liegen, damit ich schlafen konnte« (weiblich, 23 Jahre).

»Teddy musste gewaschen werden. Nach langem Protest und Sorge gab ich schließlich nach. Verbrachte aber den ganzen Waschprozess vor der Waschmaschine und guckte dem Teddy zu!« (männlich, 22 Jahre).

»Ich hatte mir meine Katze Line vom eigenen Taschengeld gekauft und noch am selben Tag hat sie mein kleiner Neffe in einer Tür eingeklemmt. Ich hab geweint wie ein Schlosshund« (weiblich, 21 Jahre).

»Meine Schwester zeigte mir ein Geschenk, ein Kuscheltier, einen Tag vor meinem Geburtstag. Ich war sehr enttäuscht. Habe mich aber trotzdem sehr über das Kuscheltier ›Eisbär‹ gefreut. Einige Zeit nach meinem Geburtstag sagte meine Schwester zu mir, dass der Eisbär nicht genug sieht, weil ihm das Fell in den Augen hängt. Sie sagte, wir müssen es abschneiden und ich stimmte zu. Leider musste ich später feststellen, dass das Fell nicht mehr nachwuchs …« (weiblich, 22 Jahre).

»Ich hatte mal einen kleinkindgroßen Bären, der nachts durch statische Aufladung, wenn man ihn dann berührte, anfing zu blitzen. Da ich damals noch nichts von Elektrostatik verstand, dachte ich, dass mein an Kindstod verstorbener großer Bruder Kontakt zu mir aufnehmen wollte« (männlich, 22 Jahre).

Erinnerungen an das »innere Kind« oder: Lasst euch die Kindheit nicht austreiben

Sowohl die repräsentative Untersuchung der »Puppenstiftung« als auch die mit Studierenden durchgeführte kleine Erkundungsstudie über die Bedeutung von Puppen und Kuscheltieren in der Kindheit belegen einmal mehr eindrucksvoll, dass Puppen und Kuscheltiere mehr sind als rein materielle Objekte, mehr als Plüsch, (Kunst-)Stoff, Porzellan oder ähnliches Material, das mit dem Ende der Kindheit als simples Spiel-Zeug seine Funktion erfüllt hat. Die Funktions- und Bedeutungsmerkmale, die Puppen und Kuscheltieren in der Kindheit zukommen, entsprechen durchaus allgemeinen menschlichen Bedürfnissen. Im weitesten Sinne geht es somit auch hier um: Spielen, Lieben und Arbeiten. Bereits Erich Kästner (1950/1969) forderte Kinder in seiner »Ansprache zum Schulbeginn« auf, sich die »Kindheit nicht austreiben zu lassen« (S. 181). Dabei ist dies eine Aufforderung, die sich möglicherweise noch deutlicher an Erwachsene als an Kinder richten sollte, nicht zuletzt für das Phänomen des Spiels als ein »Handeln ganz besonderer Art« (Oerter, 1999, S. 1), durch das eine lebenslange »Schule der Menschwerdung« begründet werden kann. Die von Oerter handlungstheoretisch abgeleiteten drei Tiefenmerkmale des Spiels lassen sich gut mit erwachsenem Handeln verbinden: Es geht um die Möglichkeit, sich im Sinne des Selbstzwecks des Handelns auch immer Momente der Selbstvergessenheit zu verschaffen, es geht um Schaffung von Realitätskonstruktionen, die als Deutungsrahmen sinnstiftend wirken, und es geht auch immer um die Freude am Ritual, an der selbstvergewissernden Wiederholung. Das Spiel mit Puppen und Kuscheltieren bzw. der Bezug zu und mit ihnen kann ein solches Handeln durchaus fördern und begleiten. Darüber hinaus können verfestigte Wahrnehmungsraster aufbrechen, man kann spielerisch aus der Rolle fallen und andere Perspektiven einnehmen. »Puppen verändern Sichtweisen, indem sie das Dargestellte auf das Wesentliche reduzieren« (Mahler, 1988, S. 142). Gerade durch die Miniaturisierung entsteht ein Vergrößerungsglaseffekt.

Während die repräsentative Studie mit ihren eher vorgegebenen Antwortalternativen vielleicht ein etwas zu positives Bild von der Offenheit Erwachsener gegenüber dem Puppen- und Kuscheltierthema zeichnet, spiegelt sich in der vergleichsweise verhaltenen Resonanz auf dieses Thema im Rahmen der studentischen Befragung möglicherweise ein etwas zu kritisch-skeptischer Eindruck wider. Auch das Pendel des wissenschaftlich interessierten Blicks auf die Bedeutung des Spiels in der menschlichen Entwicklung schlägt mal stärker nach der Seite »romantischer«, mal mehr nach der Seite »skeptischer Rhetorik« aus (Sutton-Smith, 1997). Schaut man beim vorliegenden Material ein wenig hinter die Kulissen (das heißt, hinter die knappen Schilderungen oder neutralen Kreuzchen), dann deutet sich an, dass ein solcher Blick lohnenswert ist. Der Puppen- und Kuscheltierstimulus, die Konfrontation mit diesem Themenkomplex, kann seelisches Geschehen in Gang bringen und ein Sicheinlassen auf (partiell vergessene oder verdrängte) Bilder von sich als Kind ermöglichen. Es kann dabei eine Wiederbelebung und Aneignung der

Kindheit stattfinden, es kann aber auch dazu führen, dass Sehnsüchte zum ersten Mal bewusst werden, die (bislang noch) unerfüllt geblieben sind. Einiges aus den Ergebnissen der beiden empirischen Studien spricht dafür, dass in der heutigen Zeit insbesondere Jungen und (jungen) Männern der Zugang zur kindlichen Kreativität und Gestaltungsfähigkeit, zu den großen Gefühlen und den wilden Gedanken in den Kinderwelten (durchaus mit Hilfe von Kuscheltieren oder Puppen) etwas stärker gebahnt werden sollte, damit dieses Potenzial nicht in der Abwehr des vermeintlich Kindlich-Kindischen abhanden kommt. So scheint selbst die Frage nach dem Kuscheltier, das als Spielzeuggattung ja nicht so sehr wie die Puppe unter dem Generalverdacht eines in geschlechterpolitischer Hinsicht nicht korrekten Spielobjekts steht, bei manchen männlichen Jungakademikern Peinlichkeitsanmutungen zu evozieren. Zu Recht könnte man hier der Frage nachgehen, was aus dem ehemals kindlichen Spiel im Erwachsenenalter wird (Oerter, 1999; Sutton-Smith, 1997) bzw. mit Eric Berne (1983) hinterfragen, wie es dazu kommt, dass viele Menschen die so genannten »Spiele der Erwachsenen« unbewusst immer wieder leidvoll in Szene setzen. Grundsätzlich wäre zu überlegen, ob ein Thema wie das der Prägung durch die Vorgaben der herrschenden Alltags- und Spielkultur in der eigenen Kindheit mit entsprechenden Anteilen von Selbsterfahrung im Rahmen der Ausbildung von zukünftigen Pädagogen angesprochen werden sollte (vgl. Damico u. Quay, 2006).

Die partielle Identifikation mit dem Anderen erlaubt in der Regel einen Perspektivenwechsel. Im Märchen »Das Geldschwein« von Hans Christian Andersen wird gezeigt, was passiert, wenn Puppen »Mensch-Sein« spielen: Es kommt eine erhebliche Dynamik in Gang und selbst die Bilder an den Wänden drehen sich herum, weil sie wissen, dass auch sie eine Kehrseite haben und dass es sich lohnt, hinter die Fassade zu schauen (Andersen, 2008). So deuten einige der hier geschilderten kleinen Puppen- und Kuscheltierdramen an, was alles passieren kann, wenn Menschen Puppen spielen – in jedem Falle keine Langeweile, sondern manchmal erstaunliche Einsichten. »Die Handlungsfähigkeit des Menschen ist unter anderem davon abhängig, wie sehr er in der Lage ist, die Fähigkeit des Kleinkindes zur Illusionierung in seinem Leben reaktivieren zu können. Zur Fähigkeit der Illusionierung gehört die Möglichkeit, diese gleichzeitig zu vollziehen und zu durchschauen« (Becker et al., 1978, S. 25). Dabei müssen die dem spielenden Kind verfügbaren Spielobjekte eine Form der freien Selbstbewegung ermöglichen, dann wird es auch weniger wahrscheinlich, dass die Kindheit und die Gegenstände der Kindheit wie ein »alter Hut« abgelegt werden (Kästner, 1950/1969, S. 181). Als ein, wenngleich sicherlich ungewöhnliches, Kind seiner Zeit fällt es Klaus Mann nicht schwer, auch im jungen Erwachsenenalter den emotionalen Zugang zu seinem Spiel zu erinnern:

> »Ich weiß, daß ich mit zehn und elf Jahren noch mit Puppen spielte. Freilich wurden die kleinen Stoff- und Zelluloidgebilde selber beinahe nebensächlich, während die großen Geschichten, die sich um sie spannen, immer selbständiger wuchsen« (Mann, 1932/1983, S. 21).

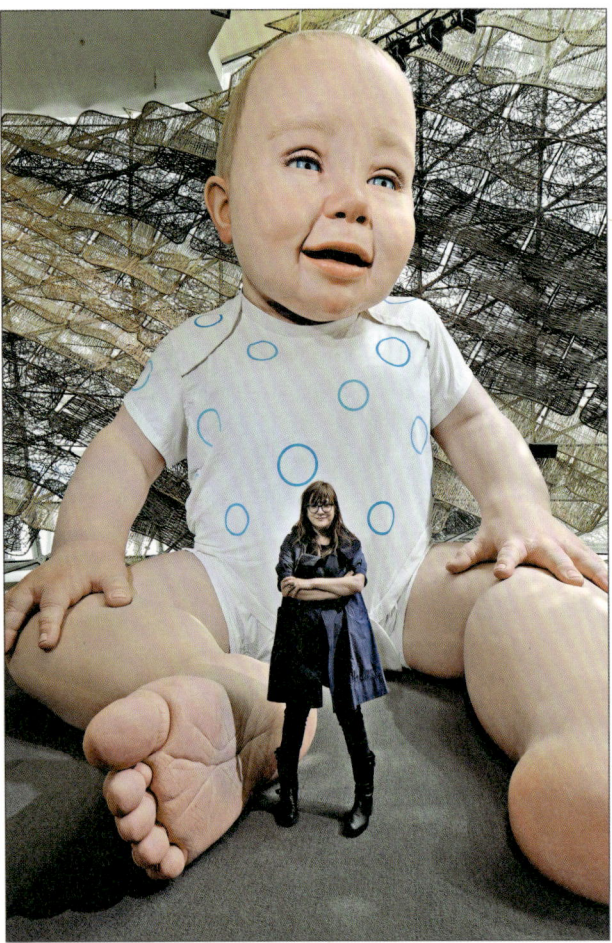

Abbildung 17: »Miguelin« – die spanische Filmregisseurin Isabel Coixet vor ihrer Kreation, einem animierten Riesenbaby im spanischen Pavillon der Expo in Shanghai, 2010

Epilog: Puppen-Comeback?

»Jeder von uns erzählt eine ähnliche Geschichte seiner Erweckung. Wir beginnen zu leben, wenn ein Kind uns anschaut. Wenn es dich meint, keinen anderen. ›Du bist es. Du.‹ Wenn du das Glück eines anderen geworden bist – in dem Augenblick weißt du noch nicht einmal, daß das Etwas, das da auf dich herabstrahlt, ein Kind ist –, und das Kind dein Glück.«

Urs Widmer, »Ein Leben als Zwerg«, 2006/2008, S. 20

Puppen – die besseren Menschen? Plädoyer für eine unaufgeregte (Wieder-)Aneignung

Einerseits: Puppen sind im Verschwinden begriffen – das war die These des Prologs, die sich partiell auch in aktuellen Umfragen bestätigt findet (ENIGMA, 2007; Holler u. Götz, 2011). Kuscheltiere scheinen demnach die angesagteren Kindheitsgefährten geworden zu sein und haben in den letzten Jahrzehnten die Puppen in ihrer Bedeutung und Funktion für Kinder ein Stück weit verdrängt bzw. ersetzt. Andererseits: Es mehren sich die Anzeichen dafür, dass Puppen, wenngleich nicht unbedingt in den Kinderzimmern, eine Art Comeback feiern. Man könnte den Eindruck bekommen, dass es nun vor allem die Erwachsenen sind, die lange Zeit unterdrückte Sehnsüchte nach der Faszination durch Puppenwelten wieder zulassen. Finden sich Belege für diese These?

Zur Feier des 20. Jahrestags des Mauerfalls bewegten sich in Berlin zwei Riesenpuppen der französischen Straßentheatertruppe Royal de Luxe am Tag der deutschen Einheit 2009 aufeinander zu, trafen am Brandenburger Tor zusammen und verzauberten ein Millionenpublikum. Es handelte sich um gigantische »Marionetten aus Schrott«, die

> »beinahe menschlich erscheinen […]. ›Die Menschen werden die Riesen sogar lachen und weinen sehen, auch wenn sie technisch gar nicht lachen und weinen können‹, verspricht der Konstrukteur […]. Wenn die Riesen erst einmal zusammengebaut seien, sagt er, wenn die sogenannten Liliputaner sie erst einmal bewegten, dann seien sie mehr als die Summe ihrer Teile: lebendige Wesen« (Becker, 2009).

Auch der thailändische König Bhumibol steuerte seine tanzenden Riesenpuppen zu diesem Festakt bei. Derweil lockte auch die animierte Riesenbabypuppe Miguelin die Besucher der chinesischen Expo in Shanghai 2010 zuhauf in den spanischen Pavillon. Und: »Im besten Film des Frühjahrs für Kinder und Erwachsene, ›Der fantastische Mr. Fox‹, spielen Puppen die Hauptrolle« (o. N., 2010, S. 3). Marionetten- und Puppentheater, wie beispielsweise die Schaubude Berlin (http://www.schaubude-berlin.de; Zugriff am 28.03.2011) hatten im Kleist-Jahr 2011 gute Chancen, an den Erkenntnissen von Kleist über Zauber und Wirkung des Marionettentheaters anzuknüpfen:

> »Und der Vorteil, den diese Puppe vor lebendigen Tänzern voraus haben würde? Der Vorteil? Zuvörderst ein negativer, mein vortrefflicher Freund, nämlich dieser, daß sie sich niemals *zierte*. […] Zudem, sprach er, haben diese Puppen den Vorteil, daß sie *antigrav* sind. Von der Trägheit der Materie, dieser dem Tanze entgegenstrebendsten aller Eigenschaften, wissen sie nichts: weil die Kraft, die sie in die Lüfte erhebt, größer ist, als jene, die sie an die Erde fesselt. […] Die Puppen brauchen den Boden nur, wie die Elfen, um ihn zu *streifen*, und den Schwung der Glieder, durch die augenblickliche Hemmung neu

zu beleben; [...] Ich sagte, daß, so geschickt er auch die Sache seiner Paradoxe führe, er mich doch nimmermehr glauben machen würde, daß in einem mechanischen Gliedermann mehr Anmut enthalten sein könne, als in dem Bau des menschlichen Körpers. [...] Nun, mein vortrefflicher Freund, [...] Wir sehen, daß in dem Maße, als, in der organischen Welt, die Reflexion dunkler und schwächer wird, die Grazie darin immer strahlender und herrschender hervortritt. [...] Mithin, sagte ich ein wenig zerstreut, müssten wir wieder von dem Baum der Erkenntnis essen, um in den Stand der Unschuld zurückzufallen? Allerdings, antwortete er; das ist das letzte Kapitel von der Geschichte der Welt« (Heinrich von Kleist, Über das Marionettentheater, 1810/1961/1978, S. 56 ff.).

So mag es zwar sein, dass den kindlichen Puppenwelten im Moment in Folge des unentwegten »Auswurf[s] der Spielzeugindustrie« (Petzold, 1983b, S. 15) ein wenig der Garaus gemacht wird, aber die zuletzt genannten Beispiele sprechen dafür, dass die Puppe und die mit ihr verbundenen Themen der körperlichen Erschaffung, der Macht, der anderen Identität und des Zaubers (S. 10 ff.) überleben werden. Zehntausende Jahre Kulturgeschichte lassen sich nicht so einfach in einem halben Jahrhundert entsorgen. Dementsprechend postuliert Petzold in seinem fulminanten Beitrag über die »Geheimnisse der Puppe«:

»Die Geheimnisse der Puppen sind mit den Geheimnissen des Menschen unlösbar verbunden. [...] *Der Mensch braucht die Puppe*, aber er steht zu ihr in der Zwiespältigkeit, die er offenbar allem gegenüber hegt, was er lebens-not-wendig braucht oder gebraucht hat und dessen Entzug oder Verlust lebens-bedrohlich wird« (S. 9).

Trotz der mittlerweile jederzeit verfügbaren Magie der virtuellen Welten scheint die Sehnsucht nach unmittelbar und konkret-sinnlich erfahrbaren Formen der Verzauberung durch Dinge und der Verortung in imaginären Räumen vor allem bei Erwachsenen erwacht zu sein. Das in der Untersuchung von Ellis und Hall (1887) beschriebene Phänomen der Puppifizierung von Gegenständen als einer Fähigkeit, Objekte beseelen und als Dialogpartner kreieren zu können, war nicht nur bei Kindern des 19. Jahrhunderts beobachtbar, sondern es gelingt auch Erwachsenen im 21. Jahrhundert. Als Beispiel für die lebensrettende Funktion einer solchen Kompetenz zur Beseelung von dinglichen Objekten sei der Film »Cast away – Verschollen« (Zemeckis, 2000) angeführt. Die Geschichte handelt von Chuck Noland, dem einzigen Überlebenden eines Flugzeugabsturzes, der auf eine einsame Insel gespült wird. Das Überleben gelingt ihm weitgehend nur durch die Anthropomorphisierung eines Volleyballs (»Wilson«), das heißt, durch die Erschaffung eines Dialogpartners und Gegenübers, der Einsamkeit und seelische Not teilt und hilft, dem Sog der Verzweiflung und der Gefahr des psychischen Zusammenbruchs zu widerstehen (Wahl u. Fuchs-Brüninghoff, 2010). Es ist somit eine Art Puppe, die ihn zum einen auf seine notleidende Existenz zurückverweist, ihn zum anderen aber auch am Leben hält. Dank seines von ihm selbst geschaffenen Gefährten Wilson kann Noland im so entstandenen intermediären Raum zwischen der bedrohlichen Außen- und fragilen Innenwelt eine Zeit lang psychische Sicherheit herstellen und in dieser Situation des Ausgesetztseins in gewisser Weise auch seelisch reifen. Es erscheint in diesem Zusammenhang interessant, dass Wilson kein Kuschelobjekt ist. Noland ist mit Wilson nicht symbiotisch verschmolzen, strebt das auch nicht an, sondern hat sich mit dem Ball ein Gegenüber mit eigenen Konturen konstruiert, einen Anwesenden, der Anteil nimmt, mit dem es sich scherzen lässt, der (imaginär) aber auch Paroli bieten kann. Umgekehrt entwickelt Noland Wilson gegenüber eine Bindung, er kümmert sich und zeigt Fürsorge. Die ganze Skala der wilden, kreativen Gedanken und Fantasien, der intensiven Gefühle von himmelhochjauchzend bis zu Tode betrübt und der sozialen Polymorphie mit den verschiedensten Rollenbezügen wird hier im Film einmal durchgespielt. Dass solche Robinsonaden in unserer Zeit erzählt werden können und bei den Menschen ankommen, spricht nicht zuletzt auch für die ungebrochen bestehende spezifische Wirksamkeit von Puppen.

Es gibt aber nicht nur die Welt romantischer Verzauberung, sondern noch andere Puppen-Sphären, die traditionell eher nicht mit den kindlichen Puppenwelten, sondern mit den Zwischenbereichen von Mensch und Maschine, Lebendigkeit und Leblosigkeit, verbunden sind. Die Verknüpfung der Puppe mit den »Phantasmen der Moderne« (Müller-Tamm u. Sykora, 1999a) greift die Ideen über lebende Automaten, Maschinenmenschen, Mannequins, Roboter, Androiden und andere künstliche Menschen auf. Auch zu diesem Topos findet sich seit Jahrhunderten eine lange Tradition sowohl in der Literatur als auch in der bildenden Kunst (vgl. Bellmer, 1962/1976; Gendolla, 1992; Grob, 1984). »Textmaschinenkörper. Genderorientierte Lektüren des Androiden«, so überschreiben Korman, Gilleir und Schlimmer (2006) eine Sammlung von Tagungsbeiträgen und Aufsätzen, in denen sich das in der Literaturwissenschaft zurzeit wieder virulent entfaltende »große Interesse an Artefakten wie den Automaten […], an den aktuellen Forschungsergebnissen von Robotikern« (Gilleir, Kormann u. Schlimmer, 2006, S. 11), an den »Schöpfungsträumen« (S. 16) und der Motivgeschichte künstlicher Menschen widerspiegelt. Und auch in diesem Zusammenhang lässt sich eine Wiederkehr der Puppe beobachten, denn die traditionellen Kunstmenschen können nach Schade (2004) als »eine der Vorgeschichten von Cyborg-Fantasien in der zeitgenössischen Medienkunst« betrachtet werden (S. 1). Die Diskussionen und philosophischen Vorstellungen über das Phänomen des Transhumanismus (http://de.wikipedia.org/wiki/Transhumanismus; Zugriff am 29.03.2011) treiben Menschen nicht nur im Bereich von Science Fiction um. So können das animierte Riesenbaby Miguelin im spanischen Expo-Pavillon und auch die beiden bezaubernden Riesenpuppen in Berlin als Beispiele für künstlerische Umsetzungen der Cyborg-Idee gesehen werden. Ähnlich wie bei den Automaten früherer Zeiten wird auch hier nach Schade (2004) mit den Konzepten des Unheimlichen, Verdrängten, mit den Varianten von Geschlechterrepräsentationen, Körperfragmenten, mit Pornografie, Projektionen, Wahrnehmungsspielen und vielem mehr gespielt. Dabei sind die Grenzen zwischen Kunst und wissenschaftlicher Forschung und den aus ihr abgeleiteten Anwendungsbereichen fließend – so geht es in diesen Zusammenhängen auch um Erkenntnisse aus Schönheitschirurgie, Reproduktionsmedizin, Genforschung, Auto-Sicherheitstests mit Dummys und Ähnlichem.

Ein anderes altes Thema, nämlich das der Puppe als einem Zwitterwesen zwischen Verlebendigung und Stillstand und die damit einher gehende Frage nach der Unterscheidung zwischen Puppe und Standbild, wird mittlerweile auch wieder neu aufgerollt. Puppen bzw. Statuen werden in einen bewegten Kontext gestellt und als eine *performative* Form neu gedacht bzw. als Performances und Körperinszenierungen aufbereitet, die mit Ambivalenz, Ambiguität, Changieren und Vexieren und mit den Brüchen zwischen Statik und Dynamik spielen (Fritzsche, 2007; Wulf u. Zirfas, 2007). Man kann davon ausgehen, dass auch hier viele kultur- und zivilisationsgeschichtliche Erfahrungswerte mitschwingen, die über Jahrtausende im Umgang mit Puppen ritualisiert und praktiziert wurden. Die deutliche Vermehrung der so genannten lebenden Statuen in den Fußgängerzonen der Städte kann dabei durchaus als ein Beweis für die unterschwellige Persistenz des Puppenthemas und seine künstlerischen Aneignungsformen im Zusammenhang mit den großen Menschheitsthemen (z. B. Leben und Tod, Abschied und Verlust, Freude und Glück etc.) angesehen werden.

Als ein weiterer hoch aktueller Bereich, in dem Puppen und Menschen eng und fast austauschbar verzahnt sind, kann die Welt der Models, Popstars, Supermodels etc. angeführt werden. Auch hier wird auf eine alte Puppenform zurückgegriffen, nämliche auf die der Mode- bzw. Schaufensterpuppen. So sind sich beispielsweise derzeit selbst Haute Couture Designer nicht zu schade dafür, Kleider für Barbie zu entwerfen: »Die Popkultur wird immer mehr zur Puppkultur«, schreibt der Autor Jürgen von Rutenberg im Zeit Magazin (Rutenberg, 2010, S. 11) und konstatiert, dass Stars (über Schönheitschirurgie und digitale Bildbearbeitung) mehr und mehr Puppen ähneln. Folgerichtig müssen nun auch die Stars in Kauf nehmen, dass sie, genauso wie es das Los der Kinderpuppen ist, für all die projektiven Sehnsüchte und Abneigungen ihrer Fans verfügbar sind. Während die echten Puppen solche libidinösen Besetzungen halbwegs intakt überstehen, ziehen die menschlichen Puppen dabei doch eher den Kürzeren. Auch wenn sie als Stars äußerlich manchmal kaum noch von Puppen zu unterscheiden sind, lautet das Diktum: »Puppen sind nun mal die besseren Puppen«, sie sind sozusagen »Licht ohne Schatten« und darum die »besseren celebrities« (Rutenberg, 2010, S. 11).

Nun wissen aber diejenigen Menschen, die sich als Kinder intensiv auf Puppen eingelassen haben, dass es sich bei ihnen um Wesen mit einer puppenspezifischen Tiefendimension und nicht um eine schattenlose Eindimensionalität handelt. Insofern kann man den Spieß auch umdrehen und fragen: Sind nicht die Puppen, vor allem diejenigen mit einer richtigen Puppen-Lebensgeschichte, die besseren Menschen oder zumindest die menschlicheren Puppen?

Ein letztes Argument, das für die Anzeichen einer möglichen Wiederkehr des Puppenthemas spricht, bezieht sich noch einmal – wie im Prolog dieses Buchs – auf den Bereich der Puppengeschichten in der Kinder- und Jugendliteratur. Auch hier deutet sich an, dass die Tradition der Puppenerzählung wieder aufgegriffen wird, weil sie einen hilfreichen Rahmen bieten kann, um schwierige Themen jugendlichen Lesern näher zu bringen. So hat der Autor Gerd Schneider ein berührendes Jugendbuch mit dem Titel »Kafkas Puppe« geschrieben (Schneider, 2009), in dem es unter anderem um eine höchstwahrscheinlich tatsächlich stattgefundene Begegnung zwischen einem kleinen Mädchen und Franz Kafka im Oktober 1923 geht. Kafka, der bereits stark von seiner Krankheit beeinträchtigt war, lebte damals mit seiner Lebensgefährtin Dora Diamant unter ärmlichen Bedingungen in Berlin, nachdem er Prag und damit auch seine Familie verlassen hatte. Höchstwahrscheinlich kam es hier zu der Begegnung, die im Roman aufgegriffen wird (Pechmann, 2007): Kafka trifft bei seinen Spaziergängen im Steglitzer Park zufällig auf das Mädchen Lena, das weinend auf einer Parkbank sitzt, weil es seine Puppe verloren hat und ihr nachtrauert. Um Lena zu trösten, konstruiert Kafka folgende Geschichte: Die Puppe Mira hat sich auf der Flucht vor einem Hund verlaufen und ist so auf eine große Reise gegangen, von wo sie ihm, Franz Kafka, jeden Tag einen Brief schreibt. Bei ihren Treffen im Park übergibt er den jeweils neuesten Brief an das Kind. Lena lässt sich zunächst etwas zögernd auf diesen fiktiv-imaginären Zusammenhang ein, ist aber schließlich fasziniert von den Abenteuern ihrer Puppe Mira. Im Rahmen des Handlungsgeschehens erfüllt die Puppe vielerlei Funktionen für die beteiligten Personen: So lässt sich Kafka ein paar Monate vor seinem Tod mit den Briefen der Puppe Mira an das Kind Lena auf die Möglichkeit ein, noch einmal ganz anders zu schreiben als bisher und das traurige Thema von Abschied und Verlust hoffnungsvoll und kindgemäß aufzubereiten. In der Beziehung zwischen Kafka und Dora wiederum spielen die Anteilnahme am Schicksal des Kindes und seiner verlorenen Puppe und der Austausch darüber eine wichtige Rolle. Dora beginnt, eine Puppe für das Kind zu nähen. Für Lena sind die Briefe kleine Inseln des Trosts und bedeuten Ablenkung vom tristen Alltag als Heimkind in einem lieblos geführten privaten Waisenhaus. Und auch der Autor nutzt das Medium Puppe, um unter Rückgriff auf die Form der Puppenautobiografie des 19. Jahrhunderts über das schmerzhafte Thema des Verlustes zu sprechen. In dem hier konstruierten fantastischen und imaginären Raum des Als-ob zeigt er auf, wie man Abschiede gestalten, bewältigen, Schmerz aushalten, Trost finden und sich in der Gemengelage dieses Prozesses auch noch weiterentwickeln kann:

>»Mira, die Seiltänzerin werden will, wird in die Schule des Trapezmannes gehen. […] ›Morgen beginnt die Seiltänzerschule‹, schreibt Mira. ›Wir wollen die ganze Zeit, wenn keine Vorstellung ist, üben. Mario will mir alles beibringen, damit ich bald auch ganz beim Zirkus dabei sein kann. Der Direktor hat schon sein Einverständnis gegeben. Ich

weiß nicht, ob ich noch Zeit habe, dir Briefe zu schreiben. Sei nicht traurig. Ich habe dich ganz lieb, Lena«« (Schneider, 2009, S. 181 f.).

Der andere Teil der Geschichte, die vom Mädchen Lena handelt, endet in Theresienstadt. Die nun erwachsene Seiltänzerin Lenotschka sieht während ihrer letzten Vorstellung im dortigen Lager auf einmal ein kleines Mädchen, das mit beiden Armen eine Puppe festhält.

> »Die Tänzerin beugt sich vor, so weit es geht. Diese Puppe hat ein rotes Kleid an und blonde Haare. Das kann nicht sein! Ein Zufall! Ein Märchen aus lange vergangenen Tagen? Als eine Puppe eine wunderbare Reise machte, in einem Ballon davonflog auf der Suche nach einem Wasserturm, nach einem Platz, den sie nicht mehr finden konnte? Ist das ein Zeichen zum Aufbruch? Zum Aufbruch in eine andere Welt?« (S. 206).

Zu guter Letzt: Puppen (und partiell natürlich auch Kuscheltiere) sind keine toten Gegenstände aus Plüsch, Plastik, Holz oder Porzellan, sondern von Kindern (und manchmal auch von Erwachsenen) lebendig gemachte Wesen, die mit ihnen leben und wachsen. Nicht alle Puppen und Kuscheltiere, die im Entwicklungsverlauf mehr oder weniger zufällig auftauchen, werden erinnert. Manche verschwinden im Wohlstandsmüll, zu keinem Zeitpunkt wirklich umsorgt und daher zumeist lieblos entsorgt. Andere hingegen werden und bleiben identitätsrelevant. Das kann durchaus auch bei ursprünglich wenig originellen Serien- und Massenprodukten von Puppen und Kuscheltieren passieren, wenn es zu einer biografischen Aneignung kommt, in deren Verlauf sie einzigartig werden – Ausdruck und Resultat einer individuellen Beziehungsgeschichte. Dinge, die zu uns gehören und die wir verantworten: »So lernen wir mit der Puppe eine *Sorge um die Dinge*, zu einer bewahrenden Zärtlichkeit und Achtsamkeit« (Petzold, 1983a, S. 15). Ihre archaische Macht und ihr Zauber als beseelte Abbilder von Menschen und Tieren haben spirituelle Wurzeln, sie sind tief in der Menschheitsgeschichte verwurzelt und stehen gleichzeitig in Verbindung mit den Wünschen, Vorstellungen und Utopien der Menschen. Lebendig gemacht vor allem von Kindern und ihren Bedürfnissen, begleiten Puppen (und Kuscheltiere) die Menschen in den intermediären Raum zwischen innerer und äußerer Realität – einen Raum, in dem sich dank der Präsenz dieser heimlichen Menschenflüsterer menschliche Entwicklung vollzieht und auch vollendet. Vielleicht lässt sich auf diesem Hintergrund verstehen, dass zwei Kosmonauten, der deutsche Sigmund Jähn und der Russe Wladimir Kowaljonok, im August 1978 in der sowjetischen Raumstation Saljut 6 sich mit ihren in eher geheimer Mission mitgenommenen Puppen, dem Sandmännchen des DDR-Kinderfernsehens im feschen Raumanzug und dem russischen Mädchenpüppchen Mischa, gegenseitig überraschten und spontan eine Puppenhochzeit feierten. Vergegenwärtigt man sich, dass Menschen bereits vor zehntausenden von Jahren mit Puppen spielten, dann mutet es ganz eigenartig berührend an, dass sie das auch noch im 20. Jahrhundert im Orbit tun, auf einer Umlaufbahn etwa 300 Kilometer von der Erde entfernt (Der Spiegel, 2011, S. 146 f.). Die Szene scheint fast absurd: Zwei Männer, die den männlichsten aller Traumberufe kleiner Jungen repräsentieren, stehen – unter den ernsten Blicken von Lenin, Breschnew und Honecker – in einer Raumstation, in der es ähnlich unaufgeräumt aussieht wie bei »Hempels unterm Sofa«, und geben sich dem Spaß am Spiel mit Puppen hin!

»Die Puppe und ihre Welt *muß* erinnert werden« (Petzold, 1983a, S. 15) – diesem Appell kann man sich auch in unseren Tagen uneingeschränkt anschließen. So versteht sich auch dieses Buch als ein Plädoyer, sich – jenseits von moralischer Bewertung und pädagogischer Gängelung – von diesen liebenswerten, scheinbar banalen und trivialen, dabei doch so wirkmächtigen Objekten inspirieren zu lassen. Am besten sollte dies ganz unprätentiös und unaufgeregt geschehen, aber durchaus im Bewusstsein einer (erwachsenen) Verantwortung für die Art der Dinge, die Kinder in ihren Umwelten vorfinden und mit denen wir sie und uns umgeben. So ist es wichtig, dass Puppen nicht nur stereotyp vorgestanzt sind, sondern dass es offene Spiel- und Zwischenräume gibt, die vielfältige, lustvolle und durchaus widersprüchliche Formen der Beseelung zulassen. Im Spiel findet eine »für Kinder so wichtige, hirngerechte und sinnvolle Arbeit« (Hüther, 2009, S. 131) statt. Dort können wilde Gedanken und Fantasien entstehen, große Gefühle entfacht und gezähmt werden und die Grenzen und Potenziale des sozialen Handelns spielerisch ausprobiert werden. Lässt man die Puppen tanzen, dann kann, wie Csikszentmihalyi und Rochberg-Halton (1989, S. 21) es sinngemäß formulieren, der Mensch als homo ludens und homo faber im Spiel mit Puppen (und Kuscheltieren) zum homo sapiens werden oder anders gesagt: Dann kann Menschwerdung passieren.

Literatur

Ahluvalia, T., Schaefer, C. E. (1994). Implications of transitional object use: A review of empirical findings. Psychology: A Journal of Human Behavior, 31 (2), 45–57.

Alger, I., Linn, S., Beardslee, W. (1985). Puppetry as a therapeutic tool for hospitalized children. Hospital and Community Psychiatry, 36 (2), 129–130.

Alley, T. R. (1981). Head shape and the perception of cuteness. Developmental Psychology, 17, 650–654.

Ammon, G. (1983). Der Stellenwert von Puppen und Puppenspiel innerhalb kindlicher Entwicklung aus psycho-analytischer Sicht. In H. Petzold (Hrsg.), Puppen und Puppenspiel in der Psychotherapie. Mit Kindern, Erwachsenen und alten Menschen (S. 58–111). München: J. Pfeiffer.

Amon, R. (1976). Those TV action dolls: Heroes or villains. Newsday, November 24, 3–5.

Andersen, H. C. (2008). »Das Geldschwein«. In Gesammelte Märchen (S. 480–482). Frankfurt a. M.: Fischer Taschenbuch Verlag.

Andreas-Salomé, L. (1902). Im Zwischenland. Leipzig: Albert Bonnier Verlag.

Aroneanu, E. (Hrsg.) (1947). Konzentrationslager. Tatsachenbericht über die an der Menschheit begangenen Verbrechen. Baden-Baden: Arbeitsgemeinschaft »Das Licht«.

Bachmann, F. (1999). Barbie, Barbie. Ein Kultbuch in rosarot. Berlin: Ullstein.

Bachmann, M., Hansmann, C. (1971/1988). Das Grosse Puppenbuch. München: Orbis.

Bagby-Young, V. L. (2008). Mirror, mirror on the dresser, why are Black dolls still viewed lesser? When Black children turn a blind face to their own race: The doll study revisited. Dissertation Abstracts International: Section B: The Sciences and Engineering, Vol 69 (2-B), 2008. pp. 1351.

Barbie Becky share a smile special edition doll (1996). Madison, Wisconsin: Mattel.

Barlett, C., Harris, R., Smith, S., Bonds-Raacke, J. (2005). Action figures and men. Sex Roles, 53 (11/12), 877–885.

Bataille, G. (1955). Die vorgeschichtliche Malerei. Lascaux oder die Geburt der Kunst. Genf: Skira (zit. nach Ruhrlandmuseum der Stadt Essen, 1991).

Bateson, G. (1972). Steps to the ecology of mind. New York: Ballantine.

Becker, A., H., M., S. (1978). Angst vor dem Spielen. In H. Schulte (Hrsg.), Spiele und Vorspiele. Spielelemente in Literatur, Wissenschaft und Philosophie. Eine Sammlung von Aufsätzen aus Anlaß des 70. Geburtstags von Pierre Berteaux (S. 19–31). Frankfurt a. M.: suhrkamp taschenbuch.

Becker, T. (2009). Berlin lässt die Puppen tanzen. Spiegel Online, 28. September 2009 (http://www.spiegel.de/kultur/gesellschaft).

Beentjes, H., Aquinostraat, T. van (1997). Young children's understanding of emotions portrayed by puppets and actors in »Sesamstraat«. Communications: the European Journal of Communication Research, 22 (4), 383–393.

Behnken, I., Zinnecker, J. (Hrsg.) (2001). Kinder – Kindheit – Lebensgeschichte. Seelze-Velbert: Kallmeyersche Verlagsanstalt.

Beissel von Gymnich, Gräfin M. (1976). Man nannte mich Puppe: Kinderjahre in der Kaiserzeit. Ostfildern: Schwabenverlag.

Bellmer, H. (1962/1976). Die PUPPE. Die Puppe. Die Spiele der Puppe. Die Anatomie des Bildes. Frankfurt a. M. u. a.: Ullstein.

Benjamin, H. (1932). Age and sex differences in the toy preferences of young children. Journal of Genetic Psychology, 41, 417–429.

Benjamin, W. (1930/1969). Lob der Puppe. Kritische Glossen zu Max von Boehns »Puppen und Puppenspiele«. In W. Benjamin, Über Kinder, Jugend und Erziehung. Mit Abbildungen von

Kinderbüchern und Spielzeug aus der Sammlung Benjamin (S. 95–101). Frankfurt a. M.: Suhrkamp.
Benjamin, W. (1983). Das Passagen-Werk. Zweiter Teil. Frankfurt a. M.: Suhrkamp.
Berk, L. E. (2001). Awakening children's minds. How parents and teachers can make a difference. Oxford: University Press.
Berk, L. E. (2005). Entwicklungspsychologie (3. Aufl.). München u. a.: Pearson Studium.
Berne, E. (1983). Spiele der Erwachsenen. Psychologie der menschlichen Beziehungen. Reinbek b. Hamburg: Rowohlt.
Biller, E. (1881/1902). Minchen, die kluge Puppe. Leipzig: Spamer.
Biller, E. (1883). Die Puppenfamilie. Kleinen Mädchen erzählt. Stuttgart: R. Thienemanns Verlag. Anton Hoffmann.
Blajan-Marcus, S. (1983). Die therapeutischen Puppen. Integrative Therapie, 9 (1), 20–28.
Blakemore, J. E. O. (1990). Children's nurturant interactions with their infant siblings: An exploration of gender differences and maternal socialization. Sex Roles, 22, 43–57.
Boehn, M. von (1929). Puppen und Puppenspiele. 2 Bände. München: F. Bruckmann.
Böhnisch, L. (2004). Männliche Sozialisation. Eine Einführung. Weinheim u. München: Beltz.
Böhnisch, L., Winter, R. (1993). Männliche Sozialisation. Bewältigungsprobleme männlicher Geschlechtsidentität im Lebenslauf. Weinheim u. München: Beltz.
Borchers, E. (1974). Wassilissa die Wunderschöne (Nacherz.). Frankfurt a. M.: Insel.
Bratton, S. C., Ray, D. (1999). Group puppetry. In D. S. Sweeny (Ed.), The handbook of group play therapy (pp. 267–277). San Francisco: Jossey-Bass.
Bredow, W. von (2009). Lola rast und andere Geschichten. Mit drolligen Bildern von Anke Kuhl. Leipzig: Klett Kinderbuch. Lizenzausgabe für Büchergilde Gutenberg, Frankfurt a. M.
Breslauer, M. (1928/1966). Vom Buch und von der Liebe zu den Büchern. In M. Breslauer (Hrsg.), Erinnerungen, Aufsätze, Widmungen. Mit einem Vorwort von Hans Fürstenberg (S. 93–104). Frankfurt a. M.: Gesellschaft der Bibliophilen.
Bringsværd, T. Å. (2010). Die Frau, die allein ein ganzer Tisch war. Berlin: Onkel & Onkel.
Brougère, G. (1992). Le Jouet. Valeurs et paradoxes d'un petit object secret. Editions Autrement, Serie Mutations. 133.
Bühler, K. (1918). Die geistige Entwicklung des Kindes. Jena: Gustav Fischer.
Bühler-Dietrich, A. (2006). Zwischen Belebung und Mortifizierung: Die Puppe im Briefwechsel zwischen Rilke und Lou Andreas-Salomé. In E. Kormann, A. Gilleir, A. Schlimmer (Hrsg.), Textmaschinenkörper. Genderorientierte Lektüren des Androiden (S. 117–132). Amsterdamer Beiträge zur Neueren Germanistik, 59. Amsterdam u. New York: Editions Rodopi B. V.
Bundesverband zur Förderung von Menschen mit Lernbehinderungen e.V. (Hrsg.) (2002). Ein Baby ist keine Heilung. Lernen fördern: Zeitschrift im Interesse von Menschen mit Lernbehinderungen, 22 (3), 7.
Burnett, M. N., Sisson, K. (1995). Doll studies revisited: A question of validity. Journal of Black Psychology, 21 (1), 19–29.
Busch, F., Nagera, H., McKnight, J., Pezzarossi, G. (1973). Primary transitional objects. Journal of the American Academy of Child Psychiatry, 12, 193–214.
Büttner, C., Kettner, A., Wagner, I. (1988). Von Puppen, Bären und anderen Lebewesen – Erwachsene erinnern sich. TPS: Leben, lernen und arbeiten in der Kita, 96 (3), 123–129.
Caldera, Y. M., Huston, A. C., O'Brian, M. (1989). Social interactions and play patterns of parents and toddlers with feminine, masculine and neutral toys. Child Development, 60, 70–76.
Caldera, Y. M., Sciaraffa, M. A. (1998). Parent-toddler play with feminine toys: Are all dolls the same? Sex Roles, 39 (9/10), 657–668.
Canedy, D. (1997). More toys are reflecting disabled children's needs. The New York Times, Business Section. December 25.

Cardasis, W., Hochman, J. A., Silk, K. R. (1997). Transitional objects and borderline personality disorder. American Journal of Psychiatry, 154, 250–255.

Case-Smith, J., Kuhaneck, H. M. (2008). Play preferences of typically developing children and children with developmental delay between ages 3 and 7 years. OTJR: occupation, participation and health, 28 (1), 19–29.

Cole, E., Piercy, F. (2007). The use of dolls to assist young children with PTSD Symptoms. Journal of Family Psychotherapy, 18 (2), 83–89.

Cosmar, A. (1839). Die Schicksale der Puppe Wunderhold. Zur Unterhaltung für kleine Mädchen. Berlin: o. Verlag.

Cosmar, A. (1841). Neue Schicksale der Puppe Wunderhold. Zur Unterhaltung für kleine Mädchen der Suite der »Mémoires d'une poupèe« der Mll. Louise d'Aulnay, nacherzählt von A. Cosmar. Berlin: Morin.

Cronch, L. E., Viljoen, J. L., Hansen, D. J. (2006). Forensic interviewing in child sexual abuse cases: Current techniques and future directions. Aggression and Violent Behavior, 11, 195–207.

Csikszentmihalyi, M., Rochberg-Halton, E. (1989). Der Sinn der Dinge. München u. Weinheim: Beltz.

Damico, A. M., Quay, S. E. (2006). Stories of boy scouts, Barbie doll, and prom dress: Challenging college students to explore the popular culture of their childhood. Teachers College Record, 108 (4), 604–620.

Danger, S. (2003). Adaptive doll play: Helping children cope with change. International Journal of Play Therapy, 12 (1), 105–116.

Dekkers, M. (2003). Von Larven und Puppen. Soll man Kinder wie Menschen behandeln? München: Karl Blessing.

DeLoache, J. S. (1995). The use of dolls in interviewing young children. In M. S. Zaragoza, J. R. Graham, G. C. N. Hall, R. Hirschman, Y. S. Benn-Porath (Eds.), Memory and testimony in the child witness (pp. 160–178). Thousand Oaks, CA: Sage.

DeLoache, J. S., Marzolf, D. P. (1995). The use of dolls to interview young children: Issues of symbolic representation. Journal of Experimental Child Psychology, 60, 155–173.

Der Spiegel (2011). »Alles war tief geheim«. Raumfahrt. Nr. 15, 11.04.2011, 156–147.

Desha, L., Ziviani, J., Rodger, S. (2003). Play preferences and behavior of preschool children with autistic spectrum disorder in the clinical environment. Physical and Occupational Therapy in Pediatrics, 23 (1), 21–42.

Dickens, C. (1868/1971). Die Zaubergräte. München: Südwest Verlag.

Ecker, R. (1989). Die Puppe im Wandel der Zeit. Unsere Kinder: Fachzeitschrift für Kindergarten- und Kleinkindpädagogik, 6, 121–128.

Ehrenfeld, M. (2003). Using therapeutic dolls with psychogeriatric patients. In C. E. Schaefer (Ed.), Play Therapy with adults (pp. 291–297). Hoboken: Wiley.

Ehrenfeld, M., Bergman, R. (1995). The therapeutic use of dolls. Perspectives in Psychiatric Care, 31 (4), 21–22.

Eliot, L. (2010). Wie verschieden sind sie? Die Gehirnentwicklung bei Mädchen und Jungen. Berlin: Berlin Verlag.

Elkonin, D. (1980). Psychologie des Spiels. Köln: Pahl-Rugenstein.

Ellis, A. C., Hall, G. S. (1896). A study of dolls. Pedagogical Seminary, Vol. IV, 129–175, December.

Ellis, A. C., Hall, G. S. (1897). A study of dolls. In G. S. Hall, A. C. Ellis, A study of dolls. New York and Chicago: E. L. Kellog & Co.

Ellis, A. C., Hall, G. S. (1907). A study of dolls. In G. S. Hall [and some of his pupils, T. L. Smith (Ed.)], Aspects of child life and education (pp.157–204). Boston: Ginn & Company, Publishers. The Atheneum Press. (Reprint 1995, Kessinger Publishing's® Legacy Reprints).

Ellwanger, W., Grömminger, A. (1989). Das Puppenspiel – Psychologische Bedeutung und pädagogische Anwendung. Freiburg: Herder.
Ende, M. (1973). Momo. Stuttgart: Thienemann.
Endesfelder, I. E., Meier, K. H. (1995). Puppen, Plüsch und Teddybären. Die Kuscheltiere der Erwachsenen. Berlin: Rütten & Loening.
ENIGMA (2007). Puppen – Teddys – Stofftiere in der Kindheit. Repräsentative Befragung. Wiesbaden: Stiftung »Chancen für Kinder durch Spielen«.
Erikson, E. H. (1950/1966). Identität und Lebenszyklus. Frankfurt a. M.: Suhrkamp.
Erikson, E. H. (1979). Toys and reasons. New York: Norton.
Erkolahi, R. (1991). Transitional objects and children with chronic disease. Psychotherapy and Psychosomatics, 56, 94–97.
Ermert, C. (1997). Scenotest Handbuch. Bern u. a.: Hans Huber.
Experiment Resources (2010). Stereotypes and the Clark Doll Test. Retrieved [Date of Retrieval] from Experiment Resources (verfügbar über http://www.experiment-resources.com/stereotypes.html; Zugriff am 22.03.2011).
Fegert, J. M., Mebes, M. (Hrsg.) (1993). Anatomische Puppen – Hilfsmittel für Diagnostik, Begutachtung und Therapie bei sexuellem Missbrauch. Ruhnmark: Donna Vita.
Filipp, S.-H., Mayer, A.-K. (2005). Selbstkonzeptentwicklung. In J. B. Asendorpf (Hrsg.), Soziale, emotionale und Persönlichkeitsentwicklung. Enzyklopädie der Psychologie, Themenbereich C, V, Band 3 (S. 259–334). Göttingen: Hogrefe.
Finger-Treschner, U. D. (1988). Zur entwicklungspsychologischen Bedeutung von Puppen. TPS: leben, lernen und arbeiten in der Kita, 96 (3), 121–122.
Finger-Treschner, U. D. (1989). Puppen – das andere Ich. Medien Praktisch, 2, 13–14.
Fisch, S. M. (2005). Mehr als »Socken mit Augen«: Wie man Qualität in Fernsehsendungen mit Puppen erreicht. Televizion, 18 (2), 46–49.
Fischer, K. (2008). Zwiegespräch. Das Puppen-Ich als Gesprächspartner. Kunst und Unterricht, 321/322, 15–16.
Fisher, L. (2008). Parents' fury at ›Down's Syndrome dolls‹ designed to help children deal with disability. Daily Mail – Mail Online, July 7th, 2008.
Fonagy, P., Gergely, G., Elliot, L. J., Target, M. (2004). Affect regulation, mentalization, and the development of the self. London: Karnac Books.
Fonagy, P., Target, M. (2006). Psychoanalyse und die Psychopathologie der Entwicklung. Stuttgart: Klett-Cotta.
Fooken, I. (2010a). Die Puppenuntersuchung von Ellis und Hall aus dem Jahr 1896/1897: Ein Klassiker – ›revisited‹ nach mehr als 100 Jahren. Wiesbaden: Stiftung »Chancen für Kinder durch Spielen«.
Fooken, I. (2010b). Es war einmal … oder: Sollte man ›das Kind in sich‹ bewahren? Zur Einschätzung der biografischen Bedeutung von Puppen und Kuscheltieren für die eigene Kindheit aus der Retrospektive im jungen Erwachsenenalter – eine Befragung von Studentinnen und Studenten in pädagogischen Studiengängen. Universität Siegen: Unveröffentlichter Forschungsbericht.
Fooken, I. (2011). Puppen – bonecas – dolls. Workshop. Porto Alegre, Brasilien: Universidade Federal do Rio Grande do Sul, am 14. März 2011.
Fooken, I., Kavšek, M. (2012). Grundlagen der Entwicklungspsychologie. In E. Brähler, B. Strauß (Hrsg.), Enzyklopädie der Psychologie, Medizinische Psychologie, Band I: Grundlagen. Göttingen: Hogrefe.
Freud, A. (1927/2010). Einführung in die Technik der Kinderanalyse (8. Aufl.). München: Ernst Reinhardt.
Freud, S. (1900/1972). Die Traumdeutung. In Sigmund Freud Studienausgabe. Psychologische Schriften, Bd. II. Frankfurt a. M.: S. Fischer.

Freud, S. (1919/1970). Das Unheimliche. In Sigmund Freud Studienausgabe. Psychologische Schriften, Bd. IV (S. 241–274). Frankfurt a. M.: S. Fischer.

Fried, E. (1975/1997). Meine Puppe in Auschwitz. In Erich Fried erzählt. Zusammengestellt von Christiane Jessen (S. 92–101). Berlin: Klaus Wagenbach.

Fried, L. (2004). Kindergartenkinder ko-konstruieren ihr Wissen über die soziale Welt. In L. Fried, G. Büttner (Hrsg.), Weltwissen von Kindern – zum Forschungsstand über die Anneigung sozialen Wissens bei Krippen- und Kindergartenkindern (S. 55–77). Weinheim u. München: Juventa.

Fritz, J. (1989). Spielzeugwelten. Eine Einführung in die Pädagogik der Spielmittel. Weinheim u. München: Juventa.

Fritz, J. (1992). Spiele als Spiegel ihrer Zeit: Glücksspiele, Tarot, Puppen, Videospiele. Mainz: Matthias-Grünewald.

Fritz, J. (2004). Das Spiel verstehen. Weinheim u. München: Juventa.

Fritzsche, B. (2007). Barbies Dekonstruktion. Fiktionen des Geschlechts als Fluchtpunkt performativer Suchbewegungen in der *peer culture*. In C. Wulf, J. Zirfas (Hrsg.), Pädagogik des Performativen. Theorien. Methoden. Perspektiven (S. 110–121). Weinheim u. Basel: Beltz.

Fuchs, C. (2001). Barbie trifft He-Man – Kinder erzählen über Spielwelten und ihre Alltagswelt. Freiburg: Fillibach.

Fuhrer, U. (1999). Identitätsentwicklung als Bedeutungsbildung in tetradischen Transaktionen. In U. Fuhrer, I. E. Josephs (Hrsg.), Persönliche Objekte, Identität und Entwicklung (S. 83–107). Göttingen: Vandenhoeck & Ruprecht.

Fuhrer, U., Josephs, I. E. (Hrsg.) (1999). Persönliche Objekte, Identität und Entwicklung. Göttingen: Vandenhoeck & Ruprecht.

Fuhrer, U., Trautner, H. M. (2005). Entwicklung von Identität. In Asendorpf, J. B. (Hrsg.), Enzyklopädie der Psychologie. Serie V: Entwicklungspsychologie, Band 3: Soziale, emotionale und Persönlichkeitsentwicklung (S. 335–424). Göttingen u. a.: Hogrefe.

Funder, A. (2009). Zur Bedeutung von Übergangsobjekten als Trennungshilfe für Kinder in Kinderkrippen und Kindergärten. Zeitschrift für Individualpsychologie, 34 (4), 432–459.

Gaddini, R., Gaddini, E. (1970). Transitional objects and the process of individuation: a study in three different social groups. Journal of the American Academy of child Psychiatry, 9, 347–365.

Gallwitz, K. (Hrsg.) (1992). Oskar Kokoschka und Alma Mahler. Die Puppe. Epilog einer Passion. Städtische Galerie im Städel. Ausstellung vom 06.08.–18.12.1992 in Frankfurt. Frankfurt a. M.: Städel.

Gauda, G. (2001). Theorie und Praxis des therapeutischen Puppenspiels. Dortmund: modernes lernen.

Gehlen, D. von (2009). Sagen Sie jetzt nichts, Barbie. Süddeutsche Zeitung Magazin vom 06.03.2009.

Geidl, A. (1998). Von Teddys, Puppen und Konsorten: Zur Geschichte des figürlichen Spielzeugs. HTW Praxis, 4, 14–15.

Gendolla, P. (1992). Anatomien der Puppe. Zur Geschichte des Maschinenmenschen bei Jean Paul, E.T.A. Hoffmann, Villiers de L'Isle-Adam und Hans Bellmer. Heidelberg: Winter Universitätsverlag.

Gergely, G. (2000/2002). Ein neuer Zugang zu Margaret Mahler: Normaler Autismus, Symbiose, Spaltung und libidinöse Objektkonstanz aus der Perspektive der kognitiven Entwicklungstheorie. Psyche – Zeitschrift für Psychoanalye und ihre Anwendungen, 56, 809–838.

Gilleir, A., Kormann, E., Schlimmer, A. (2006). Genderorientierte Lektüren des Androiden. Eine Einführung. In E. Kormann, A. Gilleir, A. Schlimmer (Hrsg.), Textmaschinenkörper. Genderorientierte Lektüren des Androiden (S. 7–20). Amsterdamer Beiträge zur Neueren Germanistik, 59. Amsterdam u. New York: Editions Rodopi B. V.

Gladwell, M. (2009). Schnipps! Interview von Jürgen von Rautenberg mit dem amerikanischen Bestsellerautor Malcolm Gladwell. Zeit Magazin, 2009, Nr. 23, 28.05.2009, S. 12.
Gleason, T. R. (2004a). Imaginary companions and peer acceptance. International Journal of Behavioral Development, 28 (3), 204–209.
Gleason, T. R. (2004b). Imaginary companions: An evaluation of parents as reporters. Information on Child Development, 13, 199–215.
Gleason, T. R., Hohmann, L. M. (2006). Concepts of real and imaginary friendships in early childhood. Social Development, 15 (1), 128–143.
Gleason, T. R., Jarudi, R. N., Cheek, J. M. (2003). Imagination, personality and imaginary companions. Social Behavior and Personality, 31 (7), 721–738.
Goethe, J. W. von (1777/1787/1999). Der Triumph der Empfindsamkeit. In Poetische Werke, Band 4 (S. 557–597). Essen: Phaidon.
Goldbrunner, H. (1991). Die Puppe als Medium der Beziehungserfahrung. Praxis Spiel und Gruppe, 4 (1), 2–11.
Götz, M. (2002). Kinderfantasien und Fernsehen, Televizion, 15, 1–3.
Gouraud, J. (1839). Mémoires d'une poupée. Schicksale der Puppe Wunderhold. Aus dem Französischen von Antonie Cosmar. Berlin: o. Verlag.
Gowen, J. W., Johnson-Martin, N., Goldman, B. D., Hussey, B. (1992). Object play and exploration in children with and without disabilities: A longitudinal study. American Journal of Mental Retardation, 97, 21–38.
Graffmann, H. (2001). Die Puppe spielt mit. Handpuppen im Deutschunterricht. Fremdsprache Deutsch, 24/25, 50–54.
Graham, T. F. (1953). Doll play phantasies of Negro and white primary school children. Revue de l'Universite d'Ottawa, 23, 229–242.
Grob, H. (1984). Puppen, Engel, Enthusiasten. Die Frauen und Helden im Werke E. T. A. Hoffmanns. Bern u. a.: Peter Lang.
Gross, K. (2009). The madness of puppets. The Hopkins Review, 2 (2), 182–205.
Günther, P. (2003). Eine Spreewaldpuppe geht auf Reisen – Mehr über andere erfahren und interkulturelles Lernen erleben. Sonderheft Praxis/fsu, 16–19.
Habermas, T. (1996). Geliebte Objekte – Symbole und Instrumente der Identitätsbildung. Berlin u. New York: Walter de Gruyter.
Habermas, T. (1999). Persönliche Objekte und Bindungen im Prozess der Ablösung vom Elternhaus. In U. Fuhrer, I. E. Josephs (Hrsg.), Persönliche Objekte, Identität und Entwicklung (S. 109–133). Göttingen: Vandenhoeck & Ruprecht.
Häfner, P. (2008). Liebe. Übergangsobjekte. Norderstedt: books on demand.
Hahn, S. (2002). Schwarze Kinder – weiße Puppen? TPS: leben, lernen und arbeiten in der Kita, 3, 38–41.
Harvolk, E. (1987). Bärli, Bimi und Tricky. Meine Teddybärengeschichte. In Münchner Stadtmuseum (Hrsg.), Vater Mutter Kind. Bilder und Zeugnisse aus zwei Jahrhunderten (S. 275–279). München: Süddeutscher Verlag.
Haudeck, H. (2001). Handpuppen im fremdsprachlichen Anfangsunterricht – mehr als nur Spielerei! Fremdsprachenunterricht, 54, 258–262.
Heekin, S. (1984). New friends – Program to introduce handicapped children into mainstream classrooms. Children Today, Sept-Oct. http://findarticles.com/p/articles/mi_1053/us_v13/ai_3408291/
Hennig, C. (1979). So lebten die alten Puppen. Frankfurt a. M.: Wolfgang Krüger.
Herdan-Zuckmayer, A. (1962). Das Kästchen. Die Geheimnisse einer Kindheit. Frankfurt a. M.: S. Fischer.
Heser, H., Schmitt, D. (1998). Kuscheltiere, Freunde fürs Leben, Heft 20. Wiltingen: Dreiecks-Verlag.

Heubach, F. W. (1987). Das bedingte Leben. Entwurf zu einer Theorie der psycho-logischen Gegenständlichkeit der Dinge. Ein Beitrag zur Psychologie des Alltags. München: Wilhelm Fink.
Heuft, G. (1990). Bedarf es eines Konzepts der Eigenübertragung? Forum der Psychoanalyse, 6, 299–315.
Heyne, W. (1981). Antiquitäten und ihre Preise. Puppen und Spielzeug. Heyne-Buch Nr. 4805. München: Wilhelm Heyne.
Hille, K. (1999). Die Automaten. In P. Müller-Tamm, K. Sykora (Hrsg.), Puppen. Körper. Automaten. Phantasmen der Moderne (S. 304–335). Köln: Oktagon.
Hinde, R., Barden, L. A. (1985). The evolution of the teddy bear. Animal Behaviour, 33 (4), 1371–1373.
Hirschstein, M., Frey, K. S. (2006). Promoting behaviour and beliefs that reduce bullying: the steps to respect program. In S. R. Jimerson (Ed.), The handbook of school violence and school safety – from research to practice (pp. 309–323). Mahwah, NJ: Lawrence Erlbaum.
Hoffmann, E. T. A. (1817/1996). Fantasie- und Nachtstücke (6. Aufl.). Düsseldorf u. a.: Artemis & Winkler.
Hoffmann-Krayer, E., Bächthold-Stäubli, H. (Hrsg.) (1935/1936). Handwörterbuch des deutschen Aberglaubens, Band VII. Berlin u. Leipzig: Walter de Gruyter.
Holler, A. (2009). Bob: Eine beliebte Marke kindernah erweitert. Televizion, 22 (2), 15.
Holler, A., Götz, M. (2011). Nicht ohne meinen Teddy! Die Gefährten der Kindheit. Eine Kooperationsstudie der Stiftung »Chancen für Kinder durch Spielen« und des Internationalen Zentralinstituts für das Jugend- und Bildungsfernsehen (IZI) (verfügbar über http://www.br-online.de/jugend/izi/deutsch/GefaehrtenderKindheit_IZI.pdf; Zugriff am 26.03.2011).
Holodynski, M., Oerter, R. (2008). Tätigkeitsregulation und die Entwicklung von Motivation, Emotion, Volition. In R. Oerter, L. Montada (Hrsg.), Entwicklungspsychologie (6. überarb. Aufl., S. 535–571). Weinheim: Psychologie Verlags Union.
Hornäck, S. (2007). Körperbilder – Selbstbilder. Mensch, Puppe und Skulptur im Werk von Louise Bourgeois. Kunst und Unterricht, 311, 22–25.
Horney, K. (1980). The adolescent diaries of Karen Horney. New York: Basic Books.
Howard, L. (1996). A comparison of leisure time activities between able bodied children and children with special disabilities. The British Journal of Occupational Therapy, 59, 570–573.
Huettinger, A. (1991). Geschmackserziehung ist der Weg zur Kultur: Käthe Kruse und ihre Puppen. Spielmittel: das Journal für Eltern, 1, 41–45.
Hulson, E. L. (1930). An analysis of the free play of ten four-year old children through consecutive observations. Journal of Juvenile Research, 14, 188–208.
Humphrey, V. P. (1987). »The teddy bear girls« – tertiary transitional objects: A retrospective study of stuffed animal attachment in late adolescence. Dissertation Abstracts International 47 (7-B), Jan. p. 3135.
Hurrelmann, B. (1995). Was heißt ›klassisch‹? In B. Hurrelmann (Hrsg.), Klassiker der Kinder- und Jugendliteratur (S. 9–20). Frankfurt a. M.: Fischer.
Hüther, G. (2009). Männer. Das schwache Geschlecht und sein Gehirn. Göttingen: Vandenhoeck & Ruprecht.
Isaacs, S. (1936). Contribution to symposium on property and possessiveness. British Journal of Medical Psychology, 15, 69–78.
James, W. (1890/1950). Principles of Psychology. New York: Dover.
James, I. A., Mackenzie, L., Mukaetova-Ladinska, E. (2006). Doll use in care homes for people with dementia. International Journal of Geriatic Psychiatry, 21, 1093–1098.
Jens, T. (2009). Demenz. Abschied von meinem Vater. Gütersloh: Gütersloher Verlagshaus.
Jung, C. G. (1933). Modern man in search of a soul. New York: Harcourt, Brace.

Jürgensen, S. (1981). Spielwaren als Träger gesellschaftlicher Autorität. Frankfurt a. M.: Peter Lang.

Kahl, I. (1996). Barbie – eine Kinderwelt? Ein mode-orientiertes Spielzeug – fachdidaktisch analysiert. Textilarbeit und Unterricht, 67 (4), 211–219.

Kahlenberg, S. M., Wrangham, E. W. (2010). Sex differences in champanzees' use of sticks as play objects resemble those of children. Current Biology. Volume 20. Issue 24. R1067-R1068. 21 December 2010 (verfügbar über http://www.cell.com/current-biology/fulltext/S0960-9822(10)01449-1; Zugriff am 22.03.2011).

Kahn, R. L., Antonucci, T. C. (1980). Convoys over the life course: Attachment, roles, and social support. In P. B. Baltes, O. G. Brim (Eds.), Life-span development and behavior, Vol. 3 (pp. 253–286). New York: Academic Press.

Kaiser, S. (2006). Papa Bär ist immer dabei. Bocholter Borkener Volksblatt Magazin, 18, November E6.

Kaléko, M. (1977). In meinen Träumen läutet es Sturm. Herausgegeben von G. Zech-Westphal. München: dtv.

Kania, R. (1991). Zum Wesen des Teddys. Überlegungen zu einer Ausstellung. In Ruhrlandmuseum Essen (Hrsg.), Bärenlese. Zum Wesen des Teddys. Eine Ausstellung des Ruhrlandmuseums der Stadt Essen in Zusammenarbeit mit dem Naturhistorischen Museum Wien (S. 10–21). Essen: Ruhrlandmuseum und Verlag Peter Pomp.

Kästner, E. (1950/1969). Ansprache zum Schulbeginn. In Gesammelte Schriften für Erwachsene. Band 7 (S. 180–184). München u. Zürich: Droemer Knaur Verlag.

Käufer, B. (2006). Die Obsession der Puppe in der Fotografie. Hans Bellmer, Pierre Molinier, Cindy Sherman. Bielefeld: transcript.

Kauke, M. (1992). Spielintelligenz. Spielend lernen – Spielen lehren? Heidelberg u. a. : Spektrum Akademischer Verlag.

Kavšek, M. (2010). »Ich sehe was, was da nicht stimmt.« Vom frühen Blick für Andere(s) – Aspekte der sozial-kognitiven Entwicklung in der frühen Kindheit. In P. Wahl, H. Sasse, U. Lehmkuhl (Hrsg.), Intersubjektivität oder Robinson Crusoe (S. 316–347). Göttingen: Vandenhoeck & Ruprecht.

Kawin, E. (1934). The wise choice of toys. Oxford, England: University of Chicago Press.

Keller, G. (1856/2000). Romeo und Julia auf dem Dorfe. In G. Keller, Sämtliche Werke, Bd. 4. Die Leute von Seldwyla (S. 74–159). Basel u. Zürich: Stroemfeld Verlag/Verlag Neue Zürcher Zeitung.

Kern, J. (2007). Die kindliche Theory of Mind. Entwicklung des Verstehens von Wünschen und Überzeugungen. Saarbrücken: VDM Verlag Dr. Müller.

Kiser, J. D. (1996). Travelmates used in career education across the curriculum. Elementary School Guiding & Counseling, 30 (4), 259–263.

Kleist, H. von (1810/1961/1978). Über das Marionettentheater. In H. von Kleist, Das Erdbeben in Chile, Das Bettelweib von Locarno, Die heilige Cäcilie, Über das Marionettentheater und andere Prosastücke (S. 56–65). Stuttgart: Philipp Reclam jun.

Klinke, S. (2007). Hybride Puppen aus dem Ersatzteillager. Mischwesen und Chimären. Kunst und Unterricht, 311, 16–22.

Kluge, F. (1983/1999). Etymologisches Wörterbuch der deutschen Sprache (23. Aufl.). Bearbeitet von E. Seebold. Berlin u. New York: Walter de Gruyter.

Kohout, J. (2010). »Le petit zoo en peluche fait un échange«: Ein Projekt im Französischunterricht der Unterstufe. Forum Sprache 3.2010 (verfügbar über http://www.hueber.de/sixcms/media.php/36/ForumSprache_03_2010_Best_Practice_kohout.pdf; Zugriff am 09.03.2011).

Kolakowski, P. (2010). Biographiearbeit. Spielend kommt die Erinnerung. Pro Alter, 42 (4), 27–31.

Kolhoff-Kahl, I. (2007a). Mensch – Puppe. Vom Verhältnis des Menschen zur Puppe. Kunst und Unterricht, 311, 4–9.
Kolhoff-Kahl, I. (2007b). Schnibbel-Puppen zum Ausschneiden. Modepuppen – Paper Dolls. Kunst und Unterricht, 311, 10–11.
Kolhoff-Kahl, I. (2007c). Formen des Puppenhandelns. Kunst + Unterricht, 311, 32–47.
Körfer, A.-K. (2009). »Puppen und Kuscheltiere« – Ermöglicht ihr Einsatz einen besonderen Zugang zu kindlichen Erlebniswelten? Unveröffentlichte schriftliche Hausarbeit im Rahmen der Ersten Staatsprüfung für das Lehramt an Grundschulen. Landesprüfungsamt für erste Staatsprüfungen für Lehrämter an Schulen NRW – Geschäftsstelle Siegen.
Kormann, E., Gilleir, A., Schlimmer, A. (Hrsg.) (2006). Textmaschinenkörper. Genderorientierte Lektüren des Androiden. Amsterdamer Beiträge zur Neueren Germanistik, 59. Amsterdam u. New York: Editions Rodopi B. V.
Koste, V. G. (1995). Dramatic play in childhood: Rehearsal for life. Portsmouth, NH: Heinemann.
Kotaskova, J. (1971). Distribution of roles in doll-play and identification. Ceskoslovenska Psychologie, 15 (3), 231–252.
Krafft, B. (1991): Traumwelt der Puppen. Die Seele sammelt, was der Blick verleiht. In B. Krafft (Bearbeitung), Traumwelt der Puppen (S. XI-XX). München: Kunsthalle der Hypo-Stiftung und Hirner Verlag.
Kruse, K. (1951). Das große Puppenspiel. Heidelberg: Vowinckel.
Kuther, T. L., McDonald, E. (2004). Early adolescent's experiences with and views of Barbie. Adolescence, 39, No. 135 (Spring), 39–51.
Kuznets, L. R. (1994). When toys come alive. Narratives of animation, metamorphosis, and development. New Haven u. London: Yale University Press.
Lagerlöf, S. (1974). Ein Emigrant. In S. Lagerlöf, Große Erzählungen (S. 239–259). München: Nymphenburger Verlagsanstalt.
Laible, D., Gustavo, C., Torquati, J., Ontai, L. (2004). Children's perceptions of family relationships as assessed in a Doll Story Completion Task: Links to parenting, social competence, and externalizing behavior. Social Development, 13 (4), 551–569.
Landzelius, K. M. (2003). Humanizing the impostor: Object relations and illness equations in the neonatal intensive care unit. Culture, Medicine and Psychiatry, 27, 1–28.
Langen, A., Droop, C. (Illustration) (1994). Briefe von Felix. Ein kleiner Hase auf Weltreise. Münster: Coppenrath.
Lehmann, E. (1957). Die Puppe im Wandel der Zeiten. Schriftenreihe des deutschen Spielzeugmuseums Sonneberg. Leipzig, Thüringen: Urania.
Lehman, H. C. (1927). A study of doll play in relation to the onset of pubescence. Pedagogical Seminary, 34, 72–76.
Lehman, E. B., Arnold, B. E., Reeves, S. L. (1996). Attachments to blankets, teddy bears, and other nonsocial objects: A child's perspective. The Journal of Genetic Psychology, 156 (4), 443–459.
Leinweber, C. (2011). Die Welt als Abenteuer gesehen. Kölner Stadtanzeiger, 26./27. Februar 2011, 54.
Lévi-Strauss, C. (1962/1968). Das wilde Denken. Frankfurt a. M.: Suhrkamp.
Libermann, F. (2001). Die Puppe und andere Erzählungen. Aus dem Jiddischen transkribiert und übersetzt von A. Eidherr (S. 242–249). Berlin u. Wien: Philo Verlagsgesellschaft.
Lim, A. K. (2005). A preliminary investigation of the relationship between mental representation of attachment and affect regulation in school-age foster care children utilizing the Thematic Appreciation Test and Doll Play Technique. Dissertation abstracts international, 66 (8-B).
Lindberg, M. A., Chapman, M. T., Samsock, D., Stuart, T. W., Lindberg, A. W. (2003). Compari-

sons of three different investigative interview techniques with young children. The Journal of Genetic Psychology, 164 (1), 5–28.
Lindgren, A. (1949/2006). Die Puppe Mirabell und andere Geschichten. Hamburg: Verlag Zeitverl. Bucerius.
Linn, S. (1977). Puppets and hospitalized children: Talking about feelings. Journal for the Association of the Care of Children in Hospitals, 5, 5–11.
Linn, S. (1978). Puppet therapy in hospitals: Helping children to cope. Journal of the American Medical Women's Association, 33, 61–65.
Lippelt, U. (1968). Unterschiede im Spielverhalten von Jungen und Mädchen des Vorschulalters beim Rollenspiel. Jena: Unveröffentlichte Dissertation Universität Jena.
Lippitz, W. (1980). »Lebenswelt« oder die Rehabilitierung vorwissenschaftlicher Erfahrung. Ansätze eines phänomenologisch begründeten anthropologischen und sozialwissenschaftlichen Denkens in der Erziehungswissenschaft. Weinheim u. Basel: Beltz.
Litt, C. J. (1981). Children's attachment to transitional objects: A study of two pediatric populations. American Journal of Orthopsychiatry, 51, 131–139.
Lohaus, A. (1986). Datenerhebung bei Vorschulkindern: Ein Vergleich von Rollenspiel, Puppenspiel und Interview. Psychologie in Erziehung und Unterricht, 33, 196–204.
Lohaus, A., Ball, J. (2006). Gesundheit und Krankheit aus der Sicht von Kindern (2. Aufl.). Göttingen: Hogrefe.
Lohmann, R., Fooken, I. (2009). Puppen und Kuscheltiere. Schlüssel zur Menschwerdung? Eine Literaturübersicht im Auftrag der Stiftung »Chancen für Kinder durch Spielen«. Siegen: Universität Siegen.
Lohmann, R., Fooken, I. (2010). Eine wissenschaftliche Untersuchung über Puppen. Deutsche Übersetzung der Studie »A study of dolls« von Ellis und Hall, 1897. Herausgegeben von der Stiftung »Chancen für Kinder durch Spielen«. Wiesbaden: Stiftung »Chancen für Kinder durch Spielen«.
Lohmann, R., Heuft, G. (1995). Life Review: Förderung der Entwicklungspotentiale im Alter. Zeitschrift für Gerontologie und Geriatrie, 28, 236–241.
Lorenzer, A. (2002). Die Sprache, der Sinn, das Unbewußte. Psychoanalytisches Grundverständnis und Neurowissenschaften. Herausgegeben von U. Prokop, mit einer Einleitung von B. Görlich und einer Einführung von M. Leuzinger-Bohleber. Stuttgart: Klett Cotta.
Lowe, M. (1975). Trends in the development of representational play in infants from one to three years – an observational study. Journal of Child Psychology and Psychiatry, 16, 33–47.
Mack, A. H., Viederman, M. (2000). The use of a transitional object in the context of medical illness. Psychosomatics, 41 (5), 433–435.
Mahler, H. (1988). Verpuppen – Entpuppen. Kann Heino ein Schmetterling werden? TPS: leben, lernen und arbeiten in der Kita, 96, (3), 142.
Masten, A. S., Burt, K. B., Roisman, G. I., Obradović, J., Long, J. D., Tellegen, A. (2004). Resources and resilience in the transition to adulthood: Continuity and change. Development and Psychopathology, 16, 1071–1094.
Mann, K. (1932/1983). Kind dieser Zeit. Reinbek bei Hamburg: Rowohlt.
Marshall, H. R., Doshi, R. (1965). Aspects of experience revealed through doll play of preschool children. Journal of Psychology: Interdisciplinary and Applied, 61 (1), 47–57.
Martin, A. M., Godwin, L. (2000/2001). Das geheime Leben der Puppen. Mit Bildern von Brian Selznik. Würzburg: Arena.
Marx, K. (1867/1991). Das Kapital. Kritik der politischen Oekonomie. Erster Band. Buch I. Der Productionsprocess des Kapitals (4., durchgesehene Aufl. 1890). Berlin: Dietz.
McCune-Nicolich, L., Carroll, S. (1981). Development of symbolic play. Implications for the language specialist. Topics in Language Disorder, 1–15.

McLoyd, V. C. (1983). The effects of the structure of play objects on the pretend play of low-income preschool children. Child Development, 54 (3), 626–635.

Metken, S. (1991). Kinderglück, Malerblick und verbotene Spiele. In B. Krafft (Bearbeitung), Traumwelt der Puppen (S. 25–46). München: Kunsthalle der Hypo-Stiftung und Hirner Verlag.

Meyer, B., Flemming, I. (1991). Barbie-Puppe oder Baby-Puppe? Ein Gespräch über Puppen im Kindergarten. Praxis Spiel und Gruppe, 4 (1), 12–19.

Meyer-Drawe, K. (1984). Leiblichkeit und Sozialität. Phänomenologische Beiträge zu einer pädagogischen Theorie der Inter-Subjektivität. München: Fink.

Michel, W. (1911). Puppen von Lotte Pritzel. Deutsche Kunst und Dekoration, 329–338.

Mikota, J., Blumesfelder, S., Fooken, I. (2010). Puppen- und Kuscheltiergeschichten in der (Kinder- und Jugend-)Literatur. Eine kommentierte Bibliografie mit ausgewählten Textauszügen. Universität Siegen. Wiesbaden: Stiftung »Chancen für Kinder durch Spielen«.

Miller, A. (1979). Das Drama des begabten Kindes und die Suche nach dem wahren Selbst. Frankfurt a. M.: Suhrkamp.

Mogel, H. (2008). Psychologie des Kinderspiels. Von den frühesten Spielen bis zum Computerspiel (3. Aufl.). Heidelberg: Springer Medizin.

Mork, E., Till, W. (Hrsg.) (1987). Lotte Pritzel 1887–1952. Puppen des Lasters, des Grauens und der Ekstase. Katalog des Puppentheatermuseums im Münchner Stadtmuseum. Ausstellung vom 30.1.–29.03.1987. München: Lipp GmbH.

Morris, P. H., Reddy, V., Bunting, R. C. (1995). The survival of the cutest: Who's responsible for the evolution of the teddy bear? Animal Behaviour, 50, 1697–1700.

Mueller, E., Tingley, E. (1990). The bears' picnic: Children's representations of themselves and their families. New Directions for Child Development, 48, 47–65.

Mueller, N. (1996). The teddy bears' picnic: Four-year-old children's personal constructs in relation to behavioural problems and to teacher global concern. Journal of Child Psychology and Psychiatry, 37 (4), 381–389.

Müller, M. (1999). Die Kinderpuppe. In P. Müller-Tamm, K. Sykora (Hrsg.), Puppen. Körper. Automaten. Phantasmen der Moderne (S. 258–259). Köln: Oktagon.

Müller-Tamm, P., Sykora, K. (Hrsg.) (1999a). Puppen. Körper. Automaten. Phantasmen der Moderne. Köln: Oktagon.

Müller-Tamm, O., Sykora, K. (1999b). Puppen. Körper. Automaten. Phantasmen der Moderne. In P. Müller-Tamm, K. Sykora (Hrsg.), Puppen. Körper. Automaten. Phantasmen der Moderne (S. 65–93). Köln: Oktagon.

Murray, L. (2007). Future directions for doll play narrative research: A commentary. Attachment and Human Development, 9 (3), 287–293.

Nefzger, U. (1919). Pritzelpuppen. In B. Krafft (Bearbeitung), Traumwelt der Puppen (S. 330–331). München: Kunsthalle der Hypo-Stiftung und Hirner Verlag.

Neisemeier, A. (2007). Puppen? – Geht gar nicht! Puppenwerkstatt – Erprobungen zur reflexiven Koedukation im Kunstunterricht. Kunst und Unterricht, 311, 12–15.

Neuschütz, K. (1995). Das Puppenbuch – wie man Puppen selber macht und was sie für Kinder bedeuten. Stuttgart: Verlag Freies Geistesleben.

Neuß, N. (2009). Unsichtbare Freunde. Warum Kinder Phantasiegefährten erfinden. Berlin u. a.: Cornelsen.

Nexö, M. A. (1979). Die Puppe und andere Erzählungen. Frankfurt a. M.: Röderberg-Verlag.

Nicolaïdis, N. (1998). La ›poupée‹ de Pierre Marty e les Barbies de notre époque. Revue Francaise de Psychanalyse. 62 (5), 1579–1581.

Nitsch-Berg, H. (1978). Kindliches Spiel zwischen Triebdynamik und Enkulturation: Der Beitrag der Psychoanalyse und der Entwicklungstheorie Piagets. Stuttgart: Klett-Cotta.

Noble, J. D. (1999). Selected writings of John Darcy Noble. Favorite articles from Dolls Magazine: 1982–1995. Cumberland, MD: Portfolio Press.
Oerter, R. (1999). Psychologie des Spiels. Weinheim u. Basel: Beltz.
Oerter, R. (2002). Kindheit. In R. Oerter, L. Montada (Hrsg.), Entwicklungspsychologie (5. Aufl., S. 209–254). Weinheim u. Basel: Beltz/PVU.
Oerter, R. (2003). Spieltherapie: Ein handlungstheoretischer Ansatz. In G. Röper, C. von Hagen, G. G. Noam (Hrsg.), Entwicklung und Risiko. Perspektiven einer Klinischen Entwicklungspsychologie (S. 118–139). Stuttgart: W. Kohlhammer.
Oerter, R. (2008). Kindheit. In R. Oerter, L. Montada (Hrsg.), Entwicklungspsychologie (6. Aufl., S. 225–270). Weinheim u. Basel: Beltz/PVU.
o. N. (2008). Karl Lagerfeld kreiert sich selbst. Stuttgarter Zeitung vom 01.09.2008 (http://www.stuttgarter-zeitung.de/stz/page/1804034_0_9223_-als-steiff-teddy-karl-lagerfeld-kreiert-sich-selbst.html, Zugriff am 26.09.2010).
o. N. (2009). Saya. Süddeutsche Zeitung Magazin vom 12.03.2009, 10.
o. N. (2010). Fuchs, du hast die Uhr gestohlen. Zeit Magazin vom 13.05.2010, 20, 3.
Paley, V. G. (2004). A Child's Work: The importance of fantasy play. Chicago u. London: University of Chicago Press.
Paley, V. G. (2007). Goldilocks and her Sister: An anecdotal guide to the doll corner. Harvard Educational Review, 77 (2), 144–151.
Paul, J. (1807/1975). Levana oder Erziehlehre, § 51. München: Carl Hanser Verlag.
Paus-Haase, I., Süss, D., Lampert, C. (2001). Kinder als prägende Akteure neuer Kommunikationskulturen. Reflexion adäquater methodischer Zugriffe. In U. Maier-Rabler, M. Latzer (Hrsg.), Kommunikationskulturen zwischen Kontinuität und Wandel. Universelle Netzwerke für die Zivilgesellschaft. Schriftenreihe der Deutschen Gesellschaft für Publizistik und Kommunikationswissenschaft, Band 28 (S. 317–332). Konstanz: UVK Medien.
Pechmann, A. (2007). Die Bibliothek der verlorenen Bücher. Berlin: Aufbau Verlagsgruppe.
Pellegrini, A. D., Smith, P. K. (2007). Play in evolution and development. Developmental Review, 27 (2), 261–276.
Petrowski, K., Joraschky, P., Juen, F., Benecke, C., Cierpka, M. (2009). Unterschiede im Spielverhalten von Vierjährigen aus unterschiedlichen ethnischen Gruppen. Praxis der Kinderpsychologie und Kinderpsychiatrie, 58, 297–309.
Petzold, H. G. (1982). Puppenspiele in der therapeutischen und geragogischen Arbeit mit alten Menschen. Integrative Therapie, 8 (1–2), 74–112.
Petzold, H. G. (1983a). Editorial. Puppen und Puppenspiel. Integrative Therapie, 9 (1), 1–2.
Petzold, H. G. (1983b). Geheimnisse der Puppe. Integrative Therapie, 9 (1), 9–19.
Pezdek, K., Taylor, J. (2000). Discriminating between accounts of true and false events. In D. F. Bjorklund (Ed.), False-memory creating in children and adults: Theory, research and implications (pp. 69–91). Mahwah, NJ: Erlbaum.
Piaget, J. (1969). Nachahmung, Spiel und Traum. Die Entwicklung der Symbolfunktion beim Kinde. Stuttgart: Klett-Cotta.
Pilgram-Brückner, I. (1997). Unternehmen Kuscheltier. Ein wunderlicher Brückenschlag zu den Kindern unserer Zeit. Stuttgart: J. Ch. Mellinger.
Piper, H. M., Franz, M., Tress, W. (2010). Männerkongress 2010: Neue Männer – muss das sein? Über den männlichen Umgang mit Gefühlen. 19.–20. Februar, 2010. Düsseldorf: Heinrich Heine Universität Düsseldorf.
Pope, H. G., Olivardia, R., Gruber, A., Borowiecki, J. (1999). Evolving ideals of male body image as seen through action figures. International Journal of Eating Disorders, 26, 65–72.
Preyer, W. T. (1882). Seele des Kindes: Beobachtungen über die geistige Entwicklung des Menschen in den ersten Lebensjahren. Grieben: Leipzig.

Quasthoff, M. (Textredaktion) (2003). Die Geburt der Nanas. Die Kunst der Niki de Saint Phalle in den 1960er Jahren. Ausstellungskatalog. Hannover: Sprengel Museum.

Radebold, H., Heuft, G., Fooken, I. (Hrsg.) (2006). Kindheiten im Zweiten Weltkrieg. Kriegserfahrungen und deren Folgen aus psychohistorischer Sicht. Weinheim u. München: Juventa.

Radke, M. J., Trager, H. G. (1950). Children's perceptions of the social roles of Negros and whites. Journal of Psychology: Interdisciplinary and Applied, 29, 3–33.

Regener, S. (1988). Das verzeichnete Mädchen. Zur Darstellung des bürgerlichen Mädchens in Photographie, Puppe, Text im ausgehenden 19. Jahrhundert. Marburg: Jonas.

Retter, H. (1979). Spielzeug. Handbuch zur Geschichte und Pädagogik der Spielmittel. Weinheim u. Basel: Beltz.

Retzlaff, R. (2008). Spiel-Räume. Lehrbuch der systemischen Therapie mit Kindern und Jugendlichen. Stuttgart: Klett-Cotta.

Richter, L., Richter, J. F. (1983a). Puppenalbum 1. München: Laterna magica.

Richter, L., Richter, J. F. (1983b). Käthe-Kruse Puppen. Puppenalbum 3. München: Laterna magica.

Rilke, R. M. (1899/1931/1966). Frau Blahas Magd. In Sämtliche Werke. Band 4 (S. 338–342). Frankfurt a. M.: Insel.

Rilke, R. M. (1914/1921). Rainer Maria Rilke, Lotte Pritzel. Puppen. München: Hyperionverlag.

Rilke, R. M. (1923/1955). Duineser Elegien. Sämtliche Werke, Bd. 1 (S. 683–726). Frankfurt a. M.: Insel.

Rittelmeyer, C. (1989). Der Blick der Puppe. In W. Lippitz, C. Rittelmeyer (Hrsg.), Phänomene des Kinderlebens, Beispiele und methodische Probleme einer pädagogischen Phänomenologie (S. 107–116). Bad Heilbrunn/Obb.: Julius Klinkhart.

Rogge, J.-U. (1991). Vom Umgang mit Aggressionen: He-Man, Skeletor und die Barbiepuppe – Geschlechtsspezifische Aspekte im medienbezogenen Handeln von Kindern. Medien und Erziehung, 35 (4), 191–201.

Röhrich, L. (1991/1999). Lexikon der sprichwörtlichen Redensarten, Band 4. Freiburg u. a.: Herder.

Rojas-Bermúdez, J. G. (1982). Die Puppe und Medien als Intermediär-Objekte. Integrative Therapie, 8 (1–2), 38–57.

Rubin, K. H., Howe, N. (1985). Toys and play behaviors: An overview. Topics in Early Childhood Special Education, 5 (3), 1–10.

Ruhrlandmuseum Essen (Hrsg.) (1991). Bärenlese. Zum Wesen des Teddys. Eine Ausstellung des Ruhrlandmuseums der Stadt Essen in Zusammenarbeit mit dem Naturhistorischen Museum Wien. Essen: Ruhrlandmuseum und Verlag Peter Pomp.

Rutenberg, J. von (2010). Puppenstars. Licht ohne Schatten: Warum Puppen die besseren Celebrities sind. Zeit Magazin vom 12.05.2010, 20, 10–11.

Schade, S. (2004). Die Medien/Spiel der Puppe [1] –Vom Mannequin zum Cyborg. Das Interesse aktueller Künstlerinnen und Künstler am Surrealismus (verfügbar über www.medienkunstnetz.de/themen/cyborg_bodies/puppen_koerper; Zugriff am 08.03.2010).

Schäfer, G. E. (1989). Spielphantasie und Spielumwelt. Spielen, Bilden und Gestalten als Prozesse zwischen Innen und Außen. Weinheim u. München: Juventa.

Schmaling, K. B., DiClementi, J. D., Hammerly, J. (1994). The positive teddy bear sign: Transitional objects in the medical setting. Journal of Nervous and Mental Disease, 182 (12), 725.

Schmidt-Denter, U. (2005). Soziale Beziehungen im Lebenslauf. Lehrbuch der sozialen Entwicklung (4. Aufl.). Weinheim u. Basel: Beltz.

Schnabel, M. (2007). Sind Kuscheltiere für Kinder sinnvoll? www.familienhandbuch.de/cmain/f_Aktuelles/a_Erziehungsfragen/s_1885.html, vom 08.05.2007 (Zugriff am 08.10.2010).

Schneider, G. (2009). Kafkas Puppe. Würzburg: Arena.

Schreiber, H. (1997). Warum der Teddy eine Seele hat. Geo, 1, 126–138.

Schreiber, J. (1987). Teddy der Große. Natur, 1, 46–53.
Schubert, S. (1983). Das Puppenspiel in der Heilpädagogik, Integrative Therapie, (1), 29–43.
Sears, R. R. (1947). Influence of methodological factors on doll play performance. Child Development, 18, 190–197.
Seiffge-Krenke, I. (1987). Psychologische Konstruktionen bei Jugendlichen: Der imaginäre Gefährte. Zeitschrift für Entwicklungspsychologie und Pädagogische Psychologie. 19 (1), 14–31.
Seiffge-Krenke, I. (2000). Ein sehr spezieller Freund: Der imaginäre Gefährte. Praxis für Kinderpsychologie und Kinderpsychiatrie, 49 (9), 68–702.
Seiffge-Krenke, I.(2001). »Liebe Kitty, du hast mich gefragt…«: Phantasiegefährten und reale Freundschaftsbeziehungen im Jugendalter. Praxis der Kinderpsychologie und Kinderpsychiatrie, 50 (1), 1-15.
Senckel, B., Augusta, G. (1993). Der erwachsene Frank und seine Puppe. Die Erfüllung frühkindlicher Beziehungswünsche als Ansatz zur Entwicklungsförderung. Geistige Behinderung, 2, 134–147.
Shafii, T. (1986). The prevalence and use of transitional objects: A study of 230 adolescents. Journal of the American Academy of Child Psychiatry, 25 (6), 805–808.
Simms, E.-M. (2004). Uncanny dolls: Images of death in Rilke and Freud. In J. S. Piven (Ed.), The psychology of death in fantasy and history (p. 71–85). Westport, CT: Praeger.
Simms, E. M. (2008). The child in the world. Embodiment, time, and language in early childhood. Detroit: Wayne State University Press.
Sinason, V. (1988). Dolls and bears: From symbolic equation to symbol – the significance of different play material for sexually abused children and others. British Journal of Psychotherapy, 4 (4), 349–363.
Sinason, V. (2001). Children who kill their teddy bears. In B. Kahr (Ed.), Forensic psychotherapy and psychopathology: Winnicottian perspectives (pp.43–49). London: Karnac Books.
Smith, P. K. (2005). Social and pretend play in children. In A. D. Pellegrini (Ed.), The nature of play – great apes and humans (pp. 173–109). New York: Guilford Press.
Sodian, B., Thoermer, C. (2006). Theory of Mind. In W. Schneider, B. Sodian (Hrsg.), Enzyklopädie der Psychologie. Entwicklungspsychologie. Serie V, Band 7: Kognitive Entwicklung (S. 495–608). Göttingen: Hogrefe.
Souza, F. Morais de (2010). Revirando malas: entre histórias de bonecas e crianças. Dissertação (Mestrado). Porto Alegre: Universidade Federal do Rio Grande do Sul. Faculdade de Educação.
Spiegel-Archiv (1997). »Alle in einen Sack stecken …«. Spiegel-Archiv, 97 (02), 52–54.
Spielmittel Aktuell (1991). Traumkarriere eines Spielzeuges – Barbie: Kinder in der Auseinandersetzung mit der Erwachsenenwelt. Spielmittel: das Journal für Eltern, 5, 52–54.
Spielmittel Aktuell (1992). Karriere-Frau und zugleich Kultfigur – Aber auch »pädagogisch wertvoll«? Barbie in der Diskussion der Spielforschung. Spielmittel: das Journal für Eltern, 4, 64–67.
Spies, A. (2008). Zwischen Kinderwunsch und Kinderschutz – Babysimulatoren in der pädagogischen Praxis. Wiesbaden: VS-Verlag.
Staabs, G. von (1940/1964). Der Scenotest (3. Aufl.). Bern: Hans Huber.
Stambolis, B., Fooken, I (2011). Forschungsprojekt »Vaterlosigkeit in vaterlosen Zeiten«. Unveröffentlichte Materialien: Münster und Siegen.
Starr, L. B. (1909). The Educational Value of Dolls. Pedagogical Seminary, 16, 566–567.
Steele, M., Hodges, J., Kaniuk, J., Hillman, S., Henderson, K. (2003). Attachment representations and adoption: association between maternal states of mind and emotion narratives in previously maltreated children. Journal of Child Psychotherapy, 29 (2),187–205.
Steiffs Tierleben (2008). Geschichte einer Spielwarenfabrik. Monumente, 11/12, 60–65.

Stern, T. A., Glick, R. L. (1993). Significance of stuffed animals at the bedside and what they can reveal about patients. Psychosomatics, 34, 519–521.
Stern, W. (1914). Psychologie der frühen Kindheit bis zum sechsten Lebensjahr. Mit Benutzung ungedruckter Tagebücher von Clara Stern. Leipzig: Quelle & Meyer.
Sternglanz, S. L., Gray, J. L., Murakami, M. (1977). Adult preferences for infantile facial features: An ethological approach. Animal Behaviour, 25, 108–115.
Stieve, C. (2008). Von den Dingen lernen. Die Gegenstände unserer Kindheit. Phänomenologische Untersuchungen, Bd. 27. München: Wilhelm Fink.
Sutton-Smith, B. (1986). Toys as Culture. New York: Gardner Press.
Sutton-Smith, B. (1997). The ambiguity of play. Cambridge, Mass./London: Harvard University Press.
Tallandini, M. A. (2004). Aggressive behavior in children's dolls' house play. Aggressive Behavior, 3, 504–519.
Taylor, M. (1999). Imaginary companions and the children who create them. New York: Oxford Press.
Taylor, M. (2002). Die unsichtbaren Freunde der Kinder. Televizion, 15 (1), 12–16.
Thierry, K. L., Lamb, M. E., Orbach, Y., Pipe, M.-E. (2005). Developmental differences in the function and use of anatomical dolls during interviews with alleged sexual abuse victims. Journal of Consulting and Clinical Psychology, 73 (6), 1125–1134.
Tosa, M. (1998). Barbie. Tausend Gesichter einer Kultfigur. Ars Edition: München.
Trebay, G. (2009). Troubling signs around the shows – essay. The New York Times Fashion Section, March 2, 2009.
Ucko, L. E., Moore, T. (1964). Parental roles as seen by young children in doll play. Vita Humana, 6, 213–242.
Ury, E. (1915/1918/o. J.). Nesthäkchen und ihre Puppen. Eine Geschichte für kleine Mädchen. Berlin: Meidinger's Jugendschriften.
Ury, E. (1915/1921). Nesthäkchen im Kinderheim. Berlin: Meidinger's Jugendschriften.
Venet, M., Bureau, J. F., Gosselin, C., Capunano, F. (2007). Attachment representations in a sample of neglected preschool-age children. School Psychology International, 28 (3), 264–293.
Völker-Kraemer, S. (1996): Wie ich zur Teddymutter wurde. Das Leben der Margarete Steiff nach ihren eigenen Aufzeichnungen. Stuttgart: Quell-Verlag.
Vries, M. de. (2002). Teddy's world. New York: Joost Elfers Books.
Wahl, P., Fuchs-Brüninghoff, E. (2010). Eigensinn – und die Sehnsucht nach dem anderen. In P. Wahl, H. Sasse, U. Lehmkuhl (Hrsg.), Intersubjektivität oder Robinson Crusoe. Beiträge zur Individualpsychologie, Band 36 (S. 9–32). Göttingen: Vandenhoeck & Ruprecht.
Waugh, S. (1993/2000). Die Mennyms. München: dtv.
Webb, N. B. (1999). Play therapy crisis. Intervention with children. In N. B. Webb (Ed.), Play therapy with children in crisis: Individual, group and family therapy (pp. 29–46). New York: Guilford.
Weckmann, M., Drexler, B. (1988). Puppenfreundin – Generationenstreit? TPS: leben, lernen und arbeiten in der Kita, 96 (3), 131.
Wedel, G. (2006). Kunst – Gefühl – Kommerz: Puppen in der Autobiographie von Käthe Kruse (1883–1968). In E. Kormann, A. Gilleir, A. Schlimmer (Hrsg.), Textmaschinenkörper. Genderorientierte Lektüren des Androiden (S. 133–147). Amsterdamer Beiträge zur Neueren Germanistik, 59. Amsterdam u. New York: Editions Rodopi B. V.
Weiß, B. (2008). Vom Sinn des Sinnlosen. GEO Kompakt, 17, 80–87.
Wick, L. (2010). Puppen als Medium im Sprachunterricht – Ein gutes Konzept für die Fremdsprachenvermittlung? Unveröffentlichte schriftliche Hausarbeit im Rahmen der Ersten Staatsprüfung für das Lehramt an Grundschulen. Landesprüfungsamt für erste Staatsprüfungen für Lehrämter an Schulen NRW – Geschäftsstelle Siegen.

Widmer, U. (2006/2008). Ein Leben als Zwerg. Zürich: Diogenes.
Wilkending, G. (2008). Lebens- und Entwicklungsgeschichten für die Jugend. In O. Brunken, B. Hurrelmann, M. Michels-Kohlhage, G. Wilkending (Hrsg.), Handbuch zur Kinder- und Jugendliteratur. Von 1850 bis 1900 (S. 434–535). Stuttgart: Metzler.
Winnicott, D. W. (1953). Transitional objects and transitional phenomena: a study of the first not-me possession. The International Journal of Psychoanalysis, 34, 89–97.
Winnicott, D. W. (1973). Vom Spiel zur Kreativität. Stuttgart: Ernst Klett.
Wittkop-Mèrardeau, G. (1962). Von Puppen und Marionetten. Kleine Kulturgeschichte für Sammler und Liebhaber. Zürich u. Stuttgart: Claassen.
Woltmann, A. G. (1983). Die Verwendung von Puppenspiel als projektive Therapiemethode in der Kindertherapie. In H. Petzold (Hrsg.), Puppen und Puppenspiel in der Psychotherapie. Mit Kindern, Erwachsenen und alten Menschen (S. 180–209). München: Verlag J. Pfeiffer.
Woolgar, M. (1999). Projective doll play methodologies for preschool children. Child Psychology and Psychiatry Review, 4 (3), 126–134.
Woolgar, M., Steele, H., Steele, M., Yabsley, S., Fongay, P. (2001). Children's play narrative responses to hypothetical dilemmas and their awareness of moral emotions. British Journal of Developmental Psychology, 19, 115–128.
Wulf, C., Zirfas, J. (Hrsg.) (2007). Pädagogik des Performativen. Theorien. Methoden. Perspektiven. Weinheim u. Basel: Beltz.
Wüthrich, K., Gauda, G. (1990). Botschaften der Kinderseele: Puppenspiel als Schlüssel zum Verständnis unserer Kinder. München: Kösel.
Wygotski, L. (1933/1980). Das Spiel und seine Bedeutung in der psychischen Entwicklung des Kindes. In D. Elkonin (Hrsg.), Psychologie des Spiels (S. 430–456). Köln: Pahl-Rugenstein.
Zemeckis, R. (2000). Cast away – Verschollen. DreamWorks SKG and Twentieth Century Fox Film Corporation.
Zweite, A. (1999). Vorwort. In P. Müller-Tamm, K. Sykora (Hrsg.), Puppen. Körper. Automaten. Phantasmen der Moderne (S. 11–20). Köln: Oktagon.

Internetquellen

http://www.puppenstiftung.de (Zugriff am 08.10.2008).
http://www.mdr.de/kriegskinder/vierteiler/teil3/ (Zugriff am 31.03.2009).
http://www.teddybaer-film.com (Zugriff am 31.03.2009).
http://findarticles.com/p/articles/mi_1053/us_v13/ai_3408291/ (Zugriff am 09.04.2009).
http://www.buergerstimmen.de/politik/abgeordnete_studentin328.htm (Zugriff am 15.06.2009).
http://www.person-zentriert.de/files/den_krieg_entsorgen_neu1.pdf (Zugriff am 26.08.2009).
http://de.wikipedia.org/wiki/Neotenie (Zugriff am 28.02.2010).
http://www.medienkunstnetz.de/themen/cyborg_bodies/puppen_koerper (Zugriff am 08.03.2010).
www.swr.de/abgeordnet/praxistest/karllauterbach (Zugriff am 15.09.2010).
http://reinhard-buerck.de/waltraud_schwambach/dolls/museen/deutschland/alle.htm (Zugriff am 16.09.2010).
http://www.puppenkunst-vep.de (Zugriff am 16.09.2010).
http://www.daskuscheltier.de (Zugriff am 26.09.2010).
http://www.renas-reallife-puppen.de (Zugriff am 08.10.2010).
http://www.insidesocal.com/momspace/play/ (Zugriff am 01.03.2011).

http://www.burdastyle.de/trends/news/barbie-fakten-erfolgspuppe_aid_60.html (Zugriff am 01.03.2011).
http://www.hueber.de/sixcms/media.php/36/ForumSprache_03_2010_Best_Practice_kohout.pdf (Zugriff am 09.03.2011).
http://ameixacult.blogspot.com/2011/museo-encantado-barbie-porto-alegre.html (Zugriff am 22.03.2011).
http://en.wikipedia.org/wiki/Kenneth_and_Mamie_Clark (Zugriff am 22.03.2011).
http://www.experiment-resources.com/stereotypes.html (Zugriff am 22.03.2011).
http://en.wikipedia.org/wiki/Kiri_Davis (Zugriff am 22.03.2011).
http://www.finalcall.com/artman/publish/National_News_2/New_doll_test_produces_ugly_results_2919.shtml (Zugriff am 22.03.2011).
http://www.cell.com/current-biology/fulltext/S0960-9822(10)01449-1) (Zugriff am 22.03.2011).
http://www.br-online.de/jugend/izi/deutsch/GefaehrtenderKindheit_IZI.pdf (Zugriff am 26.03.2011).
http://www.goethe.de/kue/bku/kpa/de34410.htm (Zugriff am 27.03.2011).
http://news.bbc.co.uk/2/hi/in_pictures/8648833.stm (Zugriff am 28.03.2011).
http://www.schaubude-berlin.de (Zugriff am 28.03.2011).
http://de.wikipedia.org/wiki/Transhumanismus (Zugriff am 29.03.2011).
http://www.spiegel.de/kultur/gesellschaft (Zugriff am 30.03.2011).
http://www.TerminArtors.com (Zugriff am 24.08.2011).
http://simple.wikipedia.org/wiki/File: Alexander_makovski_boy_with_doll.jpg (Zugriff am 24.08.2011).
www.pinakoteka.zascianek.pl über: http://commons.wikimedia.org (Zugriff am 19.09.2011).

Verzeichnis der Abbildungen, Bildnachweise und Abdruckrechte

Abbildung 1   Witold Wojkiewicz (1879–1909), »Puppen« (1906)
© Foto: nicht zu ermitteln
Museum Narodowe, Warschau
Quelle: www.pinakoteka.zascianek.pl
http://commons.wikimedia.org (Zugriff am 19.09.2011)
Abbildung 2   Schulkindergarten um 1954
© Foto: privat (Insa Fooken)
Abbildung 3   Pablo Picasso (1881–1973), »Maya mit Puppe« (1938)
Standort: Musée Picasso, Paris
Bildnachweis: akg-images/Nimatallah
© Pablo Picasso / VG Bild-Kunst
Abbildung 4   Kleinanzeige unter www.ebay.de, Zugriff am 16.09.2010
Abbildung 5   Grabstele eines Mädchens mit dem Namen Plangon (»Puppe«)
Attisches Grabrelief, 4. Jahrhundert v. Chr.
Standort: München, Glyptothek
Abbildung 6   Der amerikanische Präsident und »Namensgeber« (»Teddy«) Theodore Roosevelt mit Teddybär
Bildnachweis: gettyimages
Kollektion: Time & Life Pictures
© Fotograf: Nina Leen

Abbildung 7	Realität und Schatten – Paradoxie und Ambivalenz:
	Puppe und Kind als Puppe und Kind und »Nicht-Puppe« und »Nicht-Kind«
	© Foto und Fotocollage: privat (Insa Fooken)
Abbildung 8	Wirkungsbereiche von Puppen
	© Insa Fooken
Abbildung 9	Jean Ètienne Liotard (1702–1789), »Mädchen mit Puppe«
	Standort: Privatbesitz
	Fotograf: © Photobusiness – ARTOTHEK
Abbildung 10	Vilmos Aba-Novak (1894–1941), »Ehefrau und Tochter des Künstlers« (1935)
	Standort: nicht zu ermitteln
	© Foto: nicht zu ermitteln
	Bild verfügbar über www.TerminArtors.com (Zugriff am 24.08.2011)
Abbildung 11	Aleksandr Vladimirovich Makovsky (1869–1924), »Boy with a doll« (1922)
	Standort: nicht zu ermitteln
	© Foto: nicht zu ermitteln
	Bild verfügbar über http://simple.wikipedia.org/wiki/File: Alexander_makovski_boy_with_doll.jpg (Zugriff am 24.08.2011)
Abbildung 12	Isaac Claesz van Swanenburg (1537–1614), »Catharina van Warmondt« (1596)
	Standort: Den Haag, Museum Meermanno-Westreenianum, Inv.-Nr. 16/31
Abbildung 13	Paula Modersohn-Becker (1876–1907), »Mädchen mit Puppe« (um 1903)
	Standort und © Foto: Landesmuseum Oldenburg für Kunst und Kulturgeschichte, Inv.-Nr. 20.204
Abbildung 14	Mädchen auf der Flucht mit Puppe im Arm
	Nachkriegszeit – Kind mit Puppe
	© picture alliance
Abbildung 15	Die Puppenkünstlerin Käthe Kruse, fotografiert von Stefan Moses (1963)
	© Stefan Moses
	Abdruck mit Erlaubnis des Fotografen
Abbildung 16	Schlafwächterschaf
	© Foto: privat (Pit Wahl/Insa Fooken)
Abbildung 17	»Miguelin« – Die spanische Filmregisseurin Isabel Coixet vor ihrer Kreation, einem animierten Riesenbaby im spanischen Pavillon der Expo in Shanghai, 2010
	Bildnachweis: gettyimages
	Kollektion: AFP
	© Fotograf: Philippe Lopez

Abdruckrecht (Text)

dtv 1294	Mascha Kaléko: In meinen Träumen läutet es Sturm
	Daraus: »Enfant terrible«, S. 67
	© 1977 Deutscher Taschenbuch Verlag München.

Zum Weiterlesen empfohlen

V&R

André Frank Zimpel
Lasst unsere Kinder spielen!
Der Schlüssel zum Erfolg
Mit einem Vorwort von Gerald Hüther.
Frühe Bildung und Erziehung
2011. 158 Seiten mit 9 Abb. und einer Tabelle, kartoniert
ISBN 978-3-525-70129-4

Neurobiologische Erkenntnisse belegen die Bedeutung der psychologischen Wirkung des Spiels auf die Entwicklung des Gehirns. Nicht nur systematische Förderung, auch Spiel hat einen bedeutsamen Stellenwert in der frühkindlichen Entwicklung.

Was bedeutet das für die Bildung und Erziehung der Kinder? Wie wirkt sich Spielen im Verhältnis zu Aufmerksamkeit und Lernen aus? Kann man aus dem Spiel der Kinder etwas über die nächste Entwicklungsstufe erfahren? Und wie hängt Spielen mit Denken und Wahrnehmung zusammen? Diesen zentralen Fragestellungen widmet sich André Frank Zimpel und zeigt, wie Kinder beim Spiel die Fähigkeit entwickeln, sich Dinge gedanklich auszumalen, und wie man sie dabei effektiv unterstützen kann. Die imaginierten Spielsituationen sind Vorboten sich entwickelnder geistiger Fähigkeiten, ohne die ein Leben in unserer Gesellschaft nicht denkbar wäre.

Haim Omer / Eli Lebowitz
Ängstliche Kinder unterstützen
Die elterliche Ankerfunktion
Mit einem Vorwort von Arist von Schlippe.
2012. 207 Seiten mit 3 Tab., kartoniert
ISBN 978-3-525-40218-4

Wenn Kinder eine Angststörung entwickeln, ist nachhaltige Hilfe nur im familiären Kontext erfolgversprechend. Wie das konkret aussieht, zeigt dieses Buch gut verständlich und eindrücklich.

Angststörungen bei Kindern können das familiäre Leben massiv beeinträchtigen. Haim Omers Konzept der »neuen Autorität« bietet unter der Maßgabe »unterstützen statt beschützen« einen äußerst hilfreichen Zugang bei der Bewältigung. Mit dem zentralen Bild der Ankerfunktion erläutern die Autoren, dass neben Schutz und Sicherheit durch elterliche Präsenz auch fördernde Unterstützung unabdingbar ist. Die Vielzahl instruktiver Fallbeispiele – vom Kleinkind bis zum Erwachsenen, der weiterhin bei den Eltern lebt, von Trennungsängsten bis Zwangsstörungen – sind eine Fundgrube für den Praktiker.

Vandenhoeck & Ruprecht